21世纪物流管理系列教材

国际物流
GUOJI WULIU
（第2版）

黄新祥 宋娟娟 陈雅萍◎编著

清华大学出版社
北　京

本书封面贴有清华大学出版社防伪标签，无标签者不得销售。
版权所有，侵权必究。侵权举报电话：010-62782989，beiqinquan@tup.tsinghua.edu.cn

图书在版编目(CIP)数据

国际物流 / 黄新祥，宋娟娟，陈雅萍编著. —2版. —北京：清华大学出版社，2020.11(2023.7重印)
21世纪物流管理系列教材
ISBN 978-7-302-56560-4

Ⅰ. ①国… Ⅱ. ①黄… ②宋… ③陈… Ⅲ. ①国际物流－高等学校－教材 Ⅳ. ①F259.1

中国版本图书馆CIP数据核字(2020)第187092号

责任编辑：梁云慈
封面设计：汉风唐韵
责任校对：王荣静
责任印制：曹婉颖

出版发行：清华大学出版社
网　　址：http://www.tup.com.cn，http://www.wqbook.com
地　　址：北京清华大学学研大厦A座　　邮　编：100084
社 总 机：010-83470000　　邮　购：010-62786544
投稿与读者服务：010-62776969，c-service@tup.tsinghua.edu.cn
质量反馈：010-62772015，zhiliang@tup.tsinghua.edu.cn

印 装 者：北京国马印刷厂
经　　销：全国新华书店
开　　本：185mm×260mm　　印　张：21.5　　字　数：494千字
版　　次：2014年9月第1版　2020年11月第2版　　印　次：2023年7月第5次印刷
定　　价：55.00元

产品编号：083423-01

前 言

随着全球经济一体化趋势的不断增强,世界各国经济贸易往来的日益频繁,跨国经济活动的增加,国际物流业的发展正面临着前所未有的机遇。同时,在"一带一路"倡议和自由贸易区战略布局下,越来越多的企业开始推行国际化战略。为了提高企业乃至国家的经济竞争力,我国急需大批精通国际物流管理与操作的复合型人才。因此,编写一本内容新颖、信息量大、操作性强的国际物流教材,是理论研究和社会实践的迫切需求。

本书第一版于 2014 年在清华大学出版社出版以来,受到了广大教师、学生和读者的欢迎,曾多次印刷,已经成为该学科领域的通用教材。与第一版相比,第二版在内容上做了以下几个方面的修改和充实:第一,对各类国际物流业务的发展动态和数据进行了更新。特别是国际商会于 2019 年 9 月份公布了《2020 年国际贸易术语解释通则》,该通则于 2020 年 1 月 1 日起生效,本书涉及的内容知识也相应修改更新。第二,补充和更新了一些案例。对于已经不符合内容需要的案例,更新为与章节内容更贴切的案例,在相关章节还增加了一些新的案例,以强化案例教学。第三,合并第一版的第 10 章、第 11 章为第 10 章。由于全国海关通关一体化改革,关检业务全面融合,故把原第 10 章国际物流中的海关实务、第 11 章国际物流中的检验检疫两个章节的内容进行合并,并进行补充更新。第四,增加了第 12 章跨境电商与全球供应链物流。

本书共分三篇 12 章。上篇"国际物流基础知识"是本书的基础,包括第 1 章至第 3 章,分别为国际物流绪论、国际贸易基础知识、国际物流系统。中篇"国际物流运输、仓储与包装"是本书的重点内容,包括第 4 章至第 8 章,主要介绍了国际海洋货物运输、国际航空货物运输、国际陆上货物运输、集装箱运输与国际多式联运、国际物流仓储与包装。下篇"国际物流服务",包括第 9 章至第 12 章,主要介绍了国际货物运输保险、国际物流通关实务、国际货运代理、跨境电商与全球供应链物流。

本书由黄新祥编写第 1~6 章,陈雅萍编写第 7~9 章,宋娟娟编写第 10~12 章。

本书在编写过程中,参考了不少国内外专家学者的文献和研究成果,同时参阅了许多媒体和网站的报道和资料,作者已经尽可能详细地在参考文献中列出,在此对这些专家、学者们表示深深的谢意和敬意。也有可能引用了一些资料而由于疏忽没有指出资料出处,若有这类情况发生,在此表示万分歉意!

由于时间仓促、编者水平有限,书中错误在所难免,恳请广大读者和专家给予批评指正。

编 者
2020 年 7 月

目 录

上篇:国际物流基础知识

第1章 国际物流绪论 ……………………………………………………………………… 2
1.1 国际物流概述 ………………………………………………………………………… 2
1.2 国际物流法律法规简介 ……………………………………………………………… 9
1.3 国际物流的发展趋势 ………………………………………………………………… 12
1.4 国际物流与国际贸易的关系 ………………………………………………………… 14
本章小结 …………………………………………………………………………………… 16
复习与思考 ………………………………………………………………………………… 16
案例分析 …………………………………………………………………………………… 16

第2章 国际贸易基础知识 ……………………………………………………………… 19
2.1 国际贸易基本概念与分类 …………………………………………………………… 19
2.2 国际贸易方式 ………………………………………………………………………… 26
2.3 国际贸易术语 ………………………………………………………………………… 30
2.4 国际贸易合同磋商及主要条款 ……………………………………………………… 46
本章小结 …………………………………………………………………………………… 54
复习与思考 ………………………………………………………………………………… 55
案例分析 …………………………………………………………………………………… 55

第3章 国际物流系统 …………………………………………………………………… 57
3.1 国际物流系统概述 …………………………………………………………………… 57
3.2 国际物流网络 ………………………………………………………………………… 63
3.3 国际物流信息系统 …………………………………………………………………… 66
3.4 国际物流标准化 ……………………………………………………………………… 70
3.5 现代信息技术在国际物流中的应用 ………………………………………………… 76
本章小结 …………………………………………………………………………………… 81
复习与思考 ………………………………………………………………………………… 81
案例分析 …………………………………………………………………………………… 81

中篇：国际物流运输、仓储与包装

第 4 章　国际海洋货物运输　86
- 4.1　海运基础知识　86
- 4.2　国际海运主要航线、港口、海峡与运河　92
- 4.3　班轮运输　101
- 4.4　租船运输　109
- 4.5　海运提单与海运单　114
- 本章小结　129
- 复习与思考　129
- 案例分析　130

第 5 章　国际航空货物运输　131
- 5.1　国际航空运输概述　131
- 5.2　航空货物运输方式　135
- 5.3　航空运单　138
- 5.4　航空货物运价和费用　139
- 5.5　航空快递　142
- 本章小结　143
- 复习与思考　143
- 案例分析　144

第 6 章　国际陆上货物运输　145
- 6.1　国际铁路货物运输　145
- 6.2　国际公路货物运输　156
- 6.3　国际管道运输　162
- 本章小结　165
- 复习与思考　165
- 案例分析　165

第 7 章　集装箱运输与国际多式联运　167
- 7.1　集装箱运输概述　167
- 7.2　集装箱运输单证　177
- 7.3　集装箱运费　183
- 7.4　国际多式联运概述　186
- 7.5　国际多式联运单据　193
- 本章小结　196
- 复习与思考　197
- 案例分析　197

第8章 国际物流仓储与包装 ... 199
- 8.1 国际物流货物仓储概述 ... 199
- 8.2 保税仓库与保税区 ... 204
- 8.3 国际物流货物仓储业务运作基本程序 ... 208
- 8.4 国际商品包装 ... 215
- 8.5 自由贸易试验区 ... 227
- 本章小结 ... 231
- 复习与思考 ... 231
- 案例分析 ... 232

下篇:国际物流服务

第9章 国际货物运输保险 ... 234
- 9.1 国际海洋货物运输保险基础知识 ... 234
- 9.2 国际海洋货物运输保险条款 ... 238
- 9.3 其他货物运输方式下的保险条款 ... 248
- 9.4 国际货物运输保险实务 ... 252
- 本章小结 ... 255
- 复习与思考 ... 256
- 案例分析 ... 256

第10章 国际物流通关实务 ... 258
- 10.1 海关基本知识 ... 258
- 10.2 通关一体化改革 ... 267
- 10.3 进出口货物报关程序 ... 276
- 10.4 国际贸易"单一窗口" ... 290
- 本章小结 ... 292
- 复习与思考 ... 292
- 案例分析 ... 292

第11章 国际货运代理 ... 294
- 11.1 国际货运代理概论 ... 294
- 11.2 国际海上货运代理业务 ... 296
- 11.3 国际航空货运代理业务 ... 299
- 11.4 国际陆上货运代理业务 ... 302
- 11.5 集装箱运输与国际多式联运代理业务 ... 305
- 11.6 国际货运事故处理 ... 309
- 本章小结 ... 316
- 复习与思考 ... 316

案例分析 ··· 317
第 12 章　跨境电商与全球供应链物流 ····································· 318
　12.1　跨境电商概述 ··· 318
　12.2　跨境电商物流概述 ·· 322
　12.3　全球供应链物流 ·· 328
　本章小结 ··· 332
　复习与思考 ·· 333
　案例分析 ··· 333
参考文献 ·· 335

上 篇
国际物流基础知识

第 1 章　国际物流绪论

本章关键词

国际物流(international logistics)　　　进出口(import & export)
海牙规则(Hague rules)　　　　　　　　维斯比规则(Visby rules)
汉堡规则(Hamburg rules)

互联网资料

http://www.ups.com/
http://www.fedex.com/
http://www.cn.dhl.com/

1.1　国际物流概述

国际物流是现代物流国际化发展的结果,是随着国际贸易和跨国经营的发展而不断发展成熟起来的。国际物流的兴起和发展直接促成了人们对国际物流的关注与研究。国际物流学是一门新兴的理论与实践相结合的交叉学科。

1.1.1　国际物流的概念

国际物流(international logistics)又称全球物流,是指生产和消费分别在两个或两个以上的国家(或地区)独立进行时,为克服生产和消费之间的空间距离和时间距离,对物资进行物理性移动的一项国际商品交易或交流活动,从而完成国际商品交易的最终目的,即实现卖方交付单证、货物和收取货款,而买方接受单证、支付货款和收取货物的贸易对流条件。

国际物流是跨越不同国家(地区)之间的物流活动。广义的国际物流范围包括国际贸易物流、非贸易物流、国际物流投资、国际物流合作、国际物流交流等领域。其中,国际贸易物流主要是指组织货物在国际间的合理流动;非贸易物流是指国际展览与展品物流、国际邮政物流等;国际物流合作是指不同国别的企业完成重大的国际经济技术项目的国际物流;国际物流投资是指不同国家物流企业共同投资建设国际物流企业;国际物流交流则主要是指物流科学、技术、教育、培训和管理方面的国际交流。狭义的国际物流主要是指为完成国际商品交易的最终目的而进行的物流活动,包括货物包装、仓储运输、分配拨送、装卸搬运、流通加工以及报关、商检、国际货运保险和国际物流单证制作。

国际物流的实质是按国际分工协作的原则,依照国际惯例,利用国际化的物流网络、物流设施和物流技术,实现货物在国际间的流动与交换,以促进区域经济的发展和世界资源的优化配置。国际物流的总目标是为国际贸易和跨国经营服务的,即通过选择最佳的方式与路径,以最低的费用和最小的风险,保质保量适时地将货物从某国(供方)运送到另一国(需方)。国际物流使各国物流系统相互"接轨",因而与国内物流系统相比,具有国际性、复杂性和风险性等特点。国际性是指国际物流系统涉及多个国家,地理范围大。这一特点又称为国际物流系统的地理特征。国际物流跨越不同地区和国家,跨越海洋和大陆,运输距离长,运输方式多,这就需要合理选择运输路线和运输方式,尽量缩短运输距离和货物的在途时间,加速货物的周转并降低物流成本。在国际间的经济活动中,生产、流通和消费三个环节之间存在着密切的联系。由于各国社会制度、自然环境、经营管理方法以及生产习惯不同,一些因素变动较大,因而在国际间组织货物从生产到消费的流动是一项复杂的工作。国际物流的复杂性主要包括国际物流通信系统设置的复杂性、法规环境的差异性和商业现状的差异性等。国际物流的风险性主要包括政治风险、经济风险和自然风险。政治风险主要指由于所经过国家的政局动荡,如罢工、战争等原因造成货物可能受到损害或灭失;经济风险又可分为汇率风险和利率风险,主要指从事国际物流必然要发生资金流动,因而产生汇率风险和利率风险;自然风险则指物流过程中,可能因自然因素如台风、暴雨等而引起的风险。

拓展阅读1.1
物流基础知识

1.1.2 国际物流的发展阶段

第二次世界大战以后,国际间的经济交往越来越广泛,越来越活跃。国际物流活动随着国际贸易和跨国经营的发展而发展。国际物流的兴起与发展主要经历了以下几个阶段。

第一阶段:20世纪50年代至80年代初。这一阶段,物流设施和物流技术得到了极大的发展,建立了配送中心,广泛运用计算机进行管理,出现了立体无人仓库,一些国家建立了本国的物流标准化体系等。60年代开始形成了国际间的大数量物流,在物流技术上出现了大型物流工具,如20万吨的油轮,10万吨的矿石船等。70年代,受石油危机的影响,国际物流不仅在数量上进一步发展,船舶大型化趋势进一步加强,而且,出现了提高国际物流服务水平的要求,其标志是国际集装箱及国际集装箱船的发展,国际间各主要航线的定期班轮都投入了集装箱船,把散杂货的物流水平提了上去,使物流服务水平获得很大提高。70年代中后期,国际物流领域出现了航空物流大幅度增加的新形势,同时出现了更高水平的国际联运。船舶大型化的趋势发展到一个高峰,出现了50万吨的油船、30万吨左右的散装船。在这一阶段,物流系统发展促进了国际贸易的发展,物流活动已经超出了一国范围,但物流国际化的趋势还没有得到人们的重视。

第二阶段:20世纪80年代初至90年代初。这一阶段,国际物流的突出特点是在物流量基本不继续扩大情况下出现了"精细物流",物流的机械化、自动化水平提高,同时,伴随新时代人们需求观念的变化,国际物流着力于解决"小批量、高频度、多品种"的物流,现代物流不仅覆盖了大量货物、集装杂货,而且也覆盖了多品种的货物,基本覆盖了所有物流对象,解决了所有物流对象的现代物流问题。随着经济技术的发展和国际经济往来的日益扩大,物流国际化趋势开始成为世界性的共同问题。进入80年代,美国经济已经失去了兴旺发展的势头,陷入长期倒退的危机之中。因此,必须强调改善国际性物流管理,降低产品成本,并且要改善服务和扩大销售,在激烈的国际竞争中获得胜利。与此同时,日本正处在成熟的经济发展期,以贸易立国,要实现与其对外贸易相适应的物流国际化,并采取了建立物流信息网络和加强物流全面质量管理等一系列措施,提高物流国际化的效率。这一阶段物流国际化的趋势局限在美、日和欧洲一些发达国家。

第三阶段:20世纪90年代初至今。这一阶段,国际物流的发展是伴随国际联运式物流出现的物流信息和电子数据交换(EDI)系统的应用发展。信息的作用,使物流向更低成本、更高服务、更大量化、更精细化方向发展,这在国际物流中比国内物流表现更为突出,物流的几乎每一活动都有信息支撑,物流质量取决于信息,物流服务依靠信息。可以说,国际物流已进入了物流信息时代。国际物流依托信息技术发展,实现了"信息化",信息对国际物流的作用,依托互联网公众平台,向各个相关领域渗透,同时又出现了全球卫星定位系统、电子报关系统等新的信息系统,在这个基础上,构筑国际供应链,形成国际物流系统,使国际物流水平进一步得到了提高。

随着世界经济的发展,贸易伙伴遍布全球,必然要求物流设施国际化、物流技术国际化、物流服务国际化、货物运输国际化以及包装国际化和流通加工国际化等。世界各国广泛开展国际物流方面的理论和实践方面的大胆探索。人们已经形成共识:只有广泛开展国际物流合作,才能促进世界经济繁荣,物流无国界。

1.1.3 国际物流的分类

1. 按照货物流向进行划分

按照货物流向进行划分可分为进口物流和出口物流。凡存在于进口业务中的国际物流行为称为"进口物流",而存在于出口业务中的国际物流行为称为"出口物流"。鉴于各国的经济政策、管理制度、外贸体制的不同,反映在国际物流中的具体表现既有交叉,又有类型的不同,因此需加以区别。

2. 按照不同国家所划定的关税区域划分

按照不同国家所划定的关税区域予以区别,可分为国家间的物流与经济区域间的物流。这两种类型的物流,在形式和具体环节上存在着较大差异。如欧盟区域间物流、欧盟与其他国家、欧盟与其他地域间物流的差异现象。

3. 按照国家间进行货物传递和流动的方式划分

按照国家间进行货物传递和流动的方式划分,国际物流又分为:国际商品物流、国际军火物流、国际邮品物流、国际展品物流、国际援助和救助物资物流等。围绕国际物流活动而涉及国际物流业务的企业有国际货运代理、国际物流公司、国际配送中心、国际运输及仓储、报关行等具体企业。

1.1.4 国际物流的特点

与国内物流相比,国际物流有以下几方面的特点:

1. 物流环境差异大

世界各国物流环境存在较大差异,尤其是物流软环境的差异。各个国家的物流适用法律不尽相同,这使得国际物流的复杂性远高于一国的国内物流,甚至会阻断国际物流;各国经济和科技发展水平的差异会造成国际物流处于不同科技条件的支撑下,甚至有些地区根本无法应用某些技术而迫使国际物流全系统水平下降;不同的物流国家标准也造成国际间"接轨"的困难,因而使国际物流系统难以建立;不同国家的风俗文化也使国际物流受到很大局限。由于物流环境的差异迫使一个国际物流系统需要在几个不同法律、人文、习俗、语言、科技、设施的环境下运行,无疑会大大增加物流的难度和系统的复杂性。

2. 物流系统范围广

物流本身的功能要素、系统与外界的沟通已很复杂,国际物流增加了不同国家的要素,这不仅使地域和空间更为广阔,而且所涉及的内外因素更多,所需的时间更长,广阔范围带来的直接后果使难度和复杂性增加,风险增大。企业物流是将企业作为一个系统,研究原材料从进厂到通过加工,将产品输送市场上的物流过程;城市物流研究的对象是城市系统,它是一个庞大的社会系统;而国际物流研究的领域大大地超过了企业物流和城市物流的范畴,其研究对象是国际贸易中的物流现象及其规律。正因如此,国际物流一旦融入现代化系统技术,其效果会更显著。例如,开通某个"大陆桥"运输后,国际物流速度会成倍提高,效益会显著增加。

3. 国际物流运输的主要方式具有复杂性

在国内物流中,由于运输线路相对比较短,而运输频率较高,主要的运输方式是铁路运输和公路运输。而在国际物流中,由于货物运送线路长、环节多、气候条件复杂,对货物运输途中的保管、存放要求高,因此海洋运输、航空运输尤其是国际多式联运是其主要运输方式,具有一定的复杂性。

4. 国际物流必须有国际化信息系统的支持

国际化信息系统是国际物流,尤其是国际联运非常重要的支持手段。国际化信息系统建立的难度,一是管理困难,二是投资巨大,再由于世界上有些地区物流信息水平较高,有些地区较低,所以会出现信息水平不均衡,使信息系统的建立更为困难。

建立国际物流信息系统一个较好的办法就是和各国海关的公共信息系统联网,以及时掌握各个港口、机场和联运线路、站场的实际状况,为供应或销售物流决策提供支持。国际物流是最早发展 EDI(electronic data interchange,电子数据交换)的领域,以 EDI 为基础的国际物流将会对物流的国际化产生重大影响。

在网络经济环境下,以网络为主体的商务活动已经极大地解决了物流信息系统中信息传递问题。要求在网络经济中以网络信息为特征开展的商务活动和结算方式,需要同时与物流活动相适应的综合信息和物流经济体系,创造一个与网络经济活动相适应的国际物流中心会更好地解决商务与物流配送的问题。

5. 国际物流的标准化要求较高

要使国际间物流畅通起来,统一标准是非常重要的,可以说,如果没有统一的标准,国际物流水平是不能提高的。目前美国、欧洲基本实现了物流工具和设施的统一标准,如托盘采用 1 000mm×1 200mm、集装箱的几种统一规格及条码技术等,这样,大大降低了物流费用,降低了转运的难度;而不向这一标准靠拢的国家,必然在转运、换车底等许多方面要耗费更多时间和费用,从而降低其国际竞争能力。

在物流信息传递技术方面,欧洲各国不仅实现企业内部的标准化,而且也实现了企业之间及欧洲统一市场的标准化,这就使欧洲各国之间比亚、非洲等国家之间交流更简单、更有效。

1.1.5 国际物流的主要业务活动

随着物流全球化的形成,企业物流国际化运作已成为必然。但其业务活动较为广泛,且远比国内物流复杂,主要有如下几个方面。

1. 进出口业务

一个典型和较完整的进出口物流流程如图 1-1 所示。在实际业务中,有可能只涉及其中的一部分。

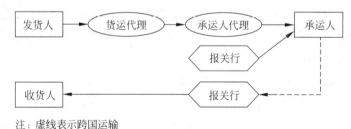

图 1-1 进出口物流流程图

进出口业务涉及的有关参与方有以下几方面。

(1) 发货人(shipper)

进出口业务中的发货人即是供应商。它可以是生产厂家或它们的经销商,有时也可能是货运公司或货运代理。

(2) 货运代理(forwarder)

货运代理是随着国际贸易的发展及货运业务的日益复杂以及传统承运人(船东或航空公司)的业务专门化,在近二三十年新发展起来的行业。货运代理是介于货主和实际承运人之间的中间商,它一方面代货主租船订舱,另一方面又代实际承运人揽货,从中收取整箱(车)货和零担货之间的差价或收取佣金。对于承运人,货运代理被相对地看作货主(发货人或收货人);对于货主,货运代理则被相对地看作承运人。

货运代理角色的出现,使得整个货运行业日趋专业化。目前大多数的进出口货物运输均是与货运代理有关,因此了解货运代理的业务,对企业控制国际货运中的成本和时间有很大帮助。此外,当前许多货运代理正不断地演变成第三方物流企业。

20世纪90年代以后,随着国际贸易和货运体系的不断完善,特别是银行信用证、海关和商业保险体系对货运代理运单的认可,货运代理的地位逐渐提高。

(3) 承运人代理(shipping agent)

承运人代理主要是替承运人(如船东、航空公司)在港口安排接泊、装卸、补给等业务,有时代理承运人签发运单。承运人代理在海运中较为常见,而在空运中较为少见。有的承运人代理也从事货运代理的业务。

(4) 承运人(carrier)

承运人是实施运输的主体,在国际贸易运输中主要指船东或航空公司。虽然有的承运人也直接面对货主,但在多数情况下,货主已经不直接与其打交道了。

(5) 报关行(customs broker)

虽然各国对进出口货物的管制政策有所不同,但基本上各国海关都要求进出口货物进行申报。有些货主有自己的报关人员,这时就不需要报关行的介入。许多货运代理也有报关资格,也不需要单独的报关行介入。报关行或货运代理的报关服务都需要货主提供必要的单据(主要包括进口报关单、提单、商业发票、原产地证书、进口许可证或进口配额证书、品质证书和卫生检验证书等),由他们代理在海关进行申报。有的报关行还提供代为商检等服务。海关产生关税单后,由货主缴纳关税(有时还包括由海关代收的其他税收)并自行提货或由服务机构代为提送货。关税一般用征税国货币支付。许多国家为吸引海外投资和促进本国进出口贸易的发展还采取了多种报关方式,如电子报关、提前报关实货放行、内陆站点报关等,以缩短货物的在途时间,缓解进出口口岸的交通工具和货物拥挤情况。

(6) 收货人(consignee)

运单上所指的收货人情况较为复杂。一般来说收货人应是货物的进口人。有时,由于进口管制的原因,最终的收货人并不体现在运单上。运单上的收货人往往是进口代理商,而在"通知人"(notify party)上显示的可能才是真正的收货人。另外,在复杂的货运情况下,主运单和分运单上所示的收货人的意义有所不同。分运单上的收货人往往才是真正的收货人,而主运单上的收货人则往往是货运代理人。

进出口业务流程是通过各种业务单证的流转来完成的,业务单证是上述各关系人业务交接、责任划分、风险承担及费用结算的凭证和法律依据。因此,在进出口业务过程中,单证起着重要作用。进出口业务中主要单证有:进出口合同(import & export contract)、运单(海运提单 bill of lading,或空运运单 airway bill)、商业发票(commercial invoice)、信用证(letter of credit)、保险单(insurance policy)、装箱单(packing list)、原产地证书(certificate of origin)等单据。

2. 国际运输

国际运输是指跨越一国边界的货物或服务的出口或进口。一般最常用的国际运输方式是海洋运输,此外还有航空运输和铁路运输。

由于国际运输中货物需要跨越国境,且多为远洋运输,货物在途时间往往较长并一旦赴运就很难更改目的地,这就极大地限制了企业物流运作的弹性。企业在进行跨国经营时必须具有较高的市场预测能力,才能保证将正确数量的正确货物在正确的时间内配送到目标市场,否则就会导致有些市场断货,而有些市场则有过剩库存。企业一旦将一定数量的商品运到目标市场,再进行不同市场之间的调货就会造成大量的额外开支,并造成供需时间不一致,长此以往必然削弱企业的竞争能力。

随着现代通信手段的进步和专业物流企业服务水平的提高,现在已经有一些物流企业通过采用全球定位系统(GPS)实现对货主货物的全程监控,并可以对在途货物重新进行调度,使货主可根据市场需求情况重新进行库存定位,随时修改货物目的地,避免地区性调货带来的额外成本并使企业的配送活动成效得以极大提高。

3. 库存与仓储管理

今天,存货管理已成为最关键也最有挑战性的物流活动之一。在跨国范围内管理存货更加困难。由于距离远、港口工作拖延、海关拖延以及转运时间长,需要保有比国内物流更多的存货,这当然提高了存货的成本。而政府对于外贸的管制以及关税的征收更加剧了存货管理的问题。企业不得不保有额外存货以应付断货情况。

国际仓储与国内仓储功能相同,包括收货、转运、配货及发运。但通常人们会更重视货物在仓库系统中的快速运转。

4. 包装与物料搬运

保护性包装在跨国经营中所起的作用比在国内更为重要,这是由于货物在途时间长,搬运次数多,要经历更恶劣的天气变化,等等。通常,跨国性经营的产品的包装会大幅度地增加物流成本,其中一部分是由于特殊的包装要求,此外还有标签和包装标志方面的原因。由于目的国不同,标签要求也不相同。各国对产品标签有许多不同的规定,总的来说,标签规定的目的在于:

① 迫使货主遵守现行产品标准;
② 对添加剂的使用加以限制和控制;
③ 禁止使用误导性信息;
④ 建立对产品的标准说明。

物料搬运系统在全球各地都不相同,澳大利亚、新西兰、中国香港、新加坡等地的物料搬运系统属于世界上最先进的系统,均已实现了机械化或自动化。然而,在许多发展中国家,大多数物料搬运系统仍然是人工的,产品在仓库和工厂中的搬运效率很低,并且对有些货物可能根本就无法进行处理。例如集装箱装卸,有些港口只能处理20英尺集装箱。

5. 信息作业

国际物流中的信息作业主要涉及物流过程中所涉及的各种单据传输的电子化、在途货物的跟踪定位以及市场信息的跨国传递。主要信息通信手段包括电子数据交换、互联网(Internet)以及卫星通信系统。

尽管许多发达国家已经具备了复杂的物流信息系统,但许多第三世界国家仍停留在纸和笔的年代,上述先进系统在这些国家根本就无法加以利用,这不仅造成了企业物流国际化运作中的信息传递受阻现象,也使这些国家在国际物流网络中只能处于附属地位。

1.2 国际物流法律法规简介

国际物流是一项跨行业、跨部门、跨地区,甚至跨越国界的系统工程,一般包括运输、仓储、包装、装卸搬运、配送、代理、咨询和其他服务等经济活动,涉及的环节非常广泛。国际物流的法律框架是由国际物流活动本身的内涵和外延决定的,规范国际物流的各种经济活动的法律、法规、法令、国家标准、国际公约和国际惯例也就包括多个方面。本节主要介绍国际物流运作中常用的几种法律法规。

1.2.1 海商法

在我国,海商法学者大多认为海商法有广义和狭义之分。广义的海商法是调整特定的海上运输关系、船舶关系的法律规范的总称。它构成我国社会主义法律体系中的一个独立的法律部门。

海商法主要调整商船海事(海上事故)纠纷,但若发生海上船舶碰撞,则军舰、渔船、游艇等船舶以及水上飞机都在海商法调整范围之内。海商法的内容相当广泛,主要有:船舶的取得、登记、管理,船员的调度、职责、权利和义务,客货的运送,船舶的租赁、碰撞与拖带,海上救助,共同海损,海上保险等。

拓展阅读 1.2
中华人民共和国海商法

海商法具有以下几个特点:

① 适用范围为调整海上运输关系和船舶关系。海上运输是指海上货物运输和海上旅客运输,包括海江之间、江海之间的直达运输。但海上货物运输合同的规定,不适用于中华人民共和国港口之间的海上货物运输。船舶是指海船和其他海上移动式装置,但是用于军事的、政府公务的船舶和20总吨以下的小型船艇除外。船舶包括船舶属具。

② 详细规定了海上货物运输合同、海上旅客运输合同、船舶租用合同、海上拖航合同、海上保险合同的成立,双方当事人的权利义务,违约责任等。

③ 实行海事赔偿责任限制原则,即船舶所有人、救助人,可依法规定限制赔偿责任。该法还规定"中华人民共和国缔结或者参加的国际条约同本法有不同规定的,适用国际条约的规定;但是,中华人民共和国声明保留的条款除外。中华人民共和国法律和中华人民共和国缔结或者参加的国际条约没有规定的,可以适用国际惯例"。

海商法属于国内民事法律,在民商法分立的国家属于商法范畴;但为解决国际通航贸易中的船货纠纷,多年来已签订了许多国际公约和规则,主要有:《统一提单若干法律规则的国际公约》(即《海牙规则》,1968年修订称《维斯比规则》)、《联合国海上货物运输公约》(简称《汉堡规则》)、《统一有关海上救助的若干法律规则的国际公约》《国际海上避碰规则公约》《约克-安特卫普规则》《防止海上油污国际公约》。它们分别对承运货物的权利和义务、责任豁免、海上船舶碰撞、海上救助、共同海损等作了详细规定。

《中华人民共和国海商法》于1993年7月1日起施行。

1.2.2 国际公约和规则

1.《海牙规则》

《海牙规则》是《统一提单的若干法律规定的国际公约》的简称。我国虽未加入该公约,却把它作为制定我国《海商法》的重要参考。《海牙规则》自1931年生效实施后,得到了国际航运界普遍接受,它的历史作用在于使国际海上货物运输有法可依,统一了海上货物运输中的提单条款,对提单的规范化起到了积极作用,基本上缓和了当时承运方和托运方之间的矛盾,促进了国际贸易和海上运输事业的发展。

拓展阅读1.3 海牙规则

《海牙规则》规定了承运人最低限度义务,免责事项,索赔和诉讼,责任限制和适用范围以及程序性等几个方面。

对于承运人免责事项,《海牙规则》第4条第2款列举了11项免责事项。11项免责事项,尤其是航行和管船过失亦免责奠定了《海牙规则》关于承运人的不完全过失责任制的基础。对于索赔和诉讼时效,《海牙规则》均规定了较短时间。索赔通知为交货前或当时,货物灭失、损坏不明显为移交后3日内并以书面形式。但双方进行联合检查者除外。《海牙规则》规定了一年的诉讼时效,自货物交付或应当交付之日起一年内。对于责任限制,海牙规则规定了每件或每单位100英镑的最高赔偿额。但托运人装货前就货物性质和价值另有声明并载入提单的则不在此限。

总体看来,《海牙规则》无论是对承运人义务的规定,还是免责事项,索赔诉讼,责任限制,均是体现着承运方的利益,对货主的保护则相对较少。这也是船货双方力量不均衡的体现。

从20世纪60年代开始,国际海事委员会着手修改《海牙规则》,于1968年2月通过了《修订统一提单若干法律规定的国际公约协定书》,简称《海牙—维斯比规则》,并于1977年6月生效,这就是《维斯比规则》。

1978年3月6日至31日在德国汉堡举行由联合国主持的由78国代表参加的海上货物运输大会又通过了《汉堡规则》,即《联合国海上货物运输公约》(United Nations Convention on the Carriage of Goods by Sea,1978),于1992年11月1日生效,进一步完善了海上货物运输规则。

2.《维斯比规则》

《维斯比规则》是《修改统一提单若干法律规定的国际公约议定书》的简称,于1968年2月23日在布鲁塞尔外交会议上通过,自1977年6月23日生效。《维斯比规则》是《海牙规则》的修改和补充,故常与《海牙规则》一起,称为《海牙—维斯比规则》。《维斯比规则》共十七条,但只有前六条才是实质性的规定,对《海牙规则》的第三、四、九、十条进行了修改。

拓展阅读1.4 维斯比规则

3.《汉堡规则》

《汉堡规则》是《联合国海上货物运输公约》的简称。《海牙规则》是20世纪20年代的产物,曾发挥它应有的作用,随着国际贸易和海运的发展,要求修改《海牙规则》的呼声不断,对其进行修改已在所难免。

拓展阅读 1.5
汉堡规则

联合国国际贸易法委员会下设的国际航运立法工作组,于1976年5月完成起草工作,并提交1978年3月6日至31日在德国汉堡召开的有78个国家代表参加的联合国海上货物运输公约外交会议审议,最后通过了《1978年联合国海上货物运输公约》。由于这次会议是在汉堡召开的,所以这个公约又称为《汉堡规则》。

《汉堡规则》全文共分七章三十四条条文,除保留了《维斯比规则》对《海牙规则》修改的内容外,对《海牙规则》进行了根本性的修改,是一个较为完备的国际海上货物运输公约,明显地扩大了承运人的责任。

《汉堡规则》适用于两个不同国家之间的所有海上货物运输合同,并且海上货物运输合同中规定的装货港或卸货港位于某一缔约国之内,或备选的卸货港之一为实际卸货港并位于某一缔约国内;或者,提单或作为海上货物运输合同证明的其他单证在某缔约国签发;或者提单或作为海上货物运输合同证明的其他单证规定,合同受该规则各项规定或者使其生效的任何国家立法的管辖。

同《海牙规则》一样,《汉堡规则》不适用于租船合同,但如提单根据租船合同签发,并调整出租人与承租人以外的提单持有人之间的关系,则适用该规则的规定。

1.2.3 《对外贸易法》

1994年5月12日,第八届全国人大常委会第七次会议通过了《中华人民共和国对外贸易法》(简称《对外贸易法》),这是规范我国外贸市场秩序的基本法律。

为了适应中国加入WTO的需要,2004年7月1日起实施经修改后的《对外贸易法》。对外贸易法是调整对外贸易关系的法律范围的总称。它主要规定了一个国家对外贸易的基本原则、主要管理体系和维护外贸管理秩序的各项措施。

拓展阅读 1.6
中华人民共和国
对外贸易法

1.2.4 海关法

海关法(customs law),是关于海关管理进出口和征收关税、查缉走私、编制海关统计和办理其他海关业务的法律规范的总称。海关法一般包括:海关的任务和职责,关税制度,进出口监管,对违章和走私行为的处罚,海关权利等。中国现代史上第一部独立自主的海关法,是1951年5月1日起施行的《中华人民共和国暂行海关法》。

拓展阅读 1.7
中华人民共和国
海关法(2016年
修正)

1987年1月22日通过,自1987年7月1日起施行的《中华人民共和国海关法》共7章。

主要内容有:①海关的任务是依法监管进出境的运输工具、货物、行李物品、邮递物品和其他物品,征收关税和其他税、费,查缉走私,编制海关统计和办理其他海关业务。②进出国境货运的监管和转运货物的监管,规定货物进出国境的验放办法,货物承运人和保管人对海关应负的责任等。③进出口货物的报验、征税、保管和放行,规定货物的收、发货人及其代理人报关、纳税以及货物保管人的责任。④走私和违章案件及其处理。

另外,国务院1985年3月7日发布了《中华人民共和国进出口关税条例》,1989年8月28日批准《海关对我出国人员进出境行李物品的管理规定》等条例,使中国海关法律体系日趋完善。

根据2000年7月8日第九届全国人民代表大会常务委员会第十六次会议《关于修改〈中华人民共和国海关法〉的决定》第一次修正。2001年1月1日,《中华人民共和国海关法》修正案正式开始施行。

根据2013年6月29日第十二届全国人民代表大会常务委员会第三次会议《关于修改〈中华人民共和国文物保护法〉等十二部法律的决定》第二次修正。

根据2013年12月28日第十二届全国人民代表大会常务委员会第六次会议《关于修改〈中华人民共和国海洋环境保护法〉等七部法律的决定》第三次修正。

根据2016年11月7日第十二届全国人民代表大会常务委员会第二十四次会议《关于修改〈中华人民共和国对外贸易法〉等十二部法律的决定》第四次修正。

根据2017年11月4日第十二届全国人民代表大会常务委员会第三十次会议《关于修改〈中华人民共和国会计法〉等十一部法律的决定》第五次修正。

1.3 国际物流的发展趋势

全球物流运作的环境远比国内物流复杂,可以用4个D来概括,即距离(distance)、单证(documentation)、文化差异(diversity in culture)和顾客需求(demands of customers),也即在不同的国家和地区内,物流活动的距离更长、单证更复杂、在产品和服务上顾客需求变幻莫测,并要满足各种文化差异。随着跨国公司的发展,全球经济和贸易的增长以及人类环保意识的觉醒,全球物流呈现出如下的变化新趋势。

1.3.1 国际物流全球化趋势日益明显,服务趋于规范化

服务全球化是物流业发展的重要趋势,自20世纪80年代以来,在全球科学技术革命的推动下,世界物流业得到高速发展。企业将核心竞争力投向新产品研发以及提高产品质量和改进服务方面,而将大量非核心业务外包给专业物流公司,另一方面,经济全球化将全世界演变成一个紧密相连的经济体,国际物流业务量大增,全球物流应运而生。随着物流服务产品化、市场化的继续发展,以及合同导向个性化服务体系的建立,物流市场的服务标准将逐渐趋于规范化。

1.3.2 第三方物流迅速崛起,并占主导地位

第三方物流是指由供方和需方以外的中间商提供服务的业务模式。第三方物流提供者并不在供应链中占有一席之地,但通过提供一整套物流活动来服务于供应链,因为第三方物流市场具有潜力大、渐进性和高增长率的特征,使得第三方物流企业拥有大量的服务客户。近十年来,第三方物流飞速发展,日本及美国企业利用第三方物流服务的比重分别达到80%和60%。目前国外物流业已经发展成熟,第三方物流业在市场中已经定位并逐渐占居主导地位,形成一个相互依存和促进、专业化与多功能化相结合、高效和谐的有机整体。

1.3.3 实行科学物流管理,逆向物流快速增长

为了满足市场的需要,企业在制造产品或提供服务的过程中必须完成下列实物流中的部分或全部:

(1) 将原料从初始源地发运到客户。
(2) 半制成品从制造厂或供应商仓库运出。
(3) 机器或机具从一个制造厂运往另一个制造厂。
(4) 制成品在工厂、公司自有仓库、客户仓库或物流服务公司仓库之间运移。
(5) 易耗品和备件从仓库运往修理厂或客户的产品所在地。
(6) 销售的支持设备,如展台、广告牌和资源等从公司运往代理商。
(7) 客户需要修理的物品或部件从客户处运送到修理厂(逆向物流)。
(8) 将空包装从货物送达点往回运到装货点(逆向物流)。
(9) 将已售出的产品或部件从货物送达点往回运到仓储或制造的初始地点(逆向物流)。
(10) 将已使用过的产品再循环、再使用或废弃(逆向物流)。

早先,物流的投资主要集中在从公司流向市场的物流上,而近年来由于环境保护意识的觉醒和对资源保护的日益关注导致对从市场返回公司的逆向物流进行管理的需要,着重在对使用过的物品进行再使用、再包装、修理或废弃。

1.3.4 信息与通信技术的发展为物流全球化创造了必要条件

技术的更新实质上也是一种内在的经济活动。因此,市场的经济活动与科技的开发活动不断相互作用必然会引发技术的创新。全球化的物流系统需要众多的企业及各国政府、国际组织的广泛合作才能建立,而这种合作离不开信息技术的发展与应用。信息技术在国际物流全球化发展中起到十分重要的作用,为此,一个国家的信息基础设施的建设及普及程度往往就能反映出该国(或地区)的物流竞争力。智能化运输系统(一种安全、高效、对环境无污染的且集聚了许多高新技术及众多功能的运输系统)及信息高速公路的应用程度说明一个国家的国际物流竞争力。

通常人们认为,只有当物流的硬件基础设施完善后,新的信息技术才能够服务于先进的物流系统,然而事实并非如此。信息技术的威力是奇妙无穷的,它完全可以用来作为战

略性调整物流运行系统的有效手段,而且,未来的物流硬件设施的规划与实施建设均不可能离开信息技术的基础设施的结构、信息系统的特点及先进的物流网络,如同一个企业的价值链管理已扩张为全球化那样,物流网络也日趋全球化。然而,物流硬件设施、信息技术的基础设施及其先进的全球物流网络系统的综合发展必须考虑众多社会性因素。跨地区、跨国家的物流必将面临许多挑战,如怎样处理各国不同的法规、不同的经济利益关系以及不同的文化背景等,因此,在发展全球物流网络中还应充分重视国与国之间的差异。1995年,时任美国副总统戈尔在阿根廷布宜诺斯艾利斯举办的世界电信会议上提出了全球信息基础设施(global information infrastructure,GII)的概念,说明美国也已经开始着手制定鼓励和推动这方面合作的政策。GII的概念将会为物流全球化提供完善的信息交流的条件,必将会促进国际物流全球化的进程。

物流技术中综合了许多现代信息技术,如GIS(地理信息系统)、GPS(全球定位系统)、EDI(电子数据交换)、Bar Code(条形码)等。现代物流信息技术的应用,使全球物流网络更加科学,并由此产生更大的经济效益。

1.3.5 物流形式多样,规模不断扩张,集约化程度提高

目前国际上流行的物流形式主要有以下几种:

(1) 综合物流中心是将两种以上不同类型的物流中心集约在一起,成为一个综合职能和高效率的物流设施,如将铁路货站、公路运输货栈集约在一起等形式。

(2) 专业物流中心是集约经营的一种业态。物流中心有时也称为"配送中心",例如中国台湾环玮物流公司先后在台北、台中、高雄、林口成立了四个物流中心,为客户提供全省性、全通路和及时性的物流服务。

(3) 物流园区,是政府从城市整体利益出发,在城乡接合部、主要交通干道附近开辟专用场地,通过逐步配套完善各项基础设施、服务设施,提供各种优惠政策,吸引大型物流(配送)中心在此聚集,使其获得规模效益,降低物流成本,同时减轻大型配送中心在市中心分布所带来的种种不利影响。物流园区是一家或多家物流(配送)企业在空间上集中布局的场所,它提供一定品类、一定规模、较高水平的综合物流概念,与工业园区、科技园区等概念一样,是具有产业一致性或相关性,且集中连片的物流用地空间。

1.4 国际物流与国际贸易的关系

国际物流是随着国际贸易的发展而产生和发展起来的,在当前已成为影响和制约国际贸易进一步发展的重要因素。国际贸易与国际物流之间存在着非常紧密的关系。

1.4.1 物流是国际贸易的必要条件

世界范围的社会化大生产必然会引起不同的国际分工,任何国家都不能够包揽一切,因而需要国际间的合作。国际间的商品和劳务流动是由商流和物流组成,前者由国际交易机构按照国际惯例进行,后者由物流企业按各个国家的生产和市场结构完成。为了克

服它们之间的矛盾,就要求开展与国际贸易相适应的国际物流。对于出口国企业来说,只有物流工作做好了,才能将国外客户需要的商品适时、适地、按质、按量、低成本地送到,从而提高本国商品在国际市场上的竞争能力,扩大对外贸易。

1.4.2 国际贸易促进物流国际化

第二次世界大战以后,出于恢复重建工作的需要,各国积极研究和应用新技术、新方法,从而促进生产力迅速发展,世界经济呈现繁荣兴旺的景象。国际贸易也因此发展得极为迅速。同时,由于一些国家和地区资本积累达到了一定程度,本国或本地区的市场已不能满足其进一步发展的需要,加之交通运输、信息处理及经营管理水平的提高,出现了为数众多的跨国公司。跨国经营与国际贸易的发展,促进了货物和信息在世界范围内的大量流动和广泛交换。

1.4.3 国际贸易对国际物流提出新的要求

随着世界技术经济的发展和政治格局的风云变幻,国际贸易表现出一些新的趋势和特点,从而对物流提出了更新、更高的要求。

(1) 质量要求。国际贸易的结构正在发生着巨大变化,传统的初级产品、原料等贸易品种逐步让位于高附加值、精密加工的制成品。由于高附加值、高精密度的商品流量的增加,对物流工作质量提出了更高的要求。同时由于国际贸易需求的多样化,形成物流多品种、小批量化,要求国际物流向优质服务和多样化发展。

(2) 效率要求。国际贸易活动的集中表现就是合约的订立和履行,而国际贸易合约的履行很大部分涉及国际物流活动,因而要求物流有很高的效率。从输入方看,提高物流效率最重要的是如何高效率地组织所需商品的进口、储备和供应。也就是说,从订货、交货,直至运入国内保管、组织供应的整个过程,都应加强物流管理。

(3) 安全要求。由于社会分工和社会生产专业化的发展,大多数商品在世界范围内分配和生产。国际物流所涉及的国家多,地域辽阔,在途时间长,受气候、地理等自然条件和政局、罢工、战争等社会政治经济因素的影响。因此,在组织国际物流中,当选择运输方式和路线时,要密切注意所经地域的气候条件、地理条件,还应注意沿途所经国家和地区的政治局势、经济状况等,以防这些人为因素和不可抗拒的自然力造成货物灭失。

(4) 经济要求。国际贸易的特点决定了国际物流的环节多、储运期长。随着国际市场竞争的加剧,降低物流成本以获得价格优势是大势所趋。从可能性上看,控制物流费用、降低物流成本具有很大潜力。对于国际物流企业来说,选择最佳物流方案,提高物流经济性,降低物流成本,保证服务水平,是提高竞争力的有效途径。

总之,国际物流必须适应国际贸易结构和商品流通形式的变革,向国际物流合理化方向发展。国际贸易结构、市场结构的巨大变化,需要专业化、国际化的物流运作。如果国际物流业者无法实现在低成本或不增加客户费用的条件下,跨国货物交付的准确、准时、无差错或少差错以及安全,国际贸易合同的履约率就会受到限制,就会影响到国际贸易企业的生存和发展。

本章小结

国际物流是跨越不同国家(地区)之间的物流活动。国际物流的实质是按国际分工协作的原则,依照国际惯例,利用国际化的物流网络、物流设施和物流技术,实现货物在国际间的流动与交换,以促进区域经济的发展和世界资源优化配置。

国际物流是一项跨行业、跨部门、跨地区,甚至跨越国界的系统工程,一般包括运输、仓储、包装、装卸搬运、配送、代理、咨询和其他服务等经济活动,涉及的环节非常广泛。国际物流的法律框架是由国际物流活动本身的内涵和外延决定的,规范国际物流的各种经济活动的法律、法规、法令、国家标准、国际公约和国际惯例也就包括多个方面。

全球物流运作的环境远比国内物流复杂,可以用4个D来概括,即距离(distance)、单证(documentation)、文化差异(diversity in culture)和顾客需求(demands of customers),也即在不同的国家和地区内,物流活动的距离更长、单证更复杂、在产品和服务上顾客需求变幻莫测,并要满足各种文化差异。随着跨国公司的发展,全球经济和贸易的增长以及人类环保意识的觉醒,全球物流呈现出一些新趋势。

复习与思考

1. 国际物流相对国内物流具有什么特点?
2. 《海牙规则》《维斯比规则》《汉堡规则》的主要内容是什么?有何联系与区别?
3. 当前国际物流发展有何新趋势?
4. 结合实际情况,指出目前中国国际物流发展存在的问题。有何解决措施?

线上自测

案例分析

新加坡物流业现状及发展概况

目前,物流业已成为新加坡经济的重要组成部分,对GDP贡献在8%左右。物流相关的公司8 000多家,物流业从业人员达92万人,占全国总劳动人口的5%。现代物流业已成为新加坡的支柱产业之一。

一、新加坡现代物流业的主要特点

(一)效率高

新加坡物流业充分体现了"高效"的含义,这不仅由于新加坡地理位置优越、交通便利,还在于其各环节畅通无阻。以通关程序为例,新加坡政府使用"贸易网络",实现了无纸化通关,贸易审批、许可、管制等通过一个电脑终端即可完成。

(二)技术强

高科技是新加坡物流业的主要支撑力量之一,而网络技术则是重中之重。新加坡物流公司基本实现了整个运作过程的自动化,一般都拥有高技术仓储设备、全自动立体仓库、无线扫描设备、自动提存系统等现代信息技术设备。网络技术主要包括政府的公众网络系统和物流企业的电脑技术平台。新加坡政府的"贸易网络"系统,实现了企业与政府部门之间的在线信息交换。同时,物流企业都斥资数百万美元建成了电脑技术平台。通过公司的技术平台,客户不但可以进行下订单等商务联系,还可以随时了解所托运货物当时的空间位置、所处的运送环节和预计送达的时间。现代科技还保证了货物的安全和物流过程中的准确性,如条形码和无线扫描仪的使用使每天多达数千万份的货物运送准确率超过99.99%。

(三)专业性强

服务的专一性是新加坡物流企业能够提供高质量服务的重要原因。它们要么专门为某一行业的企业提供全方位的物流服务,要么为各行业的客户提供某一环节的物流服务。如新加坡本地的雅阁物流公司,为完成其承担的瑞典SKF公司在亚太地区的专业配送服务,设立了SKF专用仓库。

(四)服务集中度高

新加坡港口、机场附近均设有自由贸易区(保税区)或物流园区,提供集中的物流服务,在园区内就能找到运输、仓储、配送等各个环节的专业物流商,极大地方便了客户联系业务。樟宜国际机场附近的物流园,吸引了数十家大型物流公司进驻,达到了较好的规模经济效果。

(五)实力雄厚

良好的发展环境吸引了众多国际著名物流公司,纷纷把亚洲区域总部设立在新加坡,包括全球物流业巨头美国联合包裹公司(UPS)和联邦快递公司(Fedex)。这些全球物流巨子在资金、运输工具、管理水平等方面的雄厚实力推动了新加坡本地物流业迅猛发展。同时,新加坡政联大企业,如新航、胜科集团等也都斥巨资发展物流产业。

(六)服务周全

新加坡现代物流业已经转向"量身定做"的服务,以满足每个客户的不同需要为出发点和最终归宿点,服务范围之广之细可谓空前。公司和客户共同研究、选择出一种或几种最理想的服务方式,最终找出能最大限度为客户提供低成本的解决方案。

二、新加坡政府大力推动物流业发展

(一)建设一流的机场和港口

新加坡航空物流的代表是樟宜国际机场,机场内设有樟宜航空货运中心(也称物流园),面积达47公顷,是一个24小时运作的自由贸易区。这个一站式的服务中心,提供了装卸航空货物所需的设备和服务,从飞机卸下的货物送到收货人手里,前后只需一小时。民航局不时研讨制定樟宜机场的发展规划,以确保机场有足够的能力应付亚太地区航空交通的强劲增长。

新加坡利用其优良的深水港,兴建了4个集装箱码头。新加坡港务集团每年可装卸超过1 500万个集装箱,是世界最大的单一箱运码头经营机构。新加坡的远景目标是把该国发展成为集海、陆、空、仓储为一体的全方位综合物流枢纽中心。

(二)推动电子政府的建设

新加坡物流涉及的多个环节实现了无纸化和自动化,为商家节省了人力和财力,也提高了政府运作的效率。目前新加坡与物流业密切相关的网络有5个:

1. 贸易网(Trade Net),在全国范围内实行电子数据交换(EDI),连接了海关、税务、军控、安全、经济发展局、企业发展局、农粮局等35个政府部门,与进口、出口(包括转口)贸易有关的申请、申报、审核、许可、管制等全部手续均通过贸易网进行。该网24小时运行,自动接收、处理、批准和返还电子申报。商家通过电脑终端10秒钟即可完成全部申报手续,10分钟即可得到批准与否的答复。

2. 港口网(Port Net),用户包括港务局、船公司或其代理行、货主集装箱中转站和卡车运输业等1 300多家。该网融合了航运界和港口的专业经验,利用高速的数据交换和通信将航运业的各方面连接起来,简化点到点的信息流程,使港口用户获得船只进出港信息、舱位安排、货物在港所处的状态、预订舱位、指定泊位、起重机布置、集装箱实时跟踪等信息。

3. 裕廊港口网站(Jurong Port Online),主要为裕廊化工岛物流提供服务。

4. 海事网(Marinet),为800多家船运公司提供与船舶相关的海事服务,以电子方式处理和传送船舶文件,并提供网上船只燃料采购、船舶追踪等信息。

5. 空运货物社群网络(Cargo Community Network)。通过这一电子平台,空运货物代理可直接与全球20多家大型航空公司、其他货运代理联系空运货物事宜和处理相关单证,并与世界其他同类型系统相连,提供区域和全球空运货物服务。目前新加坡95%的空运货物代理使用该系统,每月处理空运货物交易400万次。

(三)培养物流专业人才

新加坡政府以讲座的形式向公司及公众介绍物流技术的最新发展,推出了政校合作、国际交流等多项物流人才培训计划,并配合市场的实际需要推出广泛的专材训练课程。政府也与物流专业机构、协会或商会合作,推动举办物流展览会、研讨会,促进国际交流与合作。

思考题:

1. 新加坡物流业发展有何成功经验?
2. 我国主要城市如何借鉴新加坡物流发展的成功经验?

第 2 章　国际贸易基础知识

本章关键词

国际贸易(international trade)　　　　　对外贸易(foreign trade)
《2020 年通则》(incoterms 2020)　　　信用证(letter of credit)
贸易术语(trade terms)

互联网资料

http://www.iccwbo.org/
http://www.ccoic.cn/
http://www.mofcom.gov.cn/

2.1　国际贸易基本概念与分类

2.1.1　国际贸易的基本概念

1. 国际贸易与对外贸易

国际贸易(international trade)是指不同国家(或地区)之间进行的商品交换活动。这里讲的商品交换是广义的,即包括有形商品和无形商品的贸易活动。既然国际贸易泛指国家与国家之间的商品交换,那么,它就既包括本国与他国之间的贸易,也包括别的国家之间的贸易。因此,从全世界范围来看,国际贸易也就是世界贸易(world trade),一般讲的国际贸易,就是指世界贸易。

对外贸易(foreign trade),如果从某个国家或地区的角度来看,是指该国(或地区)同别国(或地区)进行的商品交换活动。因为这是立足于一个国家的立场来看待这种商品贸易活动,所以称为对外贸易,或者也可称为"国外贸易"或"外部贸易"(external trade)。有一些海洋岛国或者对外贸易活动主要依靠海运的国家(如英国、日本等),又很自然地将对外贸易称作"海外贸易"(oversea trade)。由于对外贸易是由商品的进口和出口两部分构成的,人们有时又把它叫作"进出口贸易"或者"输出入贸易"(import and export trade)。

2. 对外贸易额与对外贸易量

贸易额,又叫贸易值(value of trade),是用货币表示的反映贸易规模的指标。各国一般都用本国货币加以表示,但为了便于国际比较,许多国家按汇率折算成国际上通用的美元来计量。贸易额通常分为对外贸易额和国际贸易额两种。

对外贸易额是一个国家在一定时期内(如一年)出口贸易额和进口贸易额的总和。从世界范围来看,一国的出口即意味着其他国家的进口。

国际贸易额则专指世界各国出口贸易额的总和,它亦称世界贸易额。因此,计算一国对外贸易额占世界贸易额的比重时,通常只能用本国的出口贸易额与世界贸易额相比较而得出。不注意这点,则可能因重复计算而夸大了一国的国际贸易地位。同时,考虑到有关的运费和保险费等不应算作出口贸易额,世界上一般都用离岸价格(FOB)来计算出口额。只有少数国家的出口贸易额是按到岸价格(CIF)计算的。

用国际贸易额来反映一国对外贸易的规模和水平,既简洁明了,又便于国际比较,因而它最为通用。可是,如果有关货币的价值发生变动,这个指标就可能会有虚假的反映。例如,由于本国货币或者美元的汇率发生变动,同样数量的出口商品就表现为不同的出口贸易额,有时这个差额还相当巨大。

国际贸易量(quantity of trade)是用进出口商品的计量单位(如数量、重量等)表示的反映贸易规模的指标。按照实物计量单位进行计算,可以剔除价格变动等因素带来的虚假成分,更准确地反映实际贸易情况。贸易值增加了,贸易量不一定增加,还可能减少。但对一个国家千千万万种进出口商品来说,无法用同类计量单位来表示一国对外贸易的总和,只有同种货币的金额才能相加。因此,技术上以剔除价格变动的贸易值来替代贸易量,即许多国家和联合国通常用贸易量指数来表示进出口贸易的实际规模,这样,贸易量的计量单位仍是货币单位。

3. 净出口与净进口

一个国家在同类产品上既有出口又有进口。在一定时期里(如一年)将某种商品的出口数量与进口数量相比较,如果出口量大于进口量,叫作净出口(net export);如果出口量小于进口量,叫作净进口(net import)。在某一类商品上是净出口还是净进口,反映了一国对该商品的生产能力和消费能力。如果一国对某类商品的生产能力大于消费能力,则该国在该类商品的外贸中会出现净出口;反之则出现净进口。另外,净出口或净进口也可能是由于一国的某类商品在国际竞争中的地位造成的。竞争力强,会出现净出口;竞争力弱,则会出现净进口。

4. 贸易差额与国际收支

一个国家(或地区)在一定时期(如一年)内出口额与进口额的相差数,叫作贸易差额(balance of trade)。如果出口额大于进口额,叫作"贸易顺差"或"贸易盈余",亦称"出超"(favorable balance of trade)。如果出口额小于进口额,则叫"贸易逆差"或"贸易赤字",亦称"入超"(unfavorabe balance of trade)。贸易差额是衡量一国对外贸易状况的重要标志。一般说来,贸易顺差表明一国在对外贸易收支上处于有利地位,贸易逆差则处于不利地位。争取贸易顺差的手段首先是扩大出口。

但是,贸易长期顺差不一定是好事。这是因为,要长期赚取贸易顺差就必须把国内大量的商品和劳务让外国人享受和使用,手中只留有充当国际清偿手段的外汇,这样一来,本国自己可用的经济资源反而相对减少,从而实际上降低了广大国民的经济福利。同时,长期顺差往往易于引发同他国的经济摩擦,给本国今后的外贸发展增加了障碍和困难。同样逆差也并非绝对是坏事,贸易逆差若是为加速经济发展而适度举借外债,引进先进技术及生产资料,也不是坏事。况且逆差也是减少长期顺差的手段。因此,从长期趋势来看,一国的进出口贸易应保持基本平衡。

国际收支(balance of payment)是指一国在一定时期内(通常为1年)所有对外经济交易的收入与支出总额的对比。如果收入大于支出,称为国际收支顺差(或黑字);如果支出大于收入,则称为国际收支逆差(或赤字);如果收入等于支出,则称为国际收支平衡。但是,一般很少见国际收支绝对平衡的。国际收支是由经常账户、资本账户、官方结算账户等组成的。对外贸易收支是经常账户中的主要内容,因此,贸易差额对国际收支具有重要影响。

5. 贸易条件与对外贸易依存度

贸易条件(terms of trade)是指出口一单位商品可以换回多少单位的外国商品。换回的外国商品增多,称为贸易条件好转;换回的外国商品减少,称为贸易条件恶化。在以货币为媒介、以价格表示交换价值的条件下,贸易条件一般是一定时期内出口商品价格与进口商品价格之间的比率。所以贸易条件又叫"进出口交换比价",或简称"交换比价"。这里涉及的是所有进出口商品的价格,而一个国家的进出口商品种类有很多,因此通常用一国在一定时期(如一年)里的出口商品价格指数同进口商品价格指数对比进行计算。其具体公式是:

$$\text{贸易条件指数(TOT)} = (\text{出口价格指数}/\text{进口价格指数}) \times 100$$

TOT的计算值有三种情况:①TOT大于100,即贸易条件好转;②TOT小于100,即贸易条件恶化;③TOT等于100,即贸易条件不变。

对外贸易依存度(ratio of dependence on foreign trade)是指一国对外贸易额在该国国内生产总值(GDP)中所占的比重。也有人用国民生产总值(GNP)来计算外贸依存度,但现在较多地使用GDP来计算外贸依存度。若以X表示出口,M表示进口,则外贸依存度的公式为

$$\frac{X+M}{\text{GDP}}$$

外贸依存度表明一国经济对外贸的依赖程度,也可表明一国经济国际化的程度。由于进口值不是该国在一定时期内新创造的价值,使外贸依存度表现得较高,因此,很多人使用出口依存度这个概念。出口依存度是指一国在一定时期内出口值在国内生产总值中所占的比重。出口依存度的公式为

$$\frac{X}{\text{GDP}}$$

另外,可以把进口额在GDP中所占的比重称为进口依存度。进口依存度的公式为

$$\frac{M}{\text{GDP}}$$

进口依存度可以用来表示一国的市场开放度。

6. 国际贸易商品结构与地理方向

国际贸易商品结构(composition of international trade)是指一国在一定时期里(如一年)各类商品在进出口贸易额中所占的比重。商品的种类繁多,一种常见的分类方法是根

据商品的加工程度,把商品分为初级产品和工业制成品两大类。前者是指未经加工或简单加工的农、林、牧、渔和矿藏的产品,如食品、工业原料、燃料等。后者是指经过机器完全加工的产品,如机器设备、化学制品和其他工业品等。还有一种常见的分类方法是根据商品生产中所需要的某种较多的生产要素,把商品分为劳动密集型商品、资本密集型商品等。联合国正式采用的《国际贸易标准分类》(SITC)把贸易商品分为 10 大类,其中前五类是初级产品,后五类是工业制成品。一国出口商品构成取决于它的国民经济状况、自然资源丰缺程度以及对外经济政策等因素。

必须指出,不断提高外贸商品结构中工业制成品的比重,是一国增强国际竞争力的重要方面。一国出口制成品所占的比重越大,反映它的生产力水平越高,从而它在国际分工中的优势地位越明显。何况,由于大多数初级产品的国际需求难以大幅度上升,增加它们的出口量并非易事,并且初级产品的相对价格一般呈现下跌趋势,其贸易利益明显不及工业制成品。总的来说,发达国家主要出口制成品和进口初级产品,发展中国家则主要出口初级产品和进口制成品。近年来,一些发展中国家的出口商品构成已有较大变化,但尚未根本改变上述的基本状况。同时,一国出口商品构成还应力求多元化。出口商品的种类越是多样化,越从多方面适应国际市场的广泛需求,就越能抵御国际市场大起大落的猛烈冲击,从而它在国际贸易中的地位也就相对有利。

国际贸易地理方向(direction of trade)。从一国对外贸易的角度而言,地理方向是指一国对外贸易额的地区分布和国别分布状况,即该国的出口商品流向和进口商品来自哪些国家或地区。该指标反映了一国同世界各国或各地区的经济贸易联系的程度。以中国为例,2000 年,中国的主要对外贸易地理方向排名前四位的是日本(17.53%)、美国(15.70%)、欧盟(14.56%)、中国香港(11.37%)。这表明,我国同日本、欧盟、中国香港、美国的对外贸易额所占比重很大,而同拉美国家的贸易交往相对就很少。从国际贸易方面来看,地理方向是指世界贸易额的国别分布或洲别分布情况,反映了各国或各洲在国际贸易中的地位。例如,2000 年,中国的对外贸易额占世界贸易总额的比重为 7.67%,排名第 7 位。该年国际贸易排名前三位的是美国(32.98%)、德国(17%)、日本(13.88%)。这表明,这些发达国家参加国际商品流通水平较高,在世界贸易中具有举足轻重的地位。

2.1.2 国际贸易的主要分类

国际贸易范围广泛,性质复杂,可以从不同角度进行分类,主要的分类有七种:

1. 按商品流向划分:出口贸易、进口贸易、过境贸易、转口贸易、复出口、复进口

出口贸易(export trade)是指一国把自己生产的商品输往国外市场销售,又称输出贸易。如果商品不是因外销而输往国外,则不计入出口贸易的统计之中,例如运往境外使馆、驻外机构的物品,或者携带个人使用物品到境外等。

进口贸易(import trade)是指一国从国外市场购进用以生产或消费的商品,又称输入贸易。如果商品不是因购入而输入国内,则不计入进口贸易。同样,若不是因购买而输入国内的商品,则不称进口贸易,也不列入统计,如外国使、领馆运进自用的货物,以及旅客携带个人使用物品进入国内等。

过境贸易(transit trade)是指某种商品从甲国经由乙国输往丙国销售,对乙国来说,这项买卖就是过境贸易。在过境贸易中,又可分为直接过境贸易和间接过境贸易。直接过境贸易是指 A 国的商品进入本国境内后不存放海关仓库而直接运往 B 国;间接过境贸易是指 A 国的商品进入 C 国境内后存放仓库,然后再运往 B 国。在过境贸易中,由于本国未通过买卖取得货物的所有权,因此,过境商品一般不列入本国的进出口统计中。

转口贸易(entreport trade)是指本国从 A 国进口商品后,再出口至 B 国的贸易,本国的贸易就称为转口贸易。转口贸易中的货物运输可以有两种方式:一种方式是转口运输,即货物从 A 国运入本国后,再运往 B 国;另一种方式是直接运输,即货物从 A 国直接运往 B 国,而不经过本国。

复出口(re-export)是指从国外输入的商品,没有在本国消费,又未经加工就再出口,又称作复输出。如进口货物的退货、转口贸易等。

复进口(re-import)是指输往国外的商品未经加工又输入本国,又称作复输入。产生复进口的原因,或者是商品质量不合格,或者是商品销售不对路,或者是国内本身就供不应求。从经济效益考虑,一国应该尽量避免出现复进口的情况。

2. 按商品形态划分:有形贸易和无形贸易

有形贸易(tangible goods trade)是指买卖那些看得见、摸得着的具有物质形态的商品(如粮食、机器等)的交换活动。为了便于统计和分析,联合国秘书处于 1950 年公布了《国际贸易标准分类》(Standard International Trade Classification, SITC)。1960 年、1975 年、1985 年还分别对其作过三次修订。在这个标准分类中,把有形商品分为 10 大类

拓展阅读 2.1
国际贸易标准分类

(section)、67 章(division)、261 组(group)、1 033 个分组(sub-group)和 3 118 个项目(item),见表 2-1。SITC 几乎包括了所有的有形贸易商品。每种商品都有一个五位数的目录编号。第一位数表示类,前两位数表示章,前三位数表示组,前四位数表示分组,五位数一起表示某个商品项目。例如,活山羊的标准分类编号为 001.22。其中,0 表示类,名称为食品及主要供食用的活动物;00 表示章,名称为主要供食用的活动物;001 表示组,名称为主要供食用;001.2 表示分组,名称为活绵羊及山羊;001.22 表示项目,名称为活山羊。

无形贸易(intangible goods trade)是指买卖一切不具备物质形态的商品的交换活动,例如运输、保险、金融、文化娱乐、国际旅游、技术转让、咨询等方面的提供和接受。无形贸易可以分为服务贸易和技术贸易。一般来说,服务贸易(trade in services)是指提供活劳动(非物化劳动)以满足服务接受者的需要并获取报酬的活动。为了便于统计,世界贸易组织的《服务贸易总协定》把服务贸易定义为四种方式:①过境交付,即从一国境内向另一国境内提供服务;②境外消费,即在一国境内向来自其他国家的消费者提供服务;③自然人流动,即一国的服务提供者以自然人的方式在其他国家境内提供服务;④商业存在,即一国的服务提供者在其他国家境内以各种形式的商业或专业机构提供服务。技术贸易(international technology trade)是指技术供应方通过签订技术合同或协议,将技术有偿转让给技术接受方使用。有形贸易与无形贸易有一个鲜明的区别,即有形贸易均需办理

海关手续,其贸易额总是列入海关的贸易统计,而无形贸易尽管也是一国国际收支的构成部分,但由于无须经过海关手续,一般不反映在海关资料上。但是,对形成国际收支来讲,这两种贸易是完全相同的。

表 2-1 《国际贸易标准分类》商品大类

大类编号	类 别 名 称
0	食品及主要供食用的活动物
1	饮料及烟草
2	燃料以外的非食用粗原料
3	矿物燃料、润滑油及有关原料
4	动植物油脂
5	未列明化学品及有关产品
6	主要按原料分类的制成品
7	机械及运输设备
8	杂项制品
9	没有分类的其他商品

然而,无形贸易在国际贸易活动中已占据越来越重要的地位。它的贸易额在最近几年接近于国际商品贸易额的 1/4。不少发达国家的服务贸易额已占其出口贸易额的相当比重,有的国家(如美国)已达一半左右。近年来,服务贸易的增长速度明显快于有形贸易的增长速度,且继续保持着十分强劲的势头。特别是乌拉圭回合通过了《服务贸易总协定》,规定把服务贸易纳入国际贸易的规范轨道,逐步实现自由化。这将促使各国进一步大力发展服务贸易。我国提出的发展大经贸的工作思路,实际上就强调了发展无形贸易的重要意义。

3. 按境界标准划分:总贸易和专门贸易

这是由于国境和关境不一致所产生的统计标准。

总贸易(general trade)是以国境为标准统计的进出口贸易。凡购买输入国境的商品一律计入进口,凡外销输出国境的商品一律计入出口。总贸易可以分为总进口和总出口。总进口是指一定时期内(如一年内)跨国境进口的总额。总出口是指一定时期内(如一年内)跨国境出口的总额。将这两者的总额相加,即总进口和总出口之和,称作总贸易额。世界上某些国家,如美国、英国、日本、加拿大、澳大利亚等,采用总贸易方式来统计。

专门贸易(special trade)是以关境为标准统计的进出口贸易。凡购买输入关境的商品一律计入进口,凡外销输出关境的商品一律计入出口。专门贸易可以分为专门进口和专门出口。专门进口是指一定时期内(如一年内)跨关境进口的总额,专门出口是指一定时期内(如一年内)跨关境出口的总额。专门贸易额就是专门进口额与专门出口额的总和。这样,外国商品直接存入保税仓库(区)的一类贸易活动不再列入进口贸易项目之中。显然,专门贸易与总贸易在数额上不可能相等,但两者都是指一国在一定时期内(如一年对外贸易的总额。世界上某些国家,如法国、意大利、德国、瑞士等,采用专门贸易方式来统计。

各国都按自己的统计方式公布对外贸易的统计数据,并向联合国报告。联合国公布的国际贸易统计数据一般注明总贸易或专门贸易。过境贸易列入总贸易,不列入专门贸易。

4. 按贸易关系分:直接贸易和间接贸易

直接贸易(direct trade)是指商品直接从生产国(出口国)销往消费国(进口国),不通过第三国转手而进行的贸易,这两国之间的贸易称为直接贸易。

间接贸易(indirect trade)是指商品从生产国销往消费国时通过第三国转手的贸易。对生产国和消费国来说,开展的是间接贸易;而对第三国来说,则进行的是转口贸易。

直接贸易和间接贸易的区别是以货物所有权转移是否经过第三国(中间国)为标准,而与运输方式无关。直接贸易可以是生产国的商品通过第三国转运至消费国,间接贸易可以是生产国的商品直接运往消费国。

5. 按贸易国数目划分:双边贸易、三角贸易和多边贸易

双边贸易(bilateral trade)是指两国政府之间商定的贸易规则和调节机制下的贸易。两国政府往往通过签订贸易条约或协定来规定贸易规则和调节机制,要求两国在开展贸易时必须遵守贸易条约或协定中的规定。双边贸易所遵守的规则和调节机制不适用于任何一个签约国与第三方非签约国之间开展的贸易。例如,在《中美贸易条约》下开展的中美贸易就是一种双边贸易。

多边贸易(multilateral trade)是指在多个国家政府之间商定的贸易规则和调节机制下的贸易。同样,多个国家政府之间也需要通过签订贸易条约或协定来规定贸易规则和调节机制,而且这些贸易规则和调节机制也不适用于任何一个签约国与其他非签约国之间的贸易。例如,世界贸易组织中的国家所开展的贸易就属于多边贸易。

6. 按清偿工具划分:自由结汇贸易和易货贸易

自由结汇贸易(free-liquidation trade)是指以国际货币作为清偿手段的国际贸易,又称现汇贸易。能够充当这种国际支付手段的,主要是美元、欧元、日元这些可以自由兑换的货币。反之,以经过计价的商品作为清偿手段的国际贸易,则称易货贸易(barter trade),或叫换货贸易。它的特点是,进口与出口直接相联系,以货换货,进出口基本平衡,可以不用现汇支付。这就解决了那些外汇匮乏国家开展对外贸易的困难。加上现在各国之间经济依赖性加强,有支付能力的国家有时也不得不接受这种贸易方式,因此,易货贸易在国际贸易中十分兴盛,大致已接近世界贸易额的1/3。

必须注意,倘若两国间签订了贸易支付协定,规定双方贸易经由清算账户收付款,则一般不允许进行现汇贸易。因此,从清偿工具的角度看,这是一种特殊形式的国际贸易。

7. 按经济发展水平划分:水平贸易和垂直贸易

经济发展水平比较接近的国家之间开展贸易活动,叫作水平贸易(horizontal trade)。例如,北北之间、南南之间以及区域性集团内的国际贸易,一般都是水平贸易。相反,经济发展水平不同的国家之间的贸易,称为垂直贸易(vertical trade)。这两类国家在国际分

工中所处的地位相差甚远,其贸易往来有着许多与水平贸易大不一样的特点。南北之间贸易一般就属此类。区分和研究这两者的差异,对一国确定其对外贸易的政策和策略具有重要作用。

2.2 国际贸易方式

国际贸易方式是指国际间商品流通的做法或形式。随着国际贸易的发展,进行贸易的具体方式也日趋多样化。除了常见的逐笔售定的单边出口方式外,还有诸如独家经销、代理、寄售、展卖、招标投标、拍卖、期货交易、对销贸易、加工贸易等做法。

2.2.1 经销与代理

1. 经销

经销(distribution)是指进口商即经销商(distributor)根据他与国外出口商即供货商(supplier)达成的协议,在规定的期限和地域内购销指定商品的一种做法。经销方式按经销商权限的不同分为两种:一种是独家经销(sole distribution),也称包销(exclusive sale),指经销商在协议规定的期限和地域内,对指定的商品享有独家专营权的经销方式;另一种是一般经销(non-exclusive distribution),也称定销,指经销商不享有独家专营权,供货商可在同一时间、同一地区内,确定几个商家经销同类商品。

2. 代理

代理(agency)是指代理人(agent)按照委托人(principal)的授权,代表委托人与第三人订立合同或实施其他法律行为,而委托人直接承担由此产生的权利与义务的贸易方式。

国际贸易中的代理按委托人授权的大小分为总代理、独家代理和一般代理。总代理(general agent)是委托人在指定地区的全权代表,他有权代表委托人从事一般商务活动和某些非商务性事务。独家代理(sole agent or exclusive agent)是指定地区和期限内单独代表委托人从事代理协议中规定的有关业务的代理。一般代理又称佣金代理(commission agent),是指不享有独家经营权的代理,即在同一地区和期限内可以有几个代理人同时代表委托人从事有关业务。

代理按照行业性质的不同又可分为销售代理、购货代理、运输代理、广告代理、诉讼代理、仲裁代理、银行代理和保险代理等。

3. 独家销售代理与独家经销的区别

在出口业务中,独家销售代理与独家经销有着相似之处,但从当事人之间的关系来看,两者却有着根本的区别。独家经销商与供货人之间是买卖关系,经销商完全是为了自己的利益购进货物后转销,自筹资金,自负盈亏,自担风险。而在代理方式下,代理人只是代表委托人从事有关行为,两者建立的契约关系是属于委托代理关系。代理人一般不以自己的名义与第三者订立合同,只居间介绍,收取佣金,并不承担履行合同的责任,履行合同义务的双方是委托人和当地客户。

2.2.2 招标与投标

招标和投标是一种传统的贸易方式,在国际工程承包和大宗物资、设备采购业务中普遍采用。

1. 招标与投标的含义及特点

招标(invitation to tender)是指招标人(买方)发出招标通知,说明拟采购的商品名称、规格、数量及其他条件,邀请投标人(卖方)在规定的时间、地点按照一定的程序进行投标的行为。

投标(submission of tender)是指投标人(卖方)应招标人(买方)的邀请,按照招标的要求和条件,在规定的时间内向招标人递价,争取中标的行为。

招标与投标是一种贸易方式的两个方面,投标是针对招标而来。与其他贸易方式相比,招标与投标的特点在于:其一,不经过磋商;其二,没有讨价还价的余地;其三,招标与投标属于竞卖方式,即一个买方对多个卖方,卖方之间的竞争使买方在价格及其他条件上有较多的比较和选择,从而在一定程度上保证了采购的商品和工程项目的最佳质量和相对较低的价格。

2. 国际招标的方式

招标有不同的方式和不同的使用范围,不同方式各有优势,须视具体情况选用。国际招标方式主要有以下几类。

(1) 国际竞争性招标(international competitive bidding)

国际竞争性招标指招标人邀请几个乃至几十个国内外企业参加竞标,从中选择最优投标人的方式。通常有两种做法:一种是公开招标(open bidding),即招标人通过国内外报刊、电台等发出招标通告,使多个具备投标资格者有均等机会参加投标;另一种是选择性招标(selected bidding),即招标人有选择地邀请某些信誉好、经验丰富的投标人,经资格预审合格后参加投标。

(2) 谈判招标(negotiated bidding)

谈判招标又称议标,是招标人直接同卖方谈判,确定标价,达成交易。

(3) 两段招标(two stage bidding)

两段招标又称两步招标,是在采购某些复杂的货物时,因事先不能准备完整的技术标准而采用的招标方法。第一步,邀请投标人提出不含报价的技术投标;第二步,邀请投标人提出价格投标。

3. 招标与投标的基本程序

招标与投标的基本程序包括招标、投标、开标、评标、决标及中标后签约等环节。

(1) 招标

招标包括三项基本工作:编制招标文件,发布招标公告,投标资格预审。

招标文件又称标书,也就是招标的贸易条件和技术条件。物资与设备采购的标书,主要应列明商品名称、各种交易条件和投标人须知,如投标人资格、投标日期、投标保证金和投标单寄送方法等。工程项目的标书还应包括项目规范、工程量表、合同条件及图纸等。

发布招标公告要根据招标的种类,选择公开发布还是在一定范围内发布的形式。

资格预审主要是审核投标人的能力和资信情况,一般包括投标人的概况、经验与信誉、财务能力、人员能力和施工设备等,预审合格方可参加投标。

(2) 投标

投标人认真制作投标文件并正确及时递送。

(3) 开标与评标

开标是按照招标人规定的时间、地点,在投标人或其代理出席的情况下,当众拆开密封的投标文件,宣读文件内容。

评标是指招标人在开标后,对各个投标书中的条件进行评审、比较,选择最佳投标人为中标人的过程。

(4) 签订协议

招标人选定中标人以后,要向其发出中标通知书,中标人必须依约与招标人签订协议。

2.2.3 拍卖、寄售与展卖

1. 拍卖

(1) 拍卖的含义及范围

拍卖(auction)是由专营拍卖业务的拍卖行接受货主的委托,在一定的地点和时间,按照一定的章程和规则,以公开叫价竞购的方法,最后由拍卖行把货物卖给出价最高的买主的一种现货交易方式。

以拍卖方式出售的商品主要有艺术品、烟叶、木材、羊毛、毛皮、纸张、水果、蔬菜及鱼类等品质不易标准化或难以久存的商品。

(2) 拍卖的形式

① 增价拍卖(english auction)。增价拍卖也叫英格兰拍卖或买主叫价拍卖,是由拍卖人宣布预定的最低价格,然后由买主竞相加价,直至出价最高时,由拍卖人接受并以击槌动作宣告成交。

② 减价拍卖(dutch auction)。减价拍卖也叫荷兰式拍卖或卖方叫价拍卖,是由拍卖人先开出最高价,然后由拍卖人逐渐减低叫价,直至有人表示接受而成交。

③ 密封递价拍卖(seal-bid auction)。它也称招标或拍卖,是由拍卖人事先公布每批商品的具体情况和拍卖条件,然后由竞买者在规定时间内将密封标书递交拍卖人,由拍卖人选择条件最合适者表示接受而成交。

(3) 拍卖的基本程序

① 准备阶段。货主事先把商品运到拍卖人指定的仓库,由拍卖人挑选、整理、分类、分批编号及印发拍卖目录并刊登广告。

② 查看货物。买主既可查看拍卖人提供的样品,也可去仓库查看整批货物,还可以抽取一定数量的样品,以供分析。

③ 正式拍卖。即在规定的时间和地点,按照拍卖目录规定的次序,逐笔喊价成交。

拍卖主持人作为货主的代理人掌握拍卖的进程。货主对货物可提出保留价,也可无保留价。

④ 付款与提货。拍卖成交后,买主按规定付款和提货。拍卖行收取一定比例的佣金,佣金一般不超过成交价的5%。

2. 寄售

(1) 寄售的含义及性质

寄售(consignment)是一种委托代售的贸易方式,指寄售人(consignor)先将准备销售的货物运往国外寄售地,委托当地代销人(consignee)按照寄售协议规定的条件代为销售后,再由代销人向货主结算货款。在寄售方式中,寄售人和代销人之间是委托与受托关系,而非买卖关系。与代理人可以用委托人名义,也可用自己的名义从事授权范围事宜有所不同,代销人只能用自己的名义处理寄售协议中规定的事务,而且代销人同第三方从事的法律行为不能直接对寄售人发生效力。

由于寄售是凭实物进行的现货交易,商品售出前所有权属寄售人。代销人不承担任何风险和费用,只收取佣金作为报酬。因此,寄售有利于把握市场机会,节约交易成本,有利于调动代销人的积极性。但寄售人要承担一定的贸易风险,且资金周转期长,收汇很不安全。

(2) 寄售协议

寄售协议(agreement of consignment)是寄售人和代销人之间就双方的权利、义务及有关寄售条件和具体做法而签订的书面协议。协议的重点是商品价格的确定、各种费用的负担和安全收汇三个问题。协议一般包括下列内容:

① 协议名称及双方权利与义务。

② 寄售区域及寄售商品。

③ 定价方法。一般有由寄售人规定最低售价、随行就市和在销售前逐笔征得寄售人同意三种方法。

④ 佣金。一般应规定佣金的计算基础、佣金率以及佣金的支付时间和方法等。

⑤ 付款。商品售出后的货款,一般由代销商扣除佣金及代垫费用后汇付寄售人。为保证收汇安全,以利资金周转,协议中应明确规定付款的时间和方式。此外,还应规定货物保险、各种费用的负担等预防性条款。为减少风险,也有必要规定由代销人提供银行保函或备用信用证等。

3. 展卖

(1) 展卖的含义和种类

展卖(fairs and sales)是利用展览会和博览会及其他交易会形式,对商品实行展、销结合的一种贸易方式。

展卖可以采取各种不同的方式。从展卖商品的所有方和客户的关系来看,展卖的做法主要有两种:一种是将货物通过签约方式卖断给国外客户,双方是一种买卖关系,由客户在国外举办或参加展览会,货价有所优惠,货款可在展览会后或定期结算。另一种方式是由双方合作,展卖时货物所有权不变,展品出售的价格由货主决定,国外开展期间由客户承担运输、保险、劳务及其他费用,货物出售后收取一定手续费作为补偿。展出结束后,未售出的货物可以折价卖给合作的客户,或运往其他地方进行另一次展卖。

除此之外,还可以将寄售和展卖方式结合起来进行。即在寄售协议中规定,代销人将寄售的商品在当地展卖。至于展卖的有关事项,可在该协议中规定,也可另签协议作出规定。

无论是哪一种做法,展卖作为一种商品推销方式,其基本特点可概括为:把出口商品的展卖和推销有机结合起来,边展边销,以销为主。展卖这种方式的优点主要表现在以下方面。

① 有利于宣传出口商品,扩大影响,招揽潜在买主,保证交易。
② 有利于建立和发展客户关系,扩大销售地区和范围。
③ 有利于开展市场调研,听取消费者的意见,改进产品质量,增强出口竞争力。

(2) 我国一般采用的展卖方式

我国一般采用的展卖方式主要有以下两种:

① 国际博览会(international fair)。它是指在一定地点定期举办的,由一国或多国联合组办,邀请各国商人参加交易的贸易形式。如 2010 年于上海召开的世界博览会。

② 中国出口商品交易会(Chinese Export Commodities Fair)。因其总在广州举办,故又称广交会,是集展览与交易相结合的展销会。

2.2.4 加工贸易

加工贸易是国际上普遍采用的一种贸易方式。从本质上看,加工贸易是以加工为特征,以商品为载体的劳务出口。在我国,加工贸易的形式主要有进料加工和对外加工装配两种。进料加工指企业自主进口加工所需的原材料、元器件、零部件,在加工装配成为成品后,再行出口销往国外市场的贸易方式。而对外加工装配则是指来料加工和来件装配,是一种委托加工方式。加工企业对原材料、零部件以及加工后的成品均不具有所有权,只收取工缴费或加工费。原材料、零部件以及加工后成品的所有权归国外委托方拥有。

拓展阅读 2.2
加工贸易简介

2.3 国际贸易术语

2.3.1 贸易术语

1. 贸易术语的含义

贸易术语(trade terms,又称价格术语,price terms),是指用一个简短的概念或英文缩写来说明商品的价格构成和买卖双方费用负担、交货地点、责任承担、风险划分、手续承办等的界限。它是国际贸易中进出口商品价格的一个重要组成部分。

2. 贸易术语的作用

(1) 有利于买卖双方洽商交易和订立合同。因为每个贸易术语都有其特定的含义,并且一些国际组织对每个贸易术语做了统一的解释与规定,这些解释与规定在国际上已被广泛接受,并成为惯常奉行的做法或行为模式。因此买卖双方在洽商交易时只要商定按哪个贸易术语成交,即可明确彼此在货物交易过程中应承担的责任、费用和风险,这就简化了交易手续、缩短了洽商的时间,从而有利于买卖双方迅速达成交易。

(2) 有利于买卖双方核算成交价格和交易成本。由于贸易术语表示了商品的价格构成因素,所以,买卖双方在确定成交价格时,必然会考虑所采用的贸易术语中包括的有关费用,从而有利于买卖双方进行比价和成本核算。

(3) 有利于解决双方在履约中的争议。买卖双方在履约中产生的争议,如果不能依据合同的规定解决,在此情况下,可援引有关贸易术语的一般解释来处理。因为贸易术语的一般解释已成为国际惯例,被国际贸易界从业人员和法律界人士所接受,成为国际贸易中公认的一种类似行为规范的准则。

(4) 有利于其他有关机构开展业务。国际贸易中离不开船公司、保险公司和银行等机构,而贸易术语及有关解释贸易术语的国际惯例的相继出现,便为这些机构开展业务活动和处理业务实践中的问题提供了客观依据和有利条件。

贸易术语是在长期的国际贸易实践中产生和发展起来的,又因为它以简略的文字说明了商品的价格构成和交货条件,对于简化交货手续、节约时间和费用,都具有重要的作用。所以贸易术语的出现又促进了国际贸易的发展。

2.3.2 有关贸易术语的国际贸易惯例

贸易术语的出现的确给国际贸易带来了很大的便利,但原先各国并无完全统一的解释。为了加速国际贸易发展,某些国际组织和工商团体曾制定了一些有关国际贸易术语方面的规则、条例,用来统一和规范国际贸易实务。虽然这些规则和条例没有强制性,但得到世界不少国家的认可并运用在国际贸易实践中,逐渐成为国际贸易惯例。目前国际上关于贸易术语方面影响力较大的惯例主要有三个:

1.《1932 年华沙—牛津规则》(Warsaw Oxford Rules 1932,W. O. Rules 1932)

1928 年国际法协会在华沙开会制定了有关 CIF 买卖合同的规则,共 22 条。后经 1930 年纽约会议、1931 年巴黎会议和 1932 年牛津会议修订为 21 条,并更名为《1932 年华沙—牛津规则》,一直沿用至今。该规则比较详细地解释了 CIF 合同的性质、买卖双方所

拓展阅读 2.3
1932 年华沙—牛津规则

承担的责任、风险和费用的划分以及货物所有权转移的方式等问题。该惯例只解释 CIF 这一个术语。该惯例在其总则中说明,这一规则供交易双方自愿采用,凡明示采用该规则者,合同当事人的权利和义务应该援引本规则的规定办理。经双方当事人明示协议,可以对本规则的任何一条进行变更、修改或添加。如本规则与合同发生矛盾,应以合同为准。

凡合同中没有规定的事项,应按本规则的规定办理。

2.《1941年美国对外贸易定义修订本》(Revised American Foreign Trade Definition 1941)

拓展阅读2.4
1941年美国对外贸易定义修订本

1919年美国9个商业团体首次制定了《美国出口报价及其缩写条例》(The U. S. Export Quotations and Abbreviation)。后来在1941年的美国第27届全国对外贸易会议上对该条例进行了修订,故称为《1941年美国对外贸易定义修订本》(简称《1941年修订本》)。这一修订本经美国商会、美国进出口协会和全国对外贸易协会所组成的联合委员会通过,由全国对外贸易学会给予公布。

《1941年修订本》中所解释的贸易术语共有六种,分别为:
(1) Ex Point of Origin,即产地交货。具体指"工厂交货""矿山交货""农场交货"等。
(2) Free on Board(在运输工具上交货)。
(3) Free Along Side,即在运输工具旁边交货。
(4) Cost & Freight,即成本加运费。
(5) Cost, Insurance and Freight,即成本加保险和运费。
(6) Ex Dock,即目的港码头交货。

《1941年修订本》在美洲国家采用较多。由于它对贸易术语的解释,特别是对第2种(FOB)和第3种(FAS)术语的解释与国际商会的INCOTERMS有明显的差异,所以,在同美洲国家进行交易时应加以注意,以减少双方之间的争端。

3.《国际贸易术语解释通则》(International Rules for the Interpretation of Trade Terms,INCOTERMS)

拓展阅读2.5
2010年国际贸易术语解释通则

《国际贸易术语解释通则》(以下简称《通则》)是国际商会(ICC)为了统一对各种贸易术语的解释而制定的。最早的《通则》产生于1936年,后来为了适应国际贸易业务发展的需要,国际商会分别于1953年、1967年、1976年、1980年、1990年和1999年对《INCOTERMS》进行了6次补充和修订。2010年9月,国际商会又正式出版了它的第七次修订本——INCOTERMS 2010,即《2010通则》,并于2011年1月1日起实施。2019年9月,国际商会(ICC)正式公布了2020年版本的《国际贸易术语解释通则》。新修订的《国际贸易术语解释通则》自2020年1月1日起生效。

2.3.3 《国际贸易术语解释通则》中主要的国际贸易术语

现行《国际贸易术语解释通则》阐释了11种在货物销售商业(商事)合同实践中使用的三字母系列贸易术语,主要描述货物从卖方到买方运输过程中涉及的义务、费用和风险的分配。其中国际贸易实践中常用的有六种贸易术语,具体包括只适用于水上运输的FOB、CIF和CFR,以及可适用于各种运输方式的FCA、CPT和CIP。

1. FOB——船上交货(……指定装运港)

FOB,Free on Board (…named port of shipment),即船上交货(……指定装运港),习惯上称之为装运港船上交货。

(1) 基本含义

"船上交货"是指卖方在指定的装运港,将货物交至买方指定的船只上,或者指(中间销售商)设法获取这样交付的货物。一旦装船,买方将承担货物灭失或损坏造成的所有风险。卖方被要求将货物交至船只上或者获得已经这样交付装运的货物。此术语只能适用于海运和内河运输。在适用FOB时,销售商负责办理货物出口清关手续。但销售商无义务办理货物进口清关手续、缴纳进口关税或是办理任何进口报关手续。

(2) 买卖双方义务

采用FOB术语时,买卖双方各自承担的基本义务概括起来,可作如下划分:

卖方义务	买方义务
(1)在约定的装运期间内和指定的装运港,将合同规定的货物交到买方指派的船上,并及时通知买方。	(1)自费签订从指定装运港装运货物的运输合同,并将船名、装货地点和装货日期及时通知卖方。
(2)在约定的装运期间内和指定的装运港,将合同规定的货物交到买方指派的船上,并及时通知买方。	(2)承担货物在装运港装上船之后的一切风险和费用。
(3)承担货物在装运港装上船之前的一切风险和费用。	(3)根据买卖合同规定受领货物并支付货款。
(4)自负风险和费用,取得出口许可证或其他官方批准证件,并办理货物出口所需要的一切海关手续。	(4)自负风险和费用,取得进口许可证或其他官方证件,并负责办理货物进口和必要时从他国过境所需的一切海关手续。
(5)提交商业发票和自费提供证明自己按规定交货的清关单据,或具有同等作用的电子信息。	

(3) 注意事项

① 货物风险转移时间、地点的问题。现行通则中不再以船舷作为FOB术语下卖方交货点和买卖双方风险分割点,而是紧密联系现代商业实际,将卖方的交货点规定为"装运港船上"(on board the vessel at port of shipment)。不设定一个明确的风险临界点。只强调卖方承担货物装上船为止的一切风险,买方承担货物自装运港装上船开始起的一切风险。这样,买卖双方的风险以货物在装运港装上船时为界,更加符合装船作业的实际情况。因此,如果买卖双方商订不以货物交到船上作为完成交货,而是以卖方在指定地点(装船前)将货物交给承运人为界,比如,货物通过集装箱运输,并通常在目的地交付。在这些情形下,适用FCA的规则。

② 船货衔接问题。在FOB术语成交的合同中,卖方的一项基本义务是按约定的时间和地点完成装运。然而,由于在FOB条件下,是由买方负责安排运输,所以就存在一个船货衔接问题。根据有关法律和惯例,如买方未能按时派船,包括未经卖方同意提前派船或延迟派船,卖方都有权拒绝交货,而且由此产生的各种损失,如空舱(dead freight)、滞期费(demurrage)及卖方增加的仓储费等,均由买方负担。如果买方所派船只按时到达

装运港,而卖方没能按时备妥货物,那么,由此产生的各种费用则要由卖方负担。有时买卖双方按 FOB 价格成交,而买方又委托卖方办理租船订舱,卖方也可酌情接受。但这属于代办性质,由此产生的风险和费用仍由买方承担。

③ 个别国家对 FOB 术语的不同解释。不同的国家和不同的惯例对 FOB 术语的解释并不完全统一。例如在北美洲的一些国家采用的《1941 年美国对外贸易定义修订本》中将 FOB 概括为六种,其中前三种是在出口国内指定地点的内陆运输工具上交货,第四种是在出口地点的内陆运输工具上交货。上述四种和第五种在使用时应加以注意,因为这两种术语在交货地点上可能相同。比如,都是在旧金山(San. Francisco)交货,如果买方要求在装运港口的船上交货,则应在 FOB 和港口之间加上 Vessel(船)字样,变成"FOB Vessel San. Francisco",否则,卖方有可能按第四种,在旧金山市的内陆运输工具上交货。

另外关于办理出口手续问题也存在分歧。在 FOB 条件下,"若可能的话,卖方应当自担风险和费用,取得任何出口许可证或者其他官方授权,并办妥一切货物出口所必需的海关手续"。但是,按照美国的《定义》解释,卖方只是"在买方请求并由其负担费用的情况下,协助买方取得由原产地及/或装运地国家签发的、为货物出口或在目的地进口所需的各种证件",即买方要承担一切出口捐税及各种费用。

鉴于上述情况,在我国对美国、加拿大等北美洲国家的业务中,采用 FOB 术语成交时,应对有关问题做出明确规定,以免发生误会。

2. CFR——成本加运费付至(……指定目的港)

CFR 的全称是 Cost and Freight (…named port of destination),即成本加运费(……指定目的港),在《2000 年通则》之前曾用"C&F"来表示。

(1) 基本含义

"成本加运费"是指卖方交付货物于船舶之上或采购已如此交付的货物,而货物损毁或灭失之风险从货物转移至船舶之上起转移,卖方应当承担并支付必要的成本加运费以使货物运送至目的港。此术语只能适用于海运和内河运输。与 FOB 术语相比,卖方承担的义务中多了一项租船订舱,即卖方要自负费用订立运输合同。而除去海上保险部分外,CFR 和 CIF 合同中买卖双方的义务划分基本上是相同的。

(2) 买卖双方义务

采用 CFR 术语时,买卖双方各自承担的基本义务概括起来,可作如下划分:

卖方义务	买方义务
(1) 自费签订运输合同,按合同规定的装运期在指定装运港将合同要求的货物装船,并及时通知买方。	(1) 接受卖方提供的有关单据,受领货物,并按合同规定支付货款。
(2) 承担货物在装运港装上船之前的一切风险和费用。	(2) 承担货物在装运港装上船之后的一切风险和费用。
(3) 自负风险和费用,取得出口许可证或其他官方证件,并办理货物的出口手续。	(3) 按照合同的约定,自付费用办理货物运输保险。
(4) 提交商业发票和在目的港提货所需的运输单据,或具有同等作用的电子信息,并向买方提供保险单据。	(4) 自负风险和费用,办理货物进口和必要时从他国过境所需的一切海关手续。

卖方义务	买方义务
	(5)负担除正常运费和保险费以外的货物在海运过程中直至目的港为止所产生的额外费用。

(3) 注意事项

① 货物风险转移时间、地点的问题。与 FOB、CIF 术语一致，CFR 术语不以船舷作为卖方交货点和买卖双方风险分割点，而是将卖方的交货点规定为"装运港船上"。CFR 术语对于货物在装到船舶之上前即已交给承运人的情形可能不适用，例如通常在终点站（即抵达港、卸货点，区别于 port of destination）交付的集装箱货物。在这种情况下，宜使用 CPT 规则。CFR 术语也可以用于大宗商品的交易，对已经置于指定装运港船上的货物而该载货船舶还未启航时，卖方可以取得如此交付的货物进行转售或开展链式交易（string sale）。

② 卖方的装运义务。采用 CFR 贸易术语成交时，卖方负责在装运港按规定的期限把货物装上运往目的港的船上。除了不负责投保和支付货物保险费之外，其他义务均与 CIF 相同。包括在解决卸货费负担问题而产生的变形形式方面。

③ 卖方要及时发出装船通知。按惯例不论是 FOB 还是 CFR 合同，卖方在货物装船后，都必须立即向买方发出装船通知。但是，对于 CFR 合同来说，这一点尤为重要。因为这将直接影响到买方是否能及时地办理货物运输保险。如果由于卖方没有及时发出装船通知，使买方未能及时办理货物运输保险，货物在海运途中的风险将由卖方承担。因此，在 CFR 条件下的装船通知具有更为重要的意义。

3. CIF——成本，保险加运费付至（……指定目的港）

CIF 指 Cost, Insurance and Freight（…named port of destination），即成本、保险费加运费（……指定目的港）。

(1) 基本含义

"成本，保险费加运费"指卖方将货物装上船或指（中间销售商）设法获取这样交付的商品。货物灭失或损坏的风险在货物于装运港装船时向买方转移。卖方须自行订立运输合同，支付将货物装运至指定目的港所需的运费和费用。卖方须订立货物在运输途中由买方承担货物灭失或损坏风险的保险合同。买方须知晓在 CIF 规则下卖方有义务投保的险别仅是最低保险险别。如买方希望得到更为充分的保险保障，则需与卖方明确地达成协议或者自行做出额外的保险安排。此术语只能适用于海运和内河运输。

(2) 买卖双方义务

采用 CIF 术语时，买卖双方各自承担的基本义务概括起来，可作如下划分：

卖方义务	买方义务
(1)自费签订运输合同，按合同规定的装运期在指定装运港将合同要求的货物装船，并及时通知买方。	(1)接受卖方提供的有关单据，受领货物，并按合同规定支付货款。

续表

卖方义务	买方义务
(2)承担货物在装运港装上船之前的一切风险和费用。	(2)承担货物在装运港装上船之后的一切风险和费用。
(3)按照合同的约定,自付费用办理货物运输保险。	(3)自负风险和费用,办理货物进口和必要时从他国过境所需的一切海关手续。
(4)自负风险和费用,取得出口许可证或其他官方证件,并办理货物的出口手续。	(4)负担除正常运费和保险费以外的货物在海运过程中直至目的港为止所产生的额外费用。
(5)提交商业发票和在目的港提货所需的运输单据,或具有同等作用的电子信息,并向买方提供保险单据。	

(3) 注意事项

① 货物风险转移时间、地点的问题。与 FOB、CFR 术语一致,CIF 术语不以船舷作为卖方交货点和买卖双方风险分割点,而是将卖方的交货点规定为"装运港船上"。如果买卖双方商订不以货物交到船上作为完成交货,而是以卖方在指定地点(装船前)将货物交给承运人,例如通常运到终点站交货的集装箱货物,在这样的情况下,则应采用 CIP 术语;与 FOB、CFR 术语相似,CIF 术语也可以用于大宗商品的交易,但更适用于已经置于指定装运港船上正在运输途中货物的链式交易(string sale),卖方可以取得如此交付的货物进行转售。

② 租船订舱问题。现行通则规定,"卖方必须自行订立或者参照格式条款订立一个关于运输的合同,将货物从约定交付地(如果有)运输到目的地的指定港口(如果有约定)。运输合同需按照通常条件订立,由卖方支付费用,并规定货物由通常可供运输合同所指货物类型的船只经由惯常航线运输"。《1941年美国对外贸易定义修订本》中只是笼统地规定卖方"负责安排货物至指定目的地的运输事宜,并支付其费用"。《1932年华沙—牛津规则》中规定:"如买卖合同未规定装运船只的种类,或者合同内使用'船只'这样笼统名词,除依照特定行业惯例外,卖方有权使用通常在此航线上装运类似货物的船只来装运。"因此,除非合同另有规定外,如果买方提出关于船籍、船型、船龄、船级以及指定船公司的船只等额外要求时,卖方有权拒绝接受。也可根据实际情况给予通融。

③ 卸货费用负担问题。CIF 是指卖方应将货物运往合同规定的目的港,并支付正常的费用。但货物运至目的港后的卸货费由谁承担也是一个需要考虑并明确规定的问题。根据现行通则规定,"卖方必须支付包括在港口装载货物的费用以及根据运输合同由卖方支付的在约定卸货港的卸货费""买方必须支付运费和码头搬运费在内的卸货费用,运输合同中规定由卖方承担的除外"。因此,CIF 项下卸货费除非已包括在海运费内,或在支付海运费时已由船公司收讫,否则将由买方承担。

实际业务中,由于各国做法不尽相同,通常采用 CIF 变形的形式来做出具体规定。CIF 变形后的形式主要有:

CIF Liner Terms(CIF 班轮条件)。这一变形是指卸货费由谁负担,按照班轮的做法来办,即由支付运费的卖方来负担卸货费。

CIF Landed(CIF 卸至岸上)。是指由卖方负担将货物卸至岸上的费用,包括可能支付的驳船费和码头费在内。

CIF Ex Ship's Hold(CIF 舱底交货)。是指货物由目的港船舱底起吊至卸到码头的卸货费用均由买方负担。

CIF Under Ship's Tackle(CIF 船舶吊钩下交货)。是指卖方负担的费用中包含了将货物从船舱吊起卸到船舶吊钩所及之处(码头上或驳船上)的费用。

CIF 的变形只说明卸货费用的划分,并不改变 CIF 的交货地点和风险划分的界限。

④ 卖方办理保险的责任。CIF 术语的价格构成中包含保险费,卖方有义务办理货运保险。投保不同的险别,保险人承保的责任范围不同,收取的保险费率也不同。那么,按 CIF 术语成交,卖方应该投保什么险别呢? 一般的做法是,在双方签约时,在合同中明确规定保险的险别、保险金额等内容,卖方在投保时按合同的约定办理即可。但是,如果买卖双方在合同中没有明确的规定,则按有关惯例来处理。按照现行通则对 CIF 的解释,"卖家须自付费用,按照至少符合《协会货物保险条款》(LMA/IUA)C 款或其他类似条款中规定的最低保险险别投保。这个保险应与信誉良好的保险人或保险公司订立,并保证买方或其他对货物具有保险利益的人有权直接向保险人索赔"。但在买方的要求下,并由买方付费时,可加保战争、罢工、暴乱和民变险。

⑤ 象征性交货问题。CIF 合同的特点在于,它是一种典型的象征性交货(symbolic delivery),即卖方凭单据交货,买方凭单据付款,只要卖方所交单据齐全与合格,不管货物是否能完好地到达目的港,卖方就算完成了交货义务,卖方无须保证到货。在此情况下,买方都必须履行付款义务。反之,如果卖方提交的单据不符合要求,即使货物完好无损地到达目的地,买方仍有权拒付货款。

CIF 术语的象征性交货性质,要求卖方必须保证所提交的单据完全符合合同的要求。否则,将无法顺利地收回货款。但是,必须指出,按 CIF 术语成交,卖方履行其交单义务只是得到买方付款的前提条件。除此之外,卖方还要履行交货义务。如果所交货物与合同规定不符,只要买方能证明货物的缺陷在装船前就已经存在,而且这种缺陷在正常检验中很难发现,买方即使已经付款,只要未超过索赔期,仍然可以根据合同的规定向卖方提出索赔。

4. FCA——货交承运人(……指定地点)

FCA 全文是 Free Carrier(…named place),即货交承运人(……指定地点)。

(1) 基本含义

"货交承运人"是指卖方于其所在地或其他指定地点将货物交付给承运人或买方指定人就完成了交货义务,风险将在此点转移至买方。FCA 要求卖方在需要时办理出口清关手续。但是,卖方没有办理进口清关手续的义务,也无须缴纳任何进口关税或者办理其他进口海关手续。

(2) 买卖双方义务

采用 FCA 术语时,买卖双方各自承担的基本义务概括起来,可作如下划分:

卖 方 义 务	买 方 义 务
(1)在合同规定的时间内,在指定的地点,将合同规定的货物交于买方指定的承运人控制之下,并及时通知买方。	(1)自费签订运输合同,并将承运人名称及有关情况及时通知卖方。
(2)承担将货物交于买方指定的承运人控制之前的一切风险和费用。	(2)按合同规定受领货物并支付货款。
(3)自负风险和费用,取得出口许可证或其他官方证件,并办理货物出口清关手续。	(3)承担货物置于承运人控制之后的一切风险和费用。
(4)自负风险和费用,向买方提交商业发票,交货凭证,或有同等效力的电子信息。	(4)自负风险和费用,取得进口许可证或其他官方证件,并办理货物的进口和必要时从他国过境所需的一切海关手续。

(3) 注意事项

① 关于交货地点。根据现行通则,若当事人意图在卖方所在地交付货物,则应当确定该所在地的地址,即指定交货地点。另一方面,若当事人意图在其他地点交付货物,则应当明确确定一个不同的具体交货地点。若指定的地点是卖方所在地,则当货物已装载于买方所提供的运输工具时,卖方即履行了交货义务;若指定在卖方所在地以外的地点交货,当装载于卖方的运输工具上的货物已达到卸货条件,且处于承运人或买方指定的其他人的处置之下时,卖方即履行了交货义务。

② 风险转移问题。在采用 FCA 术语成交时,不论采用的是海运、陆运、空运等中何种运输方式,买卖双方的风险划分均是以货交承运人为界。但是,如果买方未能及时向卖方通知承运人名称及有关事项,致使卖方不能如约将货物交给承运人,那么,根据《通则》规定,自规定的交货日期或期限届满之日起,将由买方承担货物灭失或损坏的一切风险,但以货物已被划归本合同项下为前提条件。这说明如果是由于买方的原因造成卖方无法按时交货,只要货物已被特定化,那么风险转移的时间可以前移。

③ 关于运输。按《通则》规定,本术语适用于任何运输方式,包括多式联运。FCA 术语由买方负责订立运输合同、指定承运人。但是,《通则》同时又规定,如果卖方被要求协助与承运人订立运输合同,只要买方承担风险和费用,卖方可以办理,也可以拒绝。如果卖方拒绝,应及时通知买方。即"卖方没有为买方订立运输合同的义务。但是,若经买方要求,或者依循商业惯例且买方未适时给予卖方相反指示,则卖方可以按照通常条件订立由买方承担风险与费用的运输合同。在任何一种情况下,卖方都可以拒绝订立此合同;如果拒绝,则应立即通知买方"。相比 Incoterms 2010,Incoterms 2020 有新的规定:交易双方可以同意,买方将指示其承运人在将货物装上船前,向卖方签发并交付提单(Bill of Lading)。

5. CPT——运费付至(……指定目的港)

CPT 的全文是:Carriage Paid to (…named place of destination),即运费付至(……指定目的地)。

(1) 基本含义

"运费付至"指卖方于约定地点将货物交给其指定的承运人或者其他人时,卖方即完成了交货义务。卖方交货后,货物灭失或损害的风险,以及由于事件的发生引起的额外费用转移至买方。卖方必须订立运输合同并支付将货物运至指定目的地所需的运费。该术语与FCA术语一样,适用于任何运输方式,包括多式联运。

(2) 买卖双方义务

采用CPT术语时,买卖双方各自承担的基本义务概括起来,可作如下划分:

卖 方 义 务	买 方 义 务
(1)自费签订运输合同;在合同规定的时间及地点,将合同规定的货物交于承运人控制之下,并及时通知买方。	(1)接受卖方提供的有关单据,受领货物,并按合同规定支付货款。
(2)承担货物交给承运人控制之前的一切风险。	(2)承担自货物交给承运人控制之后的一切风险。
(3)自负风险和费用,取得出口许可证或其他官方证件,并办理货物的出口清关手续。	(3)自负风险和费用,取得进口许可证或其他官方证件,并办理货物的进口和必要时从他国过境所需的一切海关手续。
(4)提交商业发票和在指定目的地提货所需要的运输单据,或有同等作用的电子信息。	

(3) 注意事项

① 风险划分的界限问题。根据《通则》的规定,卖方只承担货物交给承运人控制之前的风险。在多式联运方式下,卖方只承担货物交给第一承运人控制之前的风险,货物自交货地至目的地的运输途中的风险由买方承担。

② 责任和费用的划分问题。由卖方负责订立运输合同,并负担从交货地点到指定目的地的正常运费。正常运费之外的其他有关费用,一般由买方负担。货物的装卸费用可以包括在运费中,由卖方负担,也可由买卖双方在合同中另行约定。

③ 装运通知。CPT术语实际上是CFR术语在适用的运输方式上的扩展。CFR术语只适用于水上运输方式,而CPT术语适用于任何运输方式。两者在买卖双方义务划分原则上是完全相同的。卖方只负责货物的运输而不负责货物的运输保险。因此,卖方在交货后及时通知买方,以便买方投保。

6. CIP——运费和保险费付至(……指定目的地)

CIP的全文是:Carriage and Insurance Paid to(…named place of destination),即运费保险费付至(……指定的目的地)。

(1) 基本含义

"运费和保险费付至"指卖方于约定地点将货物交给其指定的承运人或者其他人时,卖方即完成了交货义务。卖方交货后,货物灭失或损害的风险,以及由于事件的发生引起的额外费用转移至买方。卖方必须订立运输合同并支付将货物运至指定目的地所需的运费。卖方还须对货物在运输途中灭失或损害的买方风险订立保险合同,支付保费。

(2) 买卖双方义务

采用CPT术语时,买卖双方各自承担的基本义务概括起来,可作如下划分:

卖方义务	买方义务
(1)自费签订运输合同;在合同规定的时间及地点,将合同规定的货物交于承运人控制之下,并及时通知买方。	(1)接受卖方提供的有关单据,受领货物,并按合同规定支付货款。
(2)按照买卖合同的约定,自付费用投保货物运输险。	(2)承担自货物交给承运人控制之后的一切风险。
(3)承担货物交给承运人控制之前的一切风险。	(3)自负风险和费用,取得进口许可证或其他官方证件,并办理货物的进口和必要时从他国过境所需的一切海关手续。
(4)自负风险和费用,取得出口许可证或其他官方证件,并办理货物的出口清关手续。	
(5)提交商业发票和在指定目的地提货所需要的运输单据,或有同等作用的电子信息。	

在CIP条件下,卖方的交货地点,买卖双方风险划分的界限,适用的运输方式以及出口手续、进口手续的办理等方面的规定均与CPT相同。CIP与CPT的唯一差别,是卖方增加了办理货物运输保险、支付保险费和提交保险单的责任。在价格构成因素中,比CPT增加了一项保险费。

(3)注意事项

① 风险和保险问题。按CIP术语成交的合同,由卖方负责办理货物运输保险,并支付保险费。但是,货物从交货地点运往目的地途中的风险则由买方承担。所以,卖方的投保仍属于代办性质。根据《通则》的规定,与CIF术语相同,如果买卖双方没有在合同中约定具体的投保险别,则由卖方按惯例投保最低的险别即可,即"卖方必须自付费用投保符合协会货物保险条款(LMA / IUA)的(A)条款或适用于所用运输工具的任何类似条款所规定的货物险"。如买卖双方有约定,则按双方约定的险别投保。保险金额一般在合同价格的基础上加成10%。

② 应合理地确定价格。与FCA术语相比,CIP条件下卖方要承担较多的责任和费用。CIP的价格构成中包括了通常的运费和约定的保险费。所以,卖方在对外报价时,要认真核算运费和保险费,并考虑运价和保险费的变动趋势。

以上介绍了六种常用的贸易术语,均属于在出口国交货的术语。其中FOB、CFR和CIF三种术语都是在装运港交货,都是以"装运港船上"来划分买卖双方承担的风险,都只适用于海运或内河运输。而FCA、CPT和CIP三种术语实际上是在前三种术语的基础上发展而成的,是将其适用的运输方式范围由水运扩大到任何运输方式。它们的对应关系是:在FOB的基础上发展而成FCA;在CFR的基础上发展而成CPT;在CIF的基础上发展而成CIP。所以,FCA、CPT、CIP与FOB、CFR、CIF不同的是:它们适用于任何运输方式,铁路、公路、空运等,也包括海运或内河运输;风险划分则以"货交承运人"为界限。

从FCA、CPT、CIP术语与FOB、CFR、CIF术语的比较来看,如果出口地是远离港口的内陆地区或如果用集装箱运输,采用FCA、CPT、CIP术语成交对卖方有以下好处:一是卖方可以任意选用合适的运输方式,不一定用海运。二是风险提前转移。只要将货物交给承运人风险就转移给了买方。三是承担的费用降低,卖方不用承担将货物运至装运港的费用。四是收汇的时间提前。卖方只要将货物交给承运人后,就可以到当地指定银行交单结汇,而不必等到货物装船后取得海运提单。这样可以缩短结汇时间。

2.3.4 其他五种贸易术语

《2020年通则》还包括其他五种贸易术语:EXW、FAS、DAP、DPU和DDP。交易双方可根据具体业务的需要,灵活选用。

1. EXW——工厂交货(⋯⋯指定地点)

EXW的全文是:Ex Works(…named place),即工厂交货(⋯⋯指定地点)。

(1) 基本含义

"工厂交货(⋯⋯指定地点)"是指当卖方在其所在地或其他指定的地点[如工场(强调生产制造场所)、工厂(制造场所)或仓库等]将货物交给买方处置时,即完成交货。卖方不需将货物装上任何运输工具,在需要办理出口清关手续时,卖方亦不必为货物办理出口清关手续。这个术语下,卖方负担的义务最少。按这种贸易术语成交,卖方承担的责任、风险极其费用类同于国内贸易,仅限于出口国内的交货地点。

(2) 买卖双方义务

采用EXW术语时,买卖双方各自承担的基本义务概括起来,可作如下划分:

卖 方 义 务	买 方 义 务
(1)在合同规定的时间、地点,将合同要求的货物置于买方的处置之下。	(1)在合同规定的时间、地点,受领卖方提交的货物,并按合同规定支付货款。
(2)承担将货物交给买方处置之前的一切风险和费用。	(2)承担受领货物之后的一切风险和费用。
(3)提交商业发票或有同等作用的电子信息。	(3)自负风险和费用,取得出口许可证和进口许可证或其他官方证件,并负责办理货物的出口和进口所需的一切海关手续。

(3) 注意事项

① 货物的出口清关手续问题。EXW术语,是卖方承担的责任、风险和费用最小的一种贸易术语,因此,成交时价格最低。因而对买方具有一定的吸引力。但是,它的一个特殊之处,就是由买方负责办理货物的出口手续。因此,在成交之前,买方应了解出口国政府的有关规定。当买方无法做到直接或间接办理货物出口手续时,则不宜采用这一术语成交。在这种情况下,最好选用FCA术语。

② 关于货物的装运问题。按照《2020年通则》的解释,由买方自备运输工具到交货地点接运货物,一般情况下,卖方不承担将货物装上买方安排的运输工具的责任及费用。但是,如果买卖双方在合同中有约定,由卖方负责将货物装上买方安排的运输工具并承担相关的费用,则应在签约时对上述问题做出明确规定。

2. FAS——船边交货(⋯⋯指定装运港)

FAS术语全文是:Free Alongside Ship(…named port of shipment),即船边交货(⋯⋯指定装运港)。

(1) 基本含义

"船边交货"是指卖方在指定装运港将货物交到买方指定的船边(例如码头上或驳船上),即完成交货。从那时起,货物灭失或损坏的风险发生转移,并且由买方承担所有费用。FAS适用于海运及内陆水运。

(2) 买卖双方义务

采用 FAS 术语时,买卖双方各自承担的基本义务概括起来,可作如下划分:

卖方义务	买方义务
(1)在合同规定的时间和装运港口,将合同规定的货物交到买方所派的船只旁边,并及时通知买方。	(1)自费订立从指定装运港口运输货物的合同,并将船名、装货地点和要求交货的时间及时通知卖方。
(2)承担货物交至装运港船边的一切风险和费用。	(2)在合同规定的时间、指定的装运港船边受领货物,并按合同规定支付货款。
(3)自负风险和费用,取得出口许可证或其他官方证件,并办理货物的出口清关手续。	(3)承担受领货物之后所发生的一切风险和费用。
(4)提交商业发票或有同等作用的电子信息,并且自付费用提供通常的交货凭证。	(4)自负风险和费用,取得进口许可证或其他官方证件,办理货物的进口和必要时从他国过境时所需的一切海关手续。

(3) 注意事项

① 对 FAS 的不同解释。FAS 术语只适合于海运或内河运输,交货地点是指定的装运港。但是,按照《1941 年美国对外贸易定义修订本》的解释,FAS 是 Free Alongside 的缩写,是指在交货工具旁交货。因此,为了避免误解,在同美洲国家的商人进行贸易时,如果要在装运港交货,则应在 FAS 后面加上"Vessel"字样,以明确表示是在装运港"船边交货"。

② 要注意船货的衔接。由于在 FAS 条件下,是由买方负责安排货物的运输,买方要及时将船名和要求装货的具体时间、地点通知卖方,使卖方能按时做好交货准备,所以就存在一个船货衔接问题。根据有关法律和惯例,如买方指派的船只未按时到港接受货物,或者比规定的时间提前停止装货,或者买方未能及时发出派船通知,只要货物已被清楚地划出,或以其他方式确定为本合同项下的货物,由此产生的风险和费用均由买方承担。

③ 关于交货的问题。买卖双方应尽可能明确规定在装运港的交货地点;当货物通过集装箱运输时,卖方通常在终点站将货物交给承运人,而不是在船边。在这种情况下,船边交货规则不适用,而应当适用货交承运人规则。船边交货规则要求卖方在需要时办理货物出口清关手续。但是,卖方没有任何义务办理货物进口清关、支付任何进口税或者办理任何进口海关手续。

3. DAP——目的地交货(……指定目的地)

DAP 的全文是:Delivered At Place(…named place of destination),即目的地交货(……指定目的地)。DAP 是《2010 年通则》新提出的规则,取代了《2000 年通则》中的 DAF(边境交货)、DES(目的港船上交货)和 DDU(未完税交货)三个术语。

(1) 基本含义

"目的地交货"是指卖方在指定目的地使到达的运输工具上的待卸货物交由买方处置时,卖方即完成交货义务。卖方交货后,货物灭失或损害的风险转移至买方。该规则的适用不考虑所选用的运输方式的种类,同时在选用的运输方式不止一种的情形下也能适用。

(2) 买卖双方义务

采用 DAP 术语时,买卖双方各自承担的基本义务概括起来,可作如下划分:

卖方义务	买方义务
(1)卖方必须自费订立运输合同,将货物运至指定的交货地点。	(1)接受卖方提交的有关单据,在指定的交货地点受领货物,并按合同规定支付货款。
(2)卖方必须在约定日期或期限内,在指定的交货地点,将仍处于约定地点的交货运输工具上尚未卸下的货物交给买方处置。	(2)承担在指定的交货地点受领货物之后的一切风险和费用。
(3)承担将货物交给买方控制之前的一切风险和费用。	(3)承担受领货物之后所发生的一切风险和费用。
(4)自负风险和费用,取得出口许可证或其他官方证件,办理货物出口所需要的一切海关手续,支付关税以及其他有关费用。	(4)自负风险和费用,取得进口许可证或其他官方证件,办理货物进口所需的一切海关手续,支付关税及后继运输所需的一切海关手续。
(5)提交商业发票或有同等作用的电子信息,并且自付费用提供通常的交货凭证。	

(3) 注意事项

DAP 既适用于单一运输方式,也适用于多式联运;买卖双方应尽可能明确地规定在约定目的地内的特定地点,以明确卖方交货点;卖方依据运输合同承担在目的地卸货的相关费用,除非买卖双方另有约定,否则卖方无权要求买方偿还相关费用;采用 DAP 术语,如需办理进出口清关,则卖方须承担出口清关手续和费用,但不负责进口清关手续或者进口关税,如果买卖双方约定由卖方办理进口清关手续,支付进口关税或其他费用,应采用 DDP 术语。

① 关于交货地点的问题。DAP 是 INCOTERMS 2010 新增术语,旨在替代《2000 年通则》中 DAF、DES 和 DDU 术语。这就是说,DAP 的交货地点既可以是在两国边境的指定地点,也可以是在目的港船上,也可以是在进口国内陆的某一地点。由于卖方承担在特定交货地点交货前的风险,买卖双方应尽可能清楚地订明指定目的地的交货地址,最好能具体到指定目的地内特定的点。如果没有约定特定的交货点或该交货点不能确定,卖方可以在指定目的地选择最适合的交货点。

② 关于卸货的问题。卖方在指定目的地交货,但卖方不负责将货物从到达的运输工具上卸下,这一点与《2000 年通则》中的 DAF、DES 和 DDU 类似。买方负责在指定目的地将货物从到达的运输工具上卸下,但卖方要保证货物可供卸载。卖方在签订运输合同时应注意运输合同与买卖合同相关交货地点的协调,如果卖方按照运输合同在指定目的地发生了卸货费用,除非双方另有约定,卖方无权向买方要求偿付。

③ 关于保险的问题。DAP 术语下卖方对买方没有订立保险合同的义务,但由于整

个运输过程的风险要由卖方承担,卖方通常会通过投保规避货物运输风险。

④ 进出口清关。采用 DAP 术语,如需办理进出口清关,则卖方须承担出口清关手续和费用,但不负责进口清关手续或者进口关税,如果买卖双方希望由卖方办理进口所需的许可或其他官方授权,以及货物进口所需的一切海关手续,包括支付所有进口关税,则应该使用 DDP 术语。

4. DPU——卸货地交货(……指定卸货地)

(1) 基本含义

Delivered at Place Unloaded,"卸货地交货",是指卖方在指定的目的地卸货后完成交货。卖方承担将货物运至指定的目的地的运输风险和费用。DPU 适用于铁路、公路、空运、海运、内河航运或者多式联运等任何形式的贸易运输方式。《2020 年通则》将之前的 DAT 术语更名为 DPU,并且相应的含义也发生了变化。在《2020 年通则》的规定下,DPU 术语的交货地点仍旧是目的地,但这个目的地不再限于运输的终点,而可以是任何地方。除了这一点之外,其余内容均和之前 2010 版中的 DAT 术语完全一致。

(2) 买卖双方义务

根据《2020 年通则》,采用 DPU 术语时,买卖双方各自承担的基本义务概括起来,可作如下划分:

卖方义务	买方义务
(1)卖方必须自费订立运输合同,将货物运至指定的交货地点。	(1)接受卖方提交的有关单据,在指定的交货地点受领货物,并按合同规定支付货款。
(2)卖方必须在约定日期或期限内,在指定的交货地点,将仍处于约定地点的交货运输工具上尚未卸下的货物交给买方处置。	(2)承担在指定的交货地点受领货物之后的一切风险和费用。
(3)承担将货物交给买方控制之前的一切风险和费用。	(3)承担受领货物之后所发生的一切风险和费用。
(4)自负风险和费用,取得出口许可证或其他官方证件,办理货物出口所需要的一切海关手续,支付关税以及其他有关费用。	(4)自负风险和费用,取得进口许可证或其他官方证件,办理货物进口所需的一切海关手续,支付关税及后继运输所需的一切海关手续。
(5)提交商业发票或有同等作用的电子信息,并且自付费用提供通常的交货凭证。	

(3) 注意事项

DPU 既适用于单一运输方式,也适用于多式联运;DPU 术语中所指的终点站包括有遮蔽物的或露天的任何地方,比如仓库、码头、集装箱堆场、公路、铁路、航空货运站等,买卖双方应尽可能明确规定指定目的港或目的地的终点站,使其特定化;如果买卖双方约定由卖方负责将货物运至货运站以外的另一地点,并负担货物运送和处理过程中的风险和费用的,应采用 DAP 或 DDP 术语;采用 DPU 术语,如需办理进出口清关,则卖方须承担出口清关手续和费用,但不负责进口清关手续或者进口关税。

① 关于交货地点的问题。"终点站"包括任何地方,无论约定或者不约定,包括码头、仓库、集装箱堆场、公路、铁路或空运货站。建议当事人尽量明确地指定终点站,如果可

能,(指定)在约定的目的港或目的地的终点站内的一个特定地点,因为(货物)到达这一地点的风险是由卖方承担,建议卖方签订一份与这样一种选择准确契合的运输合同。

② 关于卸货的问题。卖方必须在约定的日期或期限内,在所指定的终点站,将货物从交货的运输工具上卸下,并交给买方处置完成交货。根据《2020年通则》规定,货物交付为止而产生的一切与货物有关的费用由卖方承担,即卖方应承担相应的卸货费用。

③ 关于保险的问题。卖方没有为买方签订保险合同的义务。但是,卖方在买方的要求下,必须向买方提供买方借以获得保险服务的信息,其中如果存在风险和费用,一概由买方承担。

5. DDP——完税后交货(……指定目的地)

DDP 的全文是:Delivered Duty Paid(…named place of destination),即完税后交货(……指定目的地)。

(1) 基本含义

"完税后交货"是指卖方要负责在合同规定的交货期内,将合同规定的货物送到双方约定的进口国指定地点,把货物实际交给买方。卖方承担将货物运至指定的目的地的一切风险和费用,并有义务办理出口清关手续与进口清关手续,对进出口活动负责,以及办理一切海关手续。这条规则可以适用于任何一种运输方式,也可以适用于同时采用多种运输方式的情况。DDP 术语下卖方承担最大责任。

(2) 买卖双方义务

根据《2020年通则》,采用 DDP 术语时,买卖双方各自承担的基本义务概括起来,可作如下划分:

卖 方 义 务	买 方 义 务
(1) 订立将货物运到进口国内约定目的地的运输合同,并支付运费。	(1) 接受卖方提供的有关单据或电子单据,并在目的地约定地点受领货物,按合同规定支付货款。
(2) 在合同中规定的交货期内,在双方约定的进口国内交货地点,将合同规定的货物置于买方处置之下。	(2) 承担在目的地约定地点受领货物之后的一切风险和费用。
(3) 承担在指定目的地约定地点将货物置于买方处置之前的风险和费用。	(3) 根据卖方的请求,并由卖方承担风险和费用的情况下,给予卖方一切协助,使其取得货物进口所需要的进口许可证或其他官方证件。
(4) 自负风险和费用取得货物出口和进口许可证或其他官方证件,办理货物的出口和进口所需的一切海关手续,支付关税及其他有关费用。	
(5) 提交商业发票和在目的地提取货物所需要的运输单据,或有相同作用的电子信息。	

(3) 注意事项

DDP 既适用于单一运输方式,也适用于多式联运;买卖双方应尽可能明确地规定在约定目的地内的特定地点,以明确卖方交货点;卖方依据运输合同承担在目的地卸货的相关费用,除非买卖双方另有约定,否则卖方无权要求买方偿还相关费用;采用 DDP 术语,如需办理进出口清关,则卖方须承担出口清关手续和费用,并负责进口清关手续或者支付进口关税或其他费用,因此,如果卖方无法获得办理进口清关所需的进口许可证或其他由进口文件,不应使用 DDP 术语;如果买卖双方同意,卖方义务中排除货物进口时所需支付或承担的费用时,可以以加注的方法加以明确,例如:DDP(GST unpaid)Melbourne。如果当事方希望买方承担进口的所有风险和费用,应使用 DAP 术语。任何增值税或其他进口时需要支付的税项由卖方承担,合同另有约定的除外。

2.4 国际贸易合同磋商及主要条款

2.4.1 交易磋商与合同签订

在国际货物买卖中,买卖双方通过口头、电讯、EDI 或数据电文等进行交易洽商,就各项交易条件取得一致协议后,交易即告达成,买卖双方即订立书面合同。

1. 交易磋商与合同签订过程

交易磋商是买卖双方就某一货物的购销进行各项交易条件的洽商,以期达成协议的过程。交易磋商是合同成立的根据,合同是交易磋商的结果。合同中需要磋商的六个主要交易条件为:品质、数量、包装、价格、交货和支付条件。

交易磋商一般可分为四个环节:询盘、发盘、还盘和接受。

(1) 询盘

询盘(enquiry)又称询价,它是买卖双方为了达成交易而向另一方提出的有关交易条件的问询,它可以由卖方提出,也可以由买方提出。询价并非每项交易的必备环节,对于提出问询的询盘人和回答问询的被询盘人均不具有法律约束力,但它往往是交易的起点。

(2) 发盘

发盘(offer)又称发价,它是交易一方向另一方提出有关交易条件,并表示愿意按此条件与对方达成交易的肯定表示。其中提出条件的一方称为发盘人,收到该发盘的为受盘人。

与询盘不同,发盘是有目的地向某个或某几个特定的人提出的,发盘人要受到其所发盘中内容的法律约束,在发盘的有效期内不得任意撤销或修改其发盘内容,因此发盘的内容应是完整的、明确的和终局的。发盘到达受盘人处后,一旦受盘人在发盘有效期内表示接受发盘内容,则发盘人必须承担接发盘条件及与对方订立合同的法律责任。

尽管发盘不可任意撤销和修改,要求发盘人对发盘内容应持谨慎态度,但这并不意味着发盘是不可撤销的。一般而言,发盘人将撤回通知于发盘送达之前或同时送达受盘人,则该发盘可以撤回。而发盘在受盘人收到但未接受之前能否撤销,则视各国的法律而不同。

(3) 还盘

还盘(counter-offer)又称还价,是受盘人对发盘中的交易条件不完全同意而提出变更的表示。从某种程度上讲,还盘既是还盘人对发盘人所发盘内容的拒绝,也是受盘人以发盘人身份所发的新盘,因此还盘也是一种发盘。

(4) 接受

接受(acceptance)是受盘方完全同意发盘中所提出的条件,并愿意按此与对方达成交易、签订合同的一种肯定表示。接受必须由特定的受盘人发出,且在发盘有效期内到达发盘人处为有效。另外,接受的内容须与发盘的内容相符,即接受原则上应是绝对的、无保留的。但《联合国国际货物销售合同公约》也规定,如果受盘方对发盘内容的添加或变更是非实质性的,则该接受应视为有效,并不影响其法律效力。

经双方磋商达成一致的交易条件,最终应以签订书面合同或确认书的形式确定下来,以进一步明确双方的权利和义务。书面合同的签订是合同成立的证据,是合同生效的条件,也是合同履行的依据。按照我国法律的规定,合同必须是书面形式的方为有效,有些国家也承认非书面形式的合同。

2. 书面合同的形式与内容

在国际贸易中,合同的书面形式包括合同(contract)、确认书(confirmation)和协议书(agreement)等。合同又可分为销售合同和购买合同。确认书是合同的简化形式,它又分为销售确认书和购买确认书。

外贸合同不论采用哪种形式,都是规定买卖双方经济权利与经济义务的法律文件。其内容通常包括约首、基本条款和约尾三部分。

(1) 约首部分

一般包括合同名称、合同编号、缔约双方名称和地址、电报挂号、电传号码等内容。

(2) 基本条款

这是合同的主体,它包括品名、品质规格、数量(或重量)、包装、价格、交货条件、运输、保险、支付、检验、索赔、不可抗力和仲裁等项内容。商定合同,主要是指磋商各方如何规定这些基本条件。

(3) 约尾部分

一般包括订约日期、订约地点和双方当事人签字等项内容。

为了提高履约率,在规定合同内容时应考虑周全,力求使合同中的条款明确、具体、严密和相互衔接,且与磋商的内容要一致,以利于合同的履行。

2.4.2 合同的品名和品质条款

1. 品名

所谓品名,就是指商品的名称。品名条款通常是在品名(name of commodity)的标题下具体列明双方当事人同意买卖的货物名称。也有的合同中的品名条款不加标题,而只写明交易双方同意买卖某种商品的文句。或当同类商品有多种不同规格、等级或型号时,为了明确和表达方便而将品名和品质规格结合在同一条款中。总之,品名条款无统一规定格式,合同当事人在协商的基础上确定。

2. 品质的表示方法

品质是用来描述商品的内在质量和外观形态的。规定商品品质的方法有以文字说明表示和用实物表示两大类。前者又具体分为凭规格买卖(sale by specification)、凭等级买卖(sale by grade)、凭标准买卖(sale by standard)、凭商标或品牌买卖(sale by trade mark or brand)、凭说明书和图样买卖(sale by descriptions and illustrations)以及凭产地名称买卖(sale by name of origin)。后者具体分为看货买卖(sale by actual quality)和凭样品买卖(sale by sample)两种。

3. 品质条款

合同中的品质条款应包括商品的名称、货物以及表示商品品质的方法。对于一些质量容易产生误差或不太稳定的工业制成品和初级产品，可在品质条款中规定品质公差(quality tolerance)或品质机动幅度。如中国芝麻，含油量(最低)48%，水分(最高)9%，杂质(最高)1%。

2.4.3 合同的数量和包装条款

商品的数量是指用一定的度量衡来表示商品的重量、面积、体积、容积、长度、个数的量。合同中的数量条款主要由计量方法和成交数量组成。

1. 计量单位

(1) 表示重量(weight)的常用计量单位有：千克(kg)、公吨(t)、长吨(l/t)、短吨(s/t)、盎司(oz)、磅(lb)等。

(2) 表示容积(capability)的常用计量单位有：升(L)、加仑(gal)、蒲式耳(bu)等。

(3) 表示个数(numbers)的常用计量单位有：只(pc)、件(pkg)、台/套/架(set)、打(dozen)、辆(unit)等。

(4) 表示长度(length)的常用计量单位有：码(yd)、米(m)、英尺(ft)、厘米(cm)。

(5) 表示面积(area)的常用计量单位有：平方码(yd^2)、平方米(m^2)、平方英尺(ft^2)。

(6) 表示体积(volume)的常用计量单位有：立方码(yd^3)、立方米(m^3)、立方英尺(ft^3)、立方英寸(in^3)。

2. 计量方法

(1) 毛重(gross weight)。指货物本身的重量加皮重(tare)，即货物重量加包装材料的重量。

(2) 净重(net weight)。即货物本身的重量。

(3) 以毛作净(gross for net)。有些货物因包装的重量和本身的重量不便分别计算或因包装材料与货物本身差不多，在合同中规定按毛重计价。

(4) 公量(conditioned weight)。用科学方法抽取货物中的水分后，再加上标准含水量，所求得的重量。这种方法适用于水分不稳定的货物，如羊毛、生丝等。

(5) 理论重量(theoretical weight)。指某些固定和统一规格的货物，其重量大致相同，其比重大致相当，根据其张数、件数可计算出的重量。

3. 数量条款

在数量条款中，对于大宗散装货物，如小麦、大豆、煤炭等还需要规定一个交货数量的机动幅度：一般规定"溢短装条款"或"约数"。"溢短装条款"是指合同明文规定卖方交货时允许多交或少交合同数量的百分之几。例如,"5 000 吨,卖方可溢装或短装 6%"。"约数"是指在交易数量前面加一个"约"字。即允许卖方交货的数量与合同约定的数量之间可以有某些差异,如"数量 150 长吨,卖方交货时可溢装或短装 5%"。

4. 包装条款

包装条款是构成商品说明的重要部分。货物包装一般按作用分为运输包装和销售包装两类。

(1) 运输包装。运输包装方式有单件运输包装如箱(case)、包(bale)、捆(bundle),集合运输包装如托盘(pallet)、集装包(flexible container)和集装箱(container)。销售包装(sale package)一般根据商品的特点、市场习惯、消费心理来进行设计研究,尽可能做到装潢美观、引人注目,便于陈列挑选和携带。目前许多国家普遍在商品的销售包装上印刷条形码(bar code)。凡标有 690、691、692 条码的商品即表示是中国出产的货物。

(2) 运输包装标志。运输包装标志是为了在运输过程中便于识别货物,而在商品的外包装上刷制一定的包装标志。包装标志主要有运输标志(shipping mark)、指示性标志(indicative mark)和警告性标志(warning mark)。

2.4.4 货款的收付

国际货款的收付,通常都通过外汇来结算。货款的结算,主要涉及支付工具、支付时间、地点及支付方式。交易洽商时,买卖双方必须对此取得一致意见并在合同中具体订明。

1. 支付工具

支付工具有货币和票据,一般采用票据为主。货币可以采用卖方国家货币或者买方国家货币,也可以采用双方同意的第三国货币。

票据是一种信用工具,是可以流通转让的债权凭证,是以无条件支付一定金额为目的的有价证券。票据包括本票、支票和汇票。

(1) 本票

本票(promissory note)是出票人签发的以自己为付款人于见票日或指定日或可以确定的将来时间向受款人或其指定人或持票人无条件支付一定金额的书面承诺。

(2) 支票

支票(check;cheque)是银行存款户签发的授权银行对特定的人或其指定的人或持票人在见票时无条件支付一定金额的书面命令。

(3) 汇票

汇票(bill of exchange;draft)是一个人向另一个人签发的要求在见票日或指定的或可以确定的将来时间向特定的人或其指定的人或持票人无条件支付一定金额的书面命令。

汇票的主要内容一般有以下几项:①写明"汇票"字样。②无条件支付命令。③出票人(drawer)。④付款人(payer),即汇票的受票人。⑤受款人(payee)。⑥汇票金额。⑦出票日期(dale of issue)。⑧出票地点(place of issue)。⑨付款的期限(tenor)。⑩付款地点(place of payment)。除这些项目内容外,有时汇票上还包括利息和利率、禁止转让等其他项目内容。

汇票的种类可分为:

① 按出票人的不同分为商业汇票和银行汇票。商业汇票(commercial bill; commercial draft)是由工商企业或个人开出的汇票,银行汇票(banker's bill; banker's draft)是由银行开出的汇票,出票人和付款人都是银行。

② 按承兑人的不同分商业承兑汇票和银行承兑汇票。

商业承兑汇票是指以工商企业为付款人所承兑的汇票,银行承兑汇票是以银行为付款人所承兑的汇票。两者都属于商业汇票。

③ 按付款期限的不同分为即期汇票和远期汇票。

即期汇票(sight bill)是指在汇票上规定见票后立即付款的汇票。即期汇票无须承兑。远期汇票(time bill)是指在汇票上规定付款人于一个指定的日期或在将来一个可以确定的日期付款的汇票。远期汇票的付款日期通常有以下几种规定方法:一是规定见票后若干天付款;二是规定出票后若干天付款;三是规定提单签发后若干天付款;四是规定某一特定日付款。

④ 按是否随附货运单据分光票和跟单汇票。

光票(clean bill)是指不附带任何货运单据的汇票。跟单汇票是指开出汇票时附有提单、保险单、发票、商检等货运单据的汇票。这种汇票有物权保证,在国际贸易中的货款结算大多使用跟单汇票。

汇票的使用一般要经过出票、提示、承兑和付款程序。如需转让,要经过背书手续;如遭拒付,还需制作拒绝证书和行使追索权。

2. 货款的支付方式

货款的支付方式主要有汇付、托收以及信用证(该部分内容我们将在第3章详细阐述)。

(1) 汇付

汇付(remittance)也称汇款,是指付款人通过银行将货款汇交收款人的一种结算方式。汇付有信汇、电汇和票汇三种方式。

(2) 托收

托收(collection)是指出口人于货物装运后,开具以进口人为付款人的汇票,连同有关单据(主要是提单、发票和保险单等)委托当地银行通过它的分支行或代理行向进口人收取货款的方式。托收方式依据汇票是否随附货运单据来分,分为光票托收与跟单托收两种。

(3) 信用证

信用证(letter of credit, L/C)又称信用状,是出证人以自身名义开立的一种信用文件。就广义而言,它是指由银行或其他人应客户请求作出的一项书面保证(written engagement),按此保证,出证人(the issuer)承诺在符合信用证所规定的条件下,兑付汇票或偿付其他付款要求(other demands for payment)。

以上收付方式的选用,在实际操作中,往往被结合起来运用于同一项贸易款的收付,如部分汇付部分托收、部分汇付部分信用证、部分托收部分信用证等。

3. 合同中的支付条款

合同中的支付条款是根据采用的支付方式来确定的。不同的支付方式,合同中规定支付条款的内容也不一样。

(1) 汇付方式的规定方法

采用汇付方式时,应在合同中明确规定汇付的办法、汇付的时间、汇付的金额和汇付的途径等。

例如,在合同中规定:"买方应于 2007 年 6 月 30 日之前将 60% 的合同金额用电汇的方式预付给卖方。"

(2) 托收方式的规定方法

采用托收方式时,应在合同中明确规定托收种类、进口人的承兑和(或)付款责任以及付款期限等。

(3) 信用证方式的规定方法

采用信用证方式时,应在合同中明确规定信用证种类、开证日期、信用证有效期和议付地点等。

例如,在合同中规定:"买方须于____年____月____日前通过____银行开出以卖方为受益人的不可撤销____天期信用证,并注明在上述装运日期后____天内在中国议付有效,信用证须注明合同编号。"(The buyers shall issue an irrevocable L/C at ____ sight through in favor of the sellers prior to ____ indicating L/C shall be valid in China through negotiation within ____ day after the shipment effected, the L/C must mention the Contract Number.)

2.4.5 合同的检验、索赔、不可抗力和仲裁条款

1. 商品检验

商品检验(commodity inspection)是指在国际货物买卖中,对卖方交付给买方的货物品质、数量和包装进行检验,以确定其是否符合合同规定;有的还对装运技术条件或货物在装卸运输过程中发生的残损、短缺进行检验和鉴定,以明确事故的起因和责任的归属。货物检验条款主要包括检验的时间和地点、检验机构、检验证书等内容。

(1) 检验时间与地点

关于买卖合同中的检验时间与地点,通常有下列几种规定办法:在出口国工厂检验、在装运港检验,称为"离岸品质、离岸重量"(shipping quality and shipping weight);目的港检验,称为"到岸品质、到岸重量"(landed quality and sanded weight);装运港检验重量和目的港检验品质,称为"离岸重量、到岸品质"(shipping weight and landed quality)和在装运地检验和目的地复验。比较以上做法,最后一种由于对买卖双方都比较方便而且公平合理,因而在国际贸易中被广泛采用。

(2) 检验机构的选定

检验机构的选定,关系到交易双方的利益,故交易双方应商定检验机构,并在买卖合

同中订明。在国际贸易中,从事商品检验的机构多种多样,归纳起来,有下列几种:

① 官方机构。由国家设立的检验机构。

② 非官方机构。由私人或同业公会、协会等开设的检验机构,如公证人、公证行。

③ 生产制造厂商。

④ 用货单位或买方。

(3) 检验证书

检验证书(inspection certificate)是检验机构对进出口商品进行检验、鉴定后出具的书面证明文件。它是证明卖方所交货物的品质、数量、包装等项内容是否符合合同规定的依据,是海关凭以验关放行和卖方凭以办理货款结算的一种单据,也是买方对货物的不符合点向卖方索赔和卖方理赔的主要依据。常见的检验证书有以下几种:品质检验证书、数量检验证书、重量检验证书、卫生检验证书、兽医检验证书、植物检验证书、消毒检验证书、产地检验证书、价值检验证书。除了上述内容外,有时合同中的检验条款还就买方对不符货物向卖方索赔的具体期限作出明确规定。

例如,在合同中规定:"卖方在发货前由_____检验机构对货物的品质、规格和数量进行检验,并出具检验证明书。"(The buyers shall have the qualities, specifications, quantities of the goods carefully inspected by the _____ Inspection Authority, which shall issue Inspection Certificate before shipment.)"货物到达目的口岸后,买方可委托当地的商品检验机构对货物进行复检。如果发现货物有损坏、残缺或规格、数量与合同规定不符,买方须于货到目的口岸的____天内凭____检验机构出具的检验证明书向卖方索赔。"(The buyers have right to have the goods inspected by the local commodity inspection authority after the arrival of the goods at the port of destination if the goods are found damaged/short/their specifications and quantities not in compliance with that specified in the contract, the buyers shall lodge claims against the sellers based on the Inspection Certificate issued by the Commodity ____ Inspection Authority within ____ days after the goods arrival at the destination.)

2. 索赔

索赔(claim)是指受损方向违约方提出损害赔偿的要求。索赔事件,通常发生在交货期、交货品质、数量等问题上。一般来说,买方向卖方提出索赔的情况较多。关于进出口合同中的索赔条款,通常有下列两种规定办法。

(1) 异议与索赔条款

异议与索赔条款多订在一般商品买卖合同中。该条款的内容,除规定一方如违反合同,另一方有权索赔外,还包括索赔期限、索赔依据和索赔办法等。

例如,在合同中规定:"如买方提出索赔,凡属品质异议须于货到目的口岸之日起____天内提出;凡属数量异议须于货到目的口岸之日起____天内提出。对货物所提任何异议应由保险公司、运输公司或邮递机构负责的,卖方不负任何责任。"(The claims, if any regarding to the quality of the goods, shall be lodged within ____ days after arrival of the goods at the destination, if any regarding to the quantities of the goods, shall be lodged within ____ days after arrival of the goods at the destination. The sellers shall not take any responsibility if any claims concerning the shipping goods is up to the responsibility of Insurance Company / Transportation Company / Post Office.)

(2) 违约金条款

违约是指合同当事人一方未履行合同义务而向对方支付约定的金额。

违约金条款一般适用于卖方延期交货,或者买方延迟开立信用证和延期接运货物等情况。违约金数额由交易双方商定,并规定最高限额。违约金条款一般应包括违约金的数额和违约金计算方法。

(3) 索赔对象

出现以下情况时,应该向卖方索赔:①货物品质、规格不符合合同规定;②原装数量不足;③包装不符合合同规定或因包装导致货物受损;④未按期交货或拒交货物。

出现以下情况时,应该向承运人索赔:①货物数量少于运单所载数量;②提单为清洁提单;③由于承运人保管不当而造成货物短损。

属于投保险别的承保范围内的损失向保险公司索赔。

3. 不可抗力

不可抗力(force majeure)是指买卖合同签订后,不是由于合同当事人的过失或疏忽,而是由于发生了合同当事人无法预见、无法预防、无法避免和无法控制的事件,以致不能履行或不能如期履行合同,发生意外事故的一方可以免除履行合同的责任或推迟履行合同。因此,不可抗力是一种免责条款。

不可抗力条款的内容,主要包括不可抗力事件的范围、不可抗力事件的处理原则和方法、事件发生后通知对方的期限和通知方式以及出具事件证明的机构等。

(1) 不可抗力事件的范围

不可抗力事件的范围较广,通常可分为两种情况:一种是由于"自然力量"引起的,如水灾、火灾、冰灾、暴风雨、大雪、地震等;另一种是由于"社会力量"引起的,如战争、罢工、政府禁令等。

(2) 不可抗力事件的处理

发生不可抗力事件后,应按约定的处理原则和办法及时进行处理。不可抗力的后果有两种,一是解除合同,一是延期履行合同。

(3) 不可抗力事件的通知和证明

不可抗力事件发生后如影响合同履行时,发生事件的一方当事人,应该按约定的通知期限和通知方式,将不可抗力事件情况如实通知对方。对方在接到通知后,应及时答复,如有异议也应及时提出。

例如,在合同中规定:"如因人力不可抗拒的原因造成本合同全部或部分不能履约,卖方概不负责。但卖方应将上述发生的情况及时通知买方。"(The sellers shall not hold any responsibility for partial or total non-performance of this contract due to Force Majeure. But the sellers advise the buyers on time of such occurrence.)

由于战争、地震、火灾、雪灾、暴风雨或其他不可抗力事故,致使卖方不能全部或部分装运或延迟装运合同货物,卖方对于这种不能装运或延迟装运本合同货物不负有责任。但卖方须用电报或电传方式通知买方,并应在15天内以航空挂号信件向买方提供由中国国际贸易促进委员会出具的证明此类事件的证明书。

4．仲裁

仲裁(arbitration)是国际货物买卖的交易双方解决争议的一种方式。买卖双方达成协议,自愿将有关争议交给双方所同意的仲裁机构进行裁决。

拓展阅读 2.6
仲裁的起源、发展与展望

仲裁协议(arbitration agreement)通常作为合同条款包含在买卖合同之中,又称作"仲裁条款"(arbitration clause)。仲裁条款一般包括仲裁地点、机构、仲裁程序与规则、仲裁裁决的效力等内容。仲裁地点的选择与仲裁所适用的程序法甚至实体法有关。买卖双方当事人经商定可以选择在当事人一方所在国仲裁,也可以在第三国仲裁。

仲裁机构是指受理仲裁案件并作出裁决的机构,国际商事方面的仲裁机构有常设机构或临时性仲裁机构两种。常设机构如我国的中国国际经济贸易仲裁委员会。临时性仲裁机构指专门为审理某一争议案件而临时组成,双方当事人在选用临时性仲裁机构时,应在仲裁条款中就选定仲裁员的办法、人数,是否需要首席仲裁员等问题作出明确规定。

例如,在合同中规定:"凡因执行本合约或有关本合约所发生的一切争执,双方应协商解决。如果协商不能得到解决,应提交仲裁。仲裁地点在被告方所在国内,或者在双方同意的第三国。仲裁裁决是终局的,对双方都有约束力,仲裁费用由败诉方承担。"(All disputes in connection with this contract of the execution thereof shall be amicably settled through negotiation. In case no amicable settlement can be reached between the two parties, the case under dispute shall be submitted to arbitration, which shall be held in the country where the defendant resides, or in third country agreed by both parties. The decision of the arbitration shall be accepted as final and binding upon both parties. The Arbitration Fees shall be borne by the losing party.)

除上述合同条款外,货物运输、保险等条款因本教材其他章节另有阐述,在此不重复。

本章小结

国际贸易是不同国家(或地区)之间进行的商品交换活动。这里讲的商品交换是广义的,即包括有形商品和无形商品的贸易活动。既然国际贸易泛指国家与国家之间的商品交换,那么,它就既包括本国与他国之间的贸易,也包括别的国家之间的贸易。

国际贸易方式是国际间商品流通的做法或形式。随着国际贸易的发展,进行贸易的具体方式也日趋多样化。除了常见的逐笔售定的单边出口方式外,还有诸如独家经销、代理、寄售、展卖、招标投标、拍卖、期货交易、对销贸易、加工贸易等做法。

贸易术语是用一个简短的概念或英文缩写来说明商品的价格构成和买卖双方的费用负担、交货地点、责任承担、风险划分、手续承办等的界限。它是国际贸易中进出口商品价格的一个重要组成部分。

在国际货物买卖中,买卖双方通过口头、电讯、EDI 或数据电文等进行交易洽商,就各项交易条件取得一致协议后,交易即告达成,买卖双方即订立书面合同。

复习与思考

1. 国际贸易与对外贸易的区别是什么？
2. 《2020年通则》(Incoterms 2020)有哪些新的变化？
3. 国际贸易的主要方式有哪些？
4. 国际贸易合同的主要条款有哪些？
5. 请指出CPT、CIP和FCA三种术语之间的联系与区别。

线上自测

案例分析

以FOB术语成交而引起的争议

2016年11月，我国F省粮油进出口公司与巴西某公司签订一份出口油籽的合同。合同采用FOB价格术语，买方需于2017年2月份派船到厦门港接货。合同还规定："如果在此期间内不能派船接货，卖方同意保留28天，但仓储、利息、保险等费用皆由买方承担。"

3月1日，卖方在货物备妥后电告买方应尽快派船接货。但是，一直到3月28日，买方仍未派船接货。于是卖方向买方提出警告，声称将撤销合同并保留索赔权。买方在没有与卖方进行任何联系的情况下，直到2017年5月5日才将船只派到厦门港。这时卖方拒绝交货并提出损失赔偿，买方则以未订到船只为由拒绝赔偿损失，双方争议不能和解，卖方起诉到法院。

法院经取证调查，认为买方确实未按合同规定的时间派船接货，因此法院判决：卖方有权拒绝交货，并提出赔偿请求。后经双方协商，卖方交货，但由买方赔偿仓储、利息、保险等费用。

本案例涉及FOB价格术语下船货衔接的问题。按照FOB术语成交的合同属于装运合同，这类合同中卖方的一项基本义务是按照规定的时间和地点完成装运。然而，由于FOB条件下是由买方负责安排租船订舱，所以，就存在一个船货衔接问题，处理不当，自然会影响到合同的顺利执行。根据有关法律和惯例，如果买方未能按时派船，卖方有权拒绝交货，而且由此产生的各种损失均由买方负担，因此，在FOB术语下成交的合同，对于装运期和装运港要慎重规定，订约之后，有关备货和派船事宜，双方要加强联系，密切配合，保证船货衔接。

在此案例中，我方作为卖方尽到了自己的责任。在装运期临近时，卖方电告催促买方派船接货,但买方没有及时派船接货。根据《联合国国际货物销售合同公约》的规定,卖方有解除合同之权利,并要求买方赔偿损失。

  本案中我方公司据理力争,维护自身合法权益的做法是值得提倡的。后来从有利于交易的角度出发,我方公司未行使解除合同之权利而继续履行合同义务也是适当的。如果行情发生了变化或其他原因使合同给我方带来损失时,我方当然可断然行使解除合同之权。

思考题:
我方公司在以后的业务中如何避免这种争议?

第 3 章　国际物流系统

本章关键词

国际物流系统(international logistics system)
国际物流网络(international logistics networks)
国际物流标准化(international logistics standardization)
全球卫星导航系统(global positioning system)
电子数据交换（electronic data interchange）

http://www.1688.com
http://manage.china-aaa.net/act.aspx
http://www.ce.cn

3.1　国际物流系统概述

国际物流系统是一个多环节的复杂系统。其中的各个子系统伴随着流动的物料联系在一起，根据系统的总目标，各个环节间相互协调，适时、适量地配置和调度系统的资源。国际物流系统各种物流活动的相互衔接是通过信息予以沟通的，资源的调度也是通过信息共享来实现的，因此，国际物流系统的组成必须以信息和信息技术为基础。

3.1.1　国际物流系统的组成

国际物流系统是由商品的运输、储存、装卸搬运、包装、检验、外贸加工及国际物流信息等子系统构成的。运输和储存子系统是物流系统的主要组成部分，国际物流通过商品的储存和运输，实现其自身的时间和空间效益，满足国际贸易活动和跨国公司经营的要求。

1. 国际货物运输子系统

运输的作用是将商品使用价值进行空间移动，物流系统的运输作业克服商品生产地和需要地点的空间距离，创造了商品的空间效益。国际货物运输是国际物流系统的核心。商品通过国际货物运输作业由卖方转移给买方。国际货物运输具有路线长、环节多、涉面广、手续繁杂、风险性大和时间性强等特点。运输费用在国际贸易商品价格中占有很大比重。国际运输主要包括运输方式的选择、运输单据的处理以及投保等有关方面。

国际货物运输是国家与国家、国家与地区之间的运输,与国内货物运输相比,它具有以下几个主要特点:

(1) 国际货物运输涉及国际关系问题,是一项政策性很强的涉外活动

国际货物运输是国际贸易的一个组成部分,在组织货物运输的过程中,需要经常同国外发生直接或间接的广泛的业务联系,这种联系不仅是经济上的,也常常会涉及国际间的政治问题,是一项政策性很强的涉外活动。因此,国际货物运输既是一项经济活动,也是一项重要的外事活动,这就要求我们不仅要用经济观点去办理各项业务,而且要有政策观念,按照我国的对外政策的要求从事国际运输业务。

(2) 国际货物运输是中间环节很多的长途运输

国际货物运输是国家与国家、国家与地区之间的运输,一般来说,运输的距离都比较长,往往需要使用多种运输工具,通过多次装卸搬运,要经过许多中间环节,如转船、变换运输方式等,经由不同的地区和国家,要适应各国不同的法规和规定。如果其中任何一个环节发生问题,就会影响整个的运输过程,这就要求我们做好组织工作、环环紧扣,避免在某环节上出现脱节现象,给运输带来损失。

(3) 国际货物运输涉及面广,情况复杂多变

国际货物运输涉及国内外许多部门,需要与不同国家和地区的货主、交通运输、商检机构、保险公司、银行或其他金融机构、海关、港口以及各种中间代理商等打交道。同时,由于各个国家和地区的法律、政策规定不一,贸易、运输习惯和经营做法不同,金融货币制度存在差异,加之政治、经济和自然条件的变化,都会对国际货物运输产生较大的影响。

(4) 国际货物运输的时间性强

按时装运进出口货物,及时将货物运至目的地,对履行进出口贸易合同,满足商品竞争市场的需求,提高市场竞争能力,及时结汇,都有着重大意义。特别是一些鲜活商品、季节性商品和敏感性强的商品,更要求迅速运输,不失时机地组织供应,才有利于提高出口商品的竞争能力,有利于巩固和扩大销售市场。因此,国际货物运输必须加强时间观念,争时间、抢速度,以快取胜。

(5) 国际货物运输的风险较大

由于在国际货物运输中环节多,运输距离长,涉及的面广,情况复杂多变,加之时间性又很强,在运输沿途国际形势的变化、社会的动乱,各种自然灾害和意外事故的发生,以及战乱、封锁禁运或海盗活动等,都可能直接或间接地影响到国际货物运输,以至于造成严重后果,因此,国际货物运输的风险较大。为了转嫁运输过程中的风险损失,各种进出口货物和运输工具,都需要办理运输保险。

所谓外贸运输的两段性,是指外贸运输包含国内运输段(包括进口国、出口国)和国际运输段。

(1) 出口货物国内运输段

出口货物国内运输段是指出口商品由生产地或供货地运送到出运港(站、机场)的国内运输。国内运输工作涉及面广,环节多,包括摸清货源、产品包装、加工、短途集运、船期

安排和铁路运输配车等多个环节,需要做好车、船、货、港的有机衔接,减少压港、压站等物流不畅的局面。主要工作有:发运前的准备工作、清车发运、装车和装车后的善后工作。

(2) 国际货物运输段

国际货物运输段是国内运输的延伸和扩展,同时又是衔接出口国运输和进口国货物运输的桥梁与纽带,是国际物流畅通的重要环节。出口货物被集运到港(站、机场),办完出口手续后直接装船发运,便开始国际段运输。有的则需暂进港口仓库储存一段时间,等待有效泊位,或有船后再出仓装船外运。国际段运输可以采用由出口国转运港直接到进口国目的港卸仓,也可以采用中转经过国际转运点,再运到目的地。

2. 进出口商品储存子系统

外贸商品储存、保管使商品在其流通过程中处于一种或长或短的相对停滞状态,这种停滞是完全必要的。因为,商品流通是一个由分散到集中,再由集中到分散的源源不断的流通过程。国际贸易和跨国经营中的商品从生产厂或供应部门被集中运送到装运港口,有时须临时存放一段时间,再装运出口,是一个集和散的过程。如外贸商品从生产厂或工业部门被集中运送到装运出口港(站、机场)以备出口,有时须临时存放一段时间,再从装运港装运出口。为了保持不间断的商品往来,满足销售出口需要,必然有一定量的周转储存;有些出口商品需要在流通领域内进行出口商品贸易前的整理、组装、再加工、再包装或换装等,形成一定量的贸易前的准备储存;有时,由于某些出口商品在产销时间上的背离,例如季节性生产但常年消费,常年生产但季节性消费的商品,则必须留有一定数量的季节储备。当然,有时也会出现一些临时到货,货主一时又运不走,更严重的是进口商品到了港口或边境车站,但通知不到货主或无人认领,这种特殊的临时存放保管也是有的,即所谓压港、压站现象的出现。可见,这种情况下,国际物流被阻塞了,给贸易双方或港方、船方等都带来损失。因此,国际货物的库存量往往高于内贸企业的货物库存量也是可以理解的。

由此可见,国际货物运输是克服了外贸商品使用价值在空间上的距离,创造物流空间效益,使商品实体位置由卖方转移到买方;而储存保管是克服外贸商品使用价值在时间上的差异,物流部门依靠储存保管创造商品的时间价值。

3. 进出口商品外贸加工子系统

流通加工是随着科技进步,特别是物流业的发展而不断发展的。它是物流中具有一定特殊意义的物流形式。流通加工是为了促进销售,提高物流效率和物资利用率以及为维护产品的质量而采取的,能使物资或商品发生物理或化学以及形态变化的加工过程。出口商品的加工业,其重要作用是使商品更好地满足消费者的需求,不断地扩大出口;同时也是充分利用本国劳动力和部分加工能力,扩大就业机会的重要途径。

进出口商品的流通加工包括服务性的流通加工和生产外延性的流通加工。服务性的流通加工具体内容包括袋装、定量小包装、贴标签、配装、挑选、混装、刷唛等;生产外延性的流通加工包括剪断、平整、套裁、打孔、折弯、拉拔、组装、改装、服装的检验和熨烫等。这种出口加工或流通加工,不仅能最大限度地满足客户的多元化需求,同时,由于是比较集中的加工,它还能比没有加工的原材料出口赚取更多的外汇。

4. 进出口商品装卸与搬运子系统

进出口商品的装卸搬运作业，相对于商品运输来讲，是短距离的商品搬移，是仓库作业和运输作业的纽带和桥梁，实现的也是物流的空间效益。它是保证商品运输和保管连续性的一种物流活动。搞好商品的装船、卸船，商品进库、出库以及在库内的搬倒清点、盘库、转运转装等，对加速国际物流十分重要，而且节省装卸搬运费用也是物流成本控制的重要环节。

5. 进出口商品检验子系统

由于国际贸易和跨国经营具有投资大、风险高、周期长等特点，使得进出口商品检验成为国际物流系统中重要的子系统。通过商品检验，确定交货品质、数量和包装条件是否符合合同规定。如发现问题，可分清责任，向有关方面索赔。在买卖合同中，一般都订有商品检验条款，其主要内容有检验时间与地点、检验机构与检验证明、检验标准与检验方法等。

根据国际贸易惯例，商品检验时间与地点的规定可概括为三种做法：

一是在出口国检验。可分为两种情况。在工厂检验，卖方只承担货物离厂前的责任，运输中品质、数量变化的风险概不负责；装船前或装船时检验，其品质和数量以装船后的检验结果为准，买方对到货的品质与数量原则上一般不得提出异议。

二是在进口国检验。包括卸货后在约定时间内检验和在买方营业处所或最后用户所在地查验两种情况。其检验结果可作为货物品质和数量的最后依据。在此条件下，卖方应承担运输过程中品质、数量变化的风险。

三是在出口国检验、进口国复验。货物在装船前进行检验，以装运港双方约定的商检机构出具的证明作为付货款的凭证，但货到目的港后，买方有复验权。如复验结果与合同规定不符，买方有权向卖方提出索赔，但必须出具卖方同意的公证机构所出具的检验证明。

在国际贸易中，从事商品检验的机构很多，包括卖方或制造厂商和买方或使用的检验单位，有国家设立的商品检验机构以及民间设立的公证机构和行业协会附设的检验机构。在我国，统一管理和监督商品检验工作的是国家进出口商品检验局及其分支机构。究竟选择由哪个机构实施和提出检验证明，在买卖合同条款中必须明确加以规定。

商品检验证明即进出口商品经检验、鉴定后，应由检验机构出具的具有法律效力的证明文件。如经买卖双方同意，也可以采用由出口商品的生产单位和进口商品的使用部门出具证明的办法。检验证书是证明卖方所交货物在品质、重量、包装和卫生条件等方面是否与合同规定相符的依据。如与合同规定不符，买卖双方可据此作为拒收、索赔和理赔的依据。此外，商品检验证也是付货款的单据之一。

商品检验可按生产国的标准进行检验，或按买卖双方协商同意的标准进行检验，或按国际标准或国际习惯进行检验。商品检验方法概括起来可分为感官鉴定法和理化鉴定法两种。理化鉴定法对进出口商品检验具有更重要的作用，一般是采用各种化学试剂、仪器器械鉴定商品品质的方法，如化学鉴定法、光学仪器鉴定法、热学分析鉴定法以及机构性能鉴定法等。

6. 进出口商品包装子系统

国际市场上的消费者是通过商品来认识企业的,而进出口商品的商标和包装就是企业的面孔,它反映了一个国家的综合科技文化水平。在考虑出口商品包装时,应把包装、装卸、搬运、储存、运输有机地联系起来,实现现代物流系统的"包、储、运一体化"。即从商品一开始包装,就要考虑储存的方便、运输的快速,以加速流通,方便储运,减少物流费用等。

现在我国出口商品存在的主要问题有:出口商品包装材料主要靠进口;包装产品加工技术水平低,质量上不去;外贸企业经营者对出口商品包装缺乏现代意识,表现在缺乏现代包装观念、市场观念、竞争观念和包装的信息观念。仍存在着"重商品、轻包装"以及"重商品出口、轻包装改进"等思想。

为提高商品包装系统的功能和效率,应提高广大外贸企业对出口商品包装工作重要性的认识,树立现代包装意识和包装观念;尽快建立起一批出口商品包装工业基地,以适应国际贸易发展的需要,满足国际市场、国际物流系统对出口商品包装的各种特殊要求;认真组织好各种包装物料和包装容器的供应工作。这些包装物料、容器应具有品种多、规格齐全、批量小、变化快、交货时间急和质量要求高等特点,以便扩大外贸出口、增强创汇能力。

7. 国际物流信息子系统

国际物流信息子系统的主要功能是采集、处理和传递国际物流的信息情报。没有功能完善的信息系统,国际贸易和跨国经营将寸步难行。国际物流信息的主要内容包括进出口单证的作业过程、支付方式信息、客户资料信息、市场行情信息和供求信息等。

国际物流信息系统的特点是信息量大,交换频繁,传递大,时间性强,环节多,路线长。在建立技术先进的国际物流信息系统中,一方面,EDI 的发展是一个重要趋势,我国应该在国际物流中加强推广 EDI 的应用;另一方面,在国际贸易与国际物流中建立基于互联网(Internet)的物流信息系统,建设国际贸易和跨国经营的信息高速公路,也是势在必行。

上述主要系统应该和配送系统、流通加工系统等有机联系起来,统筹考虑,全面规划,建立我国适应国际竞争要求的国际物流系统。

3.1.2 国际物流系统的支撑要素

国际物流系统的运行需要有许多支撑要素,尤其是处于复杂的社会经济系统中,要确立国际物流系统的地位,要协调与其他系统的关系,这些要素就更加必不可少。

1. 体制、制度

物流系统的体制、制度决定了物流系统的结构、组织、领导和管理的方式。国家对其控制、指挥和管理的方式,是国际物流系统的重要保障。

2. 法律、规章

国际物流系统的运行,不可避免地涉及企业或人的权益问题,法律、规章一方面限制和规范物流系统的活动，使之与更大的系统相协调，另一方面则是给予安全保障。合同的执行、权利的划分、责任的确定都要靠法律、规章来维系。目前，国际物流中应遵循的主要法律法规和国际惯例、国际公约有《联合国国际货物销售合同公约》、《2000年国际贸易术语解释通则》、《1941年美国对外贸易定义修订本》、《1932年华沙-牛津规则》、《跟单信用证统一惯例》第500号出版物(UCP500)、《托收统一规则》(URC522)、《华沙公约》、《海牙规则》、《汉堡规则》、《国际铁路货物运送公约》、《国际铁路货物联运协定》、《海牙议定书》、《国际公路货物运输合同公约》等。

3. 行政、命令

国际物流系统关系到国家的军事、经济命脉，所以行政、命令等手段也常常是国际物流系统正常运转的重要支持要素。

4. 标准化系统

标准化系统是保证国际物流各环节协调运行、保证国际物流系统与其他系统在技术上实现联结的重要支撑条件。

3.1.3 国际物流系统的物质基础要素

国际物流系统的建立和运行，需要有大量的技术装备手段，这些手段的有机联系对国际物流系统的运行具有决定意义。这些要素对实现国际物流和某一方面的功能也是必不可少的。具体而言，物质基础要素主要有：

其一，物流设施。它是组织国际物流系统运行的基础物质条件，包括物流站场、物流中仓库、国际物流线路、建筑物、公路、铁路、口岸（如机场、港口、车站、通道）等。

其二，物流装备。它是保证国际物流系统运行的条件，包括仓库货架、进出库设备、加工设备、运输设备、装卸机械等。

其三，物流工具。它是国际物流系统运行的物质条件，包括包装工具、维护保养工具、办公设备等。

其四，信息技术及网络。它是掌握和传递国际物流信息的手段，根据所需信息水平的不同，包括通信设备及线路、传真设备、计算机及网络设备等。

其五，组织及管理。它是国际物流网络的"软件"，起着联结、调运、运筹、协调、指挥其他各要素以保障国际物流系统目的的实现等作用。

3.1.4 国际物流系统的模式

国际物流系统，遵循系统的一般模式和原理，即国际物流系统包括系统的输入、处理和输出部分。现以国际出口物流模型来阐述国际物流系统的模式，如图3-1所示。

国际物流系统输入部分的内容有：备货、货源落实；到证，接到买方开来的信用证；到船，买方派来船舶；编制出口货物运输计划；其他物流信息。

国际物流系统处理部分包括：商品出口前的加工整理；包装、标签；储存；运输；商品进港、装船；交单；保管；报验；以及现代管理方法、手段和现代物流设施的介入。

国际物流系统输出部分内容有：商品实体从卖方经过运输过程送达买方手中；交齐各

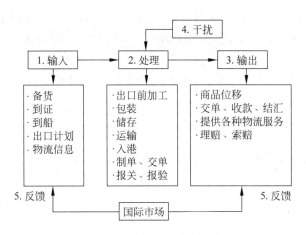

图 3-1 国际物流系统模式(出口)

项出口单证；结算、收汇；提供各种物流服务；经济活动分析及理赔、索赔。

除了上述三项主要内容外，还经常有许多外界不可控因素的干扰，使系统运行偏离原计划内容。这些不可控因素可能受国际的、国内的、政治的、经济的、技术上的和政策法令、风俗习惯等的制约，这是很难预先控制的。它对物流系统的影响很大，如果物流系统具有很强的应变能力，遇到这种情况，马上能提出改进意见，变换策略，那么，这样的系统具有很强的生命力。如 1956—1967 年苏伊士运河封闭，直接影响国际货物的外运。这是事先不可预见的，是因为受到外界政治因素的严重干扰的结果。当时日本的外贸商品运输，正是因此而受到严重威胁，如果将货物绕道好望角或巴拿马运河运往欧洲，则航线增长、时间过长、经济效益太差。为此，日本试行利用北美横贯大陆的铁路线运输，取得良好的效果，大陆桥运输得名于此。这说明当时日本的国际物流系统设计，面对外部环境的干扰，采取了积极措施，使系统具有新的生命力。

3.2 国际物流网络

国际物流网络是指由多个收发货的"节点"和它们之间的"连线"所构成的物流抽象网络以及与之相伴随的信息流网络的有机整体。

收发货"节点"是指进、出口国内外的各层级仓库，如制造厂仓库、中间商仓库、口岸仓库、国内外中转点仓库以及流通加工配送中心和保税区仓库。国际贸易商品就是通过这些仓库的接收和发出，并在中间存放保管，实现国际物流系统的时间效益，克服生产时间和消费时间上的分离，促进国际贸易系统的顺利运行。

"连线"是指连接上述国内外众多收发货"节点"间的运输，如各种海运航线、铁路线、飞机航线以及海、陆、空联运航线。这些网络连线是库存货物移动(运输)轨迹的物化形式；每一对"节点"有许多"连线"以表示不同的运输路线、不同产品的各种运输服务；各"节点"表示存货流动暂时停滞，其目的是更有效地移动(收或发)。

信息流动网的"连线"通常包括国内外的邮件或某些电子媒介(如电话、电传、电报以及目前的 EDI 电子数据交换等)，其信息网络的"节点"则是各种物流信息汇集及处理之点，如处理国际订货单据，编制大量出口单证、提单或最新库存量的记录。

物流网与信息网并非独立，它们之间的关系是密切相联的，如图3-2所示。

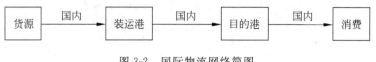

图3-2 国际物流网络简图

3.2.1 国际物流节点

1. 国际物流节点的功能

（1）衔接功能。国际物流节点将各个物流线路连成一个系统，使各种运输方式有机地连接起来。

（2）信息功能。国际物流节点是物流系统内外信息产生、收集、传递、处理的集中地。这些信息在物流系统的运行过程中起着关键作用。

（3）管理功能。国际物流系统的大部分资源都集中在物流节点上。整个系统的有序运转以及效率的高低都取决于物流节点的建设。

2. 国际物流节点的类型

根据其功能可划分为：

（1）转运型节点。转运型节点是以连接不同运输方式为主要功能的节点。货物在这些节点的停滞时间较短。

（2）储存型节点。储存型节点是以存放货物为主要职能的节点。货物在这些节点的停滞时间较长。

（3）流通型节点。流通型节点是兼具商流功能的节点。如流通中心、配送中心、某些物流园区等。

（4）综合性节点。能实现两种以上物流功能，将有关功能有机结合于一体的集约型结点，如国际物流中心。

3. 口岸

口岸是指国家指定的对外经贸、政治、外交、科技、文化、旅游和移民等供往来人员、货物和交通工具出入国（边）境的港口、机场、车站和通道，即国家指定的外来门户。口岸是国际货物运输的枢纽。口岸在出入境货物管理中主要办理通关、检验检疫、边检、装卸储存货物等业务。

4. 海关特殊监管场所

（1）保税区，是指经国务院批准在中华人民共和国境内设立的由海关进行监管的特定区域。它主要承担着出口加工、转口贸易、商品展示、仓储运输等功能，即保税加工和保税物流的功能。

（2）保税物流园区，是经国务院批准，在保税区规划或者毗邻保税区特定港区内设立的、专门发展现代国际物流的海关特殊监管区域。

（3）出口加工区，是指由省、自治区、直辖市人民政府报国务院批准在中华人民共和国境内设立的由海关对保税加工进出口货物进行封闭式监管的特定区域。原则上应在经济技术开发区内。它的主要功能包括保税加工以及为区内保税加工服务的储运功能。

（4）保税物流中心，是经海关批准，由中国境内法人经营、专门从事保税仓储物流业务的海关监管场所。它又包括公用型和自用型。

（5）保税仓库，是经海关批准设立的专门存放保税货物及其他未办结海关手续货物的仓库。它又包括公用型、自用型、专业型保税仓库。

（6）出口监管仓库，是海关批准设立，对已办结海关出口手续的货物进行储存、对保税货物进行配送、提供流通性增值服务的海关专用监管仓库。它又包括出口配送型和国内结转型。

3.2.2 国际物流连线

1. 国际远洋航线及海上通道

航路是世界各地水域在港湾、潮流、风向、水深及地球球面距离等自然条件的限制下，可供船舶航行的一定径路。航线是承运人在许多不同的航路中根据主客观条件为达到最大的经济效益所选定的营运航路。航线形成的决定因素包括安全、货运、港口、技术、政治经济政策等。

航线从不同角度可以分为：定期航线和不定期航线；远洋航线、近洋航线和沿海航线。世界主要大洋航线有：

（1）太平洋航线：

远东—北美西海岸航线；

远东—加勒比、北美东海岸航线；

远东—南美西海岸航线；

远东—东南亚航线；

远东—澳大利亚、新西兰航线；

澳、新—北美东西海岸航线。

（2）大西洋航线：

西北欧—北美东海岸航线；

西北欧、北美东海岸—加勒比航线；

西北欧、北美东海岸—地中海—苏伊士运河—亚太航线；

西北欧、地中海—南美东海岸航线；

西北欧、北美东海岸—好望角—远东航线；

南美东海岸—好望角—远东航线。

（3）印度洋航线：

波斯湾—好望角—西欧、北美航线；

波斯湾—东南亚—日本航线；

波斯湾—苏伊士运河—地中海—西欧、北美航线；

远东—东南亚—东非航线；

远东、东南亚、地中海—西北欧航线；

远东—东南亚—好望角—西非、南美航线；

澳、新—地中海—远东航线。

(4) 世界集装箱海运干线：

远东—北美航线；

北美—欧洲、地中海航线；

欧洲、地中海—远东航线；

远东—澳大利亚航线；

澳、新—北美航线；

欧洲、地中海—西非、南非航线。

2. 国际航空线

世界上最繁忙的航空线有：

西欧—北美间的北大西洋航空线。该航线主要连接巴黎、伦敦、法兰克福、纽约、芝加哥、蒙特利尔等航空枢纽。

西欧—中东—远东航空线。该航线连接西欧各主要机场至远东香港、北京、东京等机场，并途经雅典、开罗、德黑兰、卡拉奇、新德里、曼谷、新加坡等重要航空站。

远东—北美间的北太平洋航线。这是北京、香港、东京等机场经北太平洋上空至北美西海岸的温哥华、西雅图、旧金山、洛杉矶等机场的航空线，并可延伸至北美东海岸的机场。太平洋中部的火奴鲁鲁是该航线的主要中继加油站。

此外，还有北美—南美，西欧—南美，西欧—非洲，西欧—东南亚—澳新，远东—澳新，北美—澳新等重要国际航空线。

3. 国际铁路运输线与大陆桥

(1) 国际铁路运输线

国际货物运输的主要铁路干线有：西伯利亚大铁路；加拿大连接东西两大洋的铁路；美国连接东西两大洋的铁路；中东—欧洲铁路。

(2) 大陆桥

大陆桥是指把海与海连接起来的横贯大陆的铁路。大陆桥运输则是利用大陆桥进行国际集装箱海陆联运的一种运输方式。主要的大陆桥有：西伯利亚大陆桥；新亚欧大陆桥；美国大陆桥；美国小陆桥；美国微型陆桥。

3.3 国际物流信息系统

国际物流信息系统的主要功能是采集、处理和传递国际物流和商流的信息情报。国际物流信息的主要内容包括进出口单证的作业过程、支付方式信息、客户资料信息、市场行情信息和供求信息等。国际物流信息系统的特点是信息量大，交换频繁，时间性强；环节多，点多，线长。所以，必须建立技术先进的国际物流信息系统才能支撑国际物流的运作。

3.3.1 国际物流信息的特征

国际物流信息是国际物流活动的反映,也是组织、调控国际物流活动的依据。就流通运行的内部构成而言,商流、物流、信息流是流通过程中密不可分的"三流",它们互为依存,又各自具有不同的性质、结构、作用和约束条件,各自有其特征和运动规律。其中国际物流中的信息流是指信息在供给方与需求方之间的流动与交换过程,在国际物流组织和管理过程中具有独特的重要作用。与国内物流中的信息流相比,国际物流的信息流具有如下特点。

1. 国际物流中的信息多而复杂

物流本身的功能要素、系统与外界的沟通已经很复杂,而国际物流又在这复杂系统上增加了国家和地域差异的要素。国际物流不仅表现为地域和空间的广阔,而且涉及的内外因素更多,物流过程延续的时间更长,其直接后果是信息更加复杂和信息处理难度更大。

2. 国际物流中的信息具有更强的时效性

国际物流流程相对较长,这种连续的过程必须在对多种因素的预测基础上进行。而整个流程涉及不同的国家和地区,不仅受各国政治因素和经济因素的影响,而且受各种不同的自然因素的影响。相对而言,短时期的政治和经济状况相对确定,容易预测,但具体的物流设施状态、物流环节运作状态和自然因素,尤其对运输有重大影响的天气因素则难以提前预料,它们具有更强的及时性要求。因此,影响物流流程的各种因素的时效性对于物流过程高效运营具有重要的意义。必须根据流程,准确了解运输、存储、配送、搬运及生产、销售各个环节的及时性信息,才能有效地组织国际物流。

3. 国际物流信息具有明显的动态回馈性

国际物流跨地域作业,其运作环节多而复杂,只有取得各有关国家和地区的各个物流环节之间的协助与配合,才能使整个物流过程顺畅进行,这就需要相关的信息跟踪和反馈。这种信息的跟踪和反馈就形成了动态的信息流。以国际海运为例,在物品的载体——国际货船离港的次日,相应信息便分别向发运国和到货国发出,通知货物发出、提交海运保险申请书和制作运费报告等,当货物运送完毕时,信息流将不同港口的集装箱海运日程及时报告,并预报到港地点、时间和各种服务,如果发生问题,信息流立刻发出警告信息。通过动态跟踪和反馈的信息流,经营者可以随时掌握国际物流的流动状态,及时调整和处理相关的业务。这样,既可以根据事态的变化,及时采取应对和防护措施,将环境和条件变化所造成的损失降低到最小程度,又可以合理配置人力、物力和设备等物流资源,以达到最大限度地降低国际物流总成本,提高经济效益的目的。

4. 国际物流要求信息高度标准化

国际物流运作所面对的物流环境非常复杂。不同的国家在物流设施、人员的运作能力、技术水平和宏观物流环境等方面存在着较大的差异。不同国家的生产力和科技发展水平的不同,会造成国际物流处于不同科技条件的支撑下,甚至有些地区根本无法应用某些技术;同时,不同国家有不同物流标准,如技术标准、运作标准、新型系统的运作环境等。这些都会导致各环节间协调的困难。此外,不同的语言也会造成对信息的曲解。信息标准化可以保证不同国家和地区人们对同一信息的统一认知和理解,保证国际物流流程中信息的准确传递,从而保证国际物流的正常运行。

3.3.2 国际物流信息系统的重要性与作用

国际物流系统是由多个子系统组成的复杂系统,国际物流信息成为各个子系统之间沟通的关键,在国际物流活动中起着中枢神经的作用。加强对全球物流信息的研究才能使全球物流系统成为一个有机的整体,而不是各个孤立的个体。

1. 信息在国际物流中的重要性

信息在国际物流中的重要性主要体现为以下三个方面:

(1) 在国际物流中有关订货状况、产品可得性、交货计划表,以及发票等信息是整个顾客服务的一个必要的因素。与国内物流相似,顾客服务在国际物流中同样起着重要作用。

(2) 为了达到整个物流过程中库存最低,要认识到信息能够有效地降低存货。利用新的信息制定国际物流货物的需求计划,能够通过减少需求的不确定性来减少库存。

(3) 对有关从战略优势出发,考虑在何时、何地及如何利用各种物流资源的问题,充足的相关信息既可以增加决策的灵活性,也可以增强决策的准确性。因此,及时而又准确的信息对国际物流信息系统的构建和完善有着不可估量的重要作用。

2. 国际物流信息及其系统的具体作用

(1) 信息系统的反馈与控制作用。信息反馈就是控制系统把信息输送出去又把其作用的结果返送回来,并把调整后的决策指令信息再输出,从而起到控制作用,以达到预期目的。用信息流反馈方法进行控制时,一般产生正、负两种不同的效果。一方面,信息的反馈使国际物流系统运作得以发展,增加效益;另一方面,当信息的反馈造成国际物流的供给对需求的运动收敛、减少,则形成负反馈。信息反馈的目的在于调节和控制物流过程,防止物流过程的中断和失控。正反馈表明所采取的措施得力,应继续;而负反馈则需要人们找出原因,及时采取相应的调整措施,以求国际物流高效率地运转。因此,面对一个不断发展、变化的复杂的国际物流大系统,对信息流的灵敏、正确、及时反馈是非常重要的。它如同人体的中枢神经一样,如果信息反馈作用失灵,则国际物流系统可能会混乱、瘫痪;反之,有了高效、灵敏的信息反馈,必然能指挥、协调国际物流系统,使其活跃和高效。

(2) 信息及其系统的支持保障作用。信息流对国际物流系统的支持和保障作用的具体表现主要有两个方面:其一,信息是国际物流活动顺利进行的基础保障,国际物流是一个多环节、多层次、多因素的,各子系统相互制约的复杂大系统,没有信息系统对信息进行及时处理和传递,物流活动就无法进行。每一个子系统信息的输入与输出,都是下一个子系统运行的前提和基础,也是整个大系统相互沟通、调节、运转的支持与保障。因此,信息系统的正常运行是国际物流大系统能否有规律运行的关键。其二,信息是国际物流系统经营决策及其传导和执行的依据与保障。决策是企业最基本的管理职能,它对于复杂的、动态多变的国际物流系统尤为重要。国际物流企业根据各种信息,经过分析、研究、论证之后才能确定其经营范围和目标,并进行决策。决策执行运转过程中还要根据各种信息不断地调整和平衡。因此,真实可靠的信息及其传递对于国际物流企业至关重要,它决定着国际物流企业的生死存亡。

（3）信息具有资源性作用。信息在国际物流系统中可以视为一种重要资源,它甚至可以替代库存、储存和经营资金。国际物流活动中存在很多不确定因素,信息的缺失或失真往往会导致预测和决策的不准确,从而给企业带来很大的风险性。为减少风险,企业往往会通过增加库存、储备等方式,来保证物流业务的需要,这就增加了经营资金的占用。一旦没有足够的物流业务,导致物流设施的闲置,资源不能充分利用,就必然造成大量的资金浪费,影响企业经营效率。准确及时的信息能够保证企业根据实际需要调节和控制物流设施设备以及相关的人力,保证按任务要求合理安排和使用资源,从而减少因业务量波动而必须设置的安全库存、储备和设施设备。由于计算机信息技术的应用,信息传递效率更高,使国际物流过程的可见性明显增加,从而加强了供应商、批发商、零售商等在组织物流过程中的协调和配合以及对物流过程的控制,导致库存、储备的大量减少,物流设施设备的利用率明显提高,为企业节约了大量的营运资金。

3.3.3 国际物流信息管理系统

国际物流信息管理是紧密围绕着均匀、流畅、及时、准确的信息流进行的。这种信息流跟踪描述了超越国家地理边界的国际物流的全过程。国际物流信息包含着庞大的数据和丰富的资料,管理者被大量的庞杂的数据、资料信息所包围,这就使管理者面临着对信息进行筛选、识别和运用的极大挑战。依靠计算机建立的国际物流信息管理系统,企业管理者可以对相关信息进行及时的处理和分析,从而有效地管理国际物流流程。

国际物流信息管理系统是针对国际物流信息的计算机化管理而开发的软件系统,该系统的硬件由微机网络或中、小型机组成。它能够代替手工操作所无法胜任的、对繁乱复杂的国际物流信息的处理工作,能及时、准确地提供管理和决策需要的有关国际物流的各类动态信息资源。因此,国际物流管理信息系统的质量直接影响到国际物流运行的效益。为此,国际物流管理信息系统必须具备以下基本条件。

1. 系统开发的周期短,其软件应具有通用性、可移植性,便于用户使用

随着经济全球化的步伐加快,物流产业发展速度也明显加快。物流信息系统的开发必须能够适应这种状态,尽可能地缩短开发周期。这既有利于系统的推广使用,又便于开发商对系统的更新换代,确保信息系统能够与物流业的需求变化相适应。此外,通用性和可移植性,可以为用户的使用提供便利,有助于拓展软件的使用范围。

2. 管理信息的覆盖面广泛,能适应国际物流系统内、外部环节的要求

管理信息不是数据、资料、报表的简单组合和传递,应是一个经过分析、筛选、加工后的全新的、门类齐全的、具有智能特性的信息网,通过该信息网能及时掌握国际物流系统

运行的状态,如物品运行的路径、运送方式、运输数量、品种、规格以及销售网点库存状态和市场需求等,从而进行管理和控制。

3. 要加强信息的处理功能

国际物流本身的特性决定了信息源量大而复杂,又跨越不同的国家和地区,自然因素和社会因素差异非常大,国际物流市场瞬息万变,物流过程充满了不确定性,容易造成信息的不准确和不完整,这必然增加信息处理的难度,因而要求国际物流信息系统具有更强的信息处理功能。

总之,国际物流的每一个活动都必须有信息支撑,国际物流运作质量取决于信息系统对大量信息的及时处理和传递。近年来,各国在国际物流信息系统的发展建设方面均投入了大量的精力和资金。但是,应该看到,建立一个具有强大功能的国际信息系统非常困难,这不仅由于投资巨大,而且由于地区间人力资源、基础设施设备的差异,物流运作水平也各不相同,各个环节对信息的要求和利用程度也各不相同。当前,建立国际物流信息系统的一个便利办法是通过政治手段,推动国家和地区间的国际合作,实现各国海关的公共信息系统联机;只有这样,才能将各个港口、机场和联运线路、站场的实际状况及时传递给相关各方,从而为供应或销售物流决策提供支持,提高全球物流运作效率。

3.4 国际物流标准化

信息技术推动了人类从工业社会过渡到信息社会。随着信息社会的到来,信息资源的开发,信息的生产处理和分配,已经成为世界经济增长最快的产业之一,与信息产业不可分割的信息技术标准化,越来越受到人们的重视。物流活动是改变商品/产品的时间和空间效能的活动,它是国民经济生产运转的保障,是人类赖以生存的基础。随着电子商务的发展,物流系统的信息化要求日益迫切,在物流信息系统建设中,通过标准化来实现系统间的数据交换与共享已经成为电子商务的必然要求。

3.4.1 国际物流标准化概念

标准化是对产品、工作、工程、服务等普遍活动规定统一的标准,并且对这个标准进行贯彻实施的过程。标准化的内容,实际上就是经过优选之后的共同规则。在国际上,设在日内瓦的国际标准化组织(ISO)负责协调世界范围内的标准问题。

ISO 制定的标准很多,其中 ISO 9000 系列标准已经成为世界认可的重要国际标准。ISO 9000 系列是 1987 年国际标准化组织制定颁布的国际通用的"质量管理和质量保证"系列标准,它由 5 个标准组成,即 ISO 9000 至 ISO 9004,已被认证使用的有 3 个标准,即 ISO 9001、ISO 9002、ISO 9003。ISO 9000 是用于选择和使用 ISO 9001、ISO 9002、ISO 9003 各项标准的指南。ISO 9001 是从设计、开发、生产、安装到用户服务的质量保证模式;ISO 9002 是生产、安装和服务的质量保证模式;ISO 9003 是最终检验和试验的质量保证模式。以上三个质量保证标准,可作为质量认证中审核评定企业质量体系的依据。ISO 9004 是有关质量管理和质量体系要素的指南,为非合同环境下企业内部质量管理模式。

对于物流及其相关的流通企业,更适合在充分考虑需要、风险、费用、利益和使用范围的基础上取得初期设计开发阶段的 ISO 9002 认证。首先,ISO 9002 认证的是企业能够达到的质量管理和质量保证的能力。因为它不仅规范了产品质量检验的认定方法,而且涵盖了整个生产经营过程、服务等质量保证模式的内容;它不仅是产品质量认证,而且能帮助企业建立健全有效的质量体系。其次,当上游企业多数已取得 ISO 9002 后,必然要求包装、运输、配送等物流活动也达到相应的质量标准和要求,作为供应链中重要环节的物流企业,也应取得 ISO 标准质量体系的认证。再次,物流企业的宗旨是为用户提供优质服务,满足用户要求,而 ISO 9002 系列标准具有系统性、实用性和规范性,能指导用户选购满意的商品,给用户带来信誉和更大的利润,是供方取得需方信任的手段。

国际物流标准化是指以国际物流为一个大系统,制定系统内部设施、机械装备、专用工具等各个子系统的技术标准;制定系统内各分领域如包装、装卸、运输、仓储等方面的工作标准;以国际物流大系统为出发点,研究各分系统与分领域中技术标准与工作标准的配合性,按照配合性要求,统一整个国际物流系统的标准;研究国际物流系统与其他相关系统的配合性,进一步谋求国际物流大系统的标准统一。

3.4.2 国际物流标准化的作用

随着全球经济一体化进程的加快,标准化工作所涉及的领域越来越广泛,发挥的作用也越来越大,国际标准的应用已经十分普遍,标准化已成为企业竞争的重要手段。目前,国际物流标准化体系的建设相当不完善,尽管已建立了物流标志标准体系,并制定了一些重要的国家标准,但这些标准的应用推广存在着严重问题。物流标准化的作用主要表现在下列几个方面:

1. 统一各国物流概念

我国的物流发展借鉴了很多国外的经验,但是由于各国在物流的认识上有着众多的学派,就造成了各国人士对物流的理解存在偏差。物流的发展不单单是学术问题,更重要的是要为国民经济服务、创造更多的实际价值。所以,我们要弄清物流的概念问题,并对物流涉及的相关内容达成统一的认识,为加快物流的发展扫清理论上的障碍。

2. 规范物流企业

目前市场上出现了越来越多的物流企业,其中不乏新生企业和从相关行业转行的企业,层出不穷的物流企业也使物流队伍良莠不齐。物流业整体水平不高,不同程度地存在着市场定位不准确、服务产品不合格、内部结构不合理、运作经营不规范等问题,影响了物流业的健康发展。建立与物流业相关的标准,对已进入物流市场和即将进入物流市场的企业进行规范化、标准化管理,是确保物流业稳步发展的需要。

3. 提高物流企业效率

物流业是一个综合性的行业,它涉及运输、包装、仓储、装卸搬运、流通加工、配送和信息等各个方面。现代物流业是在传统行业的基础上发展起来的。由于传统的物流被人为地割裂为很多阶段,而各个阶段不能很好地衔接和协调,加上信息不能共享,造成物流的效率不高。物流标准化是以物流作为一个大系统,强调物流系统与其他相关系统的配合性。

4. 使各国的物流进一步接轨

全球经济一体化的浪潮,使世界各国的经济日益融合在一起。所以,物流业必须全面接纳最先进的思想,运用最科学的运作和管理方法,以标准化建设引导世界各国、各地区的物流进一步接轨。

3.4.3 国际物流标准化的基本原则

1. 确定标准化的基点

从物流系统来看,各个系统的局部标准化之间缺乏配合性,不能形成纵向的标准化体系。因此,要形成整个物流体系的标准化,必须在这个局部中寻找一个共同的基点,这个基点能贯穿物流全过程,形成物流标准化工作的核心,这个基点的标准化成了衡量物流全系统的基准,是各个局部标准化的准绳。

为了确定物流标准化的基点,人们将进入物流领域的产品(货物)分成三类,即零星货物、散装货物与集装货物。对于零星货物和散装货物,实现其换载、装卸等作业操作和处理的标准化是相当困难的。集装货物在流转过程中始终都以集装体为基本单位,其他集装形态在运输、储存、装卸、搬运各个阶段都基本上不会发生变化,因此比较容易实现标准化处理。人们经过对物流现状的调查及对发展趋势的预测,肯定了集装形式是物流通行的主导形式,而散装只是在某些专用领域建立独立的标准化系统。至于零星货物,一部分可以向集装靠拢,另一部分还会保持其多样化的形态而难以实现标准化。

所以,不论国际物流还是国内物流,都可以肯定,集装系统是使物流全过程贯通而形成体系,保持物流各环节上使用设备、装置和机械之间整体性及配合性的核心,是使物流过程连贯而建立标准化体系的基点。

2. 标准化体系的配合

体系的配合是建立物流标准化体系必须体现的要求,是衡量物流系统标准化体系成败的重要标准。物流系统配合性的主要内容包括:

(1) 集装与生产企业最后工序至包装环节的配合性。为此要研究集装的"分割系列",以此来确定包装环节的要求,如包装材料、材料的强度、包装方式、规格尺寸等。

(2) 集装与装卸机具、装卸场所、装卸小工具(如索具、跳板)的配合性。

(3) 集装与仓库站台、货架、搬运机械、保管设施乃至仓库建筑的配合性。

(4) 集装与保管条件、工具、操作方式的配合性。

(5) 集装与运输设备、设施,如运输设备的载重、有效空间尺寸等的配合性。例如,将集装托盘货载入大集装箱或国际集装箱,就组成了以大型集装箱为整体的更大的集装单位,将集装托盘或小型集装箱放入卡车车厢,卡车车厢就组成了运输单位。

(6) 集装与末端物流的配合性。关注消费者需求的变化,根据当前状况对将来做出预测,重视末端物流,这是"用户第一"基本观念在物流中的反映。集装物流转变为末端物流,一是要对简单性的集装容易地进行多样化的分割,这就必须研究集装的"分割系列";二是通过"流通加工"活动,解决集装的简单化与末端物流多样化要求的矛盾。衔接消费者的"分割系列"与衔接生产者的"分割系列"有时是有矛盾的,所以不能孤立地研究集装的配合性,而必须与生产包装的配合性结合起来,这样就增加了集装与末端物流配合的复杂性。

(7) 集装与国际物流的配合性。由于国际贸易额的急剧增加和跨国公司的发展,物流标准化在国际贸易中将发挥越来越大的作用。集装与国际物流的配合性研究已经成为物流标准化的重要方面。采用国际标准越广泛,国际物流的效率就越高,成本越低。

3. 传统和现代物流需要相融合

早在现代物流的系统思想建立之前,这些与物流密切联系的系统就已经建立起各自的标准体系,在这种情况下,建立物流标准体系,就不能单考虑本系统的要求,而必须或者适应那些既成事实,或者改变这些既成事实。否则,就会与早已实现标准化的各个系统、长期形成的习惯和社会的认识产生矛盾。由于现代物流系统标准化往往牵动其他系统,标准化经济效果的计算是十分复杂而困难的事情。目前,物流系统标准化工作进展较快的日本等国,也正在研究经济效果的计算方法,但还没有一套成熟的方法。

4. 与环境和社会的适应性

物流对环境的影响在近些年来表现出尖锐化和异常突出的倾向,主要原因是物流量加大,物流速度增加,物流设施和工具大型化之后,使环境受到影响。对环境的影响主要表现在噪声对人精神、情绪、健康的影响,废气对空气、水的污染,运输车辆对人身的伤害等。这些影响与物流标准化有关,尤其在推行标准化过程中,只重视设施、设备、工具、车辆技术标准等内在标准的研究,而忽视物流对环境和社会的影响。这就强化了物流标准化与社会环境之间的矛盾,与物流标准化的宗旨背道而驰。因此,在推行物流标准化时,必须将物流对环境的影响放在标准化重要位置上。除了有反映设备能力、效率、性质的技术标准外,还要对安全标准、噪声标准、排放标准、车速标准等做出具体的规定。否则,再高的标准化水平因不被社会接受,甚至受到居民和社会的抵制也很难发挥作用。

5. 贯彻安全与保险的原则

物流安全问题也是近些年来非常突出的问题,一个安全事故往往会将一个公司损失殆尽,几十万吨的超级油轮、货轮遭受灭顶损失的事例也并不乏见。这不仅涉及经济方面的损失,还涉及人身伤害问题,如交通事故,物品、危险品的爆炸、腐蚀、毒害,对人的碰、撞所造成的伤害等。所以,物流标准化中一项重要工作是对物流安全性、可靠性的规定和为安全性、可靠性而制定的统一技术标准与工作标准。物流保险的规定也是与安全性、可靠性标准有关的标准化内容。国际物流中存在许多世界公认的保险险种与保险条款,虽然有些规定不是以标准化形式而是以立法形式出现的,但具有共同约定、共同遵循的性质,是通用的,具有标准化内涵。例如,不少手续、申报、文件等都有具体的标准化规定,保险费用的计算也受标准规定的约束。因而,物流保险的相关标准化工作也是物流标准化的重要内容。

3.4.4 国际物流标准化的方法与具体内容

从世界范围来看,物流体系的标准化,各个国家都还处于初始阶段,在这初始阶段,标准化的重点在于通过制定标准规格尺寸来实现全球物流系统的贯通,取得提高物流效率的初步成果。

拓展阅读 3.1
物流企业 ISO 实施认证

1. 确定物流的基础模数尺寸

基础模数一旦确定,设备的制造、设施的建设、物流系统中各环节的配合协调、物流系统与其他系统的配合就有所依据。目前 ISO 中央秘书处及欧洲各国基本认定 600mm×400mm 为基础模数尺寸。这个尺寸是采取"逆推法"推算出来的,也就是由现在各种输送设备的尺寸,综合推算出来的最佳的基础模数尺寸。当然,在确定基础模数尺寸时也考虑到了现在已通行的包装模数和已使用的集装设备,并从行为科学的角度研究了人及社会的影响。从其与人的关系看,基础模数尺寸是适合人体操作的最高限尺寸。

2. 以分割及组合的方法确定系列尺寸

物流模数作为物流系统各环节的标准化的核心,是形成系列化的基础:依据物流模数进一步确定有关系列的大小及尺寸,再从中选择全部或部分,确定为定型的生产制造尺寸,这就完成了某一环节的标准系列。由物流模数体系,可以确定各环节系列尺寸。目前,全球物流模数尺寸的标准化正在研究及制定中,但与物流有关的许多设施、设备的标准化大多早已发布,并由专门的专业委员会负责制定新的国际标准。国际标准化组织已建立了与物流有关的技术委员会及技术处,每个技术委员会或技术处都有国际标准化组织指定负责常务工作的秘书处,我国也明确了标准的归口单位。

ISO 对物流标准化工作非常重视,对于物流标准化的重要模数尺寸已大体取得了一致意见。作为物流标准化的基础和物流标准化首先要拟订的数据,几个基础模数尺寸如下:

(1) 物流基础模数尺寸:600mm×400mm。

(2) 物流模数尺寸(集装基础模数尺寸):以 1 200mm×1 000mm 为主,也允许 1 200mm×800mm 及 1 100mm×1 100mm 两种尺寸。

(3) 物流基础模数尺寸与集装基础模数尺寸的配合关系。

许多国家都以上述模数尺寸为基准修改本国物流的有关标准,以与国际发展趋势相吻合。例如,英、美、加拿大、日本等国都已经放弃国内原来使用的模数尺寸,而改用国际的模数尺寸。日本等一些国家在用 1 200mm×1 000mm 的模数尺寸系列的同时,还发展了 1 100mm×1 100mm 正方形的集装模数尺寸,并已形成本国的物流模数系列。

我国目前也正在积极推动物流标准化工作,并已经制定了一些分系统的标准。其中汽车、叉车、吊车等已全部实现了标准化,包装模数及包装尺寸、联运平托盘也制定了国家标准。参照国际标准,还制定了运输包装部位的标示方法的国家标准。其中,联运平托盘外部尺寸系列规定优先选用两种尺寸,分别为 TP2-800mm×1 200mm 和 TP3-1 000mm×1 200mm;还可选用一种尺寸为 TP1-800mm×1 000mm。托盘高度基本尺寸为 100mm 与 70mm 两种。

3. 识别与标志标准技术

(1) 传统的识别与识别的标准方法。在物流领域,识别标记主要用于货物的运输包装上。传统的标准化,将包装标志分为三类,即识别标志、储运指示标志和危险货物标志。

① 识别标志。包括主要标志、批数与件数号码标志、目的地标志、体积重量标志、输出地标志、附加标志和运输号码标志。

② 储运指示标志。包括向上标志、防湿防水标志、小心轻放标志、由此起吊标志、由此开启标志、重心点标志、防热标志、防冻标志及其他诸如"切勿用钓""勿近锅炉""请勿斜放、倒置"标志等。

③ 危险货物标志。包括爆炸品标志、氧化剂标志、无毒不燃压缩气体标志、易燃压缩气体标志、有毒压缩气体标志、易燃物品标志、自燃物品标志、遇水燃烧物品标志、有毒品标志、剧毒品标志、腐蚀性物品标志、放射性物品标志等。

在实际工作中遇到这类问题时,可以按我国国家标准《危险货物包装标志》《包装储运指示标志》等为依据。如果是进行进出口的国际海运,可依据国际标准化组织发布的《国际海运危险品标志》识别。

采用标志的识别方法,最主要的是引起人们的注意,对人们的处理起着简明扼要的提示作用,因此标志必须牢固、明显、醒目、简要、方便阅视和标志正确,以便及时掌握要领或易于发现错误而及时纠正。传统标志方法简单、直观。但是,正因为如此,就限制了标志的内容,有许多应标记的项目不能被标记上。但是标志一般由人去识别,往往容易出现识别错误造成处置失当,由于受人的识别反应速度所限,所以难以对大量、快速、连续运动中的货物做出准确识别。

(2) 自动识别与条码标志。"自动识别+条码"是"人工识别+标志"的一大进步,这种技术使识别速度提高几十倍甚至上百倍,使识别的准确率接近100%,是提高识别效率的重要手段。"自动识别+条码"之所以能广泛实施,关键在于条码的标准化,使自动识别的电子数据可以成为共享的数据,这样才能提高效率。和一般的图记标志不同的是,条码有大得多的数据存储量,可以将所有物流信息都包含在内,这是图记标志所不可比拟的。

条码的主要缺点是缺乏直观性,只能和自动识别系统配套使用,而无法人工识别,因此,条形码的提示、警示作用远不如图记的标志。

4. 自动化仓库

自动化仓库标准主要有以下几个部分:

(1) 名词术语的统一解释。这是自动化仓库的基础标准,统一使用词汇之后,可以避免设计、建造和使用时的混乱。一般而言,大体应由以下几部分组成:

① 自动化仓库的设施、建筑、设备的统一名称。包括种类、形式、构造、规格、尺寸、性能等。

② 自动化仓库内部定位名称,例如日本工业标准(HSB 8940)用以下语言定位:

W 方向:与巷道机运行方向垂直的方向;

L 方向:与巷道机运行方向平行的方向;

排:沿 W 方向货位数量定位;

列：沿 L 方向货位数量定位；

层：沿货架高度方向货位数量定位。

③ 操作、运行的指令、术语等。

(2) 立体自动化仓库设计通用规则。包括适用范围、用语含义解释、货架、堆垛起重机、全自动装置、尺寸、性能计算、表示方法等。

(3) 立体自动化仓库安全标准。这部分规定了安全设施、措施、表示符号等。例如防护棚网标准、作业人员安全规则、操作室安全规则、设备自动停止装置、设备异常时的保险措施、紧急停止装置、禁止入内等表示符号等。

(4) 立体自动化仓库建设设计标准。和一般建筑设计标准的区别在于，要根据物流器具特点确定模数尺寸，标准还包括面积、高度、层数的确定、建筑安全、防火、防震规定，仓库门、窗尺寸及高度的确定等。

3.5 现代信息技术在国际物流中的应用

要实施有效的国际物流管理，首先必须改善国际物流的业务流程，以实现较低成本基础上的流程自动化，从而降低国际物流的成本，缩短国际物流的时间。将条码技术、EDI、GPS 等信息技术集成起来，建立一个高效的国际物流集成信息系统，并使信息流能在开放的国际物流过程中循环流动，可以提高物流过程的运作效率，真正满足客户对产品和信息的需求。

3.5.1 条码技术在国际物流中的应用

1. 条码的概念

简单地说，条码就是由一组粗细不同的相间的条与空组成的图形，这些条和空组成的图形表达着一定的信息，并能够利用光电扫描阅读设备识读和实现数据输入计算机的特殊代码。

拓展阅读 3.2
条形码技术

条码可分为一维条码和二维条码，一维条码又可分为商品条码和物流条码。通常对于每一种物品的编码是唯一的，对于普通的一维条码来说，还要通过数据库建立条码与商品信息的对应关系，当条码的数据传到计算机上时，由计算机上的应用程序对数据进行操作和处理。因此，普通的一维条码在使用过程中仅作为识别信息，它的意义是通过在计算机系统的数据库中提取相应的信息而实现的。

2. 条码技术在国际物流中的应用

(1) 条码在国际流通企业中的应用。货物的条码是建立整个供应链的最基本条件，它是实现仓储自动化的第一步，也是用来为 POS 系统快速准确收集销售数据的手段。借助条码，POS 系统可以实现商品订购、送货、内部配送、销售、盘货等零售业循环的一元化管理，使商业的管理模式实现两个转变：第一，从传统的依靠经验管理转变为依靠精确的数字分析管理;第二,从事后管理转变为实时管理。这样,销售商可随时掌握并根据商品的销售情况,调整进货计划,组织适销货源,从而减少脱销、滞销带来的损失,加速资金周转,并且有利于货架安排的合理化,提高资源使用效率。

(2) 条码在国际物流作业中的应用。条码在国际物流中应用更加广阔,更加复杂,主要包括以下几个方面:

第一,进出口货物的订货业务。出口商品进入仓库的检查验收处理、商品检查验收和外发、商品在库内的保管,均采用条码技术进行识别。

第二,大型国际配送/加工中心采用条码技术进行识别分拣、贴签、存放和再出库等环节。

第三,外贸商品检验。采用条码技术对提货单进行扫描,然后可以对其商品进行审核、检查。

第四,海关、银行等运用条码技术,加快通关和结算的速度。

第五,国际出口单证业务处理采用条码技术进行操作,提高了速度和准确性。

由上可见,条码技术已经成为国际物流现代化的一个重要组成部分,它有力地促进了国际物流体系各环节作业的机械化、自动化,为国际物流的计算机管理奠定了基础。同时,条码在现代化国际物流管理中具有直接、高效的信息媒体作用,它使现代化的管理和现代化的技术互相结合。以条码技术的应用为基础的信息流将是未来信息技术的重要特征,它促进了物流技术和管理的现代化。

3.5.2 EDI 技术在国际物流中的应用

EDI 是英文 Electronic Data Interchange 的缩写,称作无纸贸易或电子数据交换。它是指按照协议,把具有一定结构特征的经济信息,通过电子数据通信网络,在商业贸易伙伴的计算机系统之间进行自动交换和自动处理。EDI 不是用户之间简单的数据交换,EDI 用户需要按照国际通用的信息格式发送信息,接收方也需要按国际统一规定的语法规则,对信息进行处理,并引起其他相关系统的 EDI 综合处理。它是一种用计算机进行商务处理的新业务,整个过程都是自动完成,无须人工干预,减少了差错,提高了效率。

EDI 利用存储转发方式将国际物流过程中的订货单、发票、提货单、海关申报单、进出口许可证、货运单等数据以标准化格式,通过计算机和通信网络进行传递、交换、处理,代替了贸易、运输、保险、银行、海关、商检等行业间人工处理信息、邮递互换单证的方式,使处理的过程更加快速、安全和高效。例如,一个物流部门或企业的 EDI 系统通过通信网络收到一份订单,系统便可以自动处理该订单,检查订单是否符合要求,向订货方发确认报文,通知企业内部管理系统安排物流任务,向交通运输部门预订货运集装箱,向海关、商检等有关部门申请出口许可证,通知银行结算并开具 EDI 发票,从而将整个物流过程贯穿起来,自动地完成整个物流过程,使参与物流的各方建立起一种新型、安全的贸易合作伙伴关系。

EDI 标准是整个 EDI 中的关键部分,由于 EDI 是以事先商定的报文格式形式进行数据传输和信息交换。因此,制定统一的 EDI 标准至关重要。世界各国开发 EDI 得出一条重要经验,就是必须把 EDI 标准放在首要位置。EDI 标准主要分为以下几个方面:基础标准、代码标准、报文标准、单证标准、管理标准、应用标准、通信标准和安全保密标准。在这些标准中,最首要的是实现单证标准化,包括单证格式的标准化、所记载信息的标准化和信息描述的标准化。单证格式的标准化是指按照国际贸易基本单证格式设计各种商务往来的单证样式,在单证上利用代码表示信息时,代码所处位置的标准化。目前,我国已制定的单证标准有中华人民共和国进出口许可证、原产地证书、装箱单、装运声明。

EDI 在国际物流中的应用主要体现在票据的交换方面。国际物流一般是伴随国际贸易产生的。在国际贸易中,贸易的运作涉及许多复杂的程序和机构。因此,国际物流的实际操作过程也会涉及很多的部门和机构,而且这些部门和机构是不同地区、不同性质、不同国家的,如图 3-3 所示。

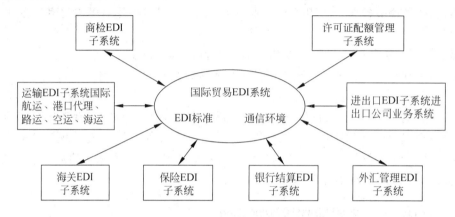

图 3-3　国际物流操作过程涉及的部门

在国际物流中,需要进行交换或处理的单据数量要比国内物流多,内容也要复杂得多,所涉及的机构或部门也很复杂,包括公路运输部门、铁路运输部门、海运或航空运输公司、货运代理人、保险公司、海关及其报关代理机构、集装箱公司、银行、码头、商品检验机构,以及政府和其他官方机构等。另外,国际物流过程还要涉及多种语言、多种货币、时差、空间的差异冲突等问题。由此带来的错误、遗漏,以及货物的损失或丢失等问题很多。复杂的业务程序使国际物流的运作效率受到许多负面的影响。

在国际物流运作中,商业单据和信息的交换非常重要,至少贸易伙伴之间以及物流服务商之间需要保留交易对方和其他机构所提供的各种数据。EDI 在国际物流运作中的作用就反映在 EDI 服务中心要提供原始数据的交换和储存功能,让参与物流过程的各方都可以将原始数据自动从电脑系统中调出来,修改或添加后方便形成新的商业单证,使国际物流的运作效率提高。

由于海关是国际物流所有运作中都要涉及的一个重要部门,许多国家在实施 EDI 工程中都从海关入手。在 1989 年 2 月,国际海关合作理事会(the Customs Cooperation Council)召开了讨论会,各国代表一致认为,在国际贸易运作中,海关在电脑联网的信息交换中处于不可替代的优势地位。海关的信息网络涉及贸易商、船东、航空公司、港口、银行、货运代理人等,海关在货物未到港之前就可以收集到很多基本的信息。海关机构的 EDI 系统的实施和运作可以最大程度地降低货物通关的瓶颈效应,加快货物的流转程序,改善对货物的监管程序,减少纸面单证报关的延误、错误或遗漏。海关的 EDI 显然是促进整个国际贸易程序简化的关键。

3.5.3 GPS 技术在国际物流中的应用

GPS 是全球卫星导航系统(Global Positioning System)的英文缩写,其功能为利用导航卫星进行定时、定位和测距。它能在全世界范围内实现全天候、全方位连续为海上、陆地和空中的用户提供实时高精度的三维空间、速度和时间信息。国外把发展 GPS 作为促进无线电导航现代化的核心,把建成该系统当作无线电导航进入 21 世纪的重要标志。20 世纪 90 年代以来,GPS 在物流领域得到越来越广泛的应用。

1. GPS 的构成

(1) 空间部分

GPS 的空间部分是由 24 颗工作卫星组成,它位于距地表 20 200 千米的上空,均匀分布在 6 个轨道面上(每个轨道面 4 颗)。此外,还有 4 颗有源备份卫星在轨运行。卫星的分布使得在全球任何地方、任何时间都可观测到 4 颗以上的卫星,并能保持良好定位解算精度的几何图像。这就提供了在时间上连续的全球导航能力。GPS 卫星产生两组电码,一组称为 C/A 码(Coarse/Acquisition Code1.023MHz),一组称为 P 码(10.23MHz),P 码因频率较高,不易受干扰,定位精度高,因此受美国军方管制,并设有密码,一般民间无法解读,主要为美国军方服务。C/A 码被人为采取措施而刻意降低精度后,主要开放给民间使用。

拓展阅读 3.3
北斗卫星导航系统常识简介

(2) 地面控制部分

地面控制部分由一个主控站、5 个全球监测站和 3 个地面控制站组成。监测站均配装有精密的铯钟和能够连续测量到所有可见卫星的接收机。监测站将取得的卫星观测数据,包括电离层和气象数据,经过初步处理后,传送到主控站。主控站从各监测站收集跟踪数据,计算出卫星的轨道和时钟参数,然后将结果送到 3 个地面控制站。地面控制站在每颗卫星运行至上空时,把这些导航数据及主控站指令注入卫星。这种注入对每颗 GPS 卫星每天一次,并在卫星离开注入站作用范围之前进行最后的注入。如果某地面站发生故障,那么在卫星中预存的导航信息还可用一段时间,但导航精度会逐渐降低。

(3) 用户设备部分

用户设备部分即 GPS 信号接收机。其主要功能是能够捕获到按一定卫星截止角所选择的待测卫星,并跟踪这些卫星的运行。当接收机捕获到跟踪的卫星信号后,即可测量出接收天线至卫星的伪距离和距离的变化率,解调出卫星轨道参数等数据。根据这些数据,接收机中的微处理计算机就可按定位解算方法进行定位计算,计算出用户所在地理位置的经纬度、高度、速度、时间等信息。接收机硬件和机内软件以及 GPS 数据的后处理软件包构成完整的 GPS 用户设备。GPS 接收机的结构分为天线单元和接收单元两部分。接收机一般采用机内和机外两种直流电源。设置机内电源的目的在于更换外电源时不中断连续观测。在用机外电源时机内电池自动充电。关机后,机内电池为 RAM 存储器供电,以防止数据丢失。目前各种类型的接收机体积越来越小,重量越来越轻,便于野外观测使用。

2. GPS 在国际物流中的应用

全球卫星定位系统是 20 世纪产生的一项高技术,在 21 世纪将会被广泛应用到许多领域。在物流领域,全球卫星定位系统将会越来越普遍地应用于各个环节。

(1) 用于货运汽车自定位、跟踪调度、陆地救援。据丰田汽车公司的统计和预测,日本车载导航系统的市场在 1995—2000 年间平均每年增长 35% 以上,全世界在车辆导航上的投资平均每年增长 60.8%。因此,车辆导航将成为未来全球卫星定位系统应用的主要领域之一。我国已有数十家公司在开发和销售车载导航系统。

(2) 用于内河及远洋船队最佳航程和安全航线的测定、航向的实时调度、监测及水上救援。在我国,全球卫星定位系统最先使用于远洋运输的船舶导航。我国跨世纪的三峡工程也已规划利用全球卫星定位系统来改善航运条件,提高航运能力。

(3) 用于空中交通管理、精密进场着陆、航路导航和监视。国际民航组织提出,用未来导航系统(Future Air Navigation System,FANS)取代现行航行系统,它是一个以卫星技术为基础的航空通信、导航、监视(Communication、Navigation、Surveillance,CNS)和空中交通管理(Air Traffic Management,ATM)系统,它利用全球导航卫星系统(Global Navigation Satellite System,GNSS)实现飞机航路、终端和进场导航。目前 GPS 只能作为民用导航的补充手段,待完好性监控报警问题解决后,将过渡为唯一的导航手段。该系统的使用可减少机场的飞机起降时间间隔。使起降路线灵活多变,使更多的飞机以最佳航线和高度飞行,还可减少飞机误点,增加飞机起降的安全系数。我国于 1996 年 3 月在西安咸阳国际机场进行了世界首例完整的未来空中管理系统(CNS/ATM)演示,并获成功。全球卫星定位系统的应用将使我国航空管制从国际 20 世纪 40 年代水平一步跨入 21 世纪,从而开创我国空中运输管理的新纪元。

(4) 用于铁路运输管理。我国铁路系统开发的基于 GPS 的计算机管理信息系统,可以通过 GPS 和计算机网络实时收集全路列车、机车、车辆、集装箱和所运货物的动态信息,可实现列车、货物追踪管理。只要知道货车的车种、车型、车号,就可以立即从近 10 万千米的铁路网上流动着的几十万辆货车中找到该货车,还能得知,这辆货车现在在何处运行或停在何处,以及所有的车载货物发货信息。铁路部门运用这项技术可大大提高其路网及其运营的透明度,为货主提供更高质量的服务。

(5) 用于军事物流。全球卫星定位系统首先是因为军事目的而建立的,在军事物流中,如后勤装备的保障等方面,应用相当普遍,尤其在美国,其在世界各地驻扎的大量军队无论在战时还是在平时都对后勤补给提出很高的需求。在战争中,如果不依赖 GPS,美军的后勤补给就会变得一团糟。美军在 20 世纪末的地区冲突中依靠 GPS 和其他高科技技术,以强有力的、可见的后勤保障,为"保卫美国的利益"做出了贡献。

本章小结

国际物流系统是一个多环节的复杂系统。其中的各个子系统伴随着流动的物料联系在一起,根据系统的总目标,各个环节间相互协调,适时、适量地配置和调度系统的资源。国际物流系统是由商品的运输、储存、装卸搬运、包装、检验、外贸加工及国际物流信息等子系统构成的。运输和储存子系统是物流系统的主要组成部分,国际物流通过商品的储存和运输,实现其自身的时间和空间效益,满足国际贸易活动和跨国公司经营的要求。

国际物流系统网络是由多个收发货的"节点"和它们之间的"连线"所构成的物流抽象网络以及与之相伴随的信息流网络组成的有机整体。收发货"节点"是指进、出口国内外的各层级仓库,如制造厂仓库、中间商仓库、口岸仓库、国内外中转点仓库以及流通加工配送中心和保税区仓库。

国际物流信息系统的主要功能是采集、处理和传递国际物流和商流的信息情报。国际物流信息的主要内容包括进出口单证的作业过程、支付方式信息、客户资料信息、市场行情信息和供求信息等。国际物流信息系统的特点是信息量大,交换频繁,时间性强;环节多,点多,线长。要实施有效的国际物流管理,必须改善国际物流的业务流程,以实现较低成本基础上的流程自动化,从而降低国际物流的成本,缩短国际物流的时间。将条码技术、EDI、GPS 等信息技术集成起来,建立一个高效的国际物流集成信息系统,并使信息流能在开放的国际物流过程中循环流动,提高物流过程的运作效率,真正满足客户对产品和信息的需求。

复习与思考

1. 简述国际物流信息系统的重要性与作用。
2. 简述国际物流标准化的概念与基本原则。
3. 试举例说明信息技术在国际物流中的应用。
4. 物流标准化对我国对外贸易发展具有什么现实意义?

线上自测

案例分析

芬兰邮政成功应用 RFID 解决方案

芬兰集团每年要运送高达 26 亿份左右的邮件,每年运送的包裹多达 2 500 万个,日常运送线路7 000余条,运送地址250万个。为了确保数以百万计的信件、包裹和其他资料能够及时有效地运送,他们购置了20多万台金属手推车,配合运送卡车和其他交通工具,在各地库房之间运送邮件。金属手推车成为芬兰邮政整个业务的中心。因为需要抵御芬兰某些地区-40℃的极度寒冷天气,每个金属手推车的成本相当不菲。

"但这些金属手推车总是被偷或损坏,缺失现象严重,此外,由于没有精确的监控和管理手段,没有人能确切地知道在某一时刻金属手推车的使用情况,在圣诞节等邮件运送的高峰期,金属手推车短缺问题尤为突出,工作人员不得不加班加点,邮件也常常因此而无法按时交付到客户手中。为此,芬兰邮政当局不得不每年投入上百万资金购买这些金属手推车以满足需求,金属手推车成了导致芬兰邮政无法获得理想效益和提供高效服务的关键因素。"芬兰邮政后勤公司的业务主管 Helja Salomaa 这样解释说。

几个替代解决方案先后被提出来,但是经过分析之后又纷纷被否决了,有人提出的在每个金属手推车上使用条形码读卡器的方案就被排除了,因为条形码很容易损坏,而且系统运行慢,成本也太高。于是,无线射频识别(Radio Frequency Identification,RFID)技术进入他们的视线。

RFID 是一种新兴的信息技术,在未来几年中,它将对企业的绩效产生重大影响。在欧洲,很多零售商,比如 Tosco、Marks & Spencer 和家乐福,已经宣布了使用该技术的计划。像空中客车这样的公司也开始使用 RFID 来跟踪备用部件,而宝马公司也正在跟踪生产线上的汽车。但 RFID 是否对芬兰邮政的金属手推车管理有效,Salomaa 也心里没谱,"只有试验之后才能证明了。"Salomaa 说。

当然,试验还有几个更深层次的原因:首先,芬兰邮政想在不把流程集成到生产系统中的情况下,对 RFID 技术做一下评估;其次,公司想了解并评估 RFID 技术在生产流程中跟踪金属手推车的效果,包括它会对日常运营产生什么影响,从收集到的跟踪信息中能够分析出什么信息,以及对于改进金属手推车管理有哪些实际的好处。

从2005年初开始,芬兰邮政进行 RFID 技术的前期调研和技术选型,最终采纳了 BEA 公司的 RFID 解决方案,进行其试点项目的实施。该项目从5月开始实施,8月正式上线。

RFID 解决方案是以 BEA Web Logic RFID Edge Server 为基础的。该应用服务器基于标准,可以管理 RFID 标签和读卡器设备,并缓解这种新技术所产生的大数据流量,可以说是专门为了帮助像芬兰邮政这样的企业跟踪可重用资产并尽可能地提高供应链效率而设计的。

该解决方案在两台基于 Intel Xeon 处理器的 HP ProLiant 服务器上运行。据 Salomaa 所说,该组合带来了无与伦比的可用性和性能。"通过在同类中最好的惠普和英特尔服务器平台上进行标准化,我们证明了系统具有良好的弹性和可伸缩性,而且其性能也相当不错。我们愿向考虑部署 RFID 的所有企业推荐这种组合。"

为期8周的试验涉及了30名客户和200个金属手推车。在使用中,运营商和本地的运送员使用移动数据收集终端来扫描 RFID 标签并跟踪金属手推车的运送和收集情况,并使用了长距离的读卡器,以便在 RFID 标签经过配送中心中的关键点时进行自动扫描。

Salomaa 及其团队对于 RFID 试验的结果特别满意。从资产管理的角度来说,它通过改进控制、提高可用性和降低维护成本,降低了芬兰邮政的资产总拥有成本。该试验提高了在公司的多种后勤操作过程中的可见度,从而降低资产库存,同时确保"在正确的时间把正确数量的货物运送到正确的地点"。此外,该解决方案提供了精确的资产维护数据和保修索赔管理。它允许芬兰邮政根据客户对滚柱盒的使用情况精确收费。它还提供了卓越的分析信息,包括资产循环时间、停留时间、利用率和收缩点。

从运营效率和实现的角度来说,RFID概念验证通过在邮件经过供应网络时,自动管理它们的托运和寄存来降低运营成本。通过提高产品运输的速度和减少运输工具往返的时间,它降低了芬兰邮政的运输费用。另外,它还优化了人力的使用,以便管理实现过程,与此同时消除了人为错误。无异议的交付验证还减少了争论,并改进了客户服务。

据Salomaa所说,BEA应用基础架构对RFID程序的成功应用起到了重要作用。BEA Web Logic RFID edge Server让我们使用RFID实验室,快速且经济有效地实现了对解决方案的"概念验证"的开发和实现,她解释道:"它与Intel Xeon处理器一起,为我们提供了一个坚固而可靠的基础,使我们可以在其上进行大型部署,以获得最高的ROI。使用BEA Web Logic Integration TM,我们体验到了利用内部系统和外部数据库进行平滑数据整合的感觉。我们能够把实时数据转换为有意义的信息,然后通过BEA Web Logic Portal公开这些信息,这允许我们以一种最适当的方式与需要这些信息的人共享它们。"

试验结束了,基于RFID的资产跟踪在芬兰邮政的前景又如何呢?Salomaa总结道:"我们的目标是在整个芬兰实现RFID——在每台FP终端中和各种容器上。我们还想在所有的运送业务中使用RFID标签,包括单个的信件、包裹和杂志捆。有一件事情可以肯定,基于迄今为止获得的经验,在芬兰邮政全面实施RFID的过程中,BEA将成为我们尊贵的长期合作伙伴。"

思考题:

请说明芬兰邮政如何成功应用RFID解决方案。

中 篇
国际物流运输、仓储与包装

第 4 章　国际海洋货物运输

本章关键词

海洋运输(sea carriage)　　　　　　班轮运输(liner transport)
供应链管理(supply chain management)　供应库(supply base)
基于时间竞争(time-based competition)

互联网资料

http://www.maerskline.com/
http://www.oocl.com/
http://www.cosco.com/
http://www.ceair.com/

4.1　海运基础知识

4.1.1　海洋运输概述

1. 海洋运输特点

海洋运输是国际物流中最主要的运输方式，它是指使用船舶通过海上航道在不同国家和地区的港口之间运送货物的一种方式。目前，国际贸易总运量中的 2/3 以上，我国进出口货运总量的 90% 都是利用海上运输。

拓展阅读 4.1
《海牙规则》《汉堡规则》《鹿特丹规则》《维斯比规则》和我国《海商法》的区别

与其他国际货物运输方式相比，海洋运输主要有下列特点：

（1）运量大。海洋运输船舶的运载能力远远大于铁路运输车辆和公路运输车辆。例如，一艘万吨船舶的载重量一般相当于 250~300 个车皮的载重量。

（2）通过能力大。海洋运输可以利用四通八达的天然航道，它不像火车、汽车受轨道和道路的限制。

（3）运费低。海运运量大，航程远，分摊于每吨货物的运输成本较少。

但海洋运输也存在不足之处。

其一，风险较大。由于船舶海上航行受自然气候和季节性影响较大，海洋环境复杂，气象多变,随时都有遇上狂风、巨浪、暴风、雷电、海啸等人力难以抗拒的海洋自然灾害袭击的可能,遇险的可能性比陆地、沿海要大;同时,海上运输还存在着社会风险,如战争、罢工、贸易禁运等因素的影响。为转嫁损失,海上运输的货物、船舶保险尤其应引起重视。

其二,运输的速度慢。由于商船的体积大,水流的阻力大,加之装卸时间长等其他各种因素的影响,货物的运输速度比其他运输方式慢。

因此,对于急用以及不宜经受长期运输的货物和易受气候条件影响的货物,一般不宜采用海洋运输方式。

2. 远洋运输在国民经济中的作用

远洋运输是外贸运输的坚强后盾,它促进了对外贸易的发展,还是国家外汇收入的重要来源。

3. 国际海运业的组成

国际海运业主要包括:船舶营运业;船舶租赁业;货代船代业;经纪人;港口的装卸、理货。

4.1.2 海洋运输船舶

1. 干货船(dry cargo ship)

根据所装货物及船舶结构、设备不同,可分为:

(1) 杂货船(general cargo ship)

杂货船一般是指定期航行于货运繁忙的航线,以装运零星杂货为主的船舶。这种船航行速度较快,船上配有足够的起吊设备,船舶构造中有多层甲板把船舱分隔成多层货柜,以适应装载不同货物的需要。

(2) 干散货船(bulk cargo ship)

干散货船是用以装载无包装的大宗货物的船舶。依所装货物的种类不同,又可分为粮谷船(crain ship)、煤船(collier)和矿砂船(ore ship)。这种船大都为单甲板,舱内不设支柱,但设有隔板,用以防止在风浪中运行的船舱内货物错位。

(3) 冷藏船(refrigerated ship)

冷藏船是专门用于装载冷冻易腐货物的船舶。船上设有冷藏系统,能调节多种温度以适应各舱货物对不同温度的需要。

(4) 木材船(timber ship)

木材船是专门用以装载木材或原木的船舶。这种船舱口大,舱内无梁柱及其他妨碍装卸的设备,船舱及甲板上均可装载木材。为防甲板上的木材被海浪冲出舷外,在船舷两侧一般设置不低于一米的舷墙。

(5) 集装箱船(container ship)

集装箱船可分为部分集装箱船、全集装箱船和可变换集装箱船三种:

① 部分集装箱船(partial container ship)。仅以船的中央部位作为集装箱的专用舱位,其他舱位仍装普通杂货。

② 全集装箱船(full container ship)。指专门用以装运集装箱的船舶。它与一般杂货

船不同,其货舱内有格栅式货架,装有垂直导轨,便于集装箱沿导轨放下,四角有格栅制约,可防倾倒。集装箱船的舱内可堆放三至九层集装箱,甲板上还可堆放三至四层。

③ 可变换集装箱船(convertible container ship)。其货舱内装载集装箱的结构为可拆装式的。因此,它既可装运集装箱,必要时也可装运普通杂货。

集装箱船航速较快,大多数船舶本身没有起吊设备,需要依靠码头上的起吊设备进行装卸。这种集装箱船也称为吊上吊下船。

(6) 滚装船,又称滚上滚下船(roll on/roll off ship)

滚装船主要用来运送汽车和集装箱。这种船本身无须装卸设备,一般在船侧或船的首尾有开口斜坡连接码头,装卸货物时,或者是汽车,或者是集装箱(装在拖车上的)直接开进或开出船舱。这种船的优点是不依赖码头上的装卸设备,装卸速度快,可加速船舶周转。

(7) 载驳船(barge carrier)

又称子母船。它是指在大船上搭载驳船,驳船内装载货物的船舶。载驳船的主要优点是不受港口水深限制,不需要占用码头泊位,装卸货物均在锚地进行,装卸效率高。目前较常用的载驳船主要有"拉希"型(lighter aboard ship,LASH)和"西比"型(seabee)两种。

2. 油槽船(tanker)

油槽船是主要用来装运液体货物的船舶。油槽船根据所装货物种类不同,又可分为油轮和液化天然气船。

(1) 油轮(oil tanker)

油轮主要装运液态石油类货物。它的特点是机舱都设在船尾,船壳本身被分隔成数个贮油舱,有油管贯通各油舱。油舱大多采用纵向式结构,并设有纵向舱壁,在未装满货时也能保持船舶的平稳性。为取得较大的经济效益,"二战"以后油轮的载重吨位不断增加,目前世界上最大的油轮载重 60 多万吨。

(2) 液化天然气船(liquefied natural gas carrier)

液化天然气船专门用来装运经过液化的天然气。

4.1.3 船舶吨位

船舶吨位是船舶大小的计量单位,可分为重量吨位和容积吨位两种。

1. 船舶的重量吨位(weight tonnage)

船舶的重量吨位是表示船舶重量的一种计量单位,以 1 000 公斤为一公吨,或以 2 240 磅为一长吨,或以 2 000 磅为一短吨。目前国际上多采用公吨作为计量单位。船舶的重量吨位,又可分为排水量吨位和载重吨位两种。

(1) 排水量吨位(displacement tonnage)

排水量吨位是船舶在水中所排开水的吨数,也是船舶自身重量的吨数。排水量吨位又可分为:轻排水量(light displacement),又称空船排水量,是船舶本身加上船员和必要的给养物品三者重量的总和,是船舶最小限度的重量;重排水量(full load displacement),

又称满载排水量,是船舶载客、载货后吃水达到最高载重线时的重量,即船舶最大限度的重量;实际排水量(actual displacement),是船舶每个航次载货后实际的排水量。

排水量的计算公式如下:

排水量(长吨)=长×宽×吃水×方模系数(立方英尺)/35(海水)或36(淡水)(立方英尺)

排水量(公吨)=长×宽×吃水×方模系数(立方米)/0.975 6(海水)或1(淡水)(立方米)

排水量吨位可以用来计算船舶的载重吨;在造船时,依据排水量吨位可知该船的重量;在统计军舰的大小和舰队时,一般以轻排水量为准;军舰通过巴拿马运河,以实际排水量作为征税的依据。

(2) 载重吨位(dead weight tonnage,DWT)

表示船舶在营运中能够使用的载重能力。载重吨位可分为:总载重吨(gross dead weight tonnage,GDWT),是指船舶根据载重线标记规定所能装载的最大限度的重量,它包括船舶所载运的货物、船上所需的燃料、淡水和其他储备物料重量的总和;净载重吨(dead weight cargo tonnage,DWCT),是指船舶所能装运货物的最大限度重量,又称载货重吨,即从船舶的总载重量中减去船舶航行期间需要储备的燃料、淡水及其他储备物品的重量所得的差数。

船舶载重吨位的作用:可用于对货物的统计;作为期租船月租金计算的依据;表示船舶的载运能力;也可用作新船造价及旧船售价的计算单位。

2. 船舶的容积吨位(registered tonnage)

船舶的容积吨位是表示船舶容积的单位,又称注册吨,是各海运国家为船舶注册而规定的一种以吨为计算和丈量的单位,以100立方英尺或2.83立方米为一注册吨。容积吨位又可分为容积总吨和容积净吨两种。

(1) 容积总吨(gross registered tonnage,GRT)

又称注册总吨,是指船舱内及甲板上所有关闭的场所的内部空间(或体积)的总和,是以100立方英尺或2.83立方米为一吨折合所得的商数。

容积总吨的用途很广,它可以用于国家对商船队的统计,表明船舶的大小,用于船舶登记,用于政府确定对航运业的补贴或造舰津贴,用于计算保险费用、造船费用以及船舶的赔偿等。

(2) 容积净吨(net registered tonnage,NRT)

又称注册净吨,是指从容积总吨中扣除那些不供营业用的空间所剩余的吨位,也就是船舶可以用来装载货物的容积折合成的吨数。

容积净吨主要用于船舶的报关、结关,作为船舶向港口交纳的各种税收和费用的依据以及作为船舶通过运河时交纳运河费的依据。

4.1.4 船舶载重线

船舶载重线(ship's load line)指船舶满载时的最大吃水线。它是绘制在船舷左右两侧船舶中央的标志,作为船舶入水部分的限度。船级社或船舶检验局根据船舶的用材结构、船型、适航性和抗沉性等因素,以及船舶航行的区域及季节变化等制定船舶载重线标志。此举是为了保障航行的船舶、船上承载的财产和人身的安全,已得到各国政府的承认,违反者将受到法律的制裁。

载重线标志包括:甲板线、载重线圆盘和与圆盘有关的各条载重线。各条载重线含义如下:

(1) TF(Tropical Fresh Water Load Line)表示热带淡水载重线,即船舶航行于热带地区淡水中总载重量不得超过此线。

(2) F(Fresh Water Load Line)表示淡水载重线,即船舶在淡水中行驶时总载重量不得超过此线。

(3) T(Tropical Load Line)表示热带海水载重线,即船舶在热带地区航行时总载重量不得超过此线。

(4) S(Summer Load Line)表示夏季海水载重线,即船舶在夏季航行时总载重量不得超过此线。

(5) W(Winter Load Line)表示冬季海水载重线,即船舶在冬季航行时总载重量不得超过此线。

(6) WNA(Winter North Atlantic Load Line)表示北大西洋冬季载重线,指船长为100.5米以下的船舶在冬季月份航行经过北大西洋(北纬36度以北)时,总载重量不得超过此线。

我国船舶检验局对上述各条载重线,分别以汉语拼音首字母为符号。即以"RQ""Q""R""X""D"和"BDD"代替"TF""F""T""S""W"和"WNA"。在租船业务中,期租船的租金习惯上按船舶的夏季载重线时的载重吨来计算。

4.1.5 船籍和船旗

船籍指船舶的国籍。商船的所有人向本国或外国有关管理船舶的行政部门办理所有权登记,取得本国或登记国国籍后才能取得船舶的国籍。

船旗是指商船在航行中悬挂其所属国的国旗。船旗是船舶国籍的标志。按国际法规定,商船是船旗国浮动的领土,无论在公海或在他国海域航行,均需悬挂船籍国国旗。船舶有义务遵守船籍国法律的规定并享受船籍国法律的保护。

方便旗船(flag of convenience)是指在外国登记、悬挂外国国旗并在国际市场上进行营运的船舶。第二次世界大战以后,方便旗船迅速增加,挂方便旗船舶主要属于一些海运较发达的国家和地区的船东,如美国、希腊、日本、中国香港和韩国。他们将船舶转移到外国进行登记,以逃避重税和军事征用,不受政府管制自由制定运价,自由处理船舶与运用外汇,自由雇用外国船员以支付较低工资,降低船舶标准以节省修理费用,降低营运成本以增强竞争力等。而公开允许外国船舶在本国登记的所谓"开放登记"(open register)国家和地区主要有利比里亚、巴拿马、塞浦路斯、新加坡、巴拿马及百慕大等。通过这种登记可为登记国增加外汇收入。

4.1.6 船级

船级（ship's classification）是表示船舶技术状态的一种指标。在国际航运界，凡注册总吨在 100 吨以上的海运船舶必须在某船级社或船舶检验机构监督之下进行监造。在船舶开始建造之前，船舶各部分的规格须经船级社或船舶检验机构批准。每艘船建造完毕，由船级社或船舶检验局对船体、船上机器设备、吃水标志等项目和性能进行鉴定，发给船级证书。证书有效期一般为 4 年，期满后需重新予以鉴定。

世界上比较著名的船级社有：英国劳埃德船级社（Lloyd's Register of Shipping），它创建于 1760 年，是世界上历史最悠久、规模最大的船级社，该船级社由船东、海运保险业承保人、造船业、钢铁制造业和发动机制造业等各方面委员会组成并管理，其主要职责是为商船分类定级；德国劳埃德船级社（Germanischer Lloyd）；挪威船级社（Norske Veritas）；法国船级局（Bureau Veritas）；日本海事协会（Nippon Kaiji Kyokai）；美国航运局（American Bureau of Shipping）。

中国船级社是中华人民共和国交通部所属的船舶检验局。1996 年中国船级社第一次被选任国际船级社协会理事会主席，任期一年（1996 年 7 月 1 日—1997 年 6 月 30 日），这标志着中国验船技术的权威性受到国际认可。

船级证书除了记载船舶的主要技术性能外，还绘制出相应的船级符号。各国船级社对船级符号的规定不同。中国船级社的船级符号为半 ZC。

英国劳埃德船级社的船级符号为 LR，标志 100AI，其中 100A 表示该船的船体和机器设备是根据劳氏规范和规定建造的，I 表示船舶的装备如船锚、锚链和绳索等处于良好和有效的状态。

4.1.7 航速

航速以"节"表示。船舶的航速依船型不同而不同，其中干散货船和油轮的航速较慢，一般为 13 节至 17 节；集装箱船的航速较快，目前最快的集装箱船航速可达 24.5 节。客船的航速也较快。

4.1.8 船舶的主要文件

船舶文件是证明船舶所有权、性能、技术状况和营运必备条件的各种文件的总称。船舶必须通过法律登记和技术鉴定并获得有关正式证书后才能参加营运。国际航行船舶的船舶文件主要有：船舶国籍证书（certificate of nationality），船舶所有权证书（certificate of ownership），船舶船级证书（certificate of classification），船舶吨位证书（tonnage certificate），船舶载重线证书（certificate of load line），船员名册（crew list），航行日志（log book）。此外，还有轮机日志、卫生日志和无线电日志等。根据我国现行规定，进出口船舶必须向港务管理机关（港监）呈验上述所有文件。

4.2 国际海运主要航线、港口、海峡与运河

4.2.1 世界主要海运航线

世界主要海运航线包括太平洋航线、大西洋航线、印度洋航线、北冰洋航线以及通过巴拿马运河或苏伊士运河的航线等,这些航线贯穿一个或多个大洋,因而又称国际大洋航线。目前,国际大洋航线密如蛛网,其中主要的国际海运航线包括:

1. 太平洋航线

(1) 远东—北美西海岸航线

该航线包括从中国、朝鲜、日本、俄罗斯远东海港到加拿大、美国、墨西哥等北美西海岸各港的贸易运输线。从我国的沿海各港出发,偏南的经大隅海峡出东海,偏北的经对马海峡穿日本海后,或经清津海峡进入太平洋,或经宗谷海峡,穿过鄂霍茨克海进入北太平洋。

(2) 远东—加勒比、北美东海岸航线

该航线常经夏威夷群岛南北至巴拿马运河后到达。从我国北方沿海港口出发的船只多半经大隅海峡或经琉球奄美大岛出东海。

(3) 远东—南美西海岸航线

从我国北方沿海各港出发的船只多经琉球奄美大岛,硫黄列岛,威克岛,夏威夷群岛之南的莱恩群岛穿越赤道进入南太平洋,至南美西海岸各港。

(4) 远东—东南亚航线

该航线是中、朝、日货船去东南亚各港,以及经马六甲海峡去印度洋、大西洋沿岸各港的主要航线。东海、台湾海峡、巴士海峡、南海是该航线船只的必经之路,航线繁忙。

(5) 远东—澳大利亚、新西兰航线

远东至澳大利亚东南海岸分两条航线。中国北方沿海港口经朝、日到澳大利亚东海岸和新西兰港口的船只,需走琉球久米岛,加罗林群岛的雅浦岛进入所罗门海、珊瑚湖;中澳之间的集装箱船需在香港加载或转船后经南海、苏拉威西海、班达海、阿拉弗拉海,后经托雷斯海峡进入珊瑚海。中、日去澳大利亚西海岸航线经菲律宾的民都洛海峡、望加锡海峡以及龙目海峡进入印度洋。

(6) 澳新—北美东西海岸航线

由澳新至北美海岸多经苏瓦、火奴鲁鲁等太平洋上重要航站到达。至北美东海岸则取道社会群岛中的帕皮提,过巴拿马运河而至。

2. 大西洋航线

(1) 西北欧—北美东海岸航线

该航线是西欧、北美两个世界工业最发达地区之间的原燃料和产品交换的运输线,两岸拥有全世界 1/5 的重要港口,运输极为繁忙,船舶大多走偏北大圆航线。该航区冬季风浪大,并有浓雾、冰山,对航行安全有威胁。

(2) 西北欧、北美东海岸—加勒比航线

西北欧—加勒比航线多半出英吉利海峡后横渡北大西洋。它同北美东海岸各港出发的船舶一起，一般都经莫纳、向风海峡进入加勒比海。除去加勒比海沿岸各港外，还可经巴拿马运河到达美洲太平洋沿岸港口。

(3) 西北欧、北美东海岸—地中海、苏伊士运河—亚太航线

西北欧、北美东海岸—地中海—苏伊士航线属世界最繁忙的航段，它是北美、西北欧与亚太海湾地区间贸易往来的捷径。该航线一般途经亚速尔，马德拉群岛上的航站。

(4) 西北欧、地中海—南美东海岸航线

该航线一般经西非大西洋岛屿——加纳利，佛得角群岛上的航站。

(5) 西北欧、北美东海—好望角，远东航线

该航线一般是巨型油轮的油航线。佛得角群岛、加拿利群岛是过往船只停靠的主要航站。

(6) 南美东海岸—好望角—远东航线

这是一条以石油、矿石为主的运输线。该航线处在西风漂流海域，风浪较大。一般西航偏北行，东航偏南行。

3. 印度洋航线

印度洋航线以石油运输线为主，此外有不少是大宗货物的过境运输。

(1) 波斯湾—好望角—西欧、北美航线

该航线主要由超级油轮经营，是世界上最主要的海上石油运输线。

(2) 波斯湾—东南亚—日本航线

该航线东经马六甲海峡(20万吨载重吨以下船舶可行)或龙目、望加锡海峡(20万载重吨以上超级油轮可行)至日本。

(3) 波斯湾—苏伊士运河—地中海—西欧、北美运输线

该航线目前可通行载重大约30万吨级的超级油轮。

除了以上三条油运线之外印度洋其他航线还有：远东—东南亚—东非航线；远东—东南亚、地中海—西北欧航线；远东—东南亚—好望角—西非、南美航线；澳新—地中海—西北欧航线；印度洋北部地区—欧洲航线。

4.2.2 世界主要海运港口

海运港口是位于海、江、河、湖、水库沿岸，具有水陆联运设备以及条件供船舶安全进出和停泊的运输枢纽，是水陆交通的集结点和枢纽，工农业产品和外贸进出口物资的集散地，船舶停泊、装卸货物、上下旅客、补充给养的场所。港口历来在一国的经济发展中扮演着重要的角色。运输将全世界连成一片，而港口是运输中的重要环节。世界上的发达国家一般都具有自己的海岸线和功能较为完善的港口。

拓展阅读 4.2
海运港口和地理

1. 海运港口的功能

港口的功能可归纳为以下四个方面：

（1）物流服务功能。港口首先应该为船舶、汽车、火车、飞机、货物、集装箱提供中转、装卸和仓储等综合物流服务，尤其是提高多式联运和流通加工的物流服务。

（2）信息服务功能。现代港口不但应该为用户提供市场决策的信息及其咨询，而且还要建成电子数据交换（EDI）系统的增值服务网络，为客户提供订单管理、供应链控制等物流服务。

（3）商业功能。港口的存在既是商品交流和内外贸存在的前提，又促进了它们的发展。现代港口应该为用户提供方便的运输、商贸和金融服务，如代理、保险、融资、货代、船代、通关等。

（4）产业功能。建立现代物流需要具有整合生产力要素功能的平台，港口作为国内市场与国际市场的接轨点，已经实现从传统货流到人流、货流、商流、资金流、技术流、信息流的全面大流通，是货物、资金、技术、人才、信息的聚集点。

2. 海运港口的分类

（1）海运港口一般分为基本港与非基本港两类。

基本港（base port），是运价表限定班轮公司的船一般要定期挂靠的港口。大多数为位于中心的较大口岸，港口设备条件比较好，货载多而稳定。规定为基本港口就不再限制货量。运往基本港口的货物一般均为直达运输，无须中途转船。但有时也因货量太少，船方决定中途转运，由船方自行安排，承担转船费用。按基本港口运费率向货方收取运费，不得加收转船附加费或直航附加费。并应签发直达提单。

非基本港（non-base port），凡基本港口以外的港口都称为非基本港口。非基本港口一般除按基本港口收费外，还需另外加收转船附加费。达到一定货量时则改为加收直航附加费。例如新几内亚航线的侯尼阿腊港（HONIARA），便是所罗门群岛的基本港口；而基埃塔港（KIETA），则是非基本港口。运往基埃塔港口的货物运费率要在侯尼阿腊运费率的基础上增加转船附加费 43.00 USD/FT。

（2）港口按用途分类，可以分为商港、军港、渔港、工业港、避风港等。

商港是指供商船往来停靠，办理客货运输业务的港口。商港有自己的水上以及陆地的商港区域，在商港区域内，为便利船舶出入、停泊、货物装卸、仓储、驳运作业、服务旅客之水面、陆上、海底及其他一切有关设施。

军港是指军队使用的港口，专供海军舰艇使用的港口，供舰艇停泊、补给、修建、避风和获得战斗、技术、后勤等保障，又称海军基地，具备相应的设备和防御设施。

渔港是指专供渔船和渔业辅助船停泊、使用的港口。用于船舶傍靠、锚泊、避风、装卸渔获物和补充渔需及生活物资，并可进行渔获物的冷冻、加工、储运、渔船维修、渔具制造、通讯联络及船员休息、娱乐、医疗等。

工业港是为临近的江、河、湖、海的大型工矿企业直接运输原料、燃料和产品的港口。

（3）港口按所在位置可分为海岸港、河口港和内河港，海岸港和河口港统称为海港。

河口港，位于河流入海口或受潮汐影响的河口段内，可兼为海船和河船服务。一般有大城市作依托，水陆交通便利，内河水道往往深入内地广阔的经济腹地，承担大量的货流量，故世界上许多大港都建在河口附近，如鹿特丹港、伦敦港、纽约港、列宁格勒港、上海港等。河口港的特点是，码头设施沿河岸布置，离海不远而又不需建防波堤，如岸线长度不够，可增设挖入式港池。

海港，位于海岸、海湾或潟湖内，也有离开海岸建在深水海面上的。位于开敞海面岸边或天然掩护不足的海湾内的港口，通常须修建相当规模的防波堤，如大连港、青岛港、连云港、基隆港、意大利的热那亚港等。供巨型油轮或矿石船靠泊的单点或多点系泊码头和岛式码头属于无掩护的外海海港，如利比亚的卜拉加港、黎巴嫩的西顿港等。潟湖被天然沙嘴完全或部分隔开，开挖运河或拓宽、浚深航道后，可在潟湖岸边建港，如广西北海港。也有完全靠天然掩护的大型海港，如东京港、香港港、悉尼港等。

内河港，位于天然河流或人工运河上的港口，包括湖泊港和水库港。湖泊港和水库港水面宽阔，有时风浪较大，因此同海港有许多相似处，如需修建防波堤等。苏联古比雪夫、齐姆良斯克等大型水库上的港口和中国洪泽湖上的小型港口均属此类。

（4）港口按地位可分为国际性港、国家性港、地区性港。

国际性港，靠泊来自世界各国港口的船舶的港口称为国际性港。如中国的上海港和大连港等、国外的鹿特丹和伦敦港等均属于此类。

国家性港，主要靠舶往来于国内港口的船舶的港口称为国家性港。

地区性港，主要靠泊往来于国内某一地区港口的船舶的港口称为地区性港口。

3. 世界著名港口

（1）上海港

上海港控江襟海，地处长三角水网地带，水路交通十分发达。上海市内河港区共有3 250个泊位，最大靠泊能力为2 000吨级。党的十一届三中全会以后，上海港的发展步入了快车道。20世纪90年代新建了罗泾、外高桥一期、外高桥二期等新港区。港口经营业务主要包括装卸、仓储、物流、船舶拖带、引航、外轮代理、外轮理货、海铁联运、中转服务以及水路客运服务等。1996年1月，上海国际航运中心建设正式启动。2002年6月，洋山深水港区开工建设，上海港又开始从河口港向真正的海港跨越。2003年完成货物吞吐量3.16亿吨，完成集装箱吞吐量1 128.2万标准箱，是中国大陆首个突破1 000万TEU大关的港口。2004年货物吞吐量和集装箱吞吐量快速增长，分别完成3.79亿吨和1 455万标准箱，分列世界港口第二位和第三位。上海港2005年的货物吞吐量达4.43亿吨，完成的集装箱吞吐量达到1 809万标准箱，比上年增长24.2%，继续稳居世界第三位。根据国际航运组织（World Shipping Council）官方统计数据，2011年上海港吞吐量为3 174万标准集装箱，稳居世界第一。2012年为3 253万标准集装箱，继续超过新加坡港成为世界第一。2016年，上海港完成货物吞吐量7.02亿吨，完成集装箱吞吐量3 713万标准箱，自2010年以来连续保持世界第一。

（2）广州港

广州港地处中国外向型经济最活跃的珠江三角洲地区中心。港区分为虎门港区、新沙港区、黄埔港区和广州内港港区。广州港国际海运通达80多个国家和地区的300多个港口，并与国内100多个港口通航，是中国华南地区最大的对外贸易口岸，主要从事石油、煤炭、粮食、化肥、钢材、矿石、集装箱等货物装卸（包括码头、锚地过驳）和仓储、货物保税业务以及国内外货物代理和船舶代理；代办中转、代理客运；国内外船舶进出港引航、水路货物和旅客运输、物流服务等。2017年，广州港（含广州海港及内河港）货物吞吐量5.9亿吨；集装箱吞吐量2 037万标准箱。截至2018年8月，广州港已通达世界100多个国家和地区的400多个港口，2018年度港口货物吞吐量世界排名第五。

（3）深圳港

深圳港位于广东省珠江三角洲南部，珠江入海口伶仃洋东岸，毗邻香港，是华南地区优良的天然港湾。深圳港口的直接腹地为深圳市、惠州市、东莞市和珠江三角洲的部分地区。货物以集装箱为主，兼营化肥、粮食、饲料、糖、钢材、水泥、木材、砂石、石油、煤炭、矿石等。2016年底，深圳推出"深圳组合港—绿色港口链"项目。截至2018年，深圳港共开通国际集装箱班轮航线239条，覆盖了世界十二大航区，通往100多个国家和地区的300多个港口。2018年，深圳港货物吞吐量2.51亿吨。

（4）宁波舟山港

宁波舟山港（Ningbo Zhoushan Port）是中国浙江省宁波市、舟山市港口，位于中国大陆海岸线中部、"长江经济带"的南翼，为中国对外开放一类口岸，中国沿海主要港口和中国国家综合运输体系的重要枢纽，中国国内重要的铁矿石中转基地、原油转运基地、液体化工储运基地和华东地区重要的煤炭、粮食储运基地；该港作为上海国际航运中心的重要组成部分，是服务长江经济带、建设舟山江海联运服务中心的核心载体，浙江海洋经济发展示范区和舟山群岛新区建设的重要依托。

据2019年10月宁波舟山港公司官网信息显示，宁波舟山港由北仑、洋山、六横、衢山、穿山等19个港区组成，共有生产泊位620多座，其中万吨级以上大型泊位近160座，5万吨级以上的大型、特大型深水泊位90多座。截至2018年6月，宁波舟山港共有集装箱航线数近250条，其中远洋干线120余条，月均航班约1 500班。2018年，宁波舟山港完成货物吞吐量10.8亿吨，连续第十年位居世界第一；完成集装箱吞吐量2 635万标准箱。

（5）香港港

香港港是中国天然良港，为远东的航运中心。在珠江口外东侧，香港岛和九龙半岛之间。香港地处我国与邻近亚洲国家的要冲，既在珠三角入口，又位于经济增长骄人的亚洲太平洋周边的中心，可谓是占尽地利。香港港是全球最繁忙和最高效率的国际集装箱港口之一，也是全球供应链上的主要枢纽港。目前有80多条国际班轮每周提供约500班集装箱班轮服务，连接香港港至世界各地500多个目的地。

（6）新加坡港

新加坡港位于新加坡的南部沿海，西临马六甲海峡（Straits of Malacca）的东南侧，南临新加坡海峡的北侧，是亚太地区最大的转口港，世界沿海港口行业比较知名，也是世界最大的集装箱港口之一。该港扼太平洋及印度洋之间的航运要道，战略地位十分重要。它自13世纪开始便是国际贸易港口，目前已发展成为国际著名的转口港。新加坡港也是该国的政治、经济、文化及交通的中心。

（7）美国洛杉矶港

洛杉矶港是美国西海岸最大商港，由毗邻的洛杉矶港和长滩港组成。两港岸线总长

74千米,水深12~18米,可供18万吨以下船舶出入。主要运出货物有棉花、石油产品、飞机、橡胶、其他工业品,输入钢铁、木材、咖啡和其他原料。年吞吐量7 000多万吨。

(8) 美国旧金山港

旧金山港是美国太平洋沿岸仅次于洛杉矶的第二大港。港区平均水深30米,潮差小。港区有50个码头,每年约有8 000多艘商船来往于此。输出大宗货物有工业品、石油制品、粮食、奶制品、水泥、蔬菜和水果罐头;输入货物有石油、纸张、羊毛、咖啡、菜、蔗糖、热带水果,年吞吐量5 000万吨。

(9) 加拿大温哥华港

温哥华是加拿大第三大城市,也是最大海港。位于加拿大西南部太平洋沿岸,为天然良港,航道水深8.23~20.5米,潮差较小,终年不冻。温哥华内港口窄内宽,延伸32千米,水深12米。温哥华是世界最重要的小麦输出港之一,每年出口约800万吨小麦,还有煤、矿石、木材、纸浆、面粉、鱼品等;进口货物主要是咖啡、可可、糖、茶、钢铁、水泥等。年吞吐量5 000万吨。

(10) 美国纽约港

纽约港位于美国东北部大西洋岸,是美国最大城市和最大海港。航道水深一般为15~20米,20万吨级巨轮可自由出入。有深水泊位150多个。年吞吐量1亿吨。

(11) 日本横滨港

横滨港位于本州中部东京湾西岸,是日本最大海港。横滨港岸线长约40千米,水深8~20米,水深港阔,很少受风浪影响。港区共计91个泊位,水深多在12米以内。此外有专用码头,水深达17米,可泊15万吨级大型散货船。每年有8万~9万艘船舶出入港口。出口主要是工业制成品,进口货物主要有原油、铁矿石等工业原料和粮食。年吞吐量为1.22亿吨。

(12) 日本神户港

神户港位于本州岛西南部,大阪湾北岸。码头岸线长33千米,呈扇形,水深9~12米。有码头泊位227个。神户港港岛是日本第一个人工岛,东西两面共有28个泊位,其中12个是集装箱泊位,成为日本最大的集装箱运载基地。六甲岛也是人工岛,建有1.5万吨级泊位22个,为集装箱专用码头。输入货物主要是矿石、燃料、橡胶、粮食、化学品等;输出货物主要是机械、纺织品、日用品等。年吞吐量为1.59亿吨。

(13) 荷兰鹿特丹港

鹿特丹港是世界最大港口之一。位于北海沿岸、莱茵河与新马斯河汇合口。现有7个港区,40多个港池,码头岸线总长37千米。共有650多个泊位,同时可供600多艘轮船作业。现每16分钟就有一艘远洋船进港或出港,是世界上最繁忙的港口之一,年吞吐量为3亿吨。

(14) 比利时安特卫普港

安特卫普是比利时第二大城市和最大港口。港区航道水深14米,可停泊8万吨级散装货轮,拥有泊位500多个,每年进港远洋货轮1.8万艘。该港有冷藏库容40.5万立方米。进口货物以原油、矿砂、食品、原料为主;出口货物以钢铁、化工、玻璃和纺织等制成品为主。年吞吐量近1亿吨。

(15) 德国汉堡港

汉堡港位于易北河下游,码头全长 65 千米,共有 500 多个泊位。汉堡港转口货物约占年吞吐量 1/3。进口货物主要是石油、原料、食品,出口货物有机器、电子产品、燃料等。年吞吐量为 6 300 万吨。

4.2.3 世界主要海峡

海峡是指两个海域之间的狭窄通道,海峡通常是由海水长期侵蚀地峡的裂缝,或者由于地壳运动海水淹没下沉的陆地的低凹处而形成,海峡一般水深都较深。海峡通常是海上交通的要道,海洋运输的枢纽,具有重要的战略意义,也是兵家必争之地。特别是在如今,海洋运输如此重要的时代,海峡被称为海上交通的"咽喉"。世界上的海峡数量极为众多,比较著名的海峡包括马六甲海峡、霍尔木兹海峡、曼德海峡、莫桑比克海峡、直布罗陀海峡、土耳其海峡、英吉利海峡、白令海峡、麦哲伦海峡、台湾海峡、朝鲜海峡等。如表 4-1 所示。

表 4-1 世界主要海峡

洲	海峡	示意图	位置	国家	沿岸气候	重要性
亚洲	马六甲海峡		马来半岛—苏门答腊岛之间;沟通南海—印度洋安达曼海	马来西亚、印尼,新加坡扼住马六甲东口	热带雨林气候	太平洋—印度洋航运的咽喉要道,被称为日本的"海上生命线"
亚洲	霍尔木兹海峡		伊朗—阿拉伯半岛(阿曼)之间;沟通波斯湾—阿拉伯海	伊朗、阿曼	热带沙漠气候	波斯湾通往阿拉伯海的咽喉,波斯湾沿岸石油出口的要道,世界著名的"石油海峡"
亚洲	巴士海峡		台湾岛—菲律宾吕宋岛之间;沟通南海—太平洋	中国、菲律宾	热带季风气候	中国与菲律宾的国界线,日本进口石油的海运要道
亚洲	台湾海峡		中国福建—台湾之间;沟通东海—南海	中国	亚热带、热带季风气候	东亚至印度洋地区、西欧的航海要道之一
亚洲	望加锡海峡		加里曼丹岛与苏拉威西岛之间;沟通苏拉威西海—爪哇海	印度尼西亚	热带雨林气候	是沟通印度洋—太平洋的航线之一

续表

洲	海峡	示意图	位置	国家	沿岸气候	重要性
亚洲	巽他海峡		苏门答腊岛—爪哇岛之间；沟通爪哇海（太平洋）—印度洋	印度尼西亚	热带雨林气候	日本海通往太平洋的重要通道
亚洲	朝鲜海峡		朝鲜半岛—九州岛、本州岛之间；沟通日本海—东海、黄海	韩国、日本	亚热带季风气候	日本海通往太平洋的重要通道
亚洲—北美洲	白令海峡		楚科奇半岛—阿拉斯加半岛；沟通北冰洋—白令海（太平洋）	俄罗斯、美国	西岸—苔原气候；东岸—温带大陆性气候	亚洲与北美洲的分界线，太平洋和北冰洋之间的唯一通道
亚洲—非洲	曼德海峡		阿拉伯半岛—非洲大陆之间；沟通红海—亚丁湾（印度洋）	也门、吉布提	热带沙漠气候	沟通红海、地中海和印度洋的要道
非洲	好望角		位于非洲大陆最南端的岬角上，印度洋和大西洋的交汇处	南非	地中海气候	超级油轮必经之地，是世界上较大运输量的海上要道之一，西方国家称为"海上生命线"
非洲	莫桑比克海峡		非洲大陆—马达加斯加岛之间	莫桑比克、马达加斯加	热带草原气候	沟通南北印度洋，世界上最长的海峡
亚洲—欧洲	土耳其海峡		黑海—爱琴海、地中海之间（博斯普鲁斯海峡、马尔马拉海、达达尼尔海峡的总称）	土耳其	地中海气候	黑海出地中海的门户，亚欧分界线
亚洲—欧洲	直布罗陀海峡		伊比利亚半岛—非洲大陆；沟通地中海—大西洋	西班牙、摩洛哥	地中海气候	地中海出大西洋的门户；亚欧航线必经的要道

续表

洲	海峡	示意图	位置	国家	沿岸气候	重要性
欧洲	英吉利(多佛尔)海峡		大不列颠岛—欧洲大陆之间;沟通北海—比斯开湾	英国、法国	温带海洋性气候	北海—大西洋航运要道;也是亚欧航线必经的要道;是世界上货运最繁忙、通过船只最多的海峡
欧洲	卡特加特海峡		斯堪的纳维亚半岛—日德兰半岛之间;沟通波罗的海—北海	丹麦、瑞典	温带海洋性气候	波罗的海—大西洋航运要道
北美洲	佛罗里达海峡		佛罗里达半岛—古巴岛之间;沟通墨西哥湾—大西洋	美国、古巴	北岸—亚热带季风性湿润气候;南岸—热带草原气候	墨西哥湾—大西洋航运要道
南美洲	麦哲伦海峡		南美大陆—火地岛之间;沟通南大西洋和南太平洋	智利	温带海洋性气候	南美南部东西两岸的海上交通要道;大西洋和太平洋之间的大型轮船的航运要道
南美—南极洲	德雷克海峡		南美洲—南极半岛之间;沟通南大西洋和南太平洋	北岸为智利	北岸—温带海洋气候;南岸—极地气候	南美洲—南极洲的分界线;各国科考队赴南极考察必经之道

4.2.4 世界主要运河

国际海运航线中重要的运河有:苏伊士运河、巴拿马运河等。目前,苏伊士运河是世界使用最频繁的航线之一,允许欧洲与亚洲之间的南北双向水运,而不必绕过非洲南端的风暴角(好望角),大大节省了航程。从英国的伦敦港或法国的马赛港到印度的孟买港作一次航行,经苏伊士运河比绕好望角可分别缩短全航程的43%和56%。世界主要运河如表4-2所示。

表 4-2 世界主要运河

运河	苏伊士运河	巴拿马运河	基尔运河	莱茵—多瑙河运河	京杭大运河
洲	亚洲—非洲	拉丁美洲	欧洲	欧洲	亚洲
示意图					
位置	亚、非两洲分界线，苏伊士地峡	南、北美洲分界线，中美地峡	日德兰半岛南部、德国北部	德国南部	中国东部
国家	埃及	巴拿马	德国	德国	中国
沿岸气候	地中海气候；热带沙漠气候	热带雨林气候	温带海洋性气候	温带大陆性气候	亚热带、温带季风气候
沟通的海洋、河流	大西洋（地中海）—印度洋（红海）	太平洋—大西洋	波罗的海—大西洋（北海）	莱茵河—多瑙河	五大水系（钱塘江、长江、淮河、黄河、海河）
意义	扼欧、亚、非三洲交通要冲，世界国际贸易货运量最大的国际运河	国际贸易货运量仅次于苏伊士运河	世界上通过船只最多的国际运河，世界第三大通航运河	沟通和缩短了黑海—北海之间的航程	世界上开凿最早运河，历史上是我国南北交通要道
长度、通航能力	173 千米 ≤ 25 万吨	81.3 千米 5万~10万吨	98.7 千米	约 150 千米	1 800 千米，是世界上最长的运河

4.3 班轮运输

班轮运输是海洋运输的一种方式，是指在固定的航线上，以既定的港口顺序，按照事先公布的船期表航行的水上运输方式。班轮运输适合于货流稳定、货种多、批量小的杂货运输。

4.3.1 班轮运输的特点

班轮运输又称定期船运输，它具有下列特点：

（1）船舶按照固定的船期表（sailing schedule），沿着固定的航线和港口来往运输，并按相对固定的运费率收取运费，因此，它具有"四固定"的基本特点。

（2）由船方负责配载装卸，装卸费包括在运费中，货方不再另付装卸费，船货双方也不计算滞期费和速

拓展阅读 4.3

全球主要班轮公司

遣费。

(3) 船、货双方的权利、义务与责任豁免,以船方签发的提单条款为依据。

(4) 班轮承运货物的品种、数量比较灵活,货运质量较有保证,且一般采取在码头仓库交接货物,故为货主提供了较便利的条件。

4.3.2 班轮船期表

班轮船期表(liner schedule)是班轮运输营运组织工作中的一项重要内容。班轮公司制订并公布班轮船期表有多方面的作用。首先是为了招揽航线途经港口的货载,既为满足货主的需要,又体现海运服务的质量;其次是有利于船舶、港口和货物及时衔接,以便船舶有可能在挂靠港口的短暂时间内取得尽可能高的工作效率;再次是有利于提高船东航线经营的计划质量。

班轮船期表的主要内容包括:航线、船名、航次编号、始发港、中途港、终点港的港名,到达和驶离各港的时间,其他有关的注意事项等。典型的班轮船期表如表4-3所示。

表4-3 班轮船期表

天津—美西直航 NCX
(截关:24:00/周六,ETD:01:00 周一)　　港区查询电话:

VESSEL NAME VOY. NO. 船　名	KAGA 27E26 加贺	NYK KAI 91E27 日邮凯伊	SANDRA BLANCA 45E28 圣巴克	KATSU RAGI 99E29 葛城	BUNGA RAYA DUA 59E30 邦佳南亚都
ETD TIANJIN	2-Jul	9-Jul	16-Jul	23-Jul	30-Jul
ETA BUSAN	4-Jul	11-Jul	18-Jul	25-Jul	1-Aug
ETA LONG BEACH	15-Jul	22-Jul	29-Jul	5-Aug	12-Aug
ETA OAKLAND	19-Jul	26-Jul	2-Aug	9-Aug	16-Aug
如有任何疑问请致电		联系人:			

各班轮公司根据具体情况,编制公布的船期表是有所差异的。通常,近洋班轮航线因航程短且挂港少,船东能较好地掌握航区和挂靠港的条件,以及港口装卸效率等实际状况,可以编制出时间准确的船期表,船舶可以严格按船期表规定的时间运行。远洋班轮航线由于航程长、挂港多、航区气象海况复杂,船东难以掌握航区、挂靠港、船舶在航线上运行可能发生的各种情况,在编制船期表时对船舶运行的时间必然会留有余地。集装箱运输具有速度快、装卸效率高、码头作业基本上不受天气影响等优点,所以,集装箱班轮航线可以编制出较为精确的船期表。

4.3.3 班轮运输关系人

班轮运输中,通常会涉及班轮公司、船舶代理人、无船(公共)承运人、海上货运代理人、托运人和收货人等有关货物运输的关系人。

1. 班轮公司

班轮公司(ocean common carrier)是指运用自己拥有或者自己经营的船舶,提供国际港口之间班轮运输服务,并依据法律规定设立的船舶运输企业。班轮公司应拥有自己的船期表、运价本、提单或其他运输单据。根据各国的管理规定,班轮公司通常应有船舶直接挂靠该国的港口。班轮公司有时也被称为远洋公共承运人。

在从事国际物流业务的实践中,应了解有关班轮公司的情况,以便在必要时从中选择适当的承运人。

世界上集装箱班轮公司有很多,并且大的班轮公司都已进入了中国海运市场。以下介绍几个班轮公司的概况:

中远集装箱运输有限公司(COSCO),简称中远集运,成立于1997年12月29日,是中远集团(COSCO)所属专门从事集装箱运输的核心企业。

马士基航运公司(Maersk Line),世界十大著名船公司之首,全球最大的集装箱航运公司。马士基航运是Moller集团(丹麦)下属的12个公司的主要成员之一。由Maersk Sealand合并铁行渣华P&O Nedlloyd后改组而成,占世界集装箱航运市场的17%。拥有和经营500多艘集装箱船以及150万个集装箱。并购后的马士基-海陆公司成为了国际海运业的"巨无霸"。

地中海航运公司(MSC):总部设在日内瓦的地中海航运公司目前已上升为世界第二大集装箱班轮公司。

除了以上班轮公司外,还有一些著名的班轮公司,如日本邮船(NYK)、韩进海运(Hanjin)、商船三井(M.O.S.K.)、东方海外(OOCL)、海皇/总统轮船(NOL/APL)、长荣(Evergreen)、达飞(CMA)等。中国著名的集装箱班轮公司还有中海集装箱运输有限公司、中外运集装箱运输有限公司等。

2. 船舶代理人

船舶代理人(ship's agent)是指接受船舶所有人、船舶经营人或者船舶承租人的委托,为船舶所有人、船舶经营人或者船舶承租人的船舶及其所载货物或集装箱提供办理船舶进出港口手续、安排港口作业、接受订舱、代签提单、代收运费等服务,并依据法律规定设立的船舶运输辅助性企业。由于国际船舶代理行业具有一定独特的性质,所以各国在国际船舶代理行业大多制定有比较特别的规定。中国最大的国际船舶代理公司是成立于1953年的中国外轮代理公司。20世纪80年代末中外运船务代理公司成立,成为第二家从事国际船舶代理业务的国际船舶代理公司。现在,在我国对外开放的港口都有多家国际船舶代理公司。实践中,国际货运代理人经常会与船舶代理人有业务联系。

3. 无船承运人

无船承运人(non-vessel operating common carrier,NVOCC)也称无船公共承运人,是指以承运人身份接受托运人的货载,签发自己的提单或者其他运输单证,向托运人收取运费,通过班轮运输公司完成国际海上货物运输,承担承运人责任,并依据法律规定设立的提供国际海上货物运输服务的企业。根据《中华人民共和国国际海运条例》的规定,在中国境内经营无船承运业务,应当在中国境内依法设立企业法人;经营无船承运业务,应当办理提单登记,并交纳保证金;无船承运人应有自己的运价本。

无船承运人可以与班轮公司订立协议运价以从中获得利益。但是,无船承运人不能从班轮公司那里获得佣金。国际货运代理企业在满足了市场准入条件后,可以成为无船承运人。上海航运交易所制定有无船承运人的标准格式提单。

4. 海上货运代理人

海上货运代理人(ocean freight forwarder),也称远洋货运代理人,是指接受货主的委托,代表货主的利益,为货主办理有关国际海上货物运输相关事宜,并依据法律规定设立的提供国际海上货物运输代理服务的企业。

海上货运代理人除可以从货主那里获得代理服务报酬外,因其为班轮公司提供货载,所以还应从班轮公司那里获得奖励,即通常所说的"佣金"。但是,根据各国的管理规定(如果有的话),国际海上货运代理人通常无法与班轮公司签订协议运价。

5. 托运人

托运人(shipper),是指本人或者委托他人以本人名义或者委托他人为本人与承运人订立海上货物运输合同的人;本人或者委托他人以本人名义或者委托他人为本人将货物交给与海上货物运输合同有关的承运人的人。

托运人可以与承运人订立协议运价,从而获得比较优惠的运价。但是,托运人无法从承运人那里获得"佣金"。如果承运人给托运人"佣金",则将被视为给托运人"回扣"。班轮运输中还会有收货人等关系人。

6. 收货人

运单上所指的收货人(consignee)情况较为复杂,有时,由于进口管制的原因,最终的收货人(如代理商)并不体现在运单上。运单上的收货人往往是进口商,而在"通知人—Notify Party"上显示的可能才是真实的收货人。

4.3.3 班轮运费

班轮公司运输货物所收取的运送费用,是按照班轮运价表(liner's freight tariff)的规定计收的。不同的班轮公司或班轮公会各有不同的班轮运价表。班轮运价表一般包括货物分级表、各航线费率表、附加费率表、冷藏货及活牲畜费率表等。目前,我国海洋班轮运输公司使用的是"等级运价表",即将承运的货物分成若干等级(一般分为 20 个等级),每一个等级的货物有一个基本费率。其中 1 级费率最低,20 级费率最高。

班轮运费包括基本运费和附加费两部分。前者是指货物从装运港到卸货港所应收取的基本运费,它是构成全程运费的主要部分;后者是指对一些需要特殊处理的货物,或者由于突然事件的发生或客观情况变化等原因而需另外加收的费用。

基本运费按班轮运价表规定的计收标准计收。在班轮运价表中,根据不同的商品,对运费的计收标准,通常采用下列几种:

(1) 按货物毛重,又称重量吨(weight ton)计收运费,运价表内用"W"表示。

(2) 按货物的体积/容积,又称尺码吨(meas mrement ton)计收,运价表中用"M"

表示。

(3) 按毛重或体积计收,由船公司选择其中收费较高的作为计费吨,运价表中以"W/M"表示。

(4) 按商品价格计收,又称为从价运费,运价表内用"A. V."或"Ad. Val"表示。从价运费一般按货物的 FOB 价格的百分之几收取。

(5) 在货物重量、尺码或价值三者中选择最高的一种计收,运价表中用"W/M or ad val."表示。

(6) 按货物重量或尺码选择其高者,再加上从价运费计算,运价表中以"W/M plus ad val."表示。

(7) 按每件货物作为一个计费单位收费,如活牲畜按"每头"(per head),车辆按"每辆"(per unit)收费。

(8) 临时议定价格。即由货主和船公司临时协商议定。通常适用于承运粮食、豆类、矿石、煤炭等运量较大、货值较低、装卸容易、装卸速度快的农副产品和矿产品。议价货物的运费率一般较低。

在实际业务中,基本运费的计算标准以按货物的毛重("W")和按货物的体积("M")或按重量、体积选择("W/M")的方式为多。贵重物品较多的是按货物的 FOB 总值("A. V.")计收。

上述计算运费的重量吨和尺码吨统称为运费吨(freight ton),又称计费吨,现在国际上一般都采用公制(米制),其重量单位为公吨(metric ton,缩写为 M/T),尺码单位为立方米(cubic metre,缩写为 M')。计算运费时 1 立方米作为 1 尺码吨。

附加费是指除基本运费外,另外加收的各种费用。附加费的计算办法,有的是在基本运费的基础上,加收一定百分比;有的是按每运费吨加收一个绝对数计算。附加费名目繁多,而且会随着航运情况的变化而变动。在班轮运输中常见的附加费有下列几种:

(1) 超重附加费(extra charges on heavy lifts)。它是指由于货物单件重量超过一定限度而加收的一种附加费。

(2) 超长附加费(extra charges on overlengths)。它是指由于单件货物的长度超过一定限度而加收的一种附加费。

(3) 选卸附加费(additional on optional discharging port)。对于选卸货物(optional cargo)需要在积载方面给以特殊的安排,这就会增加一定的手续和费用,甚至有时会发生翻船,由于上述原因而追加的费用,称为选卸附加费。

(4) 直航附加费(additional on direct)。如一批货达到规定的数量,托运人要求将一批货物直接运达非基本港口卸货,船公司为此加收的费用,称为直航附加费。

(5) 转船附加费(transhipment additional)。如果货物需要转船运输的话,船公司必须在转船港口办理换装和转船手续,由于上述作业所增加的费用,称为转船附加费。

(6) 港口附加费(port additional)。由于某些港口的情况比较复杂,装卸效率较低或港口收费较高等原因,船公司特此加收一定的费用,称为港口附加费。

除上述各种附加费外,船公司有时还根据各种不同情况临时决定增收某种费用,例如燃油附加费、货币附加费、绕航附加费等。

班轮运费的具体计算方法是:先根据货物的英文名称从货物分级表中查出有关货物的计费等级和其计算标准;然后再从航线费率表中查出有关货物的基本费率;最后加上各项须支付的附加费率,所得的总和就是有关货物的单位运费(每重量吨或每尺码吨的运费),再乘以计费重量吨或尺码吨,即得该批货物的运费总额。如果是从价运费,则按规定的百分率乘 FOB 货值即可。

4.3.4 班轮货运程序

从事班轮运输的船舶具有与其他营运方式不同的一些基本特点。由于船舶具有固定航线、固定港口、固定船期和相对固定的运价,因此,"四固定"是其最基本的特点。此外,承运人和货主之间权利、义务和责任豁免通常以承运人签发的提单背面条款为依据并受国际公约的制约,即承运人和货主之间在货物装船之前通常并不书面签订运输合同,而是在货物装船后,由承运人签发记有详细的有关承运人、托运人或收货人的责任、权利和义务条款的提单(偶然也使用海运单)。在杂货班轮运输中,承运人对货物的责任期间是从货物装上船起,至货物卸下船止,也就是说,虽然实务中托运人是将货物送至承运人指定的码头仓库交货,收货人在码头仓库提取货物,但除另有约定外,承运人对货物的责任期间仍然是"船舷至船舷"(Rail To Rail)或"钩至钩"(Tackle To Tackle)。另外,关于装卸费用和装卸时间,则规定为由承运人负责装货作业、卸货作业和理舱作业及全部费用;并且不计算滞期费和速遣费,仅约定托运人和收货人须按照船舶的装卸速度交货或提取货物,否则,应赔偿船方因降低装卸速度或中断装卸作业所造成的损失。在集装箱班轮运输中,承运人对货物的责任期间是从装货港接受货物时起至卸货港交付货物时止,通常班轮公司对集装箱的交接方式是 CY/CY。

1. 货物出运

班轮公司的货物出运工作包括揽货、订舱及确定航次货运任务等内容。货运代理人的货物出运工作则包括安排货物托运手续、办理货物交接等内容。

船东为使自己所经营的船舶在载重量和载货舱容两方面均能得到充分利用,以期获得最好的经营效益,会通过各种途径从货主那里争取货源,揽集货载——揽货(canvassion)。通常的做法是在所经营的班轮航线的各挂靠港口及货源腹地通过自己的营业机构或船舶代理人与货主建立业务关系;通过报纸、杂志刊登船期表,如我国的《中国远洋航务公报》(*China Shipping Bulletin*)、《航运交易公报》(*Shipping Exchange Bulletin*)、《中国航务周刊》(*China Shipping Gazette*)等都定期刊登班轮船期表,以邀请货主前来托运货物,办理订舱手续;通过与货主、无船承运人或货运代理人等签订货物运输服务合同(service contract)或揽货协议来争取货源。货运代理人应根据货物运输的需要,从运输服务质量、船期、运价等方面综合考虑后,选择适当的班轮公司。

订舱(booking)是托运人(包括其代理人)向班轮公司(即承运人,包括其代理人)申请货物运输,承运人对这种申请给予承诺的行为。托运人(shipper)申请货物运输可视为"要约",即托运人希望和承运人订立运输合同意思的表示,根据法律规定,合同订立采取要约—承诺方式,因此,承运人一旦对托运人货物运输申请给予承诺,则货物运输合同订立。

国际海上货物运输合同是指承运人收取运费,负责将托运人托运的货物经海路由一国港口运至另一国港口的合同。因此,海上货物运输合同是一种双务有偿合同(双方相互享有权利和相互负有义务的合同),而且应该是一种诺成合同(一方的意思表示一旦经对方同意即能产生法律效果的合同)。

国际贸易实践中,出口商通常会要求以 CIF 价格条件成交,此时,由出口商安排货物运输工作,即出口商承担出口货物的托运工作,将货物交船东运往国外交进口商,所以订舱工作多数在装货港或货物输出地由出口商办理。但是,如果出口货物是以 FOB 价格条件成交,则货物运输由进口商安排,此时订舱工作就可能在货物的卸货地或输入地由进口商办理。这就是所称的卸货地订舱(home booking)。卸货地订舱的货物在实践中也称"指定货"(buyer's nominated cargo)。

确定航次货运任务就是确定某一船舶在某一航次所装货物的种类和数量。承运人承揽货载时,必须考虑各票货物的性质、包装和每件货物的重量及尺码等因素。因为不同种类的货物对运输和保管有不同的要求,各港口的有关法律和规章也会有不同的规定。例如,重大件货物可能会受到船舶及装卸港口的起重机械能力影响和船舶舱口尺寸的限制;忌装货物的积载问题;各港口对载运危险货物船舶所作的限制等。而对于货物的数量,船东也应参考过去的情况,预先对船舶舱位在各装货港间进行适当的分配,定出限额,并根据各个港口情况的变化,及时进行调整,使船舶舱位得到充分和合理的利用。托运人和货运代理人应充分认识到船方在确定船舶航次货运任务方面所会考虑的问题,否则可能造成不必要的麻烦。

2. 装船与卸船

集装箱班轮运输中,由于班轮公司基本上是以 CY/CY 作为货物的交接方式,所以集装箱货物的装船卸船工作都会由班轮公司负责。

杂货班轮运输中,除另有约定外,都规定托运人应将其托运的货物送至船边,如果船舶是在锚地或浮筒作业,托运人还应用驳船将货物驳运至船边,然后进行货物的交接和装船作业。对于特殊货物,如危险货物、鲜活货、贵重货、重大件货物等,通常采取由托运人将货物直接送至船边,交接装船的形式。即采取现装或直接装船的方式。

然而,由于在杂货班轮运输中,船舶承运的货物种类多,票数多,包装式样多,挂靠港口多等原因,如果要求每个托运人都将自己的货物直接送至码头船边,就可能会发生待装的货物不能按规定的装船先后次序送至船边的情况,从而使装货现场发生混乱,影响装货效率的现象。由此而产生的结果是延长了船舶在港的停泊时间,延误船期,也容易造成货损、货差现象。因此为了提高装船效率,加速船舶周转,减少货损、货差现象,在杂货班轮运输中,对于普通货物的交接装船,通常采用由班轮公司在各装货港指定装船代理人,由装船代理人在各装货港的指定地点(通常为港口码头仓库)接受托运人送来的货物,办理交接手续后,将货物集中整理,并按次序进行装船的形式,即所谓的"仓库收货,集中装船"的形式。

在杂货班轮运输中,理论上卸船就意味着交货,是指将船舶所承运的货物在提单上载明的卸货港从船上卸下,并在船边交给收货人并办理货物的交接手续。但是,如果由于战争、冰冻、港口罢工等特殊原因,船舶已不可能前往原定的卸货港,或会使船舶处于不安全状态,则船东有权决定船舶驶往能够安全到达的附近港口卸货。

船方和装卸公司应根据载货清单和其他有关单证认真地组织和实施货物的卸船作业,避免发生误卸(mislanded)的情况,即避免发生原来应该在其他港口卸下的货物卸在本港的溢卸(overlanded)和原来应该在本港卸下的货物遗漏未卸的短卸(shortlanded)的情况。船东或其代理人一旦发现误卸时,应立即向各挂靠港口发出货物查询单(cargo tracer),查清后应及时将货物运至原定的卸货港。提单条款中一般都有关于因误卸而引起的货物延迟损失或货物损坏责任问题的规定:因误卸而发生的补送、退运的费用由船东负担,但对因此而造成的延迟交付或货物的损坏,船东不负赔偿责任。如果误卸是因标志不清、不全或错误,以及因货主的过失造成的,则所有补送、退运、卸货或保管的费用都由货主承担,船东不负担任何责任。

在杂货班轮运输中,对于危险货物、重大件等特殊货物,通常采取由收货人办妥进口手续后来船边接受货物,并办理交接手续的现提形式。但是,如果各个收货人在船抵后都同时来到码头船边接收货物,同样会使卸货现场十分混乱,影响卸货效率,延长船舶在港停泊时间。所以,为使船舶在有限的停泊时间内迅速将货卸完,实践中通常由船东指定装卸公司作为卸货代理人,由卸货代理人总揽卸货和接收货物并向收货人实际交付货物的工作。因此,在杂货班轮运输中,对于普通货物,通常采取先将货物卸至码头仓库,进行分类整理后,再向收货人交付的所谓"集中卸船,仓库交付"的形式。

与装船的情况相同,在杂货班轮运输中,不论采取怎样的卸船交货的形式,船东的责任都是以船边为责任界限,而且卸货费用也是按这样的分界线来划分的。船东、卸货代理人、收货人三者之间的相互关系与前述的船东、装船代理人、托运人三者之间的关系相同。

3. 提取货物

在集装箱班轮运输中,大多采用CY/CY交接方式;而在杂货班轮运输中,实务中多采用"集中卸船,仓库交付"的形式;并且收货人必须在办妥进口手续后,方能提取货物。所以,在班轮运输中,通常是收货人先取得提货单,办理进口手续后,再凭提货单到堆场、仓库等存放货物的现场提取货物。而收货人只有在符合法律规定及航运惯例的前提条件下,方能取得提货单。

在使用提单的情况下收货人必须把提单交回承运人,并且该提单必须经适当正确的背书(duly endorsed),否则船东没有交付货物的义务。另外,收货人还须付清所有应该支付的费用,如到付的运费、共同海损分担费等,否则船东有权根据提单上的留置权条款的规定,暂时不交付货物,直至收货人付清各项应付的费用;如果收货人拒绝支付应付的各项费用而使货物无法交付时,船东还可以经卸货港所在地法院批准,对卸下的货物进行拍卖,以拍卖所得价款充抵应收取的费用。因此,货运代理人应及时与收货人联系,取得经正确背书的提单,并付清应该支付的费用,以便换取提货单,并在办理了进口手续后提取货物。

在已经签发了提单的情况下,收货人要取得提货的权利,必须以付清所有应该支付的费用和交出提单为前提条件。然而,有时由于提单邮寄延误,或者作为押汇的跟单票据的提单未到达进口地银行,或者虽然提单已到达进口地银行,而因为汇票的兑现期限的关系,在货物已运抵卸货港的情况下,收货人还无法取得提单,也就无法凭提单来换取提单提货。此时,按照一般的航运习惯,收货人就会开具由一流银行签署的保证书,以保证书交换提单后提货。船东同意凭保证书交付货物是为了能尽快地交货,而且除有意欺诈外,船东可以根据保证书将因凭保证书交付货物而发生的损失转嫁给收货人或保证行。但是,由于违反运输合同的义务,船东对正当的提单持有人仍负有赔偿一切损失的责任。因此,船东会及时要求收货人履行解除担保的责任,即要求收货人在取得提单后及时交给船东,以恢复正常的交付货物的条件。

提单上的卸货港(port of discharge)一栏内有时会记载两个或两个以上可供货主选择的卸货港名称,这是因为货主在货物装船前尚未确定具体的卸货港,所以在办理货物托运时提出选择卸货港交付货物的申请,并在船舶开航后从提单上所载明的选卸港范围内选定对自己最为方便或最为有利的卸货港,最后在这个港口卸货和交付货物。这种由货主选择卸货港交付的货物称为"选港货"(optional cargo)。由于为"选港货"签发的提单中的卸货港一栏内已明示了卸货港的范围(如 option Kobe/Yokohama),所以收货人在办理提货手续时,只要交出一份提单即可。但是货主必须在船舶自装货港开航后,抵达第一个选卸港之前的一定时间以前(通常为 24 小时或 48 小时),把决定了的卸货港通知船东及被选定卸货港船东的代理人,否则船长有权在任何一个选卸港将货物卸下,并认为船东已经履行了对货物运送的责任。

如果收货人认为有必要将货物改在提单上载明的卸货港以外的其他港口卸货交付,则可以向船东提出变更卸货港的申请。但是,所变更的卸货港必须是在船舶航次停靠港口范围之内,并且必须在船舶抵达原定卸货港之前或到达变更的卸货港(需提前卸货时)之前提出变更卸货港交付货物的申请。由于变更卸货港交付货物是在提单载明的卸货港以外的其他港口卸货和交付货物,所以收货人必须交出全套提单才能换取提货单提货。而且,在船东根据积载情况,考虑变更卸货港卸货和交付货物对船舶营运不会产生严重影响,并接受货主变更卸货港的申请后,收货人还应负担因这种变更而发生的货物翻舱、捣载费,装卸费以及因变更卸货港的运费差额和有关手续费等费用。

4.4 租船运输

4.4.1 租船运输概述

租船运输(carriage goods by chartering)是从事租船货运的船舶既没有固定的班期,也没有固定的航线和挂靠港,而是按照货源的具体情况和货主对货物运输的实际要求,安排航行计划并组织运输的船舶营运方式,是相对于班轮运输的另一种海上货物运输方式。因此,租船运输也被称为不定期船运输(tramp shipping)。

租船运输中,船舶的营运是根据船舶出租人与承租人双方签订的租船合同(charter party)来进行的,一般进行的是特定货物的运输。船舶出租人提供的是货物运输服务,而承租人则是按约定的租金或运价支付运费。因此,租船运输具有以下特点:

(1)按照船舶所有人与承租人双方签订的租船合同安排船舶就航航线,组织运输;没有相对于定期班轮运输的船期表和航线。

(2) 适合于大宗散货运输,货物的特点是批量大、附加值低、包装相对简单。因此,租船运的租金相对班轮运输而言较低。

(3) 舱位的租赁一般以提供整船或部分舱位为主,主要是根据租约来定。另外,承租人一般可以将舱位或整船再租与第三人。

(4) 船舶营运中的风险以及有关费用的负担责任由租约约定。随之,租金水平也相应变化。

(5) 租船运输中的提单的性质完全不同于班轮运输,它不是一个独立的文件,对于承租人和船舶所有人而言,仅相当于货物收据,这种提单要受租船契约约束,银行不乐意接受这种提单,除非信用证另有规定。当承租人将提单转让与第三人时,提单起着权利凭证作用;而在第三人与船舶所有人之间,提单这时则是货物运输合同的证明。

(6) 承租人与船舶所有人之间的权利和义务是通过租船合同或运输合同来确定的。

(7) 租船运输中,船舶港口使费、装卸费及船期延误,按租船合同规定由船舶所有人和承租人分担、划分及计算,而班轮运输中船舶的一切正常营运支出均由船方负担。

4.4.2 租船市场与租船经纪人

在租船运输过程中,首先,货主或托运人通过某些方式将运输需求公开;之后,运力提供者(通常为船东,shipowner)与运力需求者(通常称为承租人,charterer)就租船业务涉及的运输条件及相应的条款进行商定。许多情况下,这种业务谈判是通过租船经纪人(chartering broker),并参考某一个标准的租船合同范本(standard charter party form)进行的。当双方就相关的问题共同认可时,船舶所有人与托运人之间通常要签订包括船期、挂靠港、租金率或运费率以及双方的责任与义务在内的租船合同(charter party)。船舶所有人与承租人所签订的租船合同,具有民事法规所规定的法律约束效力,是双方处理合同执行过程中所出现问题的依据。

1. 租船市场

租船业务通过租船市场(chartering market)进行。狭义的租船市场也称为海运交易市场,是需求船舶的承租人与提供船舶运力的船舶所有人洽谈租船业务,协商租船合同内容并签订合同的场所,这种场所有的位于货主和船东汇集的城市,有的则分散在其方便的办公场所,通过通信手段进行;而广义的租船市场不强调有形的市场形态,它是船舶出租者、船舶租赁者及其他租船业务参与者,以及所有船舶租赁相关信息的总和,是一个抽象的市场概念。

一般认为,租船市场具有以下主要作用:

(1) 提供交易机会。租船市场是船、租双方进行集中交易的场所,双方都可以根据自己的需求选择洽租人,以取得有利的经济效果,满足各自不同的需要。

(2) 加强信息沟通。租船市场拥有分布在世界各地的船东、承租人、租船经纪人,具有庞大的业务网络,为承租人和船舶所有人积累、搜集、整理了大量的租船市场信息,掌握着市场的行情动态和发展趋势。

(3) 调整航运市场。国际贸易的绝大部分要通过海运进行,但是,分布在世界各地的运力与需求并不平衡,租船市场为整个世界航运市场平衡发挥着调节作用。

2. 租船经纪人

航运市场中存在着大批专门从事船舶的租赁、订舱、买卖、保险等中介业务的航运经纪人,他们熟悉租船市场行情,精通租船业务,作为当事双方的桥梁与纽带,在为委托人提供市场信息、资信调查及其他信息咨询服务,促成合同的顺利签订,减少委托人事务上的烦琐手续,以及为当事双方斡旋调解纠纷等方面所起到的积极作用已得到各方面的认同。由于租船经纪人对于租船市场的信息掌握全面、及时,具有租船业务的特殊知识和谈判技能,船舶所有人或承租人通过租船经纪人开展业务的做法已十分普遍,租船经纪业与船舶代理业、货运代理业已成为我国航运市场中不可缺少的重要组成部分。

传统上认为,经纪人为商业领域内从事居间活动的居间人。专门从事租船订舱等经纪业务的经纪人,称为租船经纪人。在我国,虽没有明确的法律规定,现在也无统一的认识,但从其从事的业务来分,可以分为以下几种:

(1) 船东经纪人(the owner's broker)是指根据船东的授予权和指示,代表船东利益在租船市场上从事船舶出租或承揽货源的人。

(2) 承租人经纪人(the charterer's broker)是指根据承租人的授予权和指示,代表承租人利益在租船市场上为承租人洽租合适船舶的人。

(3) 双方当事人经纪人(both parties' broker)是指以中间人身份尽力促成船东和承租人双方达成船舶租赁交易,从中赚取佣金的人。

由此可以看出,租船经纪人的身份具有不确定性,有时是作为代理人,有时却可能作为居间人。经纪人的行为不仅限于提供签约机会或充当订约媒介,而且还可以代表委托人订立合同,成为经纪人兼代理人。船舶所有人或承租人指定了租船经纪人后,则处于"本人"(principal)的地位,拥有对租船经纪人进行任何有关租船业务的指示的权利。对于这些指示,租船经纪人,不管是代理人还是居间人,都必须如实照办,不得损害委托人的任何利益。不过在实践中,"本人"与租船经纪人之间往往没有相互约束的协议或合同,而以业务来往中的文件为委托的依据和确定责任的证据。

4.4.3 租船经营方式

租船运输的实质是将船舶用于托运人所希望的货物运输中,而租船则是选用适当的船舶用于各类货物运输的业务过程。租船经营的主体多是以各种租船形式租用船舶,并用于货物运输的经营人。

目前,航运业主要的租船运输经营方式有航次租船(voyage charter or trip charter)、定期租船(time charter or period charter)、光船租船(bareboat charter or demise charter)、包运租船(contract of affreightment,COA)以及航次期租船(time charter on trip basis or time charter trip)五种。其中最基本的租船运输的经营方式是具有运输承揽性质的航次租船。

1. 航次租船

航次租船又称"航程租船"或"程租船",是指由船舶所有人向承租人提供船舶在指定的港口之间进行一个航次或几个航次的指定货物运输的租船运输方式。

航次租船是租船市场上最活跃、最为普遍的一种租船方式,对运费水平的波动最为敏感。在国际现货市场上成交的绝大多数货物(主要有液体散货和干散货两大类)通常都是通过航次租船方式运输的。

航次租船中,根据承租人对货物运输的需要,而采取不同的航次数来约定航次租船合同。航次租船方式可分为下列三种:

(1) 单航次租船(single trip charter)

单航次租船是指船舶所有人与承租人双方约定,提供船舶完成一个单程航次货物运输的租船方式;船舶所有人负责将指定的货物从启运港运往目的港,货物运抵目的港卸船后,船舶所有人的运输合同义务即告完成。

(2) 往返航次租船(return trip charter)

往返航次租船是指船舶所有人与承租人双方约定,提供船舶完成一个往返航次的租船方式。但是,返航航次的出发港及到达港并不一定与往航航次的相同。即同一船舶在完成一个单航次后,会根据货物运输需要在原卸货港或其附近港口装货,返回原装货港或其附近港口。卸货后,往返航次租船结束,船舶所有人的合同义务完成。从实质上讲,一个往返航次租船包括了两个单航次租船。在一个货主只有去程货载,而另一个货主有回程货载时,两个货主可能联合起来向船舶所有人按往返航次租赁船舶。在这种情况下,因为船舶所有人在回程货载上有了保证,可避免回程空航,在运费方面,承租人可获得一定的优惠。

(3) 连续航次租船(consecutive voyages charter)

连续航次租船指船舶所有人与承租人约定,提供船舶连续完成几个单航次或几个往返航次的租船运输方式。被租船舶在相同两港之间连续完成两个以上的单航次,或两个以上往返航次运输后,航次租船合同结束,船舶所有人的合同义务完成。连续航次租船合同可按单航次签订租船合同,也可以按往返航次签订租船合同。在只签订一个包括单航次或往返航次的租船合同的情况下,合同中适用于第一个航次的各项条件和条款同样适用于以后的各航次。但是,须在合同中注明船舶第一航次的受载日期和后续的航次数,也可以为后续航次规定受载日期等。在连续单航次租船中,在不影响航次任务完成和下一航次受载期的情况下,船舶可以承揽其他货载,搭载航行。一般这种情况要在租船合同中约定。

2. 定期租船

定期租船又称"期租船",是指由船舶所有人将特定的船舶,按照租船合同的约定,在约定的期间内租给承租人使用的一种租船方式。这种租船方式以约定的使用期限为船舶租期,而不以完成航次数多少来计算。在租期内,承租人利用租赁的船舶既可以进行不定期货物运输,也可以投入班轮运输,还可以在租期内将船舶转租,以取得运费收入或谋取租金差额。租期的长短完全由船舶所有人和承租人根据实际需要约定。少则几个月,多则几年,或更长的时间。

定期租船的承租人既有一些大型企业或实力较强的贸易机构,利用租赁船舶进行自有的货物运输;也有一些航运公司,利用租赁船舶从事货物运输,以便弥补自身船队的运力不足。大型企业或实力较强的贸易机构往往拥有稳定的货源,有着长期的运输需求,对租船市场的租金水平有着一定影响。定期租船方式下,被租船完全处于承租人的使用和控制下。所以,除因船舶不能处于适航状态外,其他情况所造成的营运风险一般均由承租人承担。

3. 光船租船

光船租船是在租期内,船舶所有人只提供一艘空船给承租人使用,船舶的配备船员、营运管理、供应以及一切固定或变动的营运费用都由承租人负担,光船租船又称船壳租船。这种租船方式实质上是一种财产租赁方式,船舶所有人不具有承揽运输的责任。船舶所有人在租期内除了收取租金外,对船舶和其经营不再承担任何责任和费用。

光租船方式在近几年内有所增加,其背景是由于船舶信贷的发展和方便船旗的广泛利用。光租船舶的船舶所有人往往是运力过剩或缺乏船舶管理经验的一些经营人。其经营效率较之直接经营船舶运输业务要低,同时,还存在着租金的支付风险。因此,出租船舶时,应掌握承租人的资信和商业信誉,并拥有较为可靠的租金回收手段。而另一方面,承租人也应了解船舶的债务状况,避免租赁期间因债务而引起的船舶债权人对船舶的扣押或抵押。近几年来,国际上办理光船租船时,最常见的是使用"购买选择权租赁条件"(leasing with option to purchase)。在这种条件下,承租人在租赁合同规定的租期届满时,享有购买该船舶的选择权。附带有这种条件的光船租船合同中,通常对租期届满时的船舶价格事先确定,并规定这一船价在租期内平均分摊,与按期支付的租金一并缴纳。这是一种分期购买船舶的方法,它对于那些缺乏足够资金无法一次性购买船舶的承租人来说,是一种获得运力的机会,也是较容易地获得银行贷款的有效手段。

4. 包运租船

包运租船是指船舶所有人向承租人提供一定吨位的运力,在确定的港口之间,按事先约定的时间、航次周期和每航次较为均等的运量,完成合同规定的全部货运量的租船方式。以包运租船方式所签订的租船合同称为"包运租船合同",或称"运量合同"(quantity contract/volume contract)。包运租船实质上具有"连续航次租船"的基本特征。包运租船运输时,船舶每个航次的货物运输除受包运合同的限制,还受其中明确规定的每航次租船合同的限制。

对船舶所有人而言,包运租船时货运量大,较长时间内有较充足的货源,基本保障了稳定的运费收益;而且包运租船中,船舶所有人可根据自有的船舶运力灵活地安排船舶;在保证按合同规定完成货物运输的前提下,船舶所有人通过对船舶的适当调度,可利用航次间的多余时间装运其他货物,提高运力利用率,从而获得更大经营效益。对承租人而言,包运租船可以保证在较长时间内满足货物的运输需求,而且可在较大程度上摆脱租船市场行情的变动所带来的影响,确保运力将货物运往最终市场,从而保障生产或销售活动的正常进行。

5. 航次期租

目前,国际上还经常使用着"航次期租"(time charter on trip base or trip time charter)的租船方式。航次期租是没有明确的租期期限,而只确定了特定的航次。这种租船方式以完成航次运输为目的,按实际租用的时间(一般以天数为单位)和租金率计算租金,费用和风险则按照定期租船方式的基本原则来处理。这种租船方式减少了船舶所有人因各种原因所造成的航次时间延长所带来的船期损失,而在很大程度上将风险转嫁给了承租人。

因为航次期租是建立在定期租船和航次租船两种租船方式基础上的一种边缘型的租船方式,对于航次期租的处理方法,在法律上往往是依据具体航次持续的时间长短来确定其性质:整个航次持续时间较长的通常被认为具有较多的定期租船的性质,而更多地按定期租船的办法予以处理;租期较短的往往被认为更多地具有航次租船的性质,尽管船舶出租人收取的不是运费而是租金,也往往会考虑航次租船的一些要求。当然,总的看来,一般还是认为这种租船方式仍是以期租为基础,融合了航次租船的性质。

4.5 海运提单与海运单

4.5.1 提单的定义与作用

《中华人民共和国海商法》第七十一条给提单下的定义是:"提单,是指用以证明海上货物运输合同和货物已经由承运人接收或者装船,以及承运人保证据以交付货物的单证。提单中载明的向记名人交付货物,或者按照指示人的指示交付货物,或者向提单持有人交付货物的条款,构成承运人据以交付货物的保证。"这一定义源自于《汉堡规则》第一条第7项,它明确地说明了提单的性质与作用。《汉堡规则》是第一次在国际公约中给出了提单定义,而《海牙规则》和《海牙—维斯比规则》都是有关提单的国际公约,但都没有给提单下定义。

根据法律的规定,提单具有三项主要的功能或作用。

1. 提单是海上货物运输合同的证明(evidence of the contract of carriage)

提单的印刷条款规定了承运人与货物关系人之间的权利、义务,提单也是法律承认的处理有关货物运输争议的依据,因此,有人会认为提单本身就是运输合同。但是,提单并不具有作为经济合同应具备的基本条件,构成运输合同的主要项目诸如船名、开航日期、航线、靠港及其他有关货运条件都是事先公布,而且是众所周知的;至于运价和运输条件也是承运人预先规定的,提单条款仅是承运人单方面制定的,而且,在提单上只有承运人单方的签字。合同履行在前,签发提单在后,提单只是在履行运输合同的过程中出现的一种证据,而合同实际上是在托运人向承运人或其代理人订舱、办理托运手续时就已成立。确切地说,承运人或其代理人在托运人填制的托运单上盖章时,承、托之间的合同就已成

拓展阅读 4.4
海运提单模板大全

立。所以,将提单称为"海上货物运输合同已存在的证明"更为合理。

提单是运输合同成立的证明。如果在签发提单之前,承、托双方另有约定,且该约定又不同于提单条款规定的内容,则以该约定为准。如果在签发提单之前,承、托双方并无约定,且托运人在接受提单时又未提出任何异议,这时才可将提单条款推定为合同条款的内容,从而约束承、托双方,提单才能从运输合同成立的证明转化为运输合同本身。

当提单转让给善意的第三人(提单的受让人、收货人等)以后,承运人与第三人之间的权利、义务等就按提单条款的规定处理,即此时提单就是第三人与承运人之间的运输合同。《中国海商法》第七十一条第一款规定:"承运人同收货人、提单持有人之间的权利、义务关系,依据提单规定确定。"

2. 提单是证明货物已由承运人接管或已装船的货物收据(evidence of receipt for the goods)

首先,货物的原始收据不是提单,而是"大副收据"或者是"场站收据"。

"收货待运提单"是证明承运人已接管货物,具有明显的货物收据功能的单证。

"已装船提单"是在货物装船后,根据货物的原始收据——"大副收据"等签发的,提单上记载有证明收到货物的种类、数量、标志、外表状况的内容。此外,由于国际贸易中经常使用 FOB、CFR 和 CIF 三个传统的价格术语,在这三个传统的"装运合同"(shipment contract)价格术语下,是以将货物装船象征卖方将货物交付给买方,货物装船时间也就意味着卖方的交货时间,因此,提单上还记载有货物装船的时间。用提单来证明货物的装船时间是非常必要的,因为作为履行贸易合同的必要条件,如果卖方未将货物按时装船,银行就不会接受该提单。

承运人签发提单,就表明他已按提单上所列内容收到货物。但是,提单作为货物收据的法律效力在不同的当事人之间也是不同的。

提单作为货物收据的效力,视其在托运人或收货人手中而有所不同。对托运人来说,提单只是承运人依据托运人所列提单内容收到货物的初步证据(prima facie evidence)。换言之,如果承运人有确实证据证明他在事实上未收到货物,或者在收货时实际收到的货物与提单所列的情况有差异,承运人可以通过一定方式减轻或者免除自己的赔偿责任。但对善意接受提单的收货人,提单是承运人已按托运人所列内容收到货物的绝对证据(conclusive evidence)。承运人不能提出相反的证据否定提单内所记载的内容。《中国海商法》第七十七条对提单有关货物记载事项的证据效力的规定为:"……承运人或者代其签发提单的人签发的提单,是承运人已经按照提单所载状况收到货物或者货物已经装船的初步证据;承运人向善意受让提单的包括收货人在内的第三人提出与提单所载状况不同的证据,不予承认。"

3. 提单是承运人保证凭以交付货物的物权凭证(document of title)

承运人或其代理人在目的港交付货物时,必须向提单持有人交货。在这种情况下,即使是真正的收货人,如果不能递交正本提单,承运人也可以拒绝对其放行货物。也就是说,收货人是根据提单物权凭证的功能,在目的港以提单相交换来提取货物。

提单作为物权凭证的功能是用法律的形式予以确定的,提单的转让就意味着提单上所记载货物的转让,提单的合法受让人或提单持有人就有权要求承运人交付提单上所记载的货物。除提单中有规定外,提单的转让是不需要经承运人同意的。

提单具有物权凭证的功能使提单所代表的"物权"可以随提单的转让而转让,提单中所规定的权利和义务也随着提单的转让而转让。当货物在运输过程中遭受损坏或灭失时,这种货物损失风险也已随提单的转让而转移给了提单的受让人。提单的受让人能否得到赔偿将取决于有关海上货物运输的法律、国际公约和提单条款的规定。

提单的转让是受时间上的制约的。在办理提货手续前,提单是可以转让的。但是,一旦办理了手续后,该提单就不能再转让了。

4.5.2 提单的种类

1. 按提单收货人的抬头划分

(1) 记名提单(straight B/L)

记名提单又称收货人抬头提单,是指提单上的收货人栏中已具体填写收货人名称的提单。提单所记载的货物只能由提单上特定的收货人提取,或者说承运人在卸货港只能把货物交给提单上所指定的收货人。如果承运人将货物交给提单指定的以外的人,即使该人占有提单,承运人也应负责。这种提单失去了代表货物可转让流通的便利,但同时也可以避免在转让过程中可能带来的风险。

使用记名提单,如果货物的交付不涉及贸易合同下的义务,则可不通过银行而由托运人将其邮寄收货人,或由船长随船代交。这样,提单就可以及时送达收货人,而不致延误。因此,记名提单一般只适用于运输展览品或贵重物品,特别是在短途运输中使用较有优势,而在国际贸易中较少使用。

(2) 指示提单(order B/L)

在提单正面"收货人"一栏内填上"凭指示"(to order)或"凭某某指示"(to order of...)字样的提单。按照表示指示人的方法不同,指示提单又分为托运人指示提单、记名指示人提单和选择指示人提单。如果在收货人栏内只填记"指示"字样,则称为托运人指示提单。这种提单在托运人未指定收货人或受让人之前,货物所有权仍属于卖方,在跟单信用证支付方式下,托运人就是以议付银行或收货人为受让人,通过转让提单而取得议付货款。如果收货人栏内填记"某某指示",则称为记名指示人提单,如果在收货人栏内填记"某某或指示",则称为选择指示人提单。记名指示人提单或选择指示人提单中指名的"某某"既可以是银行的名称,也可以是托运人。

指示提单是一种可转让提单。提单的持有人可以通过背书的方式把它转让给第三者,而不须经过承运人认可,所以这种提单为买方所欢迎。而不记名指示(托运人指示)提单与记名指示提单不同,它没有经提单指定的人背书才能转让的限制,所以其流通性更大。指示提单在国际海运业务中使用较广泛。

(3) 不记名提单(bearer B/L, or open B/L, or blank B/L)

不记名提单是指提单上收货人一栏内没有指明任何收货人,而注明"提单持有人"(bearer)字样或将这一栏空白,不填写任何人的名称的提单。这种提单不需要任何背书手续即可转让,或提取货物,极为简便。承运人应将货物交给提单持有人,谁持有提单,谁就可以提货,承运人交付货物只凭单,不凭人。这种提单丢失或被窃,风险极大,极易引起纠纷,故国际上较少使用这种提单。另外,根据有些班轮公会的规定,凡使用不记名提单,在给大副的提单副本中必须注明卸货港通知人的名称和地址。

《海商法》第七十九条规定:"记名提单:不得转让;指示提单:经过记名背书或者空白背书转让;不记名提单:无须背书,即可转让。"记名提单虽然安全,但不能转让,对贸易各方的交易不便,用得不多。一般认为:由于记名提单不能通过背书转让,因此从国际贸易的角度看,记名提单不具有物权凭证的性质。不记名提单无须背书即可转让,任何人持有提单便可要求承运人放货,对贸易各方不够安全,风险较大,很少采用。指示提单可以通过背书转让,适应了正常贸易需要,所以在实践中被广泛应用。背书分为记名背书(special endorsement)和空白背书(endorsement in blank)。前者是指背书人(指示人)在提单背面写上被背书人的名称,并由背书人签名。后者是指背书人在提单背面不写明被背书人的名称。在记名背书的场合,承运人应将货物交给被背书人。反之,则只需将货物交给提单持有人。

2. 按货物是否已装船划分

(1) 已装船提单(shipped B/L, or on board B/L)

已装船提单是指货物装船后由承运人或其授权代理人根据大副收据签发给托运人的提单。如果承运人签发了已装船提单,就是确认他已将货物装在船上。这种提单除载明一般事项外,通常还必须注明装载货物的船舶名称和装船日期,即是提单项下货物的装船日期。

由于已装船提单对于收货人及时收到货物有保障,所以在国际货物买卖合同中一般都要求卖方提供已装船提单。根据《2000年通则》(INCOTERMS 2000)的规定,凡以CIF或CFR条件成立的货物买卖合同,卖方应提供已装船提单。在以跟单信用证为付款方式的国际贸易中,更是要求卖方必须提供已装船提单。UCP500规定,如信用证要求海运提单作为运输单据时,银行将接受注明货物已装船或已装指定船只的提单。

(2) 收货待运提单(received for shipment B/L)

收货待运提单又称备运提单、待装提单,或简称待运提单。它是承运人在收到托运人交来的货物但还没有装船时,应托运人的要求而签发的提单。签发这种提单时,说明承运人确认货物已交由承运人保管并存在其所控制的仓库或场地,但还未装船。所以,这种提单未载明所装船名和装船时间,在跟单信用证支付方式下,银行一般都不肯接受这种提单。但当货物装船,承运人在这种提单上加注装运船名和装船日期并签字盖章后,待运提单即成为已装船提单。同样,托运人也可以用待运提单向承运人换取已装船提单。

我国《海商法》第七十四条规定:"货物装船前,承运人已经应托运人的要求签发收货待运提单或者其他单证的,货物装船完毕,托运人可以将收货待运提单或者其他单证退还承运人,以换取已装船提单,承运人也可以在收货待运提单上加注承运船舶的船名和装船日期,加注后的收货待运提单视为已装船提单。"

这种待运提单于19世纪晚期首先出现于美国,其优点在于:对托运人来说,他可以在货物交承运人保管之后至装船前的期间,尽快地从承运人手中取得可转让提单,以便融通资金,加速交易进程。而对于承运人来说,则有利于招揽生意,拓宽货源。但这种提单同时也存在一定的缺陷,这是因为:①因待运提单没有装船日期,很可能因到货不及时而使货主遭受损失;②待运提单上没有肯定的装货船名,致使提单持有人在承运人违约时难以向法院申请扣押船;③待运提单签发后和货物装船前发生的货损、货差由谁承担也是提单所适用的法律和提单条款本身通常不能明确规定的问题,实践中引起的责任纠纷也难以解决。基于上述原因,在贸易实践中,买方一般不愿意接受这种提单。

随着集装箱运输的发展,承运人在内陆收货越来越多,而货运站不能签发已装船提单,货物装入集装箱后没有特殊情况,一般货物质量不会受到影响。港口收到集装箱货物后,向托运人签发"场站收据",托运人可持"场站收据"向海上承运人换取"待运提单",这里的待运提单实质上是"收货待运提单"。由于在集装箱运输中,承运人的责任期间已向两端延伸,所以根据《联合国国际货物多式联运公约》和《跟单信用证统一惯例》的规定,在集装箱运输中银行还是可以接受以这种提单办理货款的结汇的。

由此可见,从承运人的责任来讲,集装箱的"收货待运提单"与"已装船提单"是相同的。因为集装箱货物的责任期间是从港口收货时开始的,与非集装箱装运货物从装船时开始不同。现在跟单信用证惯例也允许接受集装箱的"收货待运"提单。但是在目前国际贸易的信用证仍往往规定海运提单必须是"已装船提单",使开证者放心。

3. 按提单上有无批注划分

(1) 清洁提单(clean B/L)

在装船时,货物外表状况良好,承运人在签发提单时,未在提单上加注任何有关货物残损、包装不良、件数、重量和体积,或其他妨碍结汇的批注的提单称为清洁提单。使用清洁提单在国际贸易实践中非常重要,买方要想收到完好无损的货物,首先必须要求卖方在装船时保持货物外观良好,并要求卖方提供清洁提单。国际商会《跟单信用证统一惯例》第三十二条规定:"洁净运输单据系指未载有明确宣称货物及/或包装状况有缺陷的条款或批注的运输单据。除非信用证明确规定可以接受上述条款或批注,否则银行将不接受会有此类条款或批注的运输单据。"可见,在以跟单信用证为付款方式的贸易中,通常卖方只有向银行提交清洁提单才能取得货款。清洁提单是收货人转让提单时必须具备的条件,同时也是履行货物买卖合同规定的交货义务的必要条件。

我国《海商法》第七十六条规定:"承运人或者代其签发提单的人未在提单上批注货物表面状况的,视为货物的表面状况良好。"

由此可见,承运人一旦签发了清洁提单,货物在卸货港卸下后,如发现有残损,除非是由于承运人可以免责的原因所致,承运人必须负责赔偿。

(2) 不清洁提单(unclean B/L or foul B/L)

在货物装船时,承运人若发现货物包装不牢、破残、渗漏、玷污、标志不清等现象时,大副将在收货单上对此加以批注,并将此批注转移到提单上,这种提单称为不清洁提单。我国《海商法》第七十五条规定:"承运人或者代其签发提单的人,知道或者有合理的根据怀疑提单记载的货物品名、标志、包数或者件数、重量或者体积与实际接收的货物不符,在签发已装船提单的情况下怀疑与已装船的货物不符,或者没有适当的方法核对提单记载的,可以在提单上批注,说明不符之处,怀疑的根据或者说明无法核对。"

实践中承运人接受货物时,如果货物外表状况不良,一般先在大副收据上作出记载,在正式签发提单时,再把这种记载转移到提单上。在国际贸易的实践中,银行是拒绝出口商以不清洁提单办理结汇的。为此,托运人应把损坏或外表状况有缺陷的货物进行修补或更换。习惯上的变通办法是由托运人出具保函,要求承运人不要将大副收据上所作的有关货物外表状况不良的批注转批到提单上,而根据保函签发清洁提单,以使出口商能顺利完成结汇。但是,承运人因未将大副收据上的批注转移提单上,可能承担对收货人的赔偿责任,承运人因此遭受的损失,应由托运人赔偿。那么,托运人是否能够赔偿,在向托运人追偿时,往往难以得到法律的保护,而承担很大的风险。承运人与收货人之间的权利义务是提单条款的规定,而不是保函的保证。所以,承运人不能凭保函拒赔,保函对收货人是无效的,如果承、托双方的做法损害了第三者收货人的利益,有违民事活动的诚实信用的基本原则,容易构成与托运人的串通,对收货人进行欺诈行为。

由于保函换取提单的做法,有时确实能起到变通的作用,故在实践中难以完全拒绝,我国最高人民法院在《关于保函是否具有法律效力问题的批复》中指出:"海上货物运输的托运人为换取清洁提单而向承运人出具的保函,对收货人不具有约束力。不论保函如何约定,都不影响收货人向承运人或托运人索赔;对托运人和承运人出于善意而由一方出具另一方接受的保函,双方均有履行之义务。"承运人应当清楚自己在接受保函后所处的地位,切不可掉以轻心。

4. 根据运输方式的不同划分

(1) 直达提单(direct B/L)

直达提单,又称直运提单,是指货物从装货港装船后,中途不经转船,直接运至目的港卸船交与收货人的提单。直达提单上不得有"转船"或"在某港转船"的批注。凡信用证规定不准转船者,必须使用这种直达提单。提单背面条款印有承运人有权转船的"自由转船"条款者,则不影响该提单成为直达提单的性质。

使用直达提单,货物由同一船舶直运目的港,对买方来说比中途转船有利得多,它既可以节省费用、减少风险,又可以节省时间,及早到货。因此,通常买方只有在无直达船时才同意转船。在贸易实务中,如信用证规定不准转船,则买方必须取得直达提单才能结汇。

(2) 转船提单(transhipment B/L)

转船提单是指货物从起运港装载的船舶不直接驶往目的港,需要在中途港口换装其他船舶转运至目的港卸货的提单。在提单上注明"转运"或"某某港转船"字样,转船提单往往由第一程船的承运人签发。由于货物中途转船,增加了转船费用和风险,并影响到货时间,故一般信用证内均规定不允许转船,但直达船少或没有直达船的港口,买方也只好同意可以转船。

按照《海牙规则》,如船舶不能直达货物目的港,非中转不可,一定要事先征得托运人同意。船舶承运转船货物,主要是为了扩大营业、获取运费。转运的货物,一般均属零星杂货,如果是大宗货物,托运人可以租船直航目的港,也就不发生转船问题。

(3) 联运提单(through B/L)

联运提单是指货物运输需经两段或两段以上的运输方式来完成,如海陆、海空或海海等联合运输所使用的提单。船船(海海)联运在航运界也称为转运,包括海船将货物送到一个港口后再由驳船从港口经内河运往内河目的港。

联运的范围超过了海上运输界限,货物由船舶运送经水域运到一个港口,再经其他运输工具将货物送至目的港,先海运后陆运或空运,或者先空运、陆运后海运。当船舶承运由陆路或飞机运来的货物继续运至目的港时,货方一般选择使用船方所签发的联运提单。

(4) 多式联运提单(multimodal transport B/L or intermodal transport B/L)

这种提单主要用于集装箱运输,是指一批货物需要经过两种以上不同运输方式,其中一种是海上运输方式,由一个承运人负责全程运输,将货物从接收地运至目的地交付收货人,并收取全程运费所签发的提单。提单内的项目不仅包括起运港和目的港,而且列明一程二程等运输路线,以及收货地和交货地。

5. 按提单内容的简繁划分

(1) 全式提单(long form B/L)

全式提单是指除正面印就的提单格式所记载的事项,背面列有关于承运人与托运人及收货人之间权利、义务等详细条款的提单。由于条款繁多,所以又称繁式提单。在海运的实际业务中大量使用的大都是这种全式提单。

(2) 简式提单(short form B/L,or simple B/L)

简式提单,又称短式提单、略式提单,是相对于全式提单而言的,是指提单背面没有关于承运人与托运人及收货人之间的权利义务等详细条款的提单。这种提单一般在正面印有"简式"(short form)字样,以示区别。简式提单中通常列有如下条款:"本提单货物的收受、保管、运输和运费等事项,均按本提单全式提单的正面、背面的铅印、手写、印章和打字等书面条款和例外条款办理,该全式提单存本公司及其分支机构或代理处,可供托运人随时查阅。"

6. 按签发提单的时间划分

(1) 倒签提单(anti-dated B/L)

倒签提单是指承运人或其代理人应托运人的要求,在货物装船完毕后,以早于货物实际装船日期为签发日期的提单。当货物实际装船日期晚于信用证规定的装船日期,若仍按实际装船日期签发提单,托运人就无法结汇。为了使签发提单的日期与信用证规定的装运日期相符,以利结汇,承运人应托运人的要求,在提单上仍以信用证的装运日期填写签发日期,以免违约。

签发这种提单,尤其当倒签时间过长时,有可能推断承运人没有使船舶尽快速遣,因而承担货物运输延误的责任。特别是市场上货价下跌时,收货人可以以"伪造提单"为借口拒绝收货,并向法院起诉要求赔偿。承运人签发这种提单是要承担一定风险的。但是为了贸易需要,在一定条件下,比如在该票货物已装船完毕,但所签日期是船舶已抵港并开始装货,而所签提单的这票货尚未装船的某一天;或签单的货物是零星货物而不是数量很大的大宗货;或倒签的时间与实际装船完毕时间的间隔不长等情况下,取得了托运人保证承担一切责任的保函后,才可以考虑签发。

(2) 预借提单(advanced B/L)

预借提单是指货物尚未装船或尚未装船完毕的情况下,信用证规定的结汇期(即信用证的有效期)即将届满,托运人为了能及时结汇,而要求承运人或其代理人提前签发的已装船清洁提单,即托运人为了能及时结汇而从承运人那里借用的已装船清洁提单。

这种提单往往是当托运人未能及时备妥货物或船期延误,船舶不能按时到港接受货载,估计货物装船完毕的时间可能超过信用证规定的结汇期时,托运人采用从承运人那里借出提单用以结汇,当然必须出具保函。签发这种提单承运人要承担更大的风险,可能构成承、托双方合谋对善意的第三者收货人进行欺诈。

签发倒签或预借提单,对承运人的风险很大,由此引起的责任承运人必须承担,尽管托运人往往向承运人出具保函,但这种保函同样不能约束收货人。比较而言,签发预借提单比签发倒签提单对承运人的风险更大,因为预借提单是承运人在货物尚未装船,或者装船还未完毕时签发的。我国法院对承运人签发预借提单的判例,不但由承运人承担了由此而引起的一切后果,赔偿货款损失和利息损失,还赔偿了包括收货人向第三人赔付的其他各项损失。

(3) 过期提单(stale B/L)

过期提单有两种含义,一是指出口商在装船后延滞过久才交到银行议付的提单。UCP500 规定:"如信用证无特殊规定,银行将拒收在运输单据签发日期后超过 21 天才提交的单据。在任何情况下,交单不得晚于信用证到期日。"二是指提单晚于货物到达目的港,这种提单也称为过期提单。因此,近洋国家的贸易合同一般都规定有"过期提单也可接受"的条款(stale B/L is acceptance)。

7. 按收费方式划分

(1) 运费预付提单(freight prepaid B/L)

以 CIF、CFR 价格条件成交为运费预付,按规定货物托运时,必须预付运费。在运费预付情况下出具的提单称为运费预付提单。这种提单正面载明"运费预付"字样,运费付后才能取得提单;付费后,若货物灭失,运费不退。

(2) 运费到付提单(freight to collect B/L)

以 FOB 条件成交的货物,不论是买方订舱还是买方委托卖方订舱,运费均为到付(freight payable at cestination),并在提单上载明"运费到付"字样,这种提单称为运费到付提单。货物运到目的港后,只有付清运费,收货人才能提货。

(3) 最低运费提单(minimum B/L)

最低运费提单是指对每一提单上的货物按起码收费标准收取运费所签发的提单。如果托运人托运的货物批量过少,按其数量计算的运费额低于运价表规定的起码收费标准,承运人均按起码收费标准收取运费,为这批货物所签发的提单就是最低运费提单,也可称为起码收费提单。

4.5.3 提单记载的内容

1. 提单正面记载的内容

国际公约和各国国内立法均对提单需要记载的内容做了规定,以保证提单的效力。根据中国《海商法》第七十三条的规定,提单内容主要包括下列事项:

(1) 船名(name of the vessel)

若是已装船提单，须注明船名，若是收货待运提单，待货物实际装船完毕后记载船名。该项记载的意义在于：万一发生货损货差或其他合同纠纷，法院因收货人的申请采取诉前保全或诉讼保全措施时，有确定的客体。

(2) 承运人名称(name of the carrier)

承运人是运输合同的一方当事人，在提单记载其名称，以便收货人明白谁是合同中的承运人。当然，一般提单上已印有船东的名称和公司地址，但还有些提单上看不出谁是承运人，即使在提单签字栏中也只能看到代理人的签名。在诉讼中，这样的提单将给法院的审理造成诸多不便，对收货人或其保险人也不利。所以，提单记明承运人名称实属必要。

(3) 托运人名称(name of the shipper)

托运人是运输合同的另一方当事人，这项记载的必要性更是不言而喻。正如以上所述，提单作为一种物权证书，如果是托运人指示提单，则提单必须由托运人背书后方可转让。

(4) 收货人名称(name of the consignee)

收货人自取得提单之时起，便成了提单的关系人。有关收货人名称的记载方法因不同需要而有所不同，如记名提单直接载明收货人名称，指示提单只载明指示人名称，也可只记"指示"字样，即由托运人指示。

(5) 通知人名称(name of the notified party)

几乎所有的提单上都有通知人名称这一项，但在记名提单上就没有必要再填上通知人名称了，因为记名提单上已经写明了具体收货人的名称。但在指示提单上，因没有写明具体收货人名称，这样，船东在卸货港的代理人无法与收货人联系，及时办理报关、提货手续，托运人往往在通知人栏目中写明通知人的名称、地址或公司名称。通知人一般为预定的收货人或收货人委托的代理人。

(6) 装货港、卸货港和转运港(port of loading, port of discharge, port of transhipment)

从法律的角度来看，这些记载有利于确定法院的管辖权。同时还明确了港口，如在哪个港口卸货等。

(7) 货物名称、标志、包装件数、重量和体积等(description of goods, marks & No., number of package or container, gross weight, measurement, Etc.)

以上记载事项一般都由托运人提供，应该说这些有关货物的说明是提单内容中比较重要的部分。因为在大多数情况下，提单受让人不可能通过亲自检验的方法来判断货物的数量和质量，而只能根据提单中对货物的说明支付货款。所以，为了维护提单的信用和效力，一方面托运人必须保证其所提供的货物与提单上的记载相吻合，不得有误述和虚报；另一方面承运人应将货物的实际状况与提单上的记载进行仔细核对，若发现有不符之处，应在提单上批注。

(8) 运费的支付(payment of freight)

运费是由货主对安全运送和交付货物向承运人支付的酬劳，也是运输合同成立的对价条件。因此，有关运费由谁支付、何时支付，都应在提单上注明，若货主拒绝支付运费和其他有关的费用,根据提单条款规定,承运人对货物享有留置权。

(9) 提单的签发日期、地点和份数(place and date of issue,number of original B(S)/L)

提单的签发日期应该是提单上所列货物实际装船完毕的日期,也应该与收货单上大副所签的日期是一致的。若违反这一原则,无论是提前或推迟,都将产生外贸合同中买卖双方、运输合同中承运人与货方的法律责任问题,不仅会导致贸易合同撤销的责任方的赔偿,而且可能会追究承运人签发倒签提单或预借提单的法律责任。

提单签发的地点原则上应是装货地点,一般是在装货港或货物集中地签发。

提单签发的份数,按航运惯例通常是正本提单一式两至三份。每份具有同等效力,收货人凭其中一份提取货物后,其他各份自动失去其效力。但副本提单的份数可视托运人的需要而定。不过,副本提单不能作为物权凭证或背书转让,只能供有关作业时参考。

(10) 承运人或船长,或由其授权的人签字或盖章

提单必须经过签署手续后才能生效。有权签署提单的有承运人或载货船船长,或由他们授权的代理人。

当今国际航运中,尤其是班轮货物运输中,大多由船东的代理人签发提单,但代理人必须经由船东授权方能行使提单签发权,经授权的代理人签署提单与承运人签署提单一样有效。根据一般法律规定,承运人对代理人的行为要负责。

如果签发多式联运提单,则还应有接收货物的地点和交付货物的地点(place of receipt,place of delivery),但此时可能就不再记载船舶的名称。

另外,无船承运人提单中还会有"for delivery of goods,please apply to"一栏,供填写无船承运人在目的地的分支机构或者其代理人的地址、电话等内容,以便该提单的持有人联系提货。

当然,提单还会有提单的编号(提单号,B/L No.)等内容。

2. 提单正面的印刷条款

在提单的正面通常会有以下印刷条款:

(1) 确认条款

该条款是承运人表示在货物或集装箱外表状况良好的条件下接受货物或集装箱,并同意承担按照提单所列条款,将货物或集装箱从装货港或起运地运往卸货港或交货地,把货物交付给收货人的责任的条款。该条款的英文措辞通常为:"Received in apparent good order and condition except as otherwise noted the total number of containers or other packages or units enumerated below for transportation from the place of receipt to the place of delivery subject to the terms and conditions hereof."

(2) 不知条款

该条款是承运人表示没有适当的方法对所接受的货物或集装箱进行检查,所有货物的重量、尺码、标志、品质等都由托运人提供,并不承担责任的条款。但是,"不知条款"并不一定有效。该条款的英文措辞通常为:"Weight, measure, marks, numbers, quality, contents and value if mentioned in this Bill of Lading are to be considered unknown unless the contrary has been expressly acknowledged and agreed to. The signing of this Bill of Lading is not to be considered as such an agreement."

（3）承诺条款

该条款是承运人表示承认提单是运输合同成立的证明,承诺按照提单条款的规定承担义务和享受权利,而且也要求货主承诺接受提单条款制约的条款。由于提单条款是承运人单方拟定的,货主接受提单也就接受了提单条款的制约,所以该条款也称代拟条款。该条款的英文措辞通常为:"On presentation of this Bill of Lading duly endorsed to the Carrier by or on behalf of the Holder of the Bill of Lading, the rights and liabilities arising in accordance with the terms and conditions hereof shall, without prejudice to any rule of common law or statute rendering them binding on the Merchant, become binding in all respects between the Carrier and the holder of the Bill of Lading as though the contract evidenced hereby had been made between them."

（4）签署条款

该条款是承运人表明签发提单(正本)的份数,各份提单具有相同效力,其中一份完成提货后其余各份自行失效和提取货物必须交出经背书的一份提单以换取货物或提货单的条款。该条款的英文措辞通常为:"One original Bill of Lading must be surrendered duly endorsed in exchange for the goods or delivery order, in witness whereof the number of original Bill of Lading stated under have been signed, all of this tenor and date, one of which being accomplished, the other(s) to stand void."

3. 提单背面的印刷条款

全式提单的背面印有各种条款。提单背面条款可以分为两类,一类是强制性条款,另一类是任意性条款。

强制性条款的内容不能违反有关国际公约、国内法律或港口的规定,违反或不符合这些规定的条款无效。《中国海商法》第四章海上货物运输合同中第四十四条规定:"海上货物运输合同和作为合同凭证的提单或者其他运输单证中的条款,违反本章规定的,无效。"《海牙规则》第3条第8款规定:"运输契约中的任何条款、约定或协议,凡是解除承运人或船舶由于疏忽、过失或未履行本条规定的责任与义务,因而引起货物的或与货物有关的灭失或损害,或以本规定以外的方式减轻这种责任的,都应作废并无效。"但是,《海牙规则》《海牙—维斯比规则》《中国海商法》等国际公约和各国有关提单的法规都没有对承运人扩大责任或放弃某些免责的条款加以限制。

任意性条款是国际公约、国内法律或港口规定中没有明确规定,允许承运人自行拟定的条款。这些条款也是表明承运人与托运人、收货人或提单持有人之间承运货物的权利、义务、责任与免责的条款,是解决争议的依据。但是,这些条款并不一定都有效。

此外,提单上还会有承运人以另条印刷、刻字印章或打字、手写的形式加列的适用于某些特定港口或特种货物运输的条款,或托运人要求加列的条款。

提单的背面条款主要有:

(1) 首要条款和提单适用法

首要条款(paramount clause)是用以明确提单所适用法律的条款。

(2) 定义条款

定义条款(definition)是对与提单有关术语的含义和范围作出明确规定的条款。

(3) 承运人责任条款

承运人责任条款(carrier's responsibility)是用以明确承运人承运货物过程中应承担的责任的条款。由于提单的首要条款都规定有提单所适用的法律,而有关提单的国际公约或各国的法律规定了承运人的责任,所以凡是列有首要条款或类似首要条款的提单都可以不再以明示条款将承运人的责任列于提单条款之中。

(4) 承运人责任期间条款

承运人责任期间条款(period of responsibility)是用以明确承运人对货物运输承担责任的开始和终止时间的条款。《中国海商法》第四十六条规定:"承运人对集装箱装运的货物的责任期间,是指从装货港接收货物时起至卸货港交付货物时止,货物处于承运人掌管之下的全部期间。承运人对非集装箱装运的货物的责任期间,是指从货物装上船时起至卸下船时止,货物处于承运人掌管之下的全部期间。"另外,该条还规定了承运人可以就非集装箱装运的货物在装船前和卸船后所承担的责任达成任何协议。

(5) 承运人赔偿责任限制条款

承运人的赔偿责任限制条款(limit of liability)是用以明确承运人对货物的灭失和损坏负有赔偿责任应支付赔偿金时,承运人对每件或每单位货物支付的最高赔偿金额的条款。

(6) 特定货物条款

特定货物条款是用以明确承运人对运输一些特定货物时应承担的责任和享有的权利,或为减轻或免除某些责任而作出规定的条款。在运输一些特殊性质或对运输和保管有特殊要求的货物时,就会在提单中找到相应的条款,如:舱面货(deck cargo)、活动物(live animals and plants)、危险货物(dangerous goods)、冷藏货(refrigerated goods)、木材(timber)、钢铁(iron and steel)、重大件(heavy lifts and awkward cargo)等特定货物。

此外,提单背面还列有许多其他条款:

分立契约、赔偿与抗辩、免责事项;承运人的运价本;索赔通知与时效;承运人的集装箱;托运人的集装箱;货方的责任;运费与费用;承运人检查货物;留置权;通知与交付;货主装箱的整箱货;共同海损与救助;互有过失碰撞责任;管辖权等。

4.5.4 提单的使用

1. 提单的签发

(1) 提单的签发人与签署

提单必须经签署才产生效力。有权签发提单的人包括承运人本人、载货船船长或经承运人授权的代理人。

承运人与托运人订立海上货物运输合同,承运人是合同的当事人,当然有权签发提单。各国法律都承认载货船船长是承运人的代理人,因此,签发提单属于船长的一般职权范围之内的事,而不必经过承运人的特别授权。代理人签发提单必须经承运人特别授权,否则代理人是无权代签提单的。

承运人(ABC)本人签发提单显示:ABC AS CARRIER。

代理人(XYZ)代签提单显示：XYZ AS AGENT FOR ABC AS CARRIER。
载货船船长(OPQ)签发提单显示：CAPTAIN OPQ AS MASTER。

提单签署的方法除了有传统的手签方法外，只要没有特殊的规定，如信用证不规定必须手签提单，则就可以采用印摹、打孔、盖章，以及符合或不违反提单签发地所在国国家法律的情况下，用任何其他机械的或电子的方法。

(2) 提单记载内容

提单所记载的内容是否正确无误，不但关系到承运人的经济利益，而且还影响到承运人的信誉。为了使所签发的提单字迹清晰、整洁、内容完整、不错不漏，就要求提单的签发人在签发提单前，必须对提单所记载的，包括提单的各个关系人的名称、货物的名称、包装、标志、数量和外表状况等项内容的必要记载事项进行认真仔细地核对、审查，使不正确的内容能得到及时纠正。

由于货物的原始收据是杂货运输中的收货单或集装箱运输中的场站收据，所以提单的签发应以收货单或场站收据为依据。

(3) 提单的份数和签发日期

提单有正本提单和副本提单之分，通常所说的提单都是指正本提单。副本提单只用于日常业务，不具有法律效力。

为了防止提单遗失、被窃或在转递过程中发生意外事故造成灭失，各国海商法和航运习惯都允许为一票货物签发一套多份正本提单。签发正本提单的份数应分别记载于所签发的各份正本提单上。在提单上注明为一票货物所签发的正本提单份数，可以使提单的合法受让人了解全套正本提单的份数，防止提单流失在外而引起的纠纷，保护提单受让人的利益；也可以使接受提单结汇的银行，或者使在变更卸货港交付货物的承运人的代理人，了解用以办理结汇或者提取货物的提单是否齐全。

另外，正本提单应标注"Original"字样。当需要表示全套提单中每一份是其中的第几份时，如全套提单一式三份，有少数国家会用"Original""Duplicate"和"Triplicate"来分别表示其为全套提单中的第一联、第二联和第三联。但是，由于 Duplicate、Triplicate 等字样在其他场合中使用时并不表示正本的意思，所以，为了表示该份正本提单是全套提单中的第几份时，应该使用"First Original""Second Original"和"Third Original"等字样。特别是用"2nd Original"和"3rd Original"来代替"Duplicate"和"Triplicate"。标注"Copy"字样的是副本提单。

提单上记载的提单签发日期应是提单上所列货物实际装船完毕的日期。集装箱班轮运输中，为了给承运人签发提单提供方便，实践中大多以船舶开航之日(Sailing Date)作为提单签发日期。但是，应该注意的是，Sailing Date 并不一定是 On Board Date。

2. 提单的更正

(1) 提单的更改

货运代理人应注意，提单的更正要尽可能赶在载货船舶开航之前办理，以减少因此而产生的费用和手续。

在实际业务中，提单可能是在托运人办妥托运手续后，货物装船前，在缮制有关货运单证的同时缮制的。在货物装船后，这种事先缮制的提单可能与实际装载情况不符而需要更正或者重新缮制。此外,货物装船后,因托运货物时申报材料有误,或者信用证要求的条件有所变化,或者其他原因,而由托运人提出更正提单内容的要求。在这种情况下,承运人通常都会同意托运人提出的更正提单内容的合理要求,重新缮制提单。

如果货物已经装船,而且已经签署了提单后托运人才提出更正的要求,承运人就要在考虑各方面的关系后,才能决定是否同意更改。如果更改的内容不涉及主要问题,在不妨碍其他提单利害关系人利益的前提下,承运人就会同意更改。但是,如果更改的内容会涉及其他提单利害关系人的利益,或者影响承运人的交货条件,则承运人就要征得有关方的同意,才能更改并收回原来所签发的提单。

因更改提单内容而引起的损失和费用,都应由提出更改要求的托运人负担。

(2) 提单的补发

如果提单签发后遗失,托运人提出补发提单,承运人会根据不同情况进行处理。一般是要求提供担保或者保证金,而且还要依照一定的法定程序将提单声明作废。《中华人民共和国海事诉讼特别程序法》第 100 条规定:"提单等提货凭证持有人,因提货凭证失控或者灭失,可以向货物所在地海事法院申请公示催告。"

3. 提单的背书

提单是"物权凭证",不论是记名提单、不记名提单,还是指示提单,在凭提单提货或者换取提货单时,收货人都应在提单上记载提货的意思表示。通常是由收货人在提单的背面盖章、签字。

关于提单转让的规定为:记名提单,不得转让;不记名提单,无须背书,即可转让;指示提单,经过记名背书或者空白背书转让。所以,背书与转让是不相同的。

通常所说的"背书"是指"指示提单"在转让时所需要进行的背书。背书是指转让人(背书人)在提单的背面写明或者不写明受让人,并签名的手续。实践中,背书有记名背书、指示背书和不记名背书等几种方式。

(1) 记名背书

记名背书,也称完全背书,是指背书人在提单背面写明被背书人(受让人)的名称,并由背书人签名的背书形式。经过记名背书的指示提单将成为记名提单性质的指示提单。

(2) 指示背书

指示背书是指背书人在提单背面写明"凭×××指示"的字样,同时由背书人签名的背书形式。经过指示背书的指示提单还可以继续进行背书,但背书必须连续。

(3) 不记名背书

不记名背书,也称空白背书,是指背书人在提单背面由自己签名,但不记载任何受让人的背书形式。经过不记名背书的指示提单将成为不记名提单性质的指示提单。

以下是实践中所会遇到的一些情况:

指示提单的收货人一栏通常会记载"TO THE ORDER OF ABC CO., LTD."或"TO ORDER"字样。前一种情况下,必须由 ABC CO., LTD. 首先背书;而后一种情况下,则是由 SHIPPER 首先背书。因此 ABC CO., LTD. 或 SHIPPER 分别是不同情况下的第一背书人。背书人除履行签名的手续外,还可写明受让人,如:TO DELIVER TO XYZ CO., LTD., 此时 XYZ CO., LTD. 不能继续背书转让该提单;如果写成:TO

DELIVER TO THE ORDER OF XYZ CO.，LTD.，则 XYZ CO.，LTD. 还可继续背书转让，且应连续背书。当然，背书人也可不写明受让人，此后的转让可不需背书。

4．提单的缴还

收货人提货时必须以提单为凭，而承运人交付货物时则必须收回提单并在提单上做作废的批注。这是公认的国际惯例，也是国际公约和各国法律的规定。

有些国家对记名提单无须注销，签发不可流通的提单的承运人因将货物交给记名收货人而解脱责任。收货人不需出示提单，不需缴还提单，甚至不必占有提单，就可以提取货物。写有运输合同的内容的提单本身并无重要意义。但是，在我国即使是记名提单，收货人也应向承运人缴还提单，因为"提单中载明的向记名人交付货物的条款，构成承运人据以交付货物的保证"。

但是，签发了可流通的或者指示提单的承运人的地位则完全不同。承运人只有向提单持有人交付货物才能解脱责任。这时提单本身变为不可缺少的单证，货物被"锁"进到提单中。

提单的缴还和注销表明承运人已完成交货义务，运输合同已完成，提单下的债权债务也因而得以解除。但是，提单缴还和注销并不必然表明提单可能代表的物权的终止，因为缴还和注销的提单可能是全套提单中未经授权转让的一份。

提单没有缴还给承运人时，承运人就必须继续承担运输合同和提单下的义务。如果承运人无提单放货，他就必须为此而承担赔偿责任，即使是在实际提货的人原本是有权提货的人时也不例外。

4.5.5 海上货运单

海上货运单，简称海运单（sea waybill，SWB；ocean waybill），又称为"不可转让海运单"（non-negotiable sea waybill），是国际海上货物运输合同的证明和承运人已将货物接管或装船的证明，是承运人保证将货物交给指定收货人的不可流通的运输单据。

海运单不是物权凭证，因此不可以转让。收货人不凭海运单提货，承运人也不凭海运单而凭海运单载明的收货人的提货或收货凭条交付货物，只要该凭条能证明其为运单上指明的收货人即可。目前，欧洲、北美和某些远东、中东地区的贸易界倾向于使用海运单，主要是因为海运单便于收货人及时提货。由于现代化的国际运输速度极大提高，常会出现货物到达目的港而提单通过正常航邮尚未到达收货人手中。采用海运单的收货人凭货到通知和身份证明即可提货，节省了凭保函提货的保证金和利息。另外由于海运单"收货人"栏要求填写实际收货人的名称和地址，可以在一定程度上避免提单流程过程中的诈骗活动。

海运单适应了 EDI 发展的需要。在不可转让海运单流程中承运人或其在装运港的代理人需用电子通信手段将海运单内容传给目的港的承运人或代理人。1990 年 6 月在巴黎举行的国际海事委员会第 34 届大会上，通过了《国际海事委员会海运单统一规则》，该规则是民间规则，不具有法律效力，只有在合同协议双方采用时才具有法律效力。该规定适用于提单或类似所有权凭证所包括的运输合同，适用于不可转让提单的合同。

就内容而言,海运单与传统提单形式大体相同,有正面记载事项和背面条款。需要说明的是海运单正面注有"不可流通"字样,收货人栏详细明确写明指定收货人。其他与提单基本一致。

本章小结

海洋运输是国际物流中最主要的运输方式,它是指使用船舶通过海上航道在不同国家和地区的港口之间运送货物的一种方式。目前,国际贸易总运量中的 2/3 以上,我国进出口货运总量的 90% 都是利用海上运输。海洋运输方式主要分为班轮运输与租船运输两种。

班轮运输是海洋运输的一种方式,是指在固定的航线上,以既定的港口顺序,按照事先公布的船期表航行的水上运输方式。班轮运输适合于货流稳定、货种多、批量小的杂货运输。

租船运输是从事租船货运的船舶既没有固定的班期,也没有固定的航线和挂靠港,而是按照货源的具体情况和货主对货物运输的实际要求,安排航行计划并组织运输的船舶营运方式,是相对于班轮运输的另一种海上货物运输方式。

海运提单,简称提单,是货物的承运人或其代理人收到或接管货物后签发给托运人的一种证明文件,提单既是货物收据,物权凭证,也是运输契约的证明。海运单,又称为"不可转让海运单",是国际海上货物运输合同的证明和承运人已将货物接管或装船的证明,是承运人保证将货物交给指定收货人的不可流通的运输单据。

复习与思考

1. 何谓班轮运输?班轮运输有哪些特点?
2. 班轮公司计收运费的标准和办法有哪些?
3. 租船运输包括哪几种方式?在不同租船方式下,船方收取租金的办法是如何规定的?
4. 提单的性质和作用如何?国际上有关提单的国际公约有哪些?
5. 提单从不同角度可以分为哪几种?在我国出口贸易中通常采用的是什么提单?
6. 何谓过期提单?过期提单的效力如何?

线上自测

案例分析

提单上的破绽

2015年3月,国内某公司(以下简称甲方)与加拿大某公司(以下简称乙方)签定一设备引进合同。根据合同,甲方于2015年4月30日开立以乙方为受益人的不可撤销的即期信用证。信用证中要求乙方在交单时,提供全套已装船清洁提单。2015年6月12日,甲方收到开证银行进口信用证付款通知书。甲方业务人员审核议付单据后发现乙方提交的提单存在以下疑点:(1)提单签署日期早于装船日期;(2)提单中没有已装船字样。

根据以上疑点,甲方断定该提单为备运提单,并采取以下措施:(1)向开证行提出单据不符点,并拒付货款;(2)向有关司法机关提出诈骗立案请求;(3)查询有关船运信息,确定货物是否已装船发运;(4)向乙方发出书面通知,提出甲方疑义并要求对方做出书面解释。

乙方公司在收到甲方通知及开证行的拒付函后,知道了事情的严重性并向甲方做出书面解释并片面强调船务公司方面的责任。在此情况下,甲方公司再次发函表明立场,并指出由于乙方原因,设备未按合同规定期限到港并安装调试已严重违反合同并给甲方造成了不可估量的损失。要求乙方及时派人来协商解决问题,否则,甲方将采取必要的法律手段解决双方的纠纷。乙方遂于2015年7月派人来中国。在甲方出具了充分的证据后,乙方承认该批货物由于种种原因并未按合同规定时间装运,同时承认其所提交的提单为备运提单。最终,经双方协商,乙方同意在总货款12.5万美元的基础上降价4万美元并提供三年免费维修服务作为赔偿并同意取消信用证,付款方式改为货到目的港后以电汇方式支付。

案例分析:已装船提单是承运人在货物装上具名船舶后签发的提单,必须标明"已装船"(shipped /on board)字样(已印就的\加注的)、船名和航次、装运港和目的港、装运日期(date of shipment)。备运提单是承运人收到货物,在货物等待装船时签发的提单,没有"已装船"字样,没有船名、航次和装运日期。

一般而言,银行和买方只接受已装船提单。因为已装船提单上面批准的日期是货物已经装运完毕的日期,FOB、CFR、CIF贸易术语下可以用来判断卖方是否按照合同约定时间完成装运,买方也可以据此估计货物到达时间。备运提单不能证明货物是否如期装运,不利于买方权利的维护。本案中进口方甲公司因熟知提单的相关知识,所以有效地维护了本公司的利益。

思考题:
1. 备运提单与正式提单有何区别?
2. 提单使用当中应注意哪些问题?

第 5 章　国际航空货物运输

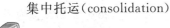

本章关键词

国际民用航空组织(international civil aviation organization)
国际航空运输协会(international air transport association)
班机运输(scheduled airline)　　　　包机运输(chartered carrier)
集中托运(consolidation)

互联网资料

http://www.icao.int/
http://www.iata.org/
http://www.airchina.com.cn/
http://www.ceair.com/

5.1　国际航空运输概述

航空运输是指使用飞机、直升机及其他航空器运送人员、货物、邮件的一种运输方式。国际航空运输是旅客、行李、货物和邮件的始发、中途和终点站中有一点在一国境外的航空运输,主要在国际航线上进行。国际航线是通过政府间的双边航空运输协定建立的。在运输过程中为保证国际航行的安全和效益,必须按统一的程序和规则进行广泛的国际合作和协调。国际民用航空组织和地区性民用航空组织在国际航空运输中发挥了重要作用。

5.1.1　国际航空货物运输的特点

国际航空货物运输是实现货物快捷运输的途径,同时也是实现多式联运的一种重要运输方式。航空货物运输的优点表现在以下几个方面:

第一,运输速度快。这是航空货物运输最大的优势和主要特点。现代化的运输飞机是迄今为止最快捷的交通工具。当今国际市场竞争激烈,行情瞬息万变,航空货物运输成为国际市场上强有力的竞争手段。

第二,不受地面条件影响,机动性大。飞机在空中飞行,受航线条件限制的程度比汽车、火车和轮船小得多,它可以将地面上任何距离的两个地方连接起来,可以定期或不定期飞行,尤其对灾区的救援、边远地区的急救等紧急任务,航空运输已成为必不可少的手段。

第三,建设周期短,投资少。要发展航空运输,从设备条件讲,只要添置飞机和修建机场。这与修建铁路和公路相比,一般来说建设周期短,占地少,投资省,收效快。据计算,在相距 1 000 公里的两个城市之间建立交通线,若载客能力相同,修建铁路的投资是开辟航线的 1.6 倍,开辟航线只需两年。

第四,节约包装、保险、利息等费用。由于采用航空运输方式,货物在途时间短,周转速度快,企业存货可以相应地减少。一方面有利资金的回收,减少利息支出,另一方面企业仓储费用也可以降低。又由于航空货物运输安全、准确,货损、货差少,保险费用较低,与其他运输方式相比,航空运输的包装简单,包装成本减少。这些都构成企业隐性成本的下降,收益的增加。

航空货物运输虽然有着其他运输方式无可比拟的优越性,但也有其自身的局限性。

第一,运价高。因飞机的机舱容积和载重能力较小,因此,单位运输周转量的能耗大。除此之外,机械维护及保养成本也很高。

第二,载重有限。目前常见的大型货机 B747-200F 可载运 90 吨,相比船舶载重量几十万吨要小得多。

第三,易受气象条件限制。因飞行要求条件很高(保证安全),航空运输在一定程度上受到气候条件的限制,从而影响运输的准点性与正常性。

第四,可达性差。通常情况下,航空运输都难以实现客货的"门到门"运输,必须借助其他运输工具(主要为汽车)转运。

总之,航空货物运输的上述特点使得航空货物运输适于高附加值、低重量、小体积的物品运输、急快件货物运输以及时效性和季节性的货物运输。

5.1.2 国际航空运输组织

1. 国际民用航空组织

国际民用航空组织(International Civil Aviation Organization,ICAO)是协调世界各国政府在民用航空领域内各种经济和法律事务、制定航空技术国际标准的重要组织。1944 年 11 月 1 日至 12 月 7 日,52 个国家在美国芝加哥举行国际民用航空会议,签订了

拓展阅读 5.1
国际民用航空公约

《国际民用航空公约》(简称芝加哥公约),并决定成立过渡性的临时国际民用航空组织。1947 年 4 月 4 日芝加哥公约生效,国际民用航空组织正式成立,同年 5 月 13 日成为联合国的一个专门机构。秘书处为处理日常工作的机构。总部设在加拿大的蒙特利尔。

该组织宗旨是制定国际空中航行原则,发展国际空中航行技术,促进国际航行运输的发展,以保证国际民航的安全和增长;促进和平用途的航行器的设计和操作艺术;鼓励用于国际民航的航路、航站和航行设备的发展;保证缔约各国的权利受到尊重和拥有国际航线的均等机会等。

国际民航组织现有 191 个缔约国(2011 年),成员大会为该组织最高权力机构,每 3 年开会一次,理事会为常设机构,共 36 个理事国,分为一、二、三类,每 3 年选举一次。一

类理事国为在航空运输方面占主要地位的国家,共 11 个;二类理事国为在为国际民用航空的空中航行提供设施方面贡献最大的国家,共 12 个;三类理事国为可确保世界上各主要地域在理事会中均有代表的国家,共 13 个。

中国 1974 年恢复参加国际民航组织活动。2004 年国际民航组织第 35 届大会上,中国当选一类理事国。2013 年 9 月,在加拿大蒙特利尔举行的国际民航组织第 36 届大会上,中国第四次高票连任国际民航组织一类理事国。

2. 国际航空运输协会

国际航空运输协会(International Air Transport Association,IATA)是世界航空运输企业自愿联合组成的非政府性的国际组织。其宗旨是"为了世界人民的利益,促进安全、正常而经济的航空运输","对于直接或间接从事国际航空运输工作的各空运企业提供合作的途径","与国际民航组织以及其他国际组织通力合作"。

截至 2016 年 11 月,国际航空运输协会共有 265 个会员:北美 16 个;北大西洋 1 个;欧洲 100 个;中东 21 个;非洲 36 个;亚洲 50 个;南美 21 个;太平洋 6 个;中美洲 14 个。年度大会是最高权力机构;执行委员会有 27 个执行委员,由年会选出的空运企业高级人员组成,任期三年,每年改选 1/3,协会的年度主席是执委会的当然委员。常设委员会有运输业务、技术、财务和法律委员会;秘书处是办事机构。凡国际民航组织成员国的任一经营定期航班的空运企业,经其政府许可都可成为该协会的会员。经营国际航班的航空运输企业为正式会员,只经营国内航班的航空运输企业为准会员。

协会总部设在加拿大的蒙特利尔。在蒙特利尔和瑞士的日内瓦设有总办事处。在纽约、巴黎、新加坡、曼谷、内罗毕、北京设有分支机构或办事处。在瑞士的日内瓦还设有清算所。协会的最高权力机构为全体会议,另有 4 个常务委员会分管法律、业务、财务和技术。

协会的主要活动:

(1) 协商制定国际航空客货运价;

(2) 统一国际航空运输规章制度;

拓展阅读 5.2
国际航空运输
协会机场代码

(3) 通过清算所,统一结算各会员间以及会员与非会员间联运业务账目;

(4) 开展业务代理;

(5) 进行技术合作;

(6) 协助各会员公司改善机场布局和程序、标准,以提高机场运营效率等。

应该指出的是,国际航协从组织形式上是一个航空企业的行业联盟,属非官方性质组织,但是由于世界上的大多数国家的航空公司是国家所有,即使非国有的航空公司也受到所属国政府的强力参与或控制,因此航协实际上是一个半官方组织。它制定运价的活动,也必须在各国政府授权下进行,它的清算所对全世界联运票价的结算是一项有助于世界空运发展的公益事业,因而国际航协发挥着通过航空运输企业来协调和沟通政府间政策,解决实际运作困难的重要作用。

3. 国际货运代理协会联合会

国际货运代理协会联合会(FIATA)是一个非营利性国际货运代理的行业组织。该会于1926年5月31日在奥地利维也纳成立,总部现设在瑞士苏黎世,并分别在欧洲、美洲、亚太、非洲和中东四个区域设立了区域委员会,任命有地区主席。FIATA设立目的是代表、保障和提高国际货运代理在全球的利益。该会是目前在世界范围内运输领域最大的非政府和非营利性组织,具有广泛的国际影响。

该联合会的宗旨是保障和提高国际货运代理在全球的利益,工作目标是团结全世界的货运代理行业;以顾问或专家身份参加国际性组织,处理运输业务,代表、促进和保护运输业的利益;通过发布信息,分发出版物等方式,使贸易界、工业界和公众熟悉货运代理人提供的服务;提高制定和推广统一货运代理单据、标准交易条件,改进和提高货运代理的服务质量,协助货运代理人进行职业培训,处理责任保险问题,提供电子商务工具。

FIATA会员分为四类。协会会员,代表某个国家全部或部分货运代理行业的组织和在某个国家或地区独立注册的唯一国际货运代理公司,可以申请成为协会会员。企业会员,货运代理企业或与货运代理行业密切相关的法人实体,经其所在国家的一般会员书面同意,可以申请成为企业会员。团体会员,代表某些国家货运代理行业的国际性组织、代表与该联合会相同或相似利益的国际性货运代理集团、其会员在货运代理行业的某一领域比较专业的国际性协会,可以申请成为团体会员。荣誉会员,对该联合会或货运代理行业做出特殊贡献的人士,可以成为荣誉会员。目前,有96个国家和地区的106家协会会员,在161多个国家和地区有近6000家企业会员,代表了全球4万多家货运代理企业、近1000万从业人员。

5.1.3 航空运输的当事人及其关系

国际航空货运的当事人有:发货人,收货人,航空公司(承运人)和航空货运公司(代理人)。

航空公司,又称承运人,拥有飞机办理客货运输业务。多数航空公司有定期航班,像开航我国的法航、日航、德航、瑞航、联合航空等公司,有些则无定期航班,只提供包机服务,如卢森堡货运航空公司、马丁航空公司等,还有的以中外运空运公司为其在我国的货运代理,如美国汪美航空公司、美国西北航空公司、美国飞虎航空公司等。

航空货运公司,即航空货代,是从事航空货物在始发站交给航空公司之前的揽货、接货、报关、订舱及在目的地从航空公司手中接货、报关、交付或送货上门业务的公司。航空货运公司可以是货主代理,也可以是航空公司的代理,也可身兼二职。空运当事人的责任划分见图5-1。

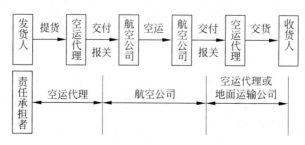

图5-1 空运当事人的责任划分

5.2 航空货物运输方式

航空货物运输方式有班机运输、包机运输、集中托运和联运方式等。

5.2.1 班机运输(scheduled airline)

1. 班机的概念

班机(scheduled flights)是指定期开航的,定航线、定始发站、定目的港、定途经站的飞机。

2. 班机类型

一般航空公司使用客货混合型飞机,又叫 combination carrier,大多在上仓运客下仓载货。一些较大的航空公司在一些航线上开辟定期货运航班,使用全货机(all cargo carrier)运输。

拓展阅读 5.3
班机运输相关知识

3. 班机时刻表

我们用举例方式来说明班机时刻表(见表 5-1)。

表 5-1　Shanghai—Japan ANA CARGO

	航班	机种	星期	出发	经由	到达
大阪航线	NH156	B777		上海 12:35		15:25 大阪
	NH156	B767		上海 15:15		17:50 福冈
				福冈 18:40		19:40 大阪
福冈航线	NH946	B767		上海 15:15		17:50 福冈

从表 5-1 我们可以看到,ANA CARGO 是全日空货运公司的班机时刻表,起始站上海,目的港是日本的福冈和大阪,航班为全日空 156 航班和全日空 946 航班,机型为波音 777 机型和波音 767 机型,飞行时间为:到大阪直航 2 小时 50 分钟,福冈停站到大阪需 4 小时 25 分钟。到福冈需 1 小时 35 分钟。

4. 空运索赔

航空运输的货物,由托运方(货主)交承运方起,承运方(航空公司或其代理)对货物负有责任,直至交货为止。这一段时间称为承运责任期间。因装卸、运送、保管、交付不妥等造成货物损坏或失灭,称作货损货差。航空公司出具的航空运单和航空代理(如外运公司)出具的航空分运单,背面均有责任划分和赔偿条款。

5.2.2 包机运输(chartered carrier)

包机运输可分为整包机和部分包机两类。

1. 整包机

(1) 即包租整架飞机,指航空公司按照与租机人事先约定的条件及费用,将整架飞机租给包机人,从一个或几个航空港装运货物至目的地。

(2) 包机人一般要在货物装运前一个月与航空公司联系,以便航空公司安排运载和向起降机场及有关政府部门申请、办理过境或入境的有关手续。

(3) 包机的费用:一次一议,随国际市场供求情况变化。原则上包机运费,是按每一飞行公里固定费率核收费用,并按每一飞行公里费用的80%收取空放费。因此,大批量货物使用包机时,均要争取来回程都有货载,这样费用比较低。只使用单程,运费比较高。

2. 部分包机

(1) 由几家航空货运公司或发货人联合包租一架飞机或者由航空公司把一架飞机的舱位分别卖给几家航空货运公司装载货物,就是部分包机,运用于托运不足一整架飞机舱位,但货量又较重的货物运输。

(2) 部分包机与班机的比较:

① 时间比班机长,尽管部分包机有固定时间表,但往往因其他原因不能按时起飞;

② 各国政府为了保护本国航空公司利益常对从事包机业务的外国航空公司实行各种限制。如包机的活动范围比较狭窄,降落地点受到限制。需降落非指定地点外的其他地点时,一定要向当地政府有关部门申请,同意后才能降落(如申请入境、通过领空和降落地点)。

(3) 包机的优点:

① 解决班机舱位不足的矛盾;

② 货物全部由包机运出,节省时间和多次发货的手续;

③ 弥补没有直达航班的不足,且不用中转;

④ 减少货损、货差或丢失的现象;

⑤ 在空运旺季缓解航班紧张状况;

⑥ 解决海鲜、活动物的运输问题。

5.2.3 集中托运(consolidation)

1. 集中托运的概念

集中托运是指将若干票单独发运的,发往同一方向的货物集中起来作为一票货物,以取得优惠运价,航空公司签发一份总运单,目的港为同一空港。

2. 集中托运的具体做法

(1) 将每一票货物分别制定航空运输分运单,即出具货运代理的运单 HAWB(house airway bill)。

(2) 将所有货物区分方向,按照其目的地相同的同一国家、同一城市来集中,制定出航空公司的总运单 MAWB(master airway bill)。总运单的发货人和收货人均为航空货运代理公司。

(3) 打出该总运单项下的货运清单(manifest),即此总运单有几个分运单,号码各是什么,其中件数、重量各多少等。

(4) 把该总运单和货运清单作为一整票货物交给航空公司。一个总运单可视货物具体情况随附分运单(也可以是一个分运单,也可以是多个分运单)。如:一个 MAWB 内有 10 个 HAWB,说明此总运单内有 10 票货,发给 10 个不同的收货人。

(5) 货物到达目的地站机场后,当地的货运代理公司作为总运单的收货人负责接货、分拨,按不同的分运单制定各自的报关单据并代为报关,为实际收货人办理有关接货分货事宜。

(6) 实际收货人在分运单上签收以后,目的站货运代理公司以此向发货的货运代理公司反馈到货信息。

3. 集中托运的限制

(1) 集中托运只适合办理普通货物,对于等级运价的货物,如贵重物品、危险品、活动物以及文物等,不能办理集中托运。

(2) 目的地相同或临近的可以办理,如某一国家或地区,其他则不宜办理。例如,不能把去日本的货发到欧洲。

4. 集中托运的特点

(1) 节省运费:航空货运公司的集中托运运价一般都低于航空协会的运价,发货人可节省费用。

(2) 延伸航空公司的服务:将货物集中托运,可使货物到达航空公司到达地点以外的地方,延伸了航空公司的服务,方便了货主。

(3) 提早结汇:发货人将货物交与航空货运代理后,即可取得货物分运单,可持分运单到银行尽早办理结汇。

集中托运方式已在世界范围内普遍开展,形成较完善、有效的服务系统,为促进国际贸易发展和国际科技文化交流起到了良好的作用。集中托运成为我国航空进出口货物的主要运输方式。

5.2.4 联运方式(train-air-truck)

联运方式有陆空联运和海空联运等。

1. 联运方式的概念

陆空联运是火车、飞机和卡车的联合运输方式,简称 TAT(train-air-truck),或火车、飞机的联合运输方式,简称 TA(train-air)。

2. 国内出口货物的联运方式

我国空运出口货物通常采用陆空联运方式。这是因为,我国幅员辽阔,而国际航空港口岸主要有北京、上海、广州等。虽然省会城市和一些主要城市每天都有班机飞往上海、北京、广州,但班机所带货量有限,费用比较高。如果采用国内包机,费用更贵。因此在货量较大的情况下,往往采用陆运至航空口岸,再与国际航班衔接。由于汽车具有机动灵活的特点,在运送时间上更可掌握主动,因此一般都采用"TAT"方式组织出运。

3. 外运分公司的具体做法

我国长江以南的外运分公司目前办理陆空联运的具体做法是用火车、卡车或船将货物运至香港,然后利用香港航班多,到欧洲美国运价较低的条件(普遍货物),把货物从香港运到目的地,或运到中转地,再通过当地代理,用卡车送到目的地。长江以北的公司多采用火车或卡车将货物送至北京、上海航空口岸出运。

陆空联运货物在香港的收转人为合力空运有限公司。发运前,要事先与他们联系,满足他们对单证的要求,便于提前订舱。各地发货时,可使用外运公司的航空分运单,也可使用"承运货物收据"。有关单据上要注明是转口货,要加盖"陆空联运"字样的标记,以加速周转和避免香港当局征税。

5.3 航空运单

航空运单(air waybill)是进行航空货物运输必不可少的单据,是一种运输合同。航空运单不同于海运提单,它是不可转让的(non-negotiable),也不代表所托运货物的所有权。航空运单是由承运人或其代理出具的,是航空货运中最重要的单据。

5.3.1 航空运单的作用

航空运单是不可转让的,运单持有人不一定对货物拥有所有权,但航空运单也有以下方面的作用:

(1)承运合同。航空运单一经签发,就成为签署承运合同的书面证据。该合同必须由发货人(或代理)与承运人(或代理)签署后方能生效。当代理人既是发货人代理又是承运人代理时,就要在运单上签署两次。

(2)接收货物的证明。运单的第一份正本(original for the shipper)交给发货人,作为承运人接收货物的证明。

(3)运费账单。航空运单可作为运费账单和发票。承运人自己留存第二份正本(original for the issuing carrier),作为运费收取凭据。

(4)收货人核收货物的收据。第三份正本(original for the consignee)随机交收货人,收货人据此核收货物。

(5)报关凭证。收货人持第三份正本核收货物,同时用第三份正本作为向海关报关的凭证,是海关验收的主要凭证。

(6)保险证书。当发货人要求承运人代办保险时,航空运单即可用来作保险证书。

(7)承运人内部处理业务的依据。承运人根据运单办理发货、转运、交付、处理事故等。

航空运单一般三份正本、六份副本、三份额外副本。

5.3.2 航空运单的填制及说明

1. 航空运单简述

航空运单可分为两种:第一种是航空公司的运单,即 air waybill,简称 AWB,在航空货运界又称总运单,即 master air waybill,简称 MAWB。第二种是航空货运公司的运单,即 house air waybill,简称 HAWB,又称为分运单。分运单在航空货运公司办理集中托运、联运及门到门运输等情况下使用。

航空运单每套十二联,其中正本三份,副本九份,按照每份下面注明的用途分别使用。正本运单背面印有承运条款。

拓展阅读 5.4
航空运单填写规范

2. 运单的填制

运单填制项目众多,现将主要项目介绍如下:

运单编号:二组数字组成,第一组 3 位数表示航空公司代码,第二组 8 位数字由 7 位顺序号加第 8 位核查号。

(1) 托运人名称地址、收货人名称地址(账号);
(2) 货运公司名称地址用 IATA 代号(账号);
(3) 始发机场和航线、路线及目的地、航班;
(4) 财务说明、付款方式、货币代号、费用代号;
(5) 运费/声明价值费和始发站其他费用;
(6) 目的地机场名称;
(7) 保险金额、处理通知事项;
(8) 货物品名、件数、体积、毛重;
(9) 计费重量、单价或起码运费、运价分类号、总运价、其他费用;
(10) 发货或代理签名、签发日期、地点、承运人或代理人签名;
(11) 分运单加注总运单号 MAWB number。

几点说明:

(1) 向承运人声明无价值填 NVD(no value declared);
(2) 向海关声明无价值填 NCV(no commercial value);
(3) 运单费 AW(air waybill fee);
(4) 始发站仓储费 SO(storage-origin);
(5) 危险货物费 RA(dangerous goods fee);
(6) 目的地仓储费 SU(storage-destination)等。

5.4 航空货物运价和费用

在计算一笔航空货物运费时,要考虑三个因素,即计费重量、有关的运价和费用、货物的声明价值。

5.4.1 计费重量

一架飞机所能装载的货物是受飞机的载重量和舱容限制的。为达到满载,就需载货达到载重量标准和舱容尽量全部用足,也即充分使用了飞机的运载能力。

因此,航空公司规定在货物体积小、重量大的情况下,以货物的实际毛重计算计费重量;反之,货物体积大、重量小的情况下,就以该批货物的体积折算成体积重量作为计费重量。这样航空公司可以避免飞机无法用来装货的载重量或容积造成的损失。

1. 实际重量(actual weight)

实际重量是指货物连外包装在内的实际总重量,即货物毛重。以实际重量计费的货物称为重货。

按毛重计费时,最小计费单位是 0.5 公斤。重量与体积折算时,1 公斤等于 6 000 立方厘米或等于 366 立方英寸。而 1 立方米等于 166 公斤。

2. 体积重量(measurement weight)

货物体积大、重量相对小时,称为轻泡货物,即 1 公斤货物体积超过 6 000 立方厘米。体积重量的计算方法:

(1) 分别测出货物的最长、最宽、最高的部分(尾数四舍五入),三者相乘为体积。

(2) 体积折算成公斤:1 立方米=166 公斤。

3. 计费重量的确定

货物实际毛重和体积重量中较高者为计费重量。集中托运时,按整批货物的总毛重与总体积的较高项为计费重量。

5.4.2 航空货物运价和费用的种类

运价指承运人为单位重量(或体积)收取的费用。运价是机场与机场间的空中费用。运费是指按适用的运价计算得出每批货物的运输费用。

国际航空运输协会制定三个地区的费率。一区为南北美洲、格陵兰等;二区为欧洲、非洲、伊朗等;三区为亚洲、澳大利亚等。

1. 主要航空货物运价

主要航空货物运价有四类:

(1) 一般货物运价(general cargo rate,GCR);

(2) 特种货物运价或指定商品运价(special cargo rate;specific commodity rate,SCR);

(3) 等级货物运价(class cargo rate,CCR);

(4) 集装箱货物运价(unitized consignments rate,UCR)。

2. 起码运费(minimum rate)

起码运费代号为 M,是航空公司能接受的最低运费。不同地区有不同的起码运费。例如 A 至 B 点,普通货物 4 公斤,M 级运费 37.50 元,而 45 公斤以下 N 级运价 7.50 元,求运费。如按 N 级计算运费,则总运费为 7.5×4=30(元)。而起码运费为 37.50 元。故应收运费 37.50 元。

3. 一般货物运价

一般货物运价,也称普通货物运价。一般货物不包括贵重货物。一般货物运价分类如下:

(1) N(normal rate)45 公斤以下(即 100 磅以下);

(2) Q(quantity rate)45 公斤以上(含 45 公斤);

(3) 45 公斤以上,如 100 公斤、200 公斤、500 公斤等以上,运价代号仍为 Q(Quantity Rate)。

表 5-2 为上海到该空港运价表。

表 5-2 运价表

城市代码	城市	国家地区代码	单价(每公斤)	
BOS	BOSTON	MA US	M	420.00
			N	75.15
			45	56.29
			100	49.56
			300	42.72
			500	34.47
			1 000	31.52

从上面国航货运部提供的运价表可以看出:

这是一份一般货物运价表,始发站上海,到港站是美国马萨诸塞州(Massachusetts)的波士顿(Boston),波士顿的代号为 BOS。

起码运费 420.00 元,45 公斤以下每公斤 75.15 元;

45 公斤以上,每公斤运价 56.29 元;

100 公斤以上,每公斤运价 49.56 元;

300 公斤以上,每公斤运价 42.72 元;

500 公斤以上,每公斤运价 34.47 元;

1 000 公斤以上,每公斤运价 31.52 元。

例如 BEI(北京)到 SXB(斯特拉斯堡)运价分类如下:

N18 元,Q14.81 元,300 公斤 13.54 元,500 公斤 11.95 元,运输一批设备自 BEI 到 SXB,毛重 450 公斤,问航空运价是多少?

因 450 公斤在 300 公斤和 500 公斤之间,故需要按这两种运价标准来计算,取小的为运费计收标准。

若按超过 300 公斤标准计算运费,则总运费为 13.54×450=6 093(元)。

若按超过 500 公斤标准计算运费,则总运费为 11.95×500=5 975(元)。

二者比较取其低者,故按 500 公斤以上运价计算,运费是 5 975 元。

4. 指定商品运价

发货人由于在某些航线上有经常性某种货物运输,故发货人要求承运人制定指定商品运价,承运人为充分使用航空公司的运力,向发货人提供这一具有竞争性的运价。这是从特定的始发站到特定的到达站,运输特种货物的运价,同时公布起码重量。

5. 等级货物运价

等级货物运价通常是以在一般货物运价（N级运价）基础上增减一个百分比的形式公布。也就是对某些商品或货物在一般运价基础上提价或优惠的价格。

当某货物没有特种货物运价（指定商品运价）时，方适用等级运价。

如鲜活商品、贵重物品、尸体的运价按45公斤以下的一般运价的200％计收。

如报纸、杂志、出版物、行李的运价按45公斤以下的一般运价的50％计收。

6. 有关运价的几点说明

首先在发货前要根据 GCR、CCR、SCR 三种运价，择优使用航空运价。其次，运价是一机场到另一机场，只适用于单一方面，不包括提货、报关、接交和仓储等费用，运价一般以当地货币公布，以公斤或磅为单位。另外，对于贵重商品提出声明货物的价值时，要收取声明价值附加费，一般按货价的0.4％～0.5％收取。

5.5 航空快递

5.5.1 航空快递的含义、形式和特点

1. 航空快递含义和形式

航空快递（air express service）又称航空快运或航空速递，是指专营该项业务的航空货运公司，派专人用最快的速度，在货主—机场—用户之间传递急件的运输服务。

办理快运的手续与普通航空货物运输是一样的，都要向航空公司托运货物，以航空运单作为交接货物的依据。一般来讲航空快递公司是从航空货运公司派生出来的。

拓展阅读5.5 航空货物托运应注意事项

航空快递业务有三种形式：

第一种，机场到机场，发货人送货到机场，收货人到目的地机场取货。

第二种，门到门服务、桌到桌服务，由快运公司到发货人所在地取货，直接送机场交航空公司并立即通知目的地快运公司按时提货送交收货人。货送到后，将回执交发货人或电告发货人。

第三种，派专人送货，快运公司派业务员随机送货，直至货物安全送达收货人手中。

2. 航空快递的特点

航空快递业务有以下特点：快捷灵便，安全可靠，送交有回音，查询快而有结果。

5.5.2 航空快递业务与邮政业务的区别

1. 快递理论是对传统邮政理论的挑战

快递业务的操作理论是中心分拨论，也称为转盘分拨论，是美国联邦快递公司创始人史密斯先生创造的。在全国中心地区建立分拨中心，将快件分拨装上飞机，飞机到达各分拨中心后，交换快件飞回，第二天一早用汽车将文件送至收件人。这种方式不同于邮政，

它减少中间环节,直接服务,缩短时间,方便客户。

2. 快递业务在国际交流中的特殊作用

(1) 在国际经济交流中,经济信息、文件的交流和运送处在重要地位,对这些资料的交流需要迅速而准确,快递业务可以满足需要。

拓展阅读 5.6
航空快递的收运及价格计算

(2) 快递业务可以使银行支票、信用证及有关单据可靠而迅速地交异地银行兑换。

(3) 快递业务对看样成交的样品、来料加工的货样,以及广告、建筑、保险、影片、新闻报道资料的传递,起着重要的作用。

(4) 快递业务提供的是桌到桌、门到门的服务,整个过程可电脑监控、随时查询。

(5) 快递业务隶属于国际货运代理业,而各国邮政参加万国邮政联盟,属于不同国际组织。中国外运是我国最早开办航空快递业务的公司,1979年以来,先后与国际上 OCS、DHL、EMERY、TNT、FedEx、UPS 等航空公司建立了快递业务往来。

3. 注意事项

航空快件寄件人必须提供详细地址,不能用信箱号码代替,如能提供收件人电话、电传、传真号则可以接受。如寄样品,需商业发票一式五份,报关单两份。

 本章小结

国际民用航空组织是协调世界各国政府在民用航空领域内各种经济和法律事务、制定航空技术国际标准的重要组织。国际航空运输协会是世界航空运输企业自愿联合组成的非政府性的国际组织。

国际航空货运,是现代物流中的重要组成部分,其提供的是安全、快捷、方便和优质的服务。拥有高效率和能提供综合性物流服务的机场在降低商品生产和经营成本、提高产品质量、保护生态环境、加速商品周转等方面将发挥重要作用。航空货物运输方式有班机运输、包机运输、集中托运和联运等。

 复习与思考

1. 国际航空运输组织及有关当事人有哪些?
2. 国际航空货物运输的主要特点是什么?
3. 试比较航空货物运输的不同经营方式的优缺点。
4. 简述航空快递业务与邮政业务的区别。

线上自测

案例分析

国际航空货物运输的运费纠纷

意大利代理商 X 与再审申请人 A 公司签订丝绸服装贸易合同。该合同确定的贸易条件为 FOB 上海。同年 4 月 23 日，X 与 B 公司签订了一份《委托运输合同》，约定：由 B 公司为 X 实施从中国到意大利进口货物的运输。X 交托所有的进口货物由 B 公司独家经营托运，不得转托其他公司代理托运。X 把从中国出口的货物交 B 公司在中国办事处的负责人 Y，后者必须在一个星期内把所收到的货物运到意大利，保证不发生交货延误。货到米兰后，X 要立即给付 B 公司运费才可提货，否则，X 还要支付仓库保管费。合同签订后，X 于同年 4 月 29 日传真告知 A 公司的中介中发公司通知 A 公司，此次出口货物包括以后的出口货物都交由 B 公司承运，运费由其在米兰提货时支付，并告知了 B 公司中国办事处负责人 Y 在杭州的住址，要求 A 公司速与其接洽办理出口手续。为便于订舱发运，A 公司按照 Y 的要求改用 C 航空公司（以下简称 C 航空公司）的《国际货物托运书》，将填好的托运书传真给 Y。Y 将托运书交给了 C 航空公司的销售代理 D 公司。A 公司于同年 5 月至 9 月间先后 7 次按照 Y 的指示将货物送到上海虹桥机场 D 公司的仓库。该公司签收了货物，随后代填并签发了 6 票 C 航空公司货运主运单，还委托 D 公司签发 1 票中国国际航空公司主运单。D 公司签发的 6 票主运单上记载的托运人为 D 公司，收货人为比利时 B 米兰公司。D 公司还签发 7 票航空货运分运单。分运单上记载的托运人为 A 公司，收货人为托运书上 A 公司指定的意大利诸客户。在此期间，D 公司按照航空公司预付运费的要求，先后向 C 航空公司和华力空运有限公司上海分公司支付了 7 票货的空运费（外汇人民币）449 311.50 元（其中 6 笔系上海到布鲁塞尔空运费、1 笔为上海到米兰空运费）。货物发送后，D 公司未将航空分运单正本托运人联交给 A 公司，亦未向 A 公司索要空运费。7 票货于同年 5 月至 9 月间陆续运到米兰，X 先后向 B 米兰公司支付了全程空陆运费、清关费及杂费，提取了货物。B 公司分别开具了发票和收据，同时声明该批货物运送合同已履行完毕。之后，D 公司致函 A 公司称：当时 A 公司委托 B 公司，但 B 公司与 D 公司有代理协议，现 B 公司将收款权移交给 D 公司，要求 A 公司依照航空分运单支付上海到米兰 7 票货的全程空运费 101 712.824 美元。A 公司以运费由外商支付，本公司无支付运费义务为由拒付，双方酿成纠纷。D 公司遂向浙江省湖州市中级人民法院起诉，要求 A 公司支付航空分运单记载的全程空运费及滞纳金共计 126 123.904 美元。

思考题：

1. 本案例中 A 公司发生运费纠纷的原因是什么？
2. 您觉得本案中某市中级人民法院最后的判决结果如何？

第6章 国际陆上货物运输

本章关键词

铁路运输(railway transportation)　　联运单(through rail waybill)
大陆桥(land bridge)　　　　　　　　管道运输(pipeline transportation)

互联网资料

http://www.cla.gov.cn/
http://china.findlaw.cn//
http://www.clb.org.cn/

6.1 国际铁路货物运输

6.1.1 铁路运输概述

在国际贸易货物运输中,铁路运输(railway transportation)占有相当重要的地位,特别是在内陆国家之间的贸易,铁路运输的作用更为显著。铁路运输在我国对外贸易货物运输中也起着重要的作用。我国有相当部分的对外贸易货物是直接通过铁路运进或输出的。即使是经由海运进出口的货物,大多也是通过铁路运输向港口集中或从港口运往内地。随着我国对外贸易的大发展,铁路承担的进出口货运量将日益增大。

铁路运输具有许多特点,例如火车运行速度较快,载运量较大,不易受气候条件的影响,能终年正常运行,而且在运输当中遭受的风险较小,所以铁路运输具有高度的连续性。

1. 铁路货物运输的特点

铁路运输是国家的经济大动脉,是物流运输方式的一种,与其他运输工具相比有以下特点:

(1)铁路运输的准确性和连续性强。铁路运输几乎不受气候影响,一年四季可以不分昼夜地进行定期的、有规律的、准确的运转。

(2)铁路运输速度比较快。铁路货运速度每昼夜可达两千公里以上,一般货运列车可达100千米/小时左右,远远高于海上运输。

(3)运输量比较大。铁路一列货物列车一般能运送3 000～5 000吨货物,远远高于航空运输和汽车运输。

(4) 铁路运输成本较低。铁路运输费用仅为汽车运输费用的几分之一到十几分之一,运输耗油约是汽车运输的二十分之一。

(5) 铁路运输安全可保证,风险远比海上运输小。

(6) 初期投资大。铁路运输需要铺设轨道、建造桥梁和隧道,建路工程艰巨复杂,需要消耗大量钢材、木材,占用土地,其初期投资大大超过其他运输方式。

另外,铁路运输由运输、机务、车辆、工务、电务等业务部门组成,要具备较强的准确性和连贯性,各业务部门之间必须协调一致,这就要求在运输指挥方面实行统筹安排,统一领导。

2. 国际铁路货物运输的作用

国际铁路货物联运是在国际上通过有关国家之间的协定,订立国际铁路货物联运协定或协议,使得相关国家铁路在货物运输组织上相互衔接,为国际贸易货物的交流提供了一种经济便捷而又安全可靠的运输方式。自中华人民共和国成立以来,我国与欧亚有关国家开展的国际铁路货物联运,在我国对外政治、经济和文化交流中发挥着重要的作用。

(1) 有利于发展同欧亚各国的贸易

通过铁路把欧亚大陆连成一片,为发展中、近东和欧洲各国的贸易提供了有利的条件。在中华人民共和国成立初期,我国的国际贸易主要局限于东欧国家,铁路运输占我国进出口货物运输总量的50%左右,是当时我国进出口贸易的主要运输方式。进入20世纪60年代以后,我国海上货物运输得到发展,铁路运输进出口货物所占的比例虽然有所下降,但其作用仍然十分重要。自50年代以来,我国与朝鲜、蒙古、越南、苏联的进出口货物,绝大部分仍然是通过铁路运输来完成的;我国与西欧、北欧和中东地区一些国家也通过国际铁路联运来进行进出口货物的运输。

(2) 有利于开展同港澳地区的贸易

铁路运输是大陆地区和港澳开展贸易的一种运输方式。港澳两地日用品一直以来都是由内地供应,随着内地对该地区出口的不断扩大,运输也逐渐增加,做好对港澳的运输,达到优质、适量、均衡、应时的要求,在政治上和经济上都非常重要。为了确保该地区的市场供应,从内地开设了直达该地区的快运列车,对繁荣稳定港澳市场,以及该地区的经济发展起到了积极作用。

香港是世界著名的自由港,与世界各地有着非常密切的联系,海、空定期航班比较多,作为转口贸易基地,开展陆空、陆海联运,对我国发展与东南亚、欧美、非洲、大洋洲各国和地区的贸易,保证我国出口创汇起着重要作用。

(3) 有利于进出口货物在港口的集散和各省、市之间的商品流通

我国幅员辽阔,海运进口货物大部分利用铁路从港口运往内地的收货人,海运出口货物大部分也是由内地通过铁路向港口集中,因此铁路运输是我国国际货物运输的重要集散方式。至于国内各省市和地区之间调运外贸商品、原材料、半成品和包装物料,主要也是通过铁路运输来完成的。我国国际贸易进出口货物运输大多都要通过铁路运输这一环节,铁路运输在我国国际货物运输中发挥着重要作用。

(4) 利用欧亚大陆桥运输是必经之道

大陆桥运输是指以大陆上铁路或公路运输系统为中间桥梁,把大陆两端的海洋连接起来的集装箱连贯运输方式。

大陆桥运输一般都是以集装箱为媒介，采用国际铁路系统来运送。我国目前开办的西伯利亚大陆桥和新欧亚大陆桥的铁路集装箱运输具有安全、迅速、节省的优点。这种运输方式对发展我国与中、近东及欧洲各国的贸易提供了便利的运输条件。为了适应我国经济贸易的发展需要，利用这两条大陆桥开展铁路集装箱运输也是必经之道，将会促进我国与这些国家和地区的国际贸易发展。

3. 国际铁路货物运输适用的规章

国际铁路货物联运是指使用一份统一的国际联运票据（联运单，through rail waybill），由铁路当局负责经过两国或两国以上的铁路全程运送，并由一国铁路向另一国铁路移交货物时，不需发、收货人参加的运输方式。其适应的规章有很多，现仅将在办理铁路货物联运时铁路和发货人、收货人均必须遵守的规章概述如下：

（1）《国际铁路货物运送公约》（即《国际货约》）

1890 年，欧洲各国在瑞士首都伯尔尼举行的各国铁路代表大会上，制定了《国家铁路货物运送规则》，即所谓《伯尔尼公约》，并自 1893 年 1 月起实行，后经多次修订。1934 年在伯尔尼会议上重新修订，改称为《国家铁路货物运送公约》，并于 1938 年 10 月 10 日生效，至今仍在使用。

拓展阅读 6.1
铁路货物运输国际公约（国际货约）

（2）《国际铁路货物联运协定》（简称《国际货协》）

1951 年 11 月 1 日苏联、阿尔及利亚和已参加《国际货约》的民主德国、保加利亚、匈牙利、罗马尼亚、波兰、捷克八国签订了《国际铁路货物联运协定》。1954 年 1 月中国参加了《国际铁路货物联运协定》，随后朝鲜、蒙古、越南也加入进来。1991 年苏东政局发生巨大变化，《国际货协》也宣告解散，但铁路联运业务尚未有重大的改变。

拓展阅读 6.2
国际铁路货物联运协定

《国际铁路货物联运协定》是一个参加国家铁路联运协定的各国铁路，以及发、收货人办理货物国际联运时，必须遵守的基本文件。《国际铁路货物联运协定》规定了货物运送条件、运送组织、运送费用计算核收办法，以及铁路与发、收货人之间的权利与义务等。

（3）《国际铁路货物联运协定统一过境运价规程》（简称《统一货价》）

《统一货价》规定了过境参加国际货协的铁路时办理货物运送手续，过境运送费和杂费计算，过境铁路里程表，货物品名分等、分类表，以及货物运费计算表等。

拓展阅读 6.3
货物联运协定统一过境运价

（4）《国境铁路协定》

《国境铁路协定》系由两个相邻国家铁路签订，规定办理联运货物交接的国境站，车站以及货物交接的条件和办法，交接列车和机车运行办法，服务方法等具体问题。

（5）《国际铁路货物联运决定办事细则》（简称《货协细则》）

《货协细则》具体规定了参加《国际货协》的铁路及其工作人员在办理联运业务时所必

须遵守的铁路内部办事程序及调整各铁路间相互关系的规则,它只适用于铁路的工作人员和铁路之间的关系。

(6)《关于同意过境运价规程的协约》

《关于同意过境运价规程的协约》规定了《统一过境运价规程》(简称《统一货价协约》)的法律地位,关于统一货价的施行修改补充等具体事项,还规定了与采用统一货价有关的清算、有关的工作语种等,它只适用于铁路本身。

(7)《关于国际联运车辆使用规则的协约》及其附件《国际联运车辆使用规则》(简称《车规》)

《车规》主要规定了国际联运协定各国参与联运铁路的有关技术条件及在有关国家国际联运中的交接要求及内容。对铁路车辆部门和国境站适用。

(8)《关于国际旅客和货物联运清算规则的协约》及其附件《国际旅客和货物联运清算规则》(简称《清算规则》)

《清算规则》规定了其参加国际铁路之间一切费用的清算办法,适用于铁路财务清算部门和国境站。

《车规》《清算规则》和《统一货价》一样,过去均为《国际货协》的附件,从属于《国际货协》,1991年起脱离了《国际货协》,成为具有独立法律地位的文件。各国铁路可视具体情况选择参加各项协定和协约。铁路成员参加铁路组范围内现行协定和协约的情况见表6-1。

表6-1 铁路成员参加铁路组范围内现行协定和协约的情况

国家名称	国际货协	统一货价	车规	清算规则
阿塞拜疆	Y	N	N	N
阿尔巴尼亚	Y	N	N	N
白俄罗斯	Y	Y	Y	Y
保加利亚	Y	Y	Y	Y
匈牙利	N	N	Y	Y
越南	Y	N	N	Y
格鲁吉亚	Y	N	Y	Y
哈萨克斯坦	Y	Y	Y	Y
中国	Y	Y	Y	Y
朝鲜	Y	Y	Y	Y
吉尔吉斯斯坦	Y	Y	Y	Y
拉脱维亚	Y	Y	Y	Y
立陶宛	Y	Y	Y	Y
摩尔多瓦	Y	Y	Y	Y
蒙古	Y	Y	Y	Y
波兰	Y	N	Y	Y
俄罗斯	Y	Y	Y	Y
罗马尼亚	N	N	Y	Y
斯洛伐克	N	N	Y	Y

续表

国家名称	国际货协	统一货价	车规	清算规则
塔吉克斯坦	Y	Y	Y	Y
土库曼斯坦	Y	N	N	Y
乌兹别克斯坦	Y	N	N	Y
乌克兰	Y	Y	Y	Y
捷克	N	N	N	Y
爱沙尼亚	Y	Y	Y	Y

为了便于执行上述国际货物联运规章,铁道部结合我国铁路办理货物联运的实际,编印了《国际铁路货物联运办法》(简称《联运办法》),将上述联运规章简化并作了补充规定,以供我国铁路各发、收到站和有关单位办理国际铁路货物联运之用。

此外,在办理国际铁路货物联运时,凡上述国际铁路联运规章和补充办法未规定的事项,均适用国内规章;都有规定时,适用国际联运规章。

6.1.2 国际铁路货物运输运费

国际铁路货物联运运送费用的计算和核收,必须遵循《国际货协》《统一货价》和中华人民共和国铁道部《铁路货物运价规则》(简称《国内价规》)的规定。国际铁路货物联运运送费用包括货物运费、押运人乘车费、杂费和其他费用。

1. 运送费用核收的规定

(1) 参加国际货协各铁路间运送费用核收的原则

发送路的运送费用——在发站向发货人或根据发送路国内现行规定核收。

到达路的运送费用——在到站向收货人或根据到达路国内现行规定核收。

过境路的运送费用——按《统一货价》在发站向发货人或在到站向收货人核收。

波兰、阿尔巴尼亚、阿塞拜疆、格鲁吉亚、乌兹别克斯坦、土库曼斯坦和伊朗7国虽是国际货协成员国,但没有参加《统一货价》,因此,上述7国的进出口货物经其他《统一货价》参加国的运送费用及《统一货价》参加国经过上述7国的运送费用的核收均不适用上述规定。

(2) 国际货协参加路与非国际货协铁路间运送费用核收的规定

发送路和到达路的运送费用与上同。

过境路的运送费用,则按下列规定计收:

其一是,参加国际货协并实行《统一货价》各过境路的运送费用,在发站向发货人(相反方向运送则在到站向收货人)核收;但办理转发送国家铁路的运送费用,可以在发站向发货人或在到站向收货人核收。

其二是,过境非国际货协铁路的运送费用,在到站向收货人(相反方向运送则在发站向发货人)核收。

其三是,在港口站所发生的杂费和其他费用,在这些港口站向发货人或收货人的代理核收。

(3) 运送费用的核收原则

国际铁路货物联运的运送费用包括发送路运送费用、过境路运送费用和到达路运送费用。在3个路段运送费用的计算和核收办法各有不同,其核收原则见表6-2。

表6-2 运送费用的核收原则

项目＼路段	发送路(货协国)	过境路(统一货价)	到达路(货协国)
适用规章	承运当日发送路国内规章	承运当日《统一货价》	承运当日到达路国内规章
支付币种	发送国货币	运价货币折成核收国货币	到达国货币
支付地	发站	发站或到站	到站(我国为进口过境站)
支付人	发货人	发货人或收货人	收货人

2. 国际铁路货物联运国内段运送费用的计算

根据《国际货协》的规定,我国通过国际铁路联运的进出口货物,其国内段运送费用的核收应按照我国《铁路货物运价规则》进行计算。运费计算的程序及公式如下。

(1) 根据货物运价里程表确定从发站至到站的运价里程。

(2) 根据运单上填写的货物品名查找货物品名检查表,确定适用的运价号。

(3) 根据运价里程和运价号在货物运价率表中查出相应的运价率。

(4) 以《铁路货物运价规则》确定的计费重量与该批货物适用的运价率相乘计算该批货物的运费。

运费计算公式如下:

整车货物每吨运价(运价率)＝发到基价＋运行基价×运价公里

运费＝运价率×计费重量

3. 国际铁路货物联运过境运费的计算

国际铁路货物联运过境运费是按照《统一货价》的规定计算的。其运费计算的程序及公式如下。

(1) 根据运单记载的应通过的国境站,在《统一货价》过境里程表中分别找出货物所通过的各个国家的过境里程。

(2) 根据货物品名,查阅《统一货价》中的通用货物品名表,确定所运货物应适用的运价等级。

(3) 根据货物运价等级和各过境路的运送里程,在《统一货价》中找出符合该批货物的运价率。

(4) 《统一货价》对过境货物的计算系以慢运整车货物的运费额为基础的(即基本运费额),其他种别的货物运费,则在基本运费额的基础上分别乘以不同的加成率。

运费计算公式如下:

总运价＝基本运费额×加成率

基本运费额＝货物运价率×计费重量

6.1.3 对港澳地区的铁路货物运输

1. 供港货物铁路运输交接口岸概况

(1) 深圳口岸概况

内地各省市铁路发往香港的整车和零担货物车,均在深圳北站进行解体、编组以及必要的装卸作业和联检作业。深圳站向南有罗湖桥,它是内地与香港的分界处。中外运深圳分公司是各外贸专业公司在深圳口岸的货运代理,负责其货物的进出口业务。

(2) 港段铁路概况

港段铁路为京九、广九铁路的一部分,自边境罗湖车站起,至九龙车站,全长34公里。目前,港段铁路的货运业务,均由香港中旅货运有限公司承包。香港中旅货运是中外运深圳分公司在香港的货运代理。

2. 对港澳地区铁路运输的特点

对港澳地区的铁路运输按国内运输办理,但又不同于一般的国内运输。货物由内地装车至深圳中转和香港卸车交货,因此,对香港地区的铁路运输是一种特殊的租车方式的两票联运,它的全过程是由内地段铁路运输和港段铁路运输两段组成,由外运公司签发"货物承运收据"。

具体来说:货车到达深圳后,要过轨至香港,继续运送到九龙车站。内地铁路与香港铁路不办理直通联运,因此,就形成了现行的这种运输方式。发送地以内地运输向铁路办理托运至深圳北站,收货人为深圳外运公司。深圳外运公司作为各外贸发货单位的代理与铁路办理租车手续,并付给租车费,然后租车去香港。货车过轨后,香港中国旅行社则作为深圳外运公司的代理在港段重新起票托运至九龙。由此可见,对香港地区的铁路运输特点是租车方式两票运输。内地运单不能作为对外结汇的凭证。目前,由各地外运公司以运输承运人的身份向外贸单位提供经深圳中转香港货物的承运货物收据,作为向银行结汇的凭证。京九铁路和沪港直达通车后,内地至香港的运输更为快捷,由于香港特别行政区系自由港,货物在内地和香港间进出,需办理进出口报关手续。对澳门地区的铁路运输,是先将货物运抵广州南站再转船运至澳门。

对香港地区的铁路运输是由中国对外贸易运输公司各地分支机构和香港中国旅行社中旅社联合组织。其具体工作是:

(1) 按照铁路局的规定,按时提出月度要车计划和旬度装车计划;

(2) 发货地外运公司或外贸进出口公司填制铁路运单向车站办理至深圳北站的托运手续;

(3) 按车站指定的进货日期,将货物送到车站指定的货位,并办妥出口报关手续;

(4) 发货单位以出口物资工作单位委托深圳外运分公司办理接货租车过轨等手续,装车后立即拍发起运电报;

(5) 深圳外运公司接到各发货地工作单和启动电报后,及时通知中旅社做好接车准备工作;

(6) 发货地发车后,当地外运分公司与铁路局进行票据交换,并编制货车过轨计划,办理租车手续；

（7）货车到达后，深圳外运分公司与铁路局进行票据交换，并编制货车过轨计划，办理租车手续；

（8）中旅社向香港海关报关，并向广九铁路公司办理托运起票手续；

（9）货到香港后，由中旅社负责卸货并送交货主，如属去澳门货物，则发至广州，由广州外运公司办理中转手续，其他手续与对香港运输货物的手续相同。

3．对香港地区铁路运输的一般程序

（1）发货人办理内地铁路运输托运手续

① 发货地外运或外贸公司向当地铁路局办理从发货地至深圳北站的内地铁路运输的托运手续，填写内地铁路运单。

② 发货地外运或外贸公司委托深圳外运公司办理接货、报关查验、过轨等中转运输手续。预寄的单证和装车后拍发的起运电报是深圳外运组织运输的依据。（如发货地有条件的，也可在发货地报关。）

③ 深圳外运接到铁路的到车预告后，就要将事先已分类编排的有关单证加以核对，并抄给香港中旅社做好接车准备。

④ 货车到达后，深圳外运与铁路进行票据交接。如单证齐全无误，则向铁路编制过轨计划；如单证不全，或者有差错，则向铁路编制留站计划。准备过轨的货车，由深圳外运将出口货物报关单或监管货物的关封连同货物运单送海关申报。经海关审查无误，即会同联检单位对过轨货车进行联检。联检通过后，海关即放行。

⑤ 香港中旅社向港段海关报关，并在罗湖站向广九铁路公司办理起票手续。港段铁路将过轨货车运到九龙站交中旅社卸货。

托运中应注意的问题：

① 高度的限制。装载高度从轨面算起，不得超过 4.5 米。

② 重量限制。目前，香港铁路局规定，每节车厢总重（自重＋货重）不得超过 72 吨。

③ 货物的均衡发运。供港货物应按月配额按口均衡发运，切忌集中发货；均衡发货，既能满足香港市场需求，又能卖得适当价格。

④ 做好单证资料工作。供港物资的单证电报要求做到份数齐全，寄发及时，填写准确。

主要单证：

①"供港货物委托书"，它是供港铁路运输最基本的也是必备的单证之一。它是发货人向深圳外运和香港中旅社委托办理货物转运、报关、接货等工作的依据，也是他们最主要的工作依据以及向发货人核算运输费用的凭证。

②"出口货物报关单"，这是出口货物必须具备的基本单据，也是发货人向海关申报的依据。是由海关总署和国家统计局统一制定的。报关单内记载的内容必须与货物以及其他单据所载相符。一个车厢内的货物填写一套报关单，不能将一份报关单内的货物分装在两个及以上的车厢内。

③ 起运电报，供港货物装车后，必须在 24 小时内向深圳外运公司拍发起运电报，电报要求及时、清楚、简练。如在广州附近或以南装车，应以电话告知深圳外运公司。

④ 承运货物收据，各地外运公司以货物代理的身份向外贸公司签发承运货物收据，负责发至香港的全程运输。如各发货省、市、自治区外运公司不办理供港陆运业务的，则由深圳外运公司提供空白的承运收据，授权各外贸公司自行签发。承运货物收据是向银行结汇的凭证，相当于国际联运运单副本，它又是香港收货人的提货凭证。

⑤ 铁路运单，铁路运单是发货人与铁路部门办理由发货点至深圳北站间内地运输而填制的运输票据，它具有运输合同的性质。

（2）运行组织、口岸交接

原车过轨货物的交接。深圳外运公司接到各地外贸发货单位的起运电报后，及时复写一式二份，一份送香港中旅社作为发货预告，一份由专人登记编号保存。接到各地外贸发货单位发货单证后（委托书、报关单等），详细核对起运电报的车号、货名、数量、收货人等无误，即抽出"委托书"一份送香港中旅社，作为向中旅社托运委托的正式依据。如果"委托书""报关单"份数不足，填写不全或有差错，尽量补齐或改正。如果无法补齐或改正，则立即电告有关外贸发货单位迅速补寄。

车辆到达后，深圳外运公司立即派人往深圳北站办理列车的票据，即运单、关封和随运单附来的单证交接。每车核对车号、货名并向铁路提出到车的过轨、留站和卸车计划。

经深圳转运货物的交接。供港货物运抵深圳后除原车过轨出口外，还有根据配额需卸车存仓后装汽车出口的货物，这部分货物主要是活禽畜。在深圳送进专用线卸货站台卸下这些货物，可直接装汽车出口，也可以进各转运站仓库储存保管，然后由转运站装运出口。

（3）港段接卸

货车到达深圳后，深圳外运公司填报"当天车辆过轨货物通知单"（预报），交给香港中旅罗湖办事处，香港中旅派人过桥取送。货车过轨后，罗湖办事处根据香港九龙铁路公司提供的过轨车号，填制过轨确报。至现场逐个核对车号，并进行适当处理，并向香港九广铁路公司起票托运。

香港的卸货点没有货场，卸货时全部采取火（火车）、车（汽车）直取或车（火车）船直取方式。汽车不来，火车就不能卸。

（4）运费的结算方法

各地经深圳口岸转运香港地区的铁路货物运输，是经过两段运输，因此运费也是分段计算，内地按人民币计算，港地按港币计算，一切费用均由发货单位支付。

深圳口岸的中转费用，整车货物按实际开支，零担按定额费用每吨 10 元，货物中转后，由深圳外运公司向有关发货单位结算，劳务费按中国外贸运输总公司制定的劳务费率收取。

港段运杂费用，先由香港中国旅行社垫付，待货物在香港交付完毕后，由香港中旅分社，开列费用清单并向有关发货单位结算。有关发货单位收到中旅分社的费用清单，经核对无误后，五天之内向当地结汇银行申请外汇，汇还香港中旅分社。

6.1.4 国际铁路集装箱联运

国际铁路集装箱联运，简称大陆桥联运。大陆桥（land bridge），是指利用横贯大陆上铁路或公路运输系统，把大陆两端的海洋连接起来的中间桥梁。大陆桥运输一般是以集装箱为运输单位,所以也叫"大陆桥集装箱运输"。到目前为止,我国主要利用的是西伯利亚大陆桥。

1. 西伯利亚大陆桥运输

西伯利亚大陆桥(Siberian Land Bridge Transport)地跨欧亚两洲,所以又称欧亚大陆桥路线(Europe-Asia Land Transport Line)。它是利用独联体西伯利亚铁路作为陆地桥梁,把太平洋远东地区与波罗的海和黑海沿岸,以及西欧大西洋口岸连接起来,是世界最长的运输路桥。目前,西伯利亚大陆桥东起海参崴的东方港,横贯欧亚大陆。

拓展阅读 6.4
国际铁路货物联运口岸工作管理办法

(1) 西伯利亚大陆桥的三种运输方式

① 铁/铁方式(transrail)。日本、中国香港、菲律宾等 →东方港→ 布列斯特→ 欧洲、伊朗或相反方向。

② 铁/卡方式(tracons)。日本、中国香港、菲律宾等 →东方港→布列斯特→德、瑞士、奥地利等国。

③ 铁/海方式(transea)。日本、中国香港、菲律宾等 →东方港→波罗的海、黑海→北欧、西欧、巴尔干地区。

(2) 利用西伯利亚大陆桥为我国进出口贸易运输服务

铁/铁方式。由国内各车站至满洲里或二连浩特出口,通过贝加尔或通过蒙古扎门乌德站至纳乌什基站,利用西伯利亚铁路转至亚洲伊朗、阿富汗或东欧、西欧铁路再运至欧洲等地或相反方向的运输。

铁/海方式。由国内各火车站至满洲里、后贝加尔站或二连浩特、蒙古扎门乌德站、纳乌什基站,利用西伯利亚铁路运至波罗的海和黑海港口,再装船转运至西欧、北欧和巴尔干地区主要港口及相反方向的运输。

铁/卡方式。由国内各火车站经满洲里或二连浩特出口,通过蒙古、原苏联铁路再转运至俄罗斯布列斯特转公路,运至欧洲各地及相反方向的运输。我国利用西伯利亚大陆桥运输业务的总经营人,是商务部的中国对外贸易运输(集团)总公司,即中外运。

(3) 西伯利亚大陆桥运输的优越性

西伯利亚大陆桥运输具有集装箱运输的优点,适应性强,能保证货物在运送途中的安全,节省包装材料;有联运性质,即不论沿途经过几个国家,也不论变换几次运输工具,都由总承运人进行安排,并负责全程的运输责任;手续简便,结汇早,货方仅需办理一次托运,一次付费,即可从原产地或仓库施封后凭外运公司签发的提单去银行结汇。

2. 美国大陆桥运输

美国大陆桥运输主要包括从太平洋口岸的东部大西洋口岸横贯美国大陆的铁路(公路)运输系统,包括加拿大的两条和美国的四条。但由于西伯利亚大陆桥的开通,取得了比北美大陆桥更便捷、省时、节约运费的效益。因此,目前美国的大陆桥运输基本上处于停滞状态。但在实践过程中,派生并形成的小陆桥和微型路桥却后来居上。

(1) 美国小陆桥运输

小陆桥运输(mini-land bridge),即比大陆桥运输的海/陆/海运输减少一段海上运输距离,成为海/陆或陆/海形式的运输。小陆桥运输地区大致分为美国东海岸和墨西哥湾两部分。具体做法是远东货物海运至美国西部太平洋口岸,转装铁路运至东部大西洋口岸或南部墨西哥口岸,以陆上铁路作为桥梁,再用卡车使货物运至市内卸货。全程使用一张海洋运输提单,由海运承运人支付铁路运费。

(2) 微型陆桥运输

所谓微型陆桥运输(micro-land bridge),就是比小陆桥运输更短一段,只利用部分陆桥,故又称半陆桥运输(semi-land transport),即先将货物装船运至太平洋口岸,换装铁路集装箱专用列车,可分别直接运至美国内陆城市,既省时间又省费用,所以近年来发展迅速。

(3) OCP 运输

OCP 是 Overland Common Point 的缩写,意即"内陆地区",可享受优惠费率通过陆上运输可抵达的区域。OCP 地区是指内陆地区,按美国相关规定,以美国西部九个州为界,即以落基山脉为界,其以东地区均为内陆地区,面积约占美国全国 2/3。凡是通过美国西海岸港口转往上述内陆地区的货物,如按 OCP 条款运输,就可享受比一般至大西洋海岸港口便宜的优惠内陆运输费率,一般为 3%~5%,这种优惠费率,即所谓 OCP 费率。对于我国以 OCP 条款成交的货物,我国仅限于负责将货物运至美国西海岸港口,即完成交卸任务。

(4) OCP 运输与小陆桥、微型陆桥的区别

① OCP 运输区域范围比小陆桥、微型陆桥运输点多面广,遍及美国约 2/3 的大陆,而小陆桥和微型陆桥运输所能到达之处有一定的限制。

② OCP 运输不具备多式联运的条件,而小陆桥、微型陆桥具有多式联运的条件。

③ OCP 运输对出口企业来说,使用的价格条款是 CIF 或 CFR 美国西岸港口,而小陆桥和微型陆桥则为 CIF 或 FOB 美国西海岸、墨西哥湾或内陆城市。

④ 从运输效果上看,小陆桥运输货物到达西海岸港口中转时间较长,陆上运输也由船公司安排,进口商无选择余地。而 OCP 运输,将价格买断到西岸港口,陆上运输则由进口商自行安排。

⑤ 费用方面,OCP 的陆上运输由进口商自行办理,进口商可享受陆运段优惠费率,而小陆桥的集装箱一般是陆上运送到收货人所在地,并收取运费,不太受进口商欢迎。OCP 运输不仅有利于出口商,也有利于进口商。

3. 新欧亚大陆桥

新欧亚大陆桥东起接连我国连云港的陇海、兰新、北疆铁路向西延伸,经俄罗斯、波兰、德国直达荷兰鹿特丹港,成为世界第三座大陆桥。横贯欧亚大陆中部,在中国境内长 4 131 公里,途经中国中部的各个省份,1990 年贯通。东起中国连云港,从新疆阿拉山口出境,横跨亚洲、欧洲,与太平洋、大西洋相连,全长 10 800 公里。

与西伯利亚大陆桥相比,陆上运距缩短了 3 000 多公里,比连云港到鹿特丹的海路近 5 000 海里,且东段桥头港无封冻期,可全年联营。

新欧亚大陆桥地理位置和气候条件优越;整个陆桥避开了高寒地区,港口无封冻期,自然条件好,吞吐能力大,可以常年作业;运输距离短,辐射面广;对亚太地区吸引力大。

6.2 国际公路货物运输

6.2.1 国际公路货物概述

公路运输是现代运输的主要方式之一,也是构成陆上运输的两个基本运输方式之一,它在整个运输中占有重要的地位,并发挥着越来越重要的作用。公路运输既是一个独立的运输体系,也是车站、港口和机场集散物资的重要手段。

1. 公路运输的类型

国际公路运输广义上是指利用一定的载运工具(汽车、拖拉机、畜力车、人力车等)沿公路实现旅客或货物跨越国境(边境)的空间位移的过程。狭义上即指国际汽车运输。

(1) 整车货物运输。整车货物运输指托运人一次托运的货物体积、形状需要一辆汽车运输。

(2) 零担货物运输。零担货物运输指托运人一次托运的货物,其计费重量在 3 吨及 3 吨以下。零担货物运输按其性质和运输要求,可分为普通零担货物和特种零担货物。普通零担货物系指《公路价规》中列明的并适于零担汽车运输的一、二、三等普通货物。特种零担货物分长、大、笨重零担货物,危险、贵重零担货物,以及特种鲜活零担货物等。

(3) 特种货物运输。同普通货物相比,特种货物运输是指被运输货物本身的性质特殊,在装卸、储存、运送过程中有特殊要求,以保证货物完整无损及安全性。一般需要以大型汽车或挂车(核定吨位为 40 吨及以上的)以及罐装车、冷藏车、保温车等车辆运输,这种货物运输又分为长大笨重货物运输、贵重货物运输、鲜活易腐货物运输和危险货物运输四种,每种又分为若干类,各类运输都有不同的要求和不同的运输方法。

2. 公路运输的特征

(1) 优越性。公路运输的优越性如下:

① 全运程速度快,适合于短途运输。汽车运输不需中转,据国外资料统计,一般在中短途运输中,汽车运输的运送速度平均比铁路运输快 4~6 倍,比水路快 10 倍。

② 运用灵活,可适合门到门的服务。汽车活动空间大,除了可以沿公路网运行之外,还可以到工厂、矿山、车站、码头、农村、山区等,实现门到门的服务;汽车的载重量可大可小。

③ 原始投资少,经济效益高。公路运输的投资每年可以周转 1~3 次,铁路运输投资周转需 3~4 年;汽车结构比较简单,驾驶技术容易掌握,设备和资金转移的自由度大。

④ 能灵活地制定营运时间表,货运的伸缩性极大。汽车运输单位运量小,既易于集中,也易于分散,调度灵活,突击性强,能提供及时有效的服务。

⑤ 适应性强。汽车运输具有车辆形式多样、技术性能各异、受地理和气候条件限制较小、运行范围较广等特点。因此,与其他运输方式相比汽车运输有较强的适应性,这种适应性恰好可以弥补其他运输方式的不足。

⑥ 可以广泛参与联合运输。汽车运输是沟通铁路、水运、航空和管道运输的有效方

式,可以为其他运输方式分流,缓解其他运输方式运力不足造成的紧张局面,特别是在开展现代化国际集装箱多式联运中具有独特的优势。汽车拖挂的集装箱,既可以直接开上滚装船,也可以直接开上滚装火车的底盘,通过水路和铁路到达终点,再进行公路运输,直到把货物交到收货人手中。

此外,公路运输还可以广泛参与国际多式联运,是邻国间边境贸易货物运输的主要方式,按有关国家之间的双边或多边公路货物运输协定或公约运作。

(2) 不足。公路运输与火车、轮船相比运量较小;长距离运输费用昂贵;安全性较差:由于汽车种类复杂,道路不良,驾驶人员素质等问题,交通事故颇多;环境污染严重。

3. 国际公路货物运输公约和协定

为了统一公路运输所使用的单证和承运人的责任,联合国所属欧洲经济委员会负责草拟了《国际公路货物运输合同公约》,简称 CMR,并在 1956 年 5 月 19 日在日内瓦由欧洲 17 个国家参加的会议上一致通过。该公约共有 12 章 51 条,就适用范围、承运人责任、合同的签订与履行、索赔和诉讼以及连续承运人履行合同等都做了较为详细的规定。

拓展阅读 6.5
国际公路货物
运输合同公约

此外,为了有利于开展集装箱联合运输,使集装箱能原封不动地通过经由国,联合国所属欧洲经济委员会成员国之间于 1956 年缔结了关于集装箱的关税协定。参加该协定的签字国,有欧洲 21 个国家和欧洲以外的 7 个国家。协定的宗旨是相互间允许集装箱免税过境,在这个协定的基础上,根据欧洲经济委员会倡议,还缔结了《国际公路车辆运输规定》(Transport International Router,TIR)。根据规则规定,对集装箱的公路运输承运人,如持有 TIR 手册,允许由发运地到达目的地,在海关签封下,中途可不受检查、不支付关税,也可不提供押金。这种 TIR 手册是由有关国家政府批准的运输团体发行;这些团体大都是参加国际公路联合会的成员,它们必须保证监督其所属运输企业遵守海关法规和其他规则。协定的正式名称是《根据 TIR 手册进行国际货物运输的有关关税协定》(Customs Convention On the International Transport of Goods under Cover of TIR Carnets)。

该协定有欧洲 23 个国家参加,并已从 1960 年开始实施。尽管上述公约和协定有地区性限制,但它们仍不失为当前国家公路运输的重要国际公约和协定,并对今后国际公路运输的发展具有一定影响。

(1)《国际公路货物运输合同公约》的适用范围

① 如公路以车辆运输货物而收取报酬的运输合同,接受货物和指定交货地点依据合同的规定在两个不同的国家,其中至少有一国是缔约国。

② 如车辆装载运输的货物在运输过程中经由海上、铁路、内陆水路或航空,但货物没有从车辆上卸下,该公约仍对整个运输适用。

③ 若公路承运人本人也为其他运输方式下的货物联送人,其责任也应依照规定予以确定,但在作为公路承运人和其他运输方式承运人时,则其具有双重身份。

④ 公路承运人应对其受雇人、代理人或为履行运输而使用其服务的任何其他人的行为或不行为一样承担责任。

(2) 运单信息

《国际公路运输合同公约》规定:"运单是运输合同,是承运人收到货物的初步证据和交付的凭证。"

① 运单应该记载的主要内容
- 运单签发的日期和地址。
- 收货人、发货人、承运人的名称和地址。
- 货物接管的地点、日期和指定的交货地点。
- 一般常用的货物名称、包装方式,如果属于危险货物,还应注明通常认可的性能。
- 货物的件数、特性、标识、号码。
- 货物的毛重,或以其他方式表示的数量。
- 与运输有关的费用(运输费用、附加费用以及其间发生的其他费用)。

另外还应包括:是否允许转运的说明,发货人负责支付的费用,货物的价值,发货人关于货物保险和承运人的指示,交付承运人的单据清单,有关履行运输的期限等。除此之外,缔约国还可以在运单上列明他们认为有利的事项。

② 运单的性质
- 运单是运输合同。
- 运单是货物的收据、交货的凭证。
- 运单是解决责任纠纷的依据。
- 运单不是物权凭证,不能转让、买卖。

③ 运单的签发及证据效力

《国际公路运输合同公约》第四条规定:"运输合同应以签发运单来确认,无运单、运单不正规或运单丢失不影响运输合同的成立或有效性,仍受本公约的规定约束。"运单一式三份,第一份交由发货人,第二份应跟随货物同行,第三份由承运人保留。承运人在接收货物时应做到以下两点:
- 保证检验运单中有关货物件数、标识、号码的准确性。
- 检查货物的外表状况及其包装。

6.2.2 国际公路货物运费

公路运费均以"吨/里"为计算单位,一般采用两种计算标准:一是按货物等级规定基本运费率;二是以路面等级规定基本运价。凡是一条公路路线包含两种或者两种以上等级公路的,则以实际行驶里程分别计算运价。特殊道路如山岭、河床、原野地段等,则双方另行商定。

1. 运杂费的计收程序

(1) 确定货物等级和计收重量。

(2) 查定规定计收的费率。

(3) 计算发站至到站的计费里程。

(4) 核算有关杂费。

2．运费计算公式

（1）整批货物运费

整批货物运费＝吨次费×计费质量＋整批货物运价×计费质量×计费里程＋运输其他费用

（2）零担货物运费

零担货物运费＝计费质量×计费里程×零担货物运价＋运输其他费用

（3）包车运费

包车运费＝包车运价×包用车辆吨位×计费时间＋货物运输其他费用

凡车辆无法计算历程，或因货物性质、体积限制，不能按正常速度行驶者，应按即时包车处理。

3．特定运价

（1）每件货物重量满 250 公斤以上为超重货；货物长度达 7 米以上为超长货；装载高度由地面起超过 4 米为超高货。

（2）托运普通、易碎等货物均按质量计费；超重和轻泡货物按整车计费。

（3）同一托运人托运双程运输货物时，按运价率减成 15%。

（4）根据国家政策，经省运价部门规定降低运价的货物。

（5）同一托运人去程或回程运送所装货物包装的，按运价减成 50%。

（6）超重货物按运价加成 30%。

（7）集装箱按箱/公里计算。

（8）过境公路运输采用全程包干计费。

（9）对展品、非贸易运输物资，一般按普通运价加成 100% 计费。

（10）特大型特殊货物，采用协商运价计费。

4．运杂费收款办法

（1）预收运费的，在结算时，多退少补。

（2）现金结算的，按实际发生的运杂费总额向托运人收取现金。

（3）财务托收，由承运方先垫付，定期凭运单回执汇总所有费用总额，由银行向托运方托收运费。

（4）其他结算办法，如预交转账支票，按协议收取包干费用等。

6.3.3　与周边地区出入境线路开辟情况

1．中蒙新开通国际道路运输线路

① 新疆哈密市—老爷庙口岸（中）—布尔嘎斯台口岸（蒙）和阿尔泰市—布尔嘎斯台口岸（蒙）—老爷庙口岸（中）的国际道路旅客运输线路。

② 新疆青河县—塔克什肯口岸（中）—布尔干口岸（蒙）—布尔根县国际道路旅客运输线路。

③ 青河县—塔克什肯口岸—布尔根县国际道路旅客运输线路。

为了满足中国与蒙古间日益扩大的经贸交流与人员往来的需求,两国开通新的国际道路运输线路。本着推动合作,搞好协调,营造环境,促进便利的要求,完善国际道路运输体系,建立新的运输观念,最终实现质的飞跃,进一步促进对外经济的快速发展。

2. 中国与哈萨克斯坦将新开通22条国际客货运输线路

① 伊宁—都拉塔口岸(中)—科里扎特口岸(哈)—琼扎
② 伊宁—都拉塔口岸(中)—科里扎特口岸(哈)—阿拉木图
③ 阿勒泰—吉木乃口岸(中)—迈哈布奇盖口岸(哈)—谢米巴拉金斯克
④ 霍尔果斯口岸(中)—霍尔果斯口岸(哈)—雅尔肯特
⑤ 塔城—巴克图口岸(中)—巴克特口岸(哈)—阿拉木图
⑥ 乌鲁木齐—吉木乃口岸(中)—迈哈布奇盖口岸(哈)—兹里亚诺夫斯克
⑦ 乌鲁木齐—吉木乃口岸(中)—迈哈布奇盖口岸(哈)—利德热
⑧ 乌鲁木齐—阿拉山口口岸(中)—多斯蒂克口岸(哈)—塔尔迪库尔干
⑨ 乌鲁木齐—霍尔果斯口岸(中)—霍尔果斯口岸(哈)—琼扎
⑩ 乌鲁木齐—霍尔果斯口岸(中)—霍尔果斯口岸(哈)—塔尔迪库尔干
⑪ 乌鲁木齐—巴克图口岸(中)—巴克特口岸(哈)—阿拉木图

以上线路为客运、货运并运线路,各11条,合计为22条,中哈两国开通的直达国际道路运输线路将达64条,其中,旅客运输线路33条,货物运输线路31条,哈萨克斯坦将成为中国在中亚地区开通国际道路运输线路最多的国家。

3. 中国与俄罗斯间开通的国际道路运输线路

① 牡丹江—绥芬河—波格拉尼奇内—乌苏里斯克
② 佳木斯—同江—下列宁斯科耶—比罗比詹
③ 鹤岗—萝北—阿穆尔捷特—比罗比詹,中俄双方即将延伸鸡西—密山—图里罗格—乌苏里斯克客货运输线路、伊春—嘉荫—巴什科沃—比罗比詹客货运输线路等四条国际道路运输线路
④ 哈巴河至喀纳斯山口
⑤ 哈尔滨—牡丹江—绥芬河(东宁)—乌苏里斯克—海参崴(纳霍德卡/东方港)
⑥ 哈尔滨—佳木斯—抚远—哈巴罗夫斯克—共青城
⑦ 哈尔滨—佳木斯—同江—下列宁斯科耶—比罗比詹—哈巴罗夫斯克
⑧ 哈尔滨—双鸭山—饶河—波克罗夫卡—哈巴罗夫斯克
⑨ 哈尔滨—鸡西—密山(虎林)—乌苏里斯克—海参崴
⑩ 伊春—嘉荫—巴什科沃—比罗比詹
⑪ 鸡西—密山—图里罗格—乌苏里斯克
⑫ 鸡西—虎林—马尔科沃—乌苏里斯克

4. 中国与巴基斯坦的国际运输公路

① 喀什—红其拉甫口岸—苏斯特口岸—卡拉奇港/卡西姆港和喀什—红其拉甫口岸—苏斯特口岸—卡拉奇港—瓜达尔港(货运)
② 塔什库尔干—红其拉甫口岸—苏斯特口岸(客运)

③ 喀什—红其拉甫口岸—苏斯特口岸—吉尔吉特（客运）

5．五条通往中亚的公路运输走廊

① 乌鲁木齐—阿拉山口口岸—阿克斗卡（哈）—卡拉干达（哈）—阿斯塔纳（哈）—彼得罗巴甫洛夫斯克（哈）—库尔干（俄）

② 乌鲁木齐—霍尔果斯口岸—阿拉木图（哈）—比什凯克（吉）—希姆肯特（哈）—突厥斯坦（哈）—克孜勒奥尔达（哈）—阿克套（哈）—欧洲

③ 乌鲁木齐—库尔勒—阿克苏—喀什—伊尔克斯坦口岸—奥什（吉）—安集延（乌）—塔什干（乌）—布哈拉（乌）—捷詹（土）—马什哈德（伊）—德黑兰（伊）—伊斯坦布尔（土耳其）—欧洲

④ 喀什—卡拉苏口岸—霍罗格（塔）—杜尚别（塔）—铁尔梅兹（乌）—布哈拉（乌）

⑤ 卡拉奇港（巴）—白沙瓦（巴）—伊斯兰堡（巴）—红其拉甫口岸—喀什—吐尔尕特口岸—比什凯克（吉）—阿拉木图（哈）—塔尔迪库尔干（哈）—塞米巴拉金斯克（哈）—巴尔瑙尔（俄）

6.2.4 公路运输技术发展趋势

1．移动式无线电通信技术

在公路运输中通信联系十分重要，移动通信为运输车辆的生产调度管理提供了良好的信息传递手段。各发达国家都十分重视移动通信的研制和应用。其趋势主要表现在：移动通信形成和技术过程，已由提供听觉信息的话音传输逐步向提供视觉信息的数字、图文传输，由仅进行信息传递逐步与计算机技术相结合向信息收集、传输、储存、处理和控制的综合化方向发展；移动通信设备逐步向小型化、数字化、高频化、宽带化及集成化、智能化方向发展；广泛应用"频道复用技术""多频道共用技术"和重视移动通信控制中心的"自动汇接技术"的开发研制；等等。

2．电子计算机技术

公路运输组织管理，包括车辆调度、监控、运输工作的统计分析、汽车保修安排等十分复杂而烦琐的工作，采用电子计算机进行处理，便大大提高了管理水平、工作效率和准确程度。

货运业务受理、行车作业计划编制、作业计划下达、线路车辆运行管理、运输统计与运费结算等运用计算机处理非常方便。不少城市尤其是大城市交通，主要是汽车交通，都在逐步实现以计算机管理为基础的自动化控制。

3．汽车技术状况诊断新技术

近年来在诊断参数信息的识别和传感方面的进步，促进了随车诊断和车外诊断装置的开发和应用。两种诊断方式各有优点，并存发展，彼此取长补短，有机结合。前者有小客车故障随车诊断系统；后者有汽车诊断专家系统。此外还有激光和超声波诊断技术的开发应用等。

6.3 国际管道运输

管道运输(pipeline transportation)是一种现代化运输方式。许多盛产石油的国家都积极发展管道运输,因为管道运输速度快,流量大,减少了中途装卸环节,运费低廉。近年来,我国管道运输也迅速发展起来。我国同朝鲜之间已有管道相连通。我国向朝鲜出口石油,主要是通过管道运输。

6.3.1 管道运输概述

1. 管道运输总述

管道运输是国际货物运输方式之一,是随着石油生产的发展而产生的。它是以管道作为运输工具的一种长距离输送液体和气体物资的特殊运输方式,是一种专门由生产地向市场输送石油、煤和化学产品的运输方式。当前管道运输的发展趋势是:管道的口径不断增大,运输能力大幅度提高;管道的运距迅速增加;运输物资由石油、天然气、化工产品等流体逐渐扩展到煤炭、矿石等非流体。就液体与气体而言,凡是在化学上稳定的液体与气体都可以用管道运送,如废水(sewage)、泥浆(slurry)、水甚至啤酒都可以用管道传送。目前管道运输主要用于运送石油与天然气。

现代管道运输始于19世纪中叶,1865年美国宾夕法尼亚州建成第一条原油输送管道。然而管道运输的进一步发展则是从20世纪开始的。随着第二次世界大战后石油工业的发展,管道建设进入了一个新的阶段,各产油国竞相开始兴建大量石油及油气管道。20世纪60年代开始,输油管道的发展趋于采用大管径、长距离,并逐渐建成成品油输送的管网系统。同时,开始了用管道输送煤浆的尝试。全球的管道运输承担着很大比例的能源物资运输,包括原油、成品油、天然气、油田伴生气、煤浆等。其完成的运量常常大大高于人们的想象,例如美国的管道运输量接近于汽车运输量。近年来,运输专家正进一步研究管道用于解决散状物料、成件货物、集装物料的运输,以及发展容器式管道输送系统。

管道运输是大宗流体货物运输最有效的方式,不动的管道本身就是运货的载体,油泵或压缩机将能量直接作用在流体上。按管道的铺设方式不同,可将管道分为埋地管道、架空管道、水下管道;按输送介质不同,可以分为原油管道、成品油管道、天然气管道、油气混输管道、固体物料浆体管道;按其在油气生产中的作用,油气管道又可分为矿场集输管道,原油、成品油和天然气的长距离输送干线管道,天然气或成品油的分配管道等。

2. 管道运输构成要素

管道运输系统的基本设施包括管道、压力站(泵站)和控制中心。

(1) 管道。管道是管道运输系统中最主要的部分,它的制造材料可以是金属、混凝土或塑胶,完全根据输送的货物种类及输送过程中所要承受的压力大小而决定。运输管道通常按所输送的物品不同而分为原油管道、成品油管道、天然气管道和固体管道(前两类统称为油品管道或输油管道)。运输管道按用途不同又可分为集疏管道、输油(气)管道和配油(气)管道三种。管道运输的过程是连续进行的,管道两端必须建造足够容纳承载货物的储存槽。

（2）压力站。货物经由管道从甲地输送到乙地，必须靠压力来推动，压力站就是管道运输动力的来源。一般管道运输压力的来源可有气压式、水压式、重力式及最新的超导体磁力式。通常气体的输送动力来源靠压缩机来提供，这类压力站彼此的设置距离一般为80～160公里；液体的输送动力来源则是靠泵提供，这类压力站设置距离为30～160公里。

（3）控制中心。管道运输虽具有高度自动化，但它仍需要良好的控制中心，并配合最现代的监测器及熟练的管理与维护人员，随时检测、监视管道运输设备的运转情况，以防止意外事故发生时所造成的漏损及危害。

6.3.2 管道运输的特点

在国际陆上货物运输方式中，管道运输在运输石油、天然气等石化产品方面具有优势。管道运输安全性较高，可以降低石化产品长途运输过程中可能出现的燃烧、爆炸等事故的发生概率；由于是在管道内部封闭流动，货物的损失和损坏率较低；管道运输的可靠性高、维护费用低，且受天气因素影响较小。

管道运输有着独特的优势，管道运输不仅运输量大、连续、迅速、经济、安全、可靠、平稳以及投资少、占地少、费用低，而且可实现自动控制。除广泛用于石油、天然气的长距离运输外，还可运输矿石、煤炭、建材、化学品和粮食等。管道运输可省去水运或陆运的中转环节，缩短运输周期，降低运输成本，提高运输效率。管道运输具有运量大、不受气候和地面其他因素限制、可连续作业以及成本低等优点。随着石油、天然气生产和消费速度的增长，管道运输发展步伐不断加快。

（1）管道运输运量大

一条输油管线可以源源不断地完成输送任务。根据其管径的大小不同，其每年的运输量可达数百万吨到几千万吨，甚至超过亿吨。大型管道不仅比小型管道运量大，同时大型管道运输更有效率，管道直径越大，运输液体与管道之间的摩擦越小，能耗越小。一条管径为720毫米的管道就可以每年运送易凝高黏原油2 000多万吨，一条管径1 200毫米的原油管道年运输量可达1亿吨。

（2）管道运输占地少

运输管道通常埋于地下，占用的土地面积很少。管道建设的投资和施工周期均不到铁路的1/2。运输管道埋藏于地下的部分占管道总长度的95％以上，因而对于土地的永久性占用很少，分别仅为公路的3％，铁路的10％左右。在交通运输规划系统中，优先考虑管道运输方案，对于节约土地资源意义重大。

（3）管道运输建设周期短、费用低

管道运输系统的建设周期与相同运量的铁路建设周期相比一般要短1/3以上。中国建设大庆至秦皇岛全长1 152千米的输油管道，仅用了23个月的时间，而若要建设一条同样运输量的铁路，至少需要3年时间。同时，管道建设费用比铁路低60％左右。

（4）管道运输安全可靠、连续性强

由于石油天然气易燃、易爆、易挥发、易泄漏，采用管道运输方式，既安全，又可以大大减少挥发损耗，同时由于泄漏导致的对空气、水和土壤污染也可大大减少。因此，管道运输能较好地满足运输工程的绿色化要求。此外,由于管道基本埋藏于地下,其运输过程受恶劣多变的气候条件影响较小,可以确保运输系统长期稳定地运行。对于油气来说,汽车、火车运输均有很大的危险,国外称之为"活动炸弹",而管道在地下密闭输送,具有极高的安全性。成品油作为易燃、易爆的高危险性流体,最佳输送方式应该是管道运输。

(5) 管道运输耗能少、成本低

管道在建设上,与铁路、公路、航空相比,投资要省得多。就石油的管道运输与铁路运输相比,交通运输协会的有关专家曾算过一笔账:沿成品油主要流向建设一条长7 000千米的管道,它所产生的社会综合经济效益,仅降低运输成本、节省动力消耗、减少运输中的损耗3项,每年就可以节约资金数十亿元。发达国家采用管道运输石油,每吨千米的能耗不足铁路的1/7,在大量运输时的运输成本与水运接近。因此在无水条件下,采用管道运输是一种最为节能的运输方式。管道运输是一种连续工程,运输系统不存在空载行程,因而系统的运输效率高。管道口径越大,运输距离越远,运输量越大,运输成本就越低。管道运输石油产品比水运费用高,但仍然比铁路运输费用低。以运输石油为例,管道运输与铁路运输的运输成本之比为1∶1.7。

6.3.3 中国的管道运输发展

管道在我国是既古老又年轻的一种运输方式。早在公元2世纪,我国劳动人民就创造了用竹管送水的方法,后来在四川省中部发明了用竹管输送天然气和卤水,推动了井盐工业的发展。到10世纪末期,四川自流井输送天然气的竹管道就有10多条,总长达二三百公里。但以钢管为材料,备有机械动力装置的现代化管道运输,在旧中国则根本没有。

中华人民共和国成立以后,随着石油和天然气生产的发展,管道运输也得到了发展。20世纪50年代之初,首先在甘肃玉门油矿铺设了一些短距离的输油管道。1958年我国修建了从克拉玛依油田到独子山炼油厂的第一条原油干线管道,揭开了我国长距离管道运输的历史。但是大规模的油气管道则是在70年代以来随着石油工业的大发展而修建的。到1990年底,全国已建成长距离输油(气)管道1.60万公里,其中原油管道约47%多,天然气管道约占45%多,成品油管道仅占7%左右。管道运输量和周转量分别为1.57亿吨和627亿吨公里,大大提高了管道运输在我国运输体系中所占的地位。

2006年末,全国输油(气)管道里程为48 226公里,其中输油管24 136公里,输气管24 090公里。管道输油(气)能力为66 948万吨/年,其中输油能力57 530万吨/年,输气能力9 418千万立方米/年。

2007年,中国已建油气管道的总长度约6万千米,其中原油管道1.7万千米,成品油管道1.2万千米,天然气管道3.1万千米。中国已逐渐形成了跨区域的油气管网供应格局。随着中国石油企业"走出去"战略的实施,中国石油企业在海外的合作区块和油气产量不断增加,海外份额油田或合作区块的外输原油管道也得到了发展。

2014年底,我国陆上油气管道总里程超过12万千米,覆盖31个省区市和特别行政区,近10亿人受益,标志着我国油气骨干官网保障格局基本完成,在保障国家能源安全方面发挥了重要作用,同时西油东送、北油南运、西气东输、北气南下、海上登陆、就近供应、覆盖全国的油气管道供应格局已然形成。

随着国民经济对油气资源需求的持续稳定增长,预计未来10~20年我国油气管道建设还将处于稳定增长期,其中天然气管道及储气库等配套设施建设将是今后发展重点。预计2020年,全国油气管道网总里程将达到16万千米。未来数年是中国管道工业的黄金期,除得益于中国经济的持续快速发展和能源结构的改变,建设的中俄输气管线、内蒙古苏格里气田开发后将兴建的苏格里气田外输管线、吐库曼和西西伯利亚至中国的输气管线等,不仅为中国,也为世界管道业提供了发展机遇。

本章小结

铁路运输是国家的经济大动脉,国际铁路货物运输为国际贸易货物的交流提供了一种经济便捷而又安全可靠的运输方式。国际铁路货物联运需要遵守《国际货协》《统一货价》等一系列有关规章。

国际公路运输是现代运输的主要方式之一,也是构成陆上运输的两个基本运输方式之一,它在整个运输中占有重要的地位,并发挥着越来越重要的作用。公路运输既是一个独立的运输体系,也是车站、港口和机场集散物资的重要手段。

管道运输是国际货物运输方式之一,是随着石油生产的发展而产生的,他是大宗流体货物运输最有效的方式。管道运输系统的基本设施包括管道、压力站(泵站)和控制中心。

复习与思考

1. 铁路货物运输的国际条约有哪些,具体内容是什么?
2. 国际铁路货物运输运费计算程序有哪些?
3. 公路货物运输的国际条约及规定是什么?
4. 管道运输与其他货物运输方式的主要差别是什么?

线上自测

案例分析

2019年中欧班列(重庆)重箱折列、运输货值均居全国第一

中欧班列是指按照固定车次、线路等条件开行,往来于中国与欧洲及一带一路沿线各国的集装箱国际铁路联运班列。2011年,在团结村铁路中心,始发于中国重庆、终点是德国杜伊斯堡的首趟列车缓缓驶出,奏响了中欧班列的序曲,也唤醒了沉睡千年的古丝绸之路。2019年,中欧班列(重庆)重箱折列超1 500列,位居全国第一,运输货值也位居全国第一,成为重庆乃至中国连接欧洲的重要贸易桥梁。

随着重庆全面融入共建"一带一路"、加快建设内陆开放高地,渝新欧(重庆)物流有限公司总经理漆丹时时刻刻都能感受到这座城市的发展势头,"现在,我们走到各个地方,人们都会说到中欧班列,'重庆'的名片、'渝新欧'的品牌越来越响亮了"。

不沿边不靠海,内陆重庆跻身开放前沿

地处西部内陆、长江上游,不沿边、不靠海,距离出海口 2 000 公里,这曾是阻碍重庆开放发展的短板。中欧班列的开行,国际陆海贸易新通道打通,古丝路响起新驼铃,重庆等西部地区正从昔日的开放末梢跻身开放前沿。

对此,漆丹感受颇深。"'渝新欧'班列的诞生就是重庆内陆开放、外型经济发展所催生的。可以说,重庆内陆开放高地建设不断促进中欧班列(重庆)多元发展,反之,中欧班列(重庆)也在推动着重庆打造内陆开放高地的步伐,两者相辅相成。"

近年来,重庆加大了对外开放力度,大力建设开放通道。向西、向北,重庆开辟"渝新欧"国际铁路大通道,为全国中欧班列的诞生打下基础,截至目前,中欧班列(重庆)累计开行超 4 500 列,中国对外开放的"内陆时代"正不断发展。

"内陆开放也让我们抓住了向南发展的机遇,再有中新(重庆)战略性互联互通示范项目的加持,进一步为中欧班列(重庆)发展注入新动能。"漆丹说,越南班列开行稳定,已逐渐成为东南亚产品进入欧洲的重要载体,是融入西部陆海新通道建设的有力抓手。

随着国务院近期正式批复重庆果园港口岸开放,为中欧班列(重庆)开展铁水等多式联运提供了有利条件。

走高质量发展之路,助力重庆建设内陆开放高地

中欧班列(重庆)增长的不只是数量,更是质量。班列数量、货值始终处在全国第一,重载率、运输时效、去回匹配等指标稳居前列。漆丹欣喜地发现,这几年搭乘班列出口到欧洲的货物,从只有笔记本电脑等产品,到如今的液晶面板、集成电路等高附加值产品,变化正在悄然发生。

"中欧班列(重庆)最初运输的主要是重庆制造电子产品,现在产品很丰富了,涵盖电子通信、汽车整车、农副食品、生物医药、水果肉类等产品,门类齐全,能够满足消费者各方面需要。"在漆丹看来,这也反映了重庆的经济发展越来越开放。

近年来,渝新欧公司坚持走高质量创新发展道路,积极参与并配合国家层面开展"安智贸""关铁通""国际邮包铁路运输""沿线国家安全运输保障"等重大试点项目的推进工作。诸如推进保时捷进口车、意大利高端医疗器械等高附加值项目。

与此同时,渝新欧公司还在大力发展运贸一体化业务。"2019 年,我们成功运作了哈萨克斯坦小麦和小麦粉贸易,积极创建渝新欧自营商品品牌,先后推出了进口葵花籽油和以哈萨克斯坦小麦粉为原料的重庆小面、简装面条,希望将国外优质农副产品带到老百姓的餐桌。"漆丹说道。

思考题:
1. 中欧班列(重庆)快速发展的原因是什么?
2. 中欧班列与其他运输方式相比有何优势?

第7章 集装箱运输与国际多式联运

本章关键词

集装箱(container)
集装箱运输(container transportation)
国际多式联运(international multimodal transport)
集装箱堆场(container yard)
集装箱货运站(container freight station)

互联网资料

http://www.mot.gov.cn/
http://www.chinaports.com/
http://www.shisc.net/
https://www.cnss.com.cn/

7.1 集装箱运输概述

集装箱运输以集装箱这种大型容器为载体,将货物集合组装成集装单元,以便在现代流通领域内运用大型装卸机械和大型载运车辆进行装卸、搬运作业和完成运输任务,从而更好地实现货物"门到门"运输的一种新型、高效率和高效益的运输方式。

7.1.1 集装箱概述

1. 集装箱的定义

所谓集装箱(container),是指具有一定强度、刚度和规格专供周转使用的大型装货容器。使用集装箱转运货物,可直接在发货人的仓库装货,运到收货人的仓库卸货,中途更换车、船时,无须将货物从箱内取出换装。

按所装货物种类分,有杂货集装箱、散货集装箱、液体货集装箱、冷藏箱集装箱等;按制造材料分,有木集装箱、钢集装箱、铝合金集装箱、玻璃钢集装箱、不锈钢集装箱等;按结构分,有折叠式集装箱、固定式集装箱等,在固定式集装箱中还可分密闭集装箱、开顶集装

拓展阅读 7.1
如何快速破译集装箱上的神秘代码?

箱、板架集装箱等;按总重量分,有30吨集装箱、20吨集装箱、10吨集装箱、5吨集装箱、2.5吨集装箱等。

国际标准化组织(ISO)对国际标准集装箱的定义如下:

集装箱是一种运输设备:

(1) 具有耐久性,其坚固程度足以能反复使用。

(2) 便于商品运送而专门设计的,在一种或多种运输方式中运输时,无须中途换装。

(3) 装有便于装卸和搬运的装置,特别是从一种运输方式转移到另一种运输方式时。

(4) 设计时注意到便于货物装满或卸空。

(5) 内容积为1立方米或1立方米以上。

"集装箱"一词不包括车辆和传统包装。

在集装箱运输中,符合国际标准的集装箱是使货物标准化的装运设备和外包装,是集装箱运输的基本单元。在运输过程中,它既是货物的一部分,又是运输工具的组成部分。在运输过程中使用的集装箱除少数属货主自有箱或租赁箱外,绝大多数是由船公司或其他集装箱运输经营人提供的。

2. 集装箱的特点

集装箱的优缺点都很明显,其优点主要表现在以下方面。

(1) 因为箱体强度高,保护、防护货物的能力强,因而货损较小。

(2) 集装箱本身还是一个小型储存仓库,所以使用集装箱可以不再配置仓库、库房。

(3) 集装箱具备标准化装备的一系列优点,如尺寸、形状有一定的规定,便于对装运货物和承运设备做出规划、计划。是可以统一装卸、搬运的工具,简化了装卸工艺,通用性、互换性强。

集装箱也有一些缺点,因而也限制集装箱在更广的范围中应用。

(1) 自重大,因而无效运输、无效装卸的比重大。在物流过程中,本身增加了货物对运费的承担。

(2) 集装箱本身造价高,在每次物流中分摊成本较高。

(3) 集装箱返空困难,如果空箱返空则浪费很大。

3. 集装箱的类型

集装箱的分类可以有多种方法,如以制造材料不同或以尺度不同等进行分类。这里以集装箱的用途不同进行分类,以便实践中根据货物的不同性质选择合适类型的集装箱。

(1) 干货集装箱

干货集装箱(dry container),又称普通集装箱(general propose container),如图7-1所示。此类集装箱以装运件杂货为主,通常用来装运文化用品、日用百货、医药、纺织品、工艺品、化工制品、五金交电、电子机械、仪器及机器零件等。这种集装箱占集装箱总数的70%~80%,式样较多,使用时应注意箱子内部容积和最大负荷。

(2) 散货集装箱(bulk container)如图7-2所示,一般在顶部设有2~3个小舱口,以便装货,底部有升降架,可升高成40度的倾斜角,以便卸货。这种箱子适宜装粮食、水泥等散货,如要进行植物检疫,还可在箱内熏舱蒸洗。

图 7-1　干货集装箱

图 7-2　散货集装箱

(3) 冷藏集装箱

冷藏集装箱(reefer container)如图 7-3 所示,此类集装箱分外置和内置式两种。温度可在-28℃～26℃范围内调整。内置式集装箱在运输过程中可随意启动冷冻机,使集装箱保持指定温度;而外置式则必须依靠集装箱专用车、船和专用堆场、车站上配备的冷冻机来制冷。这种箱子适合在夏天运输黄油、巧克力、冷冻鱼肉、炼乳、人造奶油等物品。

图 7-3　冷藏集装箱

(4) 开顶集装箱

开顶集装箱(open top container)如图 7-4 所示,这种集装箱没有箱顶,可用起重机从箱顶上面装卸货物,装运时用防水布覆盖顶部,其水密性要求和干货箱一样。适合于装载体积高大的物体,如玻璃板等。

图 7-4　开顶集装箱

(5) 框架集装箱

框架集装箱(flat rack container)如图 7-5 所示,这种集装箱没有箱顶和两侧,其特点是从集装箱侧面进行装卸。以超重货物为主要运载对象,还便于装载牲畜,以及诸如钢材之类可以免除外包装的裸装货。

图 7-5　框架集装箱

(6) 牲畜集装箱

牲畜集装箱(pen container)如图 7-6 所示,这种箱子侧面采用金属网,通风条件良好,而且便于喂食,是专为装运牛、马等活动物而制造的特殊集装箱。

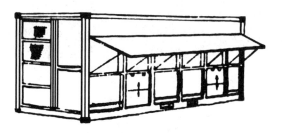

图 7-6　牲畜集装箱

(7) 罐式集装箱

罐式集装箱(tank container)如图 7-7 所示,此种集装箱又称液体集装箱,是为运输食品、药品、化工品等液体货物而制造的特殊集装箱。其结构是在一个金属框架内固定上一个液罐,货物由液罐顶部的装货孔进入,卸货时,货物由排出孔靠重力作用自行流出,或者从顶部装货孔吸出。

图 7-7　罐式集装箱

(8) 通风集装箱

通风集装箱(ventilated container)如图 7-8 所示,该种集装箱的箱壁有通风孔,内壁涂塑料层,适宜装新鲜蔬菜和水果等怕热怕闷的货物。

图 7-8　通风集装箱

(9) 平台集装箱

平台集装箱(platform container)如图 7-9 所示,该箱形状类似铁路平板车,适宜装超重超长货物,长度可达 6 米以上,宽 4 米以上,高 4.5 米左右,重量可达 40 吨。且两台平台集装箱可以联结起来,装 80 吨的货,用这种箱子装运汽车极为方便。

(10) 挂式集装箱

挂式集装箱(dress hanger container)如图 7-10 所示,适合于装运服装类商品。

(11) 汽车集装箱

汽车集装箱(carcontainer)如图 7-11 所示,是专门供运输汽车而制造的集装箱。结构简单,通常只设有框架与箱底,根据汽车的高度,可装载一层或两层。

图 7-9 平台集装箱

图 7-10 挂式集装箱

图 7-11 汽车集装箱

7.1.2 集装箱运输概述

1. 集装箱运输的定义

集装箱是作为运输工具使用的一种特殊的货物容器,《中华人民共和国国家标准:物流术语》中没有对集装箱运输(container transportation)作出定义,本书将这一概念定义为:集装箱运输是以集装箱为单元积载设备(货运单位)所进行的货物运输。应当明确的是,集装箱运输只是诸多运输方式中的一种,它以集装箱为货运单位(单元积载设备),在海、陆、空运中都可以使用。

2. 集装箱运输的特点

集装箱运输就是以集装箱作为运输单位进行货物运输的一种先进的现代化运输方式。它具有如下特点:

(1) 在全程运输中,可以将集装箱从一种运输工具上直接方便地换装到另一运输工具上,而无须接触或移动箱内所装货物。

(2) 货物在发货人的工厂或仓库装箱后,可经由海陆空不同运输方式一直运至收货人的工厂或仓库,实现"门到门"运输而中途无须开箱倒载和检验,大大减少了中间环节,简化了货运手续,加快了货运速度,缩短了货运时间,从而减少了商品在途时间。

(3) 集装箱由专门的运输工具装运,装卸快,效率高,质量有保证。

(4) 一般由一个承运人负责全程运输。

3. 集装箱运输的优点

(1) 集装箱运输能提高装载效率,减轻劳动强度

集装箱运输主要是将单件杂货集中成组装入箱内,可以减少重复操作,从而大大提高车船装载效率。其中每一环节的装载时间一般仅需 3 分钟,每小时装卸货物可达 400 吨,这是普通货船装卸效率的 10 倍。据铁路部门测算,用人工装车,平均一个车皮需要 2 小时,而采用铁路专用集装箱运输,机械化作业一般只需 20 分钟。此外,集装箱运输还能提高船舶运营率,它不受气候影响,能减少非生产性停泊,大大降低劳动强度。

(2) 集装箱运输能避免货物倒载,防止货损货差

采用件杂货运输方式时,由于在运输和保管过程中货物较难保护,尽管也采取了一些相关措施,但货损、货差情况仍较严重,特别是在运输环节多、品种复杂的情况下,货物的中途转运搬动使商品破损及被盗事故屡屡发生,尤其是零担百货商品发生的事故更多。据铁路部门统计,零担货物事故约占整个货损事故的 80%。采用集装箱运输方式后,由于集装箱本身实际上起到了一个强度很大的外包装作用,因此,即使经过长途运载或多次换装,也不易损坏箱内货物。此外,集装箱在发货人处签封,一单到底,途中不拆箱,这就能大大减少货物丢失,货运质量在一定程度上得到了保证。

(3) 缩短货物的在途时间,加快车船的周转

集装箱化给港口和场站的货物装卸、堆码的全机械化和自动化创造了条件。标准化的货物单元使装卸搬运动作变得简单和有规律,因此,在作业过程中能充分发挥装卸搬运机械设备的能力,便于实现自动控制的作业过程。机械化和自动化可以大大缩短车船在

港站停留时间,加快货物的送达速度。另外,集装箱运输方式减少了运输中转环节和收发货的交接手续,方便了货主,提高了运输服务质量。据航运部门统计,一般普通货船在港停留时间约占整个营运时间的56%,而采用集装箱运输,则在港停留时间可缩短为仅占整个营运时间的22%。

(4) 集装箱运输可减少营运费用,简化货运手续

集装箱箱体作为一种能反复使用的包装物,虽然一次性投资较高,但与一次性的包装相比,其单位货物运输分摊的包装费用投资反而降低。由于采用统一的货物单元,使换装环节设施的效能大大提高,从而降低了运输成本,减少运营费用。此外,使用集装箱运输以前,在装卸时必须按货物外包装上的标志加以分类,逐件检查。而使用集装箱运输以后,可按箱进行检查,大大加快了检验速度,降低了验收费用。

(5) 减少货物运输费用

除了前述的节省船舶运输费用外,由于采用统一的货物单元,使换装环节设施的效能大大提高,从而降低了装卸成本。同时,采用集装箱方式,货物运输的安全性明显提高,使保险费用有所下降。英国在大西洋航线上开展集装箱运输后,运输成本仅为普通杂货船的九分之一。

(6) 集装箱运输可组织综合运输,实现多式联运

由于各种运输工具各自独立发展,装载容积无统一考虑的依据,因此,传统的运输方式给货物的换装带来了困难。随着集装箱作为一种标准运输单元的出现,各种运输工具的运载尺寸向统一的满足集装箱运输需要的方向发展。根据标准化的集装箱设计的各种运输工具将使运输工具之间的换装衔接变得更加便利。集装箱运输逐渐由海上的两端间运输延伸发展为与陆运、空运结合的国际多式联运。

由于集装箱运输具有以上特点,从而从根本上改变了传统运输方式的面貌,所以被世界公认为是"运输史上的一场革命"。

4. 集装箱运输的发展趋势

(1) 集装箱保有量的快速增长

随着集装箱运输的发展以及运输周转的加快,现有的集装箱保有量显得有所不足,为了与全球集装箱贸易量增长匹配,集装箱保有量在未来将会有长足的发展。与其他运输方式相比,集装箱运输是一种新的发展模式,并且在不断地发展和创新。集装箱运输的优越特点,决定它将在整个运输中承担越来越大的市场份额。

(2) 集装箱箱体大型化的趋势

为了提高运输系统的效率,世界上许多港口已经拒绝停靠件杂货船,承运人只能将件杂货运输用集装箱运输来代替,提高件杂货的适箱率导致集装箱箱体向大型化发展,以便载运品种繁多的大尺码货物,如成套的机械设备、钢管、车辆、木材和石材等。

(3) 集装箱运输组织方式的集成化

目前,各种运输方式基本各自为政,各种运输方式在争夺货源时相互间难以协调,由此造成客户的极大不便。而现代集装箱运输系统则要求铁路、公路、水运、航空、港口、机场、场站、仓储及相关的企业等方面协同组织,这种需求与人们追求运输系统整个过程的效率,降低整个过程的运输成本的要求是一致的。因此,集装箱运输系统组织的进一步集

成化将是未来发展的一种趋势。

(4) 集装箱多式联运将得到进一步完善和发展

便于实现多式联运是集装箱运输的特点之一。现代集装箱运输从产生时起就与多式联运紧密联系在一起。目前，一些发达国家的运输工具、场站设施和相关设备已配套形成了较为完善的综合运输系统,同时不断加强多式联运的正规化和国际化工作,制定和通过了与集装箱运输有关的国际公约和国内法规,建立了全球性的货运代理和多式联运经营网络。这一切为多式联运的发展创造了良好的硬、软件环境,使集装箱运输已基本上实现了多式联运化。而在发展中国家,由于各方面条件的限制,多式联运仍处在起步和发展阶段,但多式联运的优越性使这些国家加快了引进先进的硬、软件技术,发展本国综合运输网和多式联运的步伐。发展中国家经济的发展及世界范围内多式联运经营网络及硬软件环境的改善,将进一步促进集装箱多式联运的发展。

7.1.3 集装箱货物与交接方式

1. 集装箱货物概述

集装箱运输方式的出现改变了传统的货运单位,从而有效地克服了传统运输所存在的各种不同的缺陷,但这并不意味着所有的货物都可以成为集装箱货物。

集装箱货物是指以集装箱为单元积载设备而投入运输的货物。通常适宜用集装箱装运的货物具有两个基本特点:一是能较好地利用集装箱的载货能力(重量和容积);二是价格较高。

按货运特征分类,集装箱货物可划分为以下两种。

(1) 整箱货(FCL)。指一个货主托运的足以装满一个集装箱的货物。货主向承运人或租赁公司租用一定的集装箱。空箱运到工厂仓库后,在海关人员监管下,货主把货装入箱内,填写装箱单,加锁铅封后,交承运人并取得站场收据,最后凭收据换取提单或运单。习惯上整箱货只有一个发货人和一个收货人。

(2) 拼箱货(LCL)。指一个货主托运的不能装满一个集装箱,须由集装箱货运站或货运代理人将分属不同货主的同一目的地的货物进行合并装箱的货物。承运人接受货主托运的数量不足整箱的小票货,运后根据货类性质和目的地进行分类整理,把去同一目的地的货,集中到一定数量,拼装入箱。习惯上拼箱货涉及几个发货人或几个收货人,货物的装、拆箱作业由承运人负责。

2. 集装箱货物装载

(1) 集装箱的选择、检查

选用集装箱时,主要考虑的是根据货物的不同种类、性质、形状、包装、体积、重量以及运输要求,采用合适的箱子。一般最好选用国际上广泛使用的集装箱型号。开展集装箱的国际多式联运,应以"门到门"运输为原则。因此,在选用集装箱运输时,必须注意到内陆运输的条件。为了适应公路和铁路运输条件,使货运量少、运输条件差的国家和地区也能实现"门到门"运输,可采用"子母箱"运输方法。"子母箱"运输方法系指子箱的尺寸应与母箱的尺寸紧密配合,在海上运输时可采用大型国际标准箱,而在内陆运输时,则采用小型集装箱运输,等这些国家和地区的集装箱运输发展成熟和货运量增大后,再逐步完善大型集装箱的"门到门"运输。

集装箱在装载货物之前,必须经过严格检查。有缺陷的集装箱,轻则导致货损,重则在运输、装卸过程中造成箱毁人亡事故。所以,对集装箱的检查是货物安全运输的基本条件之一。发货人、承运人、收货人以及其他关系人在相互交接时,除对箱子进行检查外,应以设备交接单等书面形式确认箱子交接时的状态。

(2) 货物装箱程序

① 选定货物在集装箱内部宽度和高度方面的装载方案,并尽可能使其接近集装箱内部的宽度和高度。

② 为了使剩余容积最小,应首先装满集装箱内的宽度和高度,然后确定长度方面应装件数。

③ 装箱方案确定后,从里面开始装,直到箱门处。

在箱门处,可根据剩余容积,适当改变货件的配制方法,但应防止开关箱门时发生货物倒塌。装卸集装箱内货物,应尽量创造条件用机械操作。其装卸作业方式,随箱型或货物品种而异。如散装货箱可用抓斗或皮带装箱,用倾斜方式卸箱;顶开门式货箱可用起重机装卸;侧开门式货箱可用叉车装卸箱;端开门式大型通用集装箱,可用小型机械出入箱内装卸箱等。集装箱货物装箱后,装拆箱作业人应缮制货物装箱单,按有关规定施加封志,并按要求在箱体外贴上运输及有关标志。

3. 集装箱货物的交接

(1) 集装箱运输的关系方

随着集装箱运输的逐步发展、成熟,与之配套的工作流程、管理方法以及工作机构也相应地发展起来。集装箱运输的关系方主要有:无船承运人、集装箱实际承运人、集装箱租赁公司、集装箱堆场和集装箱货运站等。

① 无船承运人。无船承运人(non-vessel operating common carrier,NVOCC)专门经营集装货运的揽货、装拆箱、内陆运输及经营中转站或内陆站业务,可以具备实际运输工具,也可不具备。对真正的货主来讲是承运人,而对实际承运人来说又是托运人。

② 集装箱实际承运人。集装箱实际承运人(actual carrier,AC)是掌握运输工具并参与集装箱运输的承运人,通常拥有大量集装箱,以利于集装箱的周转、调拨、管理以及集装箱与车船机的衔接。

③ 集装箱租赁公司。集装箱租赁公司(container leasing company,CLC)是专门经营集装箱出租业务的新行业。

④ 集装箱堆场。集装箱堆场(container yard,CY)是指办理集装箱重箱或空箱装卸、转运、保管、交接的场所。

⑤ 集装箱货运站。集装箱货运站(container freight station,CFS)是处理拼箱货的场所,它在办理拼箱货的交接、配载、积载后,将箱子送往集装箱堆场,并接收集装箱堆场交来的进口货箱,进行拆箱、理货、保管,最后拨给各收货人。同时也可按承运人的委托进行铅封和签发场站收据等业务。

(2) 集装箱货物的交接方式

集装箱货物的交接有多种方式：可以传统的方式在船边进行交接，可以整箱货的方式在集装箱堆场进行交接，可以拼箱货的方式在集装箱货运站进行交接，也可以在多式联运方式下在货主的仓库或工厂进行交接。在海上集装箱班轮运输实践中，班轮公司通常承运整箱货，并在集装箱堆场交接；而集拼经营人则承运拼箱货，并在集装箱货运站与货方交接货物。实际业务中，集装箱货物的交接方式通常主要有以下几种。

① 门到门。门到门(door to Door)是指集装箱运输经营人从发货人工厂或仓库接受货物，负责运至收货人工厂或仓库交付。货物的交接形态都是整箱接、整箱交。

② 门到场。门到场(door to CY)是指集装箱运输经营人从发货人工厂或仓库接受货物，并负责运至卸货港码头堆场或其内陆堆场，向收货人交付。这种货物的交接形态也都是整箱接、整箱交。

③ 门到站。门到站(door to CFS)是指集装箱运输经营人在发货人工厂或仓库接受货物，并负责运至卸货港码头的集装箱货运站或其在内陆地区的货运站，经拆箱后向各收货人交付。这种货物的交接形态是整箱接、拆箱交。

④ 场到门。场到门(CY to door)是指集装箱运输经营人在码头堆场或其内陆堆场接受发货人的货物(整箱货)，并负责把货物运至收货人的工厂或仓库向收货人交付。这种货物的交接形态是整箱接、整箱交。

⑤ 场到场。场到场(CY to CY)是指集装箱运输经营人在装货港的码头堆场或其内陆堆场接受货物(整箱货)，并负责运至卸货港码头堆场或其内陆堆场，在堆场向收货人交付(整箱货)。这种货物的交接形态是整箱接、整箱交。

⑥ 场到站。场到站(CY to CFS)是指集装箱运输经营人在装货港的码头堆场或其内陆堆场接受货物，并负责运至卸货港码头集装箱货运站或其在内陆地区的集装箱货运站，经拆箱后向收货人交付。这种货物的交接形态是整箱接、拆箱交。

⑦ 站到门。站到门(CFS to door)是指集装箱运输经营人在装货港码头的集装箱货运站及其内陆的集装箱货运站接受货物，拼箱后，运至收货人的工厂或仓库交付。这种货物的交接形态是拼箱接、整箱交。

⑧ 站到场。站到场(CFS to CY)是指集装箱运输经营人在装货港码头或其内陆的集装箱货运站接受货物，经拼箱后运至卸货港码头或内陆地区的堆场交付。这种货物的交接形态是拼箱接、整箱交。

⑨ 站到站。站到站(CFS to CFS)是指集装箱运输经营人在装货港码头或内陆地区的集装箱货运站接受货物，经拼箱后，运至卸货港码头或其内陆地区的集装箱货运站，拆箱后，向收货人交付。这种货物的交接形态是拼箱接、拆箱交。

7.2 集装箱运输单证

7.2.1 出口货物集装箱运输的主要单证

在集装箱货物进出口业务中，除采用了与传统的散杂货运输中相同的商务单证(如

拓展阅读 7.2
如何检验集装箱

商业发票、报关单、检验检疫证书、磅码单、装箱单、货物托运单、装货单、提单等各种单证)以外,在运输单证中根据集装箱运输的特点,还采用了空箱提交单、设备交接单、集装箱装箱单、场站收据、提货通知书、到货通知书、交货记录、卸货报告和待提集装箱报告等。

下面主要介绍出口货物集装箱运输中的场站收据联单、集装箱装箱单。

1. 场站收据联单

与传统件杂货班轮运输所使用的托运单证相比,场站收据联单是一份综合性的单证。为了提高集装箱货物托运的效率,场站收据联单把货物托运单(订舱单)、装货单(关单)、大副收据、理货单、配舱回单、运费通知等单证汇成了一份。

场站收据联单是由承运人发出的证明已收到托运货物并开始对货物负责的凭证。场站收据一般是在托运人口头或书面订舱,与船公司或船代达成了货物运输的协议,船代确认订舱后,由船代交托运人或货代填制,在码头堆场、集装箱货运站或内陆货运站收到整箱货或拼箱货后签发生效,托运人或其货运代理人可凭场站收据,向船代换取已装船或代装船提单。

当货运代理去船公司订舱的时候用的就是场站收据联单(十联单),内容如下:

第一联:集装箱货物托运单(货主留底)(B/N)(样本见表 7-1);

第二联:集装箱货物托运单(船代留底);

第三联:运费通知(1);

第四联:运费通知(2);

第五联:场站收据(装货单)(S/O)(样本见表 7-2);

第五联副本:缴纳出口货物港务费申请书;

第六联:大副联(场站收据副本);

第七联:场站收据(Dock Receipt,D/R)(样本见表 7-3);

第八联:货代留底;

第九联:配舱回单(1);

第十联:配舱回单(2)。

场站收据十联单的流转程序如下:

(1) 托运人填制集装箱货物托运单即场站收据手续一式十联,委托货运代理代办托运。

(2) 货运代理接单后审核托运单,若能接受委托,将货主留底联(第一联)退还托运人备查。

(3) 货运代理持剩余的九联单到船公司或船公司的代理人处办理托运订舱手续。

(4) 船公司或其代理接单后审核托运单,同意接收托运,在第五联即装货单上盖签单章,确认订舱承运货物,并加填船名、航次和提单号,留下第二至第四联共三联后,将余下的第五至第十联共六联退还给货运代理。

(5) 货运代理留存第八联作货代留底,缮制货物流向单待今后查询,将第九、第十联退托运人作配舱回执。

(6) 货运代理根据船公司或其代理人退回的各联缮制提单和其他货运单证。

表 7-1 集装箱货物托运单

Shipper（发货人）			D/R No.（编号）		
Consignee（收货人）			集装箱货物 托运单 第 一 联		
Notify Party（通知人）					
Pre-carriage by（前程运输）　　Place of Receipt（收货地点）					
Ocean Vessel（船名）Voy No.（航次）　Port of Loading（装货港）					
Port of Discharge（卸货港）		Place of Delivery（交货地点）	Final Destination for the Merchant's Reference（目的地）		
Container No. （集装箱号）	Seal No.（封志号）Marks & No. （标记与号码）	No. of containers Or P'kgs,（箱数或件数）	Kind of Packages; Description of Goods（包装种类与货名）	Gross Weight （毛重/千克）	Measurement （尺码/立方米）
Total Number of Containers or Packages（IN WORDS）集装箱数或件数合计（大写）					
Freight & Charges （运费与附加费）	RevenueTons （运费吨）	Rate （运费）	Per （每）	Prepaid （运费预付）	Collect （到付）
Ex Tate （兑换率）	Prepaid at（预付地点）		Payable at（到付地点）	Place of Issue（签发地点）	
	Total Prepaid（预付总额）		No. of Original B(S)/L（正本提单份数）		
Service Type on Receiving □—CY □—CFS □—DOOR		Service Type on Delivery □—CY □—CFS □—DOOR		Reefer-Temperature Required （冷藏温度）	F　　C
Type of Goods （种类）	□Ordinary,□Reefer,□Dangerous,□Auto. 　（普通）　（冷藏）　（危险品）　（裸装车辆） □Liquid,□Live Animal,□Bulk,□_____. 　（液体）　（活动物）　（散货）			危险品	Class： Property： IMDG Code Page： UN No.
可否转船		可否分批			
装　　期		有 效 期			
金　　额					
制单日期					

表 7-2 集装箱货物装运单

Shipper（发货人）		D/R No.（编号）
Consignee（收货人）		装货单 第 五 联
Notify Party（通知人）		
Pre-carriage by（前程运输）　Place of Receipt（收货地点）		
Ocean Vessel（船名）Voy No.（航次）　Port of Loading（装货港）		
Port of Discharge（卸货港）	Place of Delivery（交货地点）	Final Destination for the Merchant's Reference（目的地）

Container No.（集装箱号）	Seal No.（封志号）Marks & No.（标记与号码）	No. of containers Or P'kgs,（箱数或件数）	Kind of Packages; Description of Goods（包装种类与货名）	Gross Weight（毛重/千克）	Measurement（尺码/立方米）

Total Number of Containers or Packages (IN WORDS) 集装箱数或件数合计（大写）	

Freight & Charges（运费与附加费）	Revenue Tons（运费吨）	Rate（运费）	Per（每）	Prepaid（运费预付）	Collect（到付）

Ex Tate（兑换率）	Prepaid at（预付地点）	Payable at（到付地点）	Place of Issue（签发地点）
	Total Prepaid（预付总额）	No. of Original B(S)/L（正本提单份数）	

Service Type on Receiving □—CY　□—CFS　□—DOOR	Service Type on Delivery □—CY　□—CFS　□—DOOR	Reefer-Temperature Required（冷藏温度）	F	C

Type of Goods（种类）	□Ordinary, □Reefer, □Dangerous, □Auto. 　（普通）　（冷藏）　（危险品）　（裸装车辆） □Liquid, □Live Animal, □Bulk,　□_____. 　（液体）　（活动物）　（散货）	危险品	Class： Property： IMDG Code Page： UN No.

可否转船	可否分批	
装　　期	有 效 期	
金　　额		
制单日期		

表 7-3　集装箱货物场站收据

Shipper（发货人）			D/R No.（编号）	
Consignee（收货人）			场站收据 Dock Receipt	
Notify Party（通知人）			第七联	
Pre-carriage by（前程运输）　Place of Receipt（收货地点）				
Ocean Vessel（船名）Voy No.（航次）　Port of Loading（装货港）				
Port of Discharge（卸货港）	Place of Delivery（交货地点）		Final Destination for the Merchant's Reference（目的地）	
Container No.（集装箱号）	Seal No.（封志号）Marks & No.（标记与号码）	No. of Containers Or P'kgs,（箱数或件数）	Kind of Packages; Description of Goods（包装种类与货名）	Gross Weight（毛重/千克）	Measurement（尺码/立方米）
Total Number of Containers or Packages（IN WORDS）集装箱数或件数合计（大写）					
Container No.（箱号）	Seal No.（封志号）	Pkgs（件数）	Container No.　Seal No.　Pkgs	
			Received CCCCCCC By Terminal	
Freight & Charge	Prepaid at（预付地点）	Payable at（到付地点）	Place of Issue（签发地点）	
	Total Prepaid（预付总额）	No. of Original B/L Three（正本提单份额）	Booking Approved by（订舱确认）	

（7）货运代理持第五至第七联共三联，即装货单、大副联和场站收据正本，随同出口货物报关单和其他有关货物出口单证至海关办理货物出口报关手续。

（8）海关审核有关报关单证后，同意出口，在场站收据副本即装货单上加盖放行章，并将各联退还货运代理。

（9）货运代理将此三联送交集装箱堆场或集装箱货运站，据此验收集装箱或货物。

（10）若集装箱在港口堆场装箱，集装箱装箱后，集装箱堆场留下装货单；若集装箱在货运站装箱，集装箱入港后，港口集装箱堆场留下装货单和大副收据联，并签发场站收据给托运人或货运代理。

（11）集装箱装船后，港口场站留下装货单用于结算费用及以后查询，大副联交理货部门送大副留存。

（12）发货人或其货运代理持场站签收的正本场站收据到船公司或其代理处办理换取提单手续，船公司或其代理收回场站收据，签发提单。在集装箱装船前可换取船舶代理签发的待装提单，或在装船后换取船公司或船舶代理签发的装船提单。

2. 集装箱装箱单

集装箱装箱单证是记载集装箱内所有装载货物的名称、重量、尺码、数量等内容的单证，它是装箱人根据实际装入箱内货物制作的。

集装箱装箱单每一个集装箱一份，一式五联，其中码头、船代、承运人各一联，发货人、装箱人各一联。

集装箱由货运站装箱时，由装箱的货运站缮制集装箱装箱单；由发货人装箱时，由发货人或其货运代理的装箱货运站缮制集装箱装箱单。集装箱装箱单填制准确与否直接关系到出口货物进港、装船、运输的安全及效率。集装箱装箱单是发票的补充单据，它列明了信用证（或合同）中买卖双方约定的有关包装事宜的细节，在信用证有明确要求时，就必须严格按信用证约定制作。集装箱装箱单记载内容必须与场站数据保持一致；所装货物如品种不同必须按箱子前部到箱门的先后顺序填写。

集装箱装箱单是记载出口货物信息的重要单证之一，其作用主要表现在：

其一，是船公司了解集装箱内所装货物的明细表；

其二，是计算船舶吃水和稳定性的基本数据来源；

其三，是集装箱装、卸两港编制装、卸船计划的依据；

其四，是发货人、集装箱货运站与集装箱堆场之间货物交接的依据；

其五，便于国外买方在货物到达目的港时供海关检查和核对货物；

其六，是办理保税内陆运输和货物从码头堆场运出手续，以及集装箱货运站办理掏箱、分类、交货的依据；

其七，是处理货损、货差索赔时的重要单据之一。

7.2.2 进口货物集装箱运输的主要运输单证

进口货物集装箱运输的主要运输单证是交货记录联单。交货记录联单共五联：到货通知书一联，提货单一联，费用账单二联，交货记录一联。

1. 交货记录联单各单据的作用

（1）到货通知书（arrival notice）。到货通知书是在卸货港的船舶代理人在集装箱卸入集装箱堆场，或移至集装箱货运站，并办好交接准备后，向收货人发出的要求收货人及时提取货物的书面通知。

到货通知书是在集装箱卸船并做好准备后，将五联单中的第一联（到货通知联）寄交收货人或通知人。收货人持正本提单和到货通知书到船公司或船代处付清运费，换取其余四联。

（2）提货单（delivery order）。提货单是船公司或其代理人指示负责保管货物的集装箱货运站或集装箱堆场的经营人，向提单持有人交付货物的非流通性单据。

收货人或其货运代理凭到货通知和正本提单换取费用账单两联、盖章后的提货单一联和交货记录一联，共四联，随同进口货物报关单到海关办理货物进口通关，海关核准放行后，在提货单上盖海关放行章，收货人或其货运代理再持单到集装箱堆场或货运站，场站留下提货单和二联费用账单，在交货记录上盖章，收货人凭交货记录提货。

(3) 交货记录(delivery record)。交货记录是承运人将集装箱货物交给收货人或其代理时双方共同签署的,证明货物已经交付,以及该批货物交付时情况的单证。交货记录在签发提货单的当时交给收货人或其代理人,再出示给集装箱货运站或集装箱堆场经营人。

作为船公司代理人的集装箱货运站或集装箱堆场的经营人在向收货人或其代理人交货时,要检查货物的件数和外表状态,如有损坏或灭失等情况,应把损害的内容记载在摘要栏内,双方签字后完成交接手续。

在收货人提取集装箱货物时,堆场或货运站的发货人员凭交货记录发放集装箱货物,收货人在交货记录上签收,堆场或货运站留存。

在集装箱运输中,船公司的责任是从接受货物开始到交付货物为止。因此,场站收据是证明船公司责任开始的单据,而交货记录是证明责任终了的单据。

(4) 费用账单。费用账单是场站凭以向收货人结算费用的单据。其主要内容包括:收货人名称、地址、开户银行与账号、船名、航次、起运港、目的港、提单号、交付条款、到付海运费、卸货地点、到达日期、进库场日期、第一程运输、标记与集装箱号、货名、集装箱数、件数、重量、体积、费用名称、港务费、港建费、堆存费、装卸费、其他费用、费用合计等栏目,还有计费吨、单价、金额,另外有收货人章,收款单位财务章、港区场站受理章、核算章、复核章、开单日期等。收货人或其代理结算港口费用,提取货物。

2. 交货记录联单的流转

交货记录联单的流转如下:

(1) 在船舶抵港前,由船舶代理根据装货港航寄或传真得到舱单或提单副本后,制作交货记录一式五联。

(2) 在集装箱卸船并做好交货准备后,由船舶代理向收货人或其代理人发出到货通知书。

(3) 收货人凭正本提单和到货通知书向船舶代理换取提货单、费用账单、交货记录(两联)共四联,对运费到付的进口货物结清费用,船舶代理核对正本提单后,在提货单上盖专用章。

(4) 收货人持提货单、费用账单、交货记录(两联)共四联随同进口货物报关单一起送海关报关,海关核准后,在提货单上盖放行章,收货人持上述四联送场站业务员。

(5) 场站核单后,留下提货单联作为放货依据,费用账单由场站凭以结算费用,交货记录由场站盖章后退收货人。

(6) 收货人凭交货记录提货,提货完毕时,交货记录由收货人签收后交场站留存。

7.3 集装箱运费

7.3.1 运费构成

集装箱运输是一种班轮运输形式,其运费也采用运价本形式予以公开。运价本中包括不同航线的不同类别货物的各种费用收取标准。

集装箱运输将传统的货物交接从港口向内陆延伸,使承运人的责任、费用及风险扩大到内陆港口、货运站、货主的工厂等交接地点,这使得集装箱的价格构成因素有所扩充。总的来说,集装箱运费的构成主要有海上运费、港口装卸费、内陆运费、内陆港站中转费、拆装箱费、集装箱使用费以及各种承运人加收的附加费等。

集装箱运输中最经常采用的货物交接方式有 CY to CY(场到场)、CY to CFS(场到站)、CFS to CFS(站到站)三种,不同交接方式的运费构成因素是不同的。

1. CY to CY 交接方式的运费构成

在 CY to CY 交接方式下,货物是以整箱形态进行交接的。装拆箱及运输两端集装箱堆场以外的运输由发货人、收货人自己完成。承运人承担运输两端堆场到堆场之间的一切责任、费用。这时,运费的构成主要有起运港堆场和码头服务费(包括接收货物、堆场存放、搬运至船边装卸桥下的各种费用)、装船费、海上运费(包括各种附加费)、卸船费、卸货港堆场和码头服务费、集装箱使用费等。堆场、码头服务费一般都采用包干形式计收。

2. CY to CFS 交接方式的运费构成

在 CY to CFS 交接方式下,承运人以整箱形态接收货物,运抵目的港后在 CFS 交付货物。这时,运费构成主要有装卸两港的堆场和码头服务费、装船费与卸船费、海上运费及附加费、集装箱使用费、目的港 CFS 的拆箱服务费(包括重箱搬运费、拆箱费、货物在 CFS 中的存储费、空箱运回堆场的费用等)。

3. CFS to CFS 交接方式的运费构成

在 CFS to CFS 交接方式下,货物是以拼箱形态交接的。这时,运费的构成主要有起运港的装箱服务费、堆场服务费、装船费、海上运费、卸船费、目的港堆场服务费、拆箱服务费及集装箱使用费等。

7.3.2 运费计收

1. 拼箱货运费的计收

拼箱货运费的计收类似于传统的件杂货,即采用按承运人运价本规定的 W/M 费率计算基本运费,然后加收集装箱运输的有关费用,如 CFS 拼箱服务费、各种附加费等。

拼箱货运费表中通常将货物分成一般货物、半危险货物、危险货物、冷藏货物 4 个类别,并分别规定 W/M 费率。计费时,不足 1 吨的货物按 1 吨计算。由于竞争原因,运费也可议价。

2. 整箱货运费的计收

整箱货运输大多采用包箱费率(box rate)计收。包箱费率也称"均一费率"(freight all kinds,FAK),是目前整箱货物运输中较为常见的定价方法。这种费率以每集装箱为计算单位,各航空公司按不同的箱型制定不同航线的包干运价,其中包括海上运费和装船及卸船费。包箱费率可分为两类:一类是货物包箱费率,另一类是均一包箱费率。前者是按照货物类别和等级规定不同的包箱费率,后者是不论货物类别(危险品和冷藏货除外)只按箱型规定不同的包箱费率。后者对货主更有吸引力。

3. 附加费

同传统的件杂货班轮运输相似,集装箱运价中也收取附加费。例如,变更目的港附加费、重件附加费(由 CFS 装箱时)、港口附加费、燃油附加费、季节附加费(peak season surcharge)、码头操作费(terminal handling charge,THC)等。这些名目繁多的附加费是集装箱运费的重要组成部分。

拓展阅读 7.3
滞箱费与免费期

7.3.3 不同运输方式的运费计算

1. 海运集装箱运费计算

集装箱海运运费的计算办法与普通班轮运费的计算办法一样,也是根据费率本规定的费率和计费办法计算运费,并同样也有基本运费和附加费之分。不过,由于集装箱货物既可以交集装箱货运站(CFS)装箱,也可以由货主自行装箱整箱托运,因而在运费计算方式上也有所不同。主要表现在当集装箱货物是整箱托运,并且使用的是承运人的集装箱时,集装箱海运运费计收有"最低计费吨"和"最高计费吨"的规定。

集装箱海运运费计算分为两大类,一类是沿用件杂货运费计算方法,即以吨为单位;另一类是以每个集装箱为计费单位。

(1) 拼箱货运费计算凡不足整箱货的容积或质量的货载,即需要两批或两批以上同装一箱的货载,称为拼箱货。

目前,各船公司对集装箱运输的拼箱货运费的计算,基本上是依据件杂货运费的计算标准,按所托运货物的实际运费吨计费,即尺码大的按尺码吨计费,重量大的按重量吨计费;另外,在拼箱货海运运费中还要加收与集装箱有关的费用,如拼箱服务费等。由于拼箱货涉及不同的收货人,因而拼箱货不能接受货主提出的有关选港或变更目的港的要求,所以,在拼箱货海运运费中没有选港附加费和变更目的港附加费。

(2) 整箱货运费计算。对于整箱托运的集装箱货物运费的计收,一种方法是同拼箱货一样,按实际运费吨计费。另一种方法,也是目前采用较为普遍的方法,根据集装箱的类型按箱计收运费,主要有普通货箱、危险品箱、框架箱、罐箱和冷藏箱等,分别按 20 英尺、40 英尺及高箱适用于不同的费率水平。

集装箱运费由基本运费和附加费用组成。一批货物达到一个或几个集装箱容积的 75% 或集装箱负荷重量的 95%,即可作为整箱货。

2. 公路运输集装箱运费的计算方法

按照《汽车运价规则》,公路运输集装箱运费的计算方法如下。

(1) 集装箱运价按计价类别和货物运价费目计算。

(2) 集装箱运费计算公式为

重(空)集装箱运费 = 重(空)箱运价 × 计费箱数 × 计费里程 + 箱次费 × 计费箱数 + 货物运输其他费用

3. 铁路运输集装箱运费的计算方法

《铁路货物运价规则》第21条和第22条的规定：

（1）集装箱货物的运费按照使用的箱数和"铁路货物运价率表"中规定的集装箱运价率计算，但危险货物集装箱、罐式集装箱、其他铁路专用集装箱的运价率，按"铁路货物运价率表"的规定分别加30％、30％、20％计算。

自备集装箱空箱运价率按其适用重箱运价率的50％计算。

承运人利用自备集装箱回空捎运货物，在货物运单铁路记载事项栏内注明，免收回空运费。

（2）运价率不同的货物在一个包装内或按总质量（或按箱）托运时，按该批或该项货物中最高的运价率计费。

（3）铁路运输集装箱运费计算公式为

$$集装箱运费 = 每箱运价 \times 箱数$$

其中：

$$每箱运价 = 发到基价 + 运行基价 \times 运行里程$$

7.4 国际多式联运概述

随着国际贸易的发展，尤其是国际贸易运输中广泛采用集装箱运输方式，国际多式联运正成为一种国际贸易运输的高效率的运输方式。

7.4.1 多式联运概述

1. 多式联运的概念和特征

《联合国国际货物多式联运公约》对国际多式联运（international multimodal transport）所下的定义是：按照多式联运合同，以至少两种不同的运输方式，由多式联运经营人把货物从一国境内接运货物的地点运至另一国境内指定交付货物的地点。

多式联运具有以下特征：

（1）根据多式联运的合同进行操作，运输全程中至少使用两种运输方式，而且是不同方式的连续运输。

（2）多式联运的货物主要是集装箱货物，具有集装箱运输的特点。

（3）多式联运是一票到底，实行单一费率的运输。发货人只要订立一份合同一次付费，一次保险，通过一张单证即可完成全程运输。

（4）多式联运是不同方式的综合组织，全程运输均是由多式联运经营人组织完成的。无论涉及几种运输方式，分为几个运输区段，由多式联运经营人对货运全程负责。

2. 多式联运的优点和作用

以集装箱为运输单元的多式联运可以提高运作效率，实现门到门运输，在运输途中不需要换箱、装箱，可以减少中间环节及换装可能带来的货物损坏，缩短运输时间，降低运输成本，提高服务质量。多式联运采用一次托运、一次付费、一单到底、统一理赔、全程负责的运输业务方法,这可以大大简化运输与结算手续,提高运输管理水平,最大限度地发挥现有设备的作用。选择最佳运输路线,组织合理化运输,多式联运可以降低运输成本,节约运杂费用。一是由于多式联运全程运输采用一张单证,实行单一费率,从而简化了制单和结算的手续,节约了货方的人力、物力;二是通过对运输路线的合理选择和运输方式的合理使用,都可以降低全程运输成本,提高利润。

3. 多式联运运输组织方法

国际多式联运是采用两种或两种以上不同运输方式进行联运的运输组织形式。这里所指的至少两种运输方式可以是海陆、陆空、海空等。这与一般的海海、陆陆、空空等形式的联运有着本质的区别。后者虽也是联运,但仍是同一种运输工具之间的运输方式。众所周知,各种运输方式均有自身的优点与不足。一般来说,水路运输具有运量大、成本低的优点;公路运输则具有机动灵活,便于实现货物门到门运输的特点,铁路运输的主要优点是不受气候影响,可深入内陆和横贯内陆实现货物长距离的准时运输;而航空运输的主要优点是可实现货物的快速运输。由于国际多式联运严格规定必须采用两种和两种以上的运输方式进行联运,因此这种运输组织形式可综合利用各种运输方式的优点,充分体现社会化大生产大交通的特点。

由于国际多式联运具有其他运输组织形式无可比拟的优越性,因而这种国际运输新技术已在世界各主要国家和地区得到广泛的推广和应用。目前,有代表性的国家多式联运主要有远东/欧洲,远东/北美等海陆空联运,其组织形式包括:

(1) 海陆联运

海陆联运是国际多式联运的主要组织形式,也是远东/欧洲多式联运的主要组织形式之一。目前组织和经营远东/欧洲海陆联运业务的主要有班轮公会的三联集团、北荷、冠航和丹麦的马士基等国际航运公司,以及非班轮公会的中国远洋运输公司、中国台湾长荣航运公司和德国那亚航运公司等。这种组织形式以航运公司为主体,签发联运提单,与航线两端的内陆运输部门开展联运业务,与大陆桥运输展开竞争。当前,世界上规模最大的三条主要集装箱航线是:远东—北美航线(太平洋航线),远东—欧洲、地中海航线和北美—欧洲、地中海航线(大西洋航线)。

(2) 陆桥运输

陆桥运输是指采用集装箱专用列车或卡车,把横贯大陆的铁路或公路作为中间"桥梁",使大陆两端的集装箱海运航线与专用列车或卡车连接起来的一种连贯运输方式。严格地讲,陆桥运输也是一种海陆联运形式。只是因为其在国际多式联运中的独特地位,故

拓展阅读 7.4
北美多式联运:
世界最具竞争力
是如何炼成的?

在此将其单独作为一种运输组织形式。在国际多式联运中,陆桥运输(land bridge service)起着非常重要的作用。它是远东/欧洲国际多式联运的主要形式。目前,远东/欧洲的陆桥运输线路有西伯利亚大陆桥和北美大陆桥。

(3) 海空联运

海空联运又被称为空桥运输(air-bridge service)。在运输组织方式上,空桥运输与陆

桥运输有所不同,陆桥运输在整个货运过程中使用的是同一个集装箱,不用换装,而空桥运输的货物通常要在航空港换入航空集装箱。这种联运组织形式是以海运为主,只是最终交货运输区段由空运承担。目前,国际海空联运线主要有:

① 远东—欧洲。远东与欧洲间的航线有以温哥华、西雅图、洛杉矶为中转地,也有以香港、曼谷、海参崴为中转地,还有以旧金山、新加坡为中转地。

② 远东—中南美。近年来,远东至中南美的海空联运发展较快,因为此处港口和内陆运输不稳定,所以对海空运输的需求很大。该联运线以迈阿密、洛杉矶、温哥华为中转地。

③ 远东—中近东、非洲、澳洲。这是以中国香港、曼谷为中转地至中近东、非洲的运输服务。在特殊情况下,还有经马赛至非洲、经曼谷至印度、经中国香港至澳洲等联运线,但这些线路货运量较小。

7.4.2 国际多式联运

1. 国际多式联运的概念和特征

(1) 国际多式联运的定义

随着国际贸易和运输技术的发展,在集装箱运输的基础上,出现了一种新的运输方式,即国际集装箱货物多式联合运输,简称国际多式联运。国际集装箱货物多式联合运输,是以集装箱为媒介,把水路、铁路、公路、航空运输等单一的运输方式有机地结合起来,组织为一体加以有效地利用,构成一个连贯的系统,来完成国际间的集装箱货物运输,为货主提供经济合理、安全便捷的运输服务。多式联运在英文里有多种表达方式:intermodal transport(IMT),multi-modal transport(MMT)或 combined transport,它们的含义都是相同的,中文均译为"多式联运"。

根据《中华人民共和国海商法》的规定,国际多式联运是指:"多式联运经营人以两种以上不同的运输方式,其中一种是海上运输方式,负责将货物从接收地运至目的地。"

(2) 国际多式联运的特征

联合国贸发会秘书处在其提交的《多种方式联运适用的现代化运输技术》报告中指出:国际多式联运的主要特征是"多式联运经营人和发货人之间的合同关系性质,构成了多式联运的特征。联运经营人以独立的法律实体,向发货人提供用一种以上的运输方式运输货物的单一合同"。根据以上解释,国际多式联运具有的特征是:

① 发货人和多式联运经营人之间必须订立一份多式联运合同。货物在全程运输中,无论经历多少种运输方式,多式联运经营人必须与发货人之间订立多式联运合同,来明确两者之间的权利、义务、责任,豁免的合同关系和多式联运的性质。它是多式联运的主要特征,也是多式联运区别于传统运输方式的重要依据。

② 多式联运经营人必须对全程运输负责。多式联运经营人必须对全程运输负责,这也是多式联运的一个重要特征。多式联运经营人是多式联运货物全程运输的组织人。由多式联运经营人与实际承运人订立分运合同,实际承运人负责全程或部分区段的实际运输。而多式联运经营人作为一个独立的法律实体,对货物负有履行合同的责任并承担自

接收货物时起到交付货物时止的全程运输责任,以及对货物在运输中因灭失、损坏、迟延交付所造成的损失负赔偿责任。

③ 使用一份全程多式联运单据。全程多式联运单据是指多式联运合同以及多式联运经营人接收货物并负责按合同条款交付货物所签发的单据,它同时也是一种物权证明和有价证券。

④ 多式联运使用的是两种或两种以上不同方式的连贯的运输合同。这是确定一票货运是否属于多式联运的最主要的特征。多式联运所指的至少两种以上的运输方式,可以是海陆、海空、海铁等。多式联运不仅使用两种以上不同的运输方式,而且是不同方式下的连续运输。

⑤ 多式联运的货物必须是国际间的运输。多式联运方式下的货物必须是跨国境的国际间的运输。这是区别于国内运输和是否适合国际法规的限制条件。

⑥ 实行全程单一的运费费率。多式联运经营人在对货主负全程运输责任的基础上,制定一个从货物发运地至目的地的全程单一费率,并一次向货主收取。全程单一费率一般包括运输成本、经营管理费用和合理利润。

⑦ 代理人与多式联运经营人之间的工作关系。起运地接管货物,目的地交付货物及全程运输中各区段的衔接工作,由在各地的分支机构或代理人完成。这些代理人对多式联运经营人负责。

2. 国际多式联运的优点

(1) 简化托运、结算及理赔手续,节省人力、物力和有关费用

在国际多式联运方式下,无论货物运输距离有多远,由几种运输方式共同完成,且不论运输途中货物经过多少次转换,所有一切运输事项均由多式联运经营人负责办理。而托运人只需办理一次托运、订立一份运输合同、支付一次费用、办理一次保险,从而省去托运人分别与不同承运人办理托运手续的许多不便。同时,由于多式联运采用一份货运单证,统一计费,因而也可简化制单和结算手续,节省人力和物力。此外,一旦运输过程中发生货损货差,都由多式联运经营人对全程运输负责,从而也可简化理赔手续,减少理赔费用。

(2) 减少中间环节、缩短货运时间、减少货损货差事故、提高货运质量

多式联运是以集装箱为运输单元进行直达运输。货物在发货人工厂或仓库装箱后,可直接运送至收货人的工厂或仓库。运输途中换装时无须换箱、装箱,从而减少了中间环节。尽管货物经多次换装,但由于使用专业机构装卸,且又不涉及箱内的货物,因而,货损货差事故、货物被窃大为减少,从而在一定程度上提高了货运质量。此外,由于各个运输环节的各种运输工具之间配合密切、衔接紧凑,货物所到之处中转迅速及时,大大减少货物停留时间,因此,从根本上保证了货物安全、迅速、准确、及时地运抵目的地。

(3) 降低运输成本,节省各种支出

由于多式联运可实行门到门运输,因此对货主来说,在货物交由第一承运人以后即可取得货运单证,并据以结汇,从而提前了结汇时间。这不仅有利于加速货物占用资金的周转,而且可以减少利息的支出。此外,由于货物是在集装箱内进行运输的,因此从某种意义上来看,可相应地节省货物的包装、理货和保险等费用的支出。

(4) 提高运输组织水平,实现合理化运输

多式联运可提高运输组织水平,实现合理化运输,改善不同运输方式间的衔接工作。在国际多式联运开展之前,各种运输方式的经营人各自为政、自成体系。因而,其经营的业务范围受到限制,货运量相应也是有限的。但一旦由不同的运输业者共同参与多式联运,经营的业务范围可大大扩展,并且可以最大限度地发挥其现有设备的作用,选择最佳运输路线。

3. 国际多式联运的实施条件

(1) 必须订立一份国际多式联运合同

多式联运合同由多式联运经营人本人或其代表就多式联运的货物与托运人本人或其代表协商订立,是以书面形式明确双方的权利、义务的证明。它是多式联运经营人与托运人之间权利、义务责任与豁免的合同关系和运输性质的确定依据,也是区别多式联运与一般货物运输的主要依据。该合同的成立必须具备以下条件。

① 至少使用两种以上不同的运输方式。

② 承担国际货物运输。

③ 接受货物运输,对合同中的货物负有运输保管的责任。

④ 属于一种承揽、有偿的合同。

(2) 全程运输必须使用国际多式联运单据

多式联运单据是由联运人在接管货物时签发给发货人的,它是证明多式联运合同及证明多式联运经营人接管货物并负责按照合同条款交付货物的单据。按照发货人的选择,多式联运单据做成可转让的单据或不可转让的单据,签发可转让的多式联运单据,应当:

① 列明是按指示或是向持票人交付;

② 如果列明按指示交付,须经背书即可转让;

③ 如果列明是向持票人交付,无须背书即可转让;

④ 如果签发一套一份以上的正本,应注明正本份数;

⑤ 如果签发任何副本,每份副本均应注明"不可转让副本"字样。只有交出可转让的多式联运单据,才能向多式联运经营人或其代表提取货物,转让多式联运单据时,应指明记名的收货人。

多式联运单据的内容包括以下几项:

① 货物品类、标志、危险货物的性质;

② 货物的外表状况;

③ 联运人的名称和地址;

④ 托运人的名称;

⑤ 收货人的名称;

⑥ 联运人接管货物的地点和日期;

⑦ 联运人或经其授权人的签字;包数或件数、货物毛重;

⑧ 每种运输方式的运费,或应由收货人支付的运费;

⑨ 预期经过的路线、运输方式和转运地点;

⑩ 在不违背签发多式联运单据所在国法律的情况下,双方同意列入多式联运单据的任何其他事项。

(3) 托运人必须提供货物、支付运费,并提供其他相关准确信息

发货人向联运人提供货物,并准确无误地告知货物的品类、标志、件数、重量和质量。如果是危险货物,发货人在交付给多式联运经营人或其代表时,应告知其货物的危险特性,必要时告知应采取的预防措施。

(4) 联运经营人必须对多式联运负责

国际多式联运的经营人是国际多式联运的组织者和主要承担者,以事主身份从事这一经营,经营人依靠自己的经营网络和信息网络,依靠本身的资信从事这一业务。多式联运经营人也可以是货主、各运输方式以外的第三方,或者是铁路、公路等运输公司充当经营人。

联运经营人不是发货人的代理人或代表,也不是参与多式联运的承运人的代理人或代表,它对整个联运期间负责。在联运经营人接管货物后,不论货物在哪一个运输阶段发生丢失或损坏,联运经营人都要直接承担赔偿责任,而不能借口把全程的某一个运输阶段委托给其他运输分包人而不负责任。

4. 国际多式联运的主要业务及程序

(1) 接受托运申请,订立多式联运合同

多式联运经营人根据货主提出的托运申请和自己的运输路线等情况,判断是否接受该托运申请。如果能够接受,则双方议定有关事项后,在交给发货人或其代理人的场站收据副本上签章,证明接受托运申请,多式联运合同已经订立并开始执行。发货人或其代理人根据双方就货物交接方式、时间、地点、付费方式等达成的协议填写场站收据,并将其送至多式联运经营人处编号,多式联运经营人编号后留下货物托运联,将其他联交还给发货人或其代理人。

(2) 出口报关

出口报关事宜一般由发货人或其代理人办理,也可委托多式联运经营人代为办理,报关时应提供场站收据、装箱单、出口许可证等有关单据和文件。

(3) 接货装运

按照多式联运合同,在约定的时间、地点,由多式联运经营人或其代理人从发货人手中接管货物,并按合同要求装上第一程运输工具发运。按托承双方议定的交接方式,凡在DOOR(门)或CY(场)交接的,由发货人负责装箱计数施封和办理出口清关手续,在箱体外表状况良好、封志完整状态下,将货物整箱交多式联运经营人或其代理人;凡在CPS(站)交接的,由发货人负责办理出口清关手续,将货物散件交多式联运经营人或其代理人,由后者负责拼箱计数施封后装运发送。

(4) 办理保险

由于多式联运运距长、环节多、风险大,为避免可能发生的货运事故,多式联运经营人还可以向保险公司投保。尽管多式联运经营人有责任限额保护条款,但多式联运经营人的疏忽、过失、侵权等行为,将使其丧失责任限额保护的权利,并有承担很大的赔偿金额的风险。为避免造成较大的损失,多式联运经营人通常向保险公司投保货物责任险和集装

箱险,以防范巨额赔偿风险。

(5) 签发多式联运提单,组织完成货物的全程运输

多式联运经营人的代表收取货物后,经营人应向发货人签发多式联运提单。在把提单交给发货人前,应注意按双方议定的付费方式及内容、数量向发货人收取全部应付费用。

多式联运经营人有完成和组织完成全程运输的责任和义务。在接收货物后,要组织各区段实际承运人、各派出机构及代表人共同协调工作,完成全程各区段的运输,各区段之间的衔接工作,运输过程中所涉及的各种服务性工作和运输单据、文件及有关信息传递等组织和协调工作。

(6) 转关手续

多式联运若在全程运输中经由第三国,应由多式联运经营人或其代理人负责办理过境转关手续。"国际集装箱海关公约"缔约国之间,转关手续已相当简化,通常只提供相应的转关文件,如过境货物申报单、多式联运单据、过境国运输区段单证等,并提交必要的担保和费用,过境国海关可不开箱检查,只作记录而予以放行。

(7) 货物交付

当货物运至目的地后,由目的地代理人通知收货人提货。收货人需凭多式联运提单提货,经营人或其代理人需按合同规定,收取收货人应付的全部费用。收回提单后签发提货单(交货记录),提货人凭提货单到指定堆场(整箱货)和集装箱货运站(拼箱货)提取货物。如果是拼箱提货,则收货人要负责至掏箱地点的运输,并在货物掏出后将集装箱运回指定的堆场,运输合同终止。

(8) 运输过程中的海关业务

国际多式联运的全程运输(包括进口国内陆段运输)均应视为国际货物运输。因此该环节工作主要包括货物及集装箱进口目的地通关手续,进口国内陆段保税(海关监管)运输手续及结关等内容。如果陆上运输要通过其他国家海关和内陆运输线路时,还应包括这些海关的通关及保税运输手续。

这些涉及海关的手续一般由多式联运经营人的派出机构或代理人办理,也可由各区段的实际承运人作为多式联运经营人的代表代为办理。由此产生的全部费用,应由发货人或收货人负担。

如果货物在目的港交付,则结关应在港口所在地海关进行。如在内陆地交货,则应在口岸办理保税(海关监管)运输手续,海关加封后方可运往内陆目的地,然后在内陆海关办理结关手续。

(9) 货运事故处理

如果全程运输中发生了货物灭失、损害和运输延误,无论是否能确定损害发生的区段,发(收)货人均可向多式联运经营人提出索赔。多式联运经营人根据提单条款及双方协议确定责任并做出赔偿。如果确知事故发生的区段和实际责任者时,可向其进一步进行索赔。如不能确定事故发生的区段时,一般按在海运段发生处理。如果已对货物及责任投保,则存在要求保险公司赔偿和向保险公司进一步追索问题。如果受损人和责任人之间不能取得一致,则需通过在诉讼时效内提起诉讼和仲裁来解决。

7.5 国际多式联运单据

7.5.1 国际多式联运单据的内容

多式联运单证是多式联运经营人、承运人、发货人、收货人、港方和其他有关方面进行业务活动的凭证,主要是起货物交接时的证明作用,证明其外表状况、数量、品质等情况。单据的内容必须正确、清楚、完整,以保证货物正常安全地运输。

多式联运单证的主要内容有:

(1) 货物的外表状况。
(2) 多式联运经营人的名称和主要营业场所。
(3) 发货人、收货人名称。
(4) 多式联运经营人接管货物的地点和日期。
(5) 交付货物地点。
(6) 经双方明确协议,交付货物的时间、期限。
(7) 表示多式联运单证为可转让或不可转让的声明。
(8) 多式联运单证签发地点、时间。
(9) 多式联运经营人或经其授权的人的签字。
(10) 有关运费支付的说明。
(11) 有关运输方式和运输路线的说明。
(12) 有关声明。

多式联运单证一般都应注明上述各项内容,如缺少其中一项或两项是否可以呢?只要所缺少的内容不影响货物运输和各当事人之间的利益单据仍然有效。同时,除按规定的内容填制外,还可根据双方的实际需要和要求,在不违背单证签发国的法律的情况下,加注

拓展阅读 7.5
多式联运单证
的法律属性

其他项目。如有关特种货物的装置说明,对所收到货物的批注说明,不同运输方式下承运人之间的临时洽商批注等。

多式联运单证所记载的内容,通常由托运人填写,或由多式联运经营人或其代表根据托运人所提供的有关托运文件制成。但在多式联运经营人接管货物时,发货人应视为他已向多式联运经营人保证,他在多式联运单证中所提供的货物品类、标志、件数、重量、数量都准确无误,如是危险货物,还应说明其危险特性。

如货物的损害是由于发货人提供的内容不准确或不当所造成,发货人应对多式联运经营人负责,即使发货人已将多式联运单证转让于他人也不例外。而且,多式联运经营人取得这种赔偿的权利,也并不限制他按照多式联运合同对发货人以外的其他任何人应负的赔偿责任。当然,如货物的灭失、损害是由于多式联运经营人意图诈骗,在单证上列入有关货物的不实资料或漏列有关内容,则该多式联运经营人无权享受本公约规定的赔偿责任限制,而应按实际损害赔偿。

7.5.2 国际多式联运单据的种类

在没有可适用的国际公约情况下,并不存在国际上认可的作为多式联运单证的合法单证。现在多式联运中使用的单证在商业上是通过合同产生的。目前,国际多式联运单证可分为以下 4 类。

(1) 波罗的海国际海事协会(BIMCO)制定的 Combidoc。此单证已得到了国际商会(ICC)的认可,通常为拥有船舶的多式联运经营所使用。

(2) FIATA 联运提单(FBL)。它是由 FIATA(国际货运代理协会联合会)制定的,供多式联运经营的货运代理所使用。它也得到了国际商会的认可。

(3) UNCTAD(联合国贸易和发展会议)制定的 Muhidoc。它是为便于《联合国国际货物多式联运公约》得以实施而制定的。它并入该公约中责任方面的规定。由于该公约尚未生效,因而该多式联运单证尚无任何多式联运经营人选用。

(4) 多式联运经营人自行制定的多式联运单证。目前几乎所有的多式联运经营人都制定自己的多式联运单证。但考虑到适用性,与 Combidoc、FBL 单证一样,绝大多数单证都并入或采用"ICC 联运单证统一规则",即采用网状责任制,从而使现有的多式联运单证趋于标准化。

7.5.3 多式联运的运费核收

1. 国际集装箱多式联运费用的计费方式

目前,多式联运费用的计费方式主要有单一运费制、分段运费制以及混合计算制。

(1) 按单一运费制计算运费

单一运费制是指集装箱从托运到交付,所有运输区段均按照一个相同的运费率计算全程运费。在西伯利亚大陆桥运输中采用的就是这种计费方式。

(2) 按分段运费制计算运费

分段运费制是按照组成多式联运的各运输区段,分别计算海运、陆运、空运及港站等各项费用,然后合计为多式联运的全程运费,由多式联运经营人向货主一次计收各运输区段的费用,再由多式联运经营人与各区段的实际承运人分别结算。目前大部分多式联运的全程运费均采用这种计费方式。

(3) 混合计算运费

理论上讲,国际多式联运企业应制定全程运价表,且采用单一运费率制。然而由于制定单一运费率是一个较为复杂的问题,因此作为过渡方法,目前有的多式联运经营人采取混合计收方法:从国内接收货物地点至到达国口岸采取单一费率,向发货人收取(预付运费);从到达国口岸到内陆目的地的费用按实际成本确定,另向收货人收取(到付运费)。

2. 国际集装箱多式联运运价的制定

(1) 国际集装箱多式联运运价表的结构与制定程序

国际集装箱多式联运运价表根据结构不同,可分为两种形式:一种是"门到门"费率,这种费率结构可以是以整箱货或拼箱货为计费单位的货物等级费率,是一种真正意义上的多式联运运价。另一种形式与海运运价表相似,是港到港间费率加上内陆运费率,这种费率结构形式较为灵活。

(2) 制定国际集装箱多式联运运价表时应注意的事项

国际多式联运运价应该比分段运输的运价对货主更具吸引力,而绝对不能是各单一运输方式运费率的简单相加,因为这将使多式联运经营人毫无竞争力可言。另一重要因素是如何降低运输成本。

7.5.4 多式联运单据的签发和保留

1. 多式联运提单的签发

多式联运提单一般是在多式联运经营人收到货物后签发的。由于联运货物主要是集装箱货物,因此经营人接收货物的地点可能是集装箱码头或内陆堆场(CY)、集装箱货运站(CFS)和发货人的工厂或仓库。由于接收货物的地点不同,提单签发的时间、地点及联运经营人承担的责任也不同。而且根据多式联运的特点,托运人一交出货物,即使货物没有装上船,也可以凭场站收据要求多式联运经营人签发提单。这种提单通常是待装船提单,在结汇上是有困难的。

为了适应信用证规定下的集装箱运输,以及多式联运下结汇的需要,《跟单信用证统一惯例》1993年修订本阐述了关于"联合运输单据的规定",如果信用证需要联合运输单证或规定的联合运输,但未指定所需要的单证形式或该项单证的开户人,银行应对该项单证予以接受。同时规定,如联合运输包括海运,即使单证中未表明货物已装上指名船舶,或即使单证上订有集装箱运输,货物可能载于舱面的条文,但未特别表明该货物已装于舱面者,该项单证银行均予以接受。

多式联运经营人凭收到货物的收据签发多式联运提单时,可以根据发货人的要求签发可转让与不可转让的提单。签发提单前应向发货人收取合同规定和由其负担的全部费用。多式联运经营人在签发多式联运提单时,应注意以下事项:

(1) 如签发可转让的多式联运提单,应在收货人栏列明按指示交付或向持票人交付。如签发不可转让的提单,应列明收货人名称。

(2) 提单上的通知人一般是在目的港或最终交货地点,由收货人指定代理人。

(3) 对签发正本提单的数量一般没有规定,如应发货人的要求签发一份以上的正本提单时,应在每份正本提单上注明正本份数。

如签发任何副本,每份副本均应注明"不可转让副本"字样。副本不具有提单的法律效力。如签发一套一份以上的正本可转让提单时,各正本提单具有同样的法律效力的,多式联运经营人或其代表如已按其中的一份正本交货便已经履行交货责任,其他提单自动失效。

(4) 多式联运提单应有多式联运经营人或经他授权人的签字。如不违背所在国法律,签字可以使用手签、手签笔迹的印章、符号或用任何其他机械或电子仪器印章。

(5) 如果多式联运经营人或其代表在接收货物时,对货物的实际情况和提单中未注明的货物的种类、标志、数量或重量、包数或件数有怀疑,但又无适当的方法进行核对、检查时,可以在提单上做出保留,注明不符之处和怀疑的根据。但是为保证提单的清洁,也可以按习惯处理。

(6) 经发货人同意,可以用任何机械或其他方式保存公约规定的多式联运提单列明的事项,签发不可转让的提单。在这种情况下,多式联运经营人在接管货物后,应交给发货人一份可以阅读的单据,该单据应载有此种运输方式记录的所有事项。根据公约规定,这份单据应视为多式联运单据。多式联运公约中的这项规定,主要是为适应电子单证的使用而设置的。

(7) 如该提单中记名的收货人以书面的形式通知多式联运经营人,要求将提单记载的货物交给他书面通知中指定的其他收货人时,而且,在事实上多式联运经营人也这样做了,也认为多式联运经营人已履行了其交货的责任。

2. 多式联运单证的证据效力与保留

多式联运单证一经签发,除非多式联运经营人在单证上作了保留,否则:

(1) 多式联运单据是多式联运经营人收到货物的初步证据;
(2) 多式联运经营人对货物开始负有责任;
(3) 可转让的多式联运单据如已转让,多式联运经营人必须按单据中的记载事项向持单人交付货物;
(4) 如是不可转让的多式联运单据,必须向单据中载明的收货人交付货物。

如果多式联运经营人或其代表在接收货物时,对于货物的品种、数量、包装、重量等内容有合理的怀疑,而又无合适方法进行核对或检查,多式联运经营人或其代表可在多式联运单证做出保留,注明不符的地方、怀疑的根据等。反之,如果多式联运经营人或其代表在接收货物时未在多式联运单证上作出任何批注,则应视为他所接收的货物外表状况良好,并应在同样状态下将货物交付收货人。

 本章小结

集装箱运输是以集装箱这种大型容器为载体,将货物集合组装成集装单元,以便在现代流通领域内运用大型装卸机械和大型载运车辆进行装卸、搬运作业和完成运输任务,从而更好地实现货物"门到门"运输的一种新型、高效率和高效益的运输方式。

集装箱运输将传统的货物交接从港口向内陆延伸,使承运人的责任、费用及风险扩大到内陆港口、货运站、货主的工厂等交接地点。集装箱运费的构成主要有海上运费、港口装卸费、内陆运费、内陆港站中转费、拆装箱费、集装箱使用费以及各种承运人加收的附加费等。

多式联运经营人以两种以上不同的运输方式,其中一种是海上运输方式,负责将货物从接收地运至目的地。国际多式联运简化托运、结算及理赔手续,节省人力、物力和有关费用;减少中间环节、缩短货运时间、降低货损货差事故、提高货运质量;提高运输组织水平,实现合理化运输。

复习与思考

1. 集装箱货物运输中的交接方式有哪些？
2. 集装箱运费的构成有哪些？
3. 国际多式联运的优越性有哪些？
4. 国际多式联运单据种类有哪些？

线上自测

案例分析

集装箱船大型化是必然趋势还是即将结束？

船舶大型化是未来发展必然趋势还是即将到达终点，关于集装箱船大型化的发展趋势再次引发业内的争议。

观点一：集装箱船大型化趋势恐将持续

克拉克森的数据显示，近10年来12 000TEU以上超大型集装箱船船队运力年均增速达到48.6%。

业内人士认为，船舶大型化是未来发展必然趋势。随着技术改进、能源结构改变，集装箱船可能会作为海上浮式仓储中心，按这一发展趋势，集装箱船大型化趋势恐将持续。

随着世界经济趋于全球化及标准化，全球集运网络正在逐步形成，尤其是近年来集装箱定期航线联盟化发展趋势明显。为了追求规模经济，各航运公司在主要远洋航线上全力推动集装箱船大型化，对航运公司及港口都产生了重大影响，例如航道水深、宽度、净空高度、船闸、码头长度等。

大阪、香港、汉堡港口桥梁的限制等因素都会对超大型集装箱船进出造成影响。因此，船舶大型化发展还需要港口升级配套设施，以提高集装箱装卸效率、降低航运成本。

集装箱船大型化发展的关键在于能否使班轮公司实现盈利。2018年，全球集运市场出现小幅下滑，从供需方面观察，2018年全球集运量约为2亿TEU，增长4.5%，与2017年相比增速放缓。另一方面，2018年新船交付量同比增长18%，其中10 000TEU及以上集装箱船运力交付占比82%，这表明大型集装箱船仍是交付主力。

就水深、港口桥式起重机等配备、航道参数等综合因素，业内人士指出，以亚欧航线28个挂靠港口为例，只有丹吉尔、不来梅、汉堡、哥德堡、奥胡斯、勒阿弗尔、格坦斯克这7个港口无法满足20 000TEU超大型集装箱船靠泊。有17个港口可接纳25 000TEU集装箱船，包含釜山、上海、宁波、盐田、丹戎帕拉帕斯、光阳、厦门、巴生、阿尔赫西拉斯、费力克斯托、安特卫普、威廉、鹿特丹、泽布吕赫、敦刻尔克、马耳他、阿里山港等港口都可满足超大型集装箱船的靠泊及装卸要求。

观点二：集装箱船大型化即将到达终点

尽管如此，也有一些业内人士持截然相反的观点，认为集装箱船大型化就像全球最大型客机 A380 一样，即将到达终点。

船舶大型化可以降低单位成本、减少油耗，但是超大型集装箱船在市场繁荣时期容易满载，市场萧条时却只有降价才能满载。同时，超大型集装箱船规模尺寸太大，运营调度弹性也很低，A380 客机会决定停产也就是类似原因。

就目前航运市场发展来讲，集装箱船的大型化也将在一定合理范围内，并非仅受船舶建造技术的制约，港口、码头和装卸设备等升级配套也需要诸多实验、数据论证与大量资金投入。另一方面，全球经济景气与集运市场的发展态势也影响到市场需求。

思考题：
1. 基于上述案例，你对集装箱未来的发展趋势有何看法？
2. 我国的集装箱运输还存在哪些问题？

第8章 国际物流仓储与包装

本章关键词

仓储(warehousing)　　　国际商品包装(international commodity packaging)
保税仓库(bonded warehouse)　保税区(bonded area)
运输标志(shipping mark)
自由贸易试验区(free trade zone)

互联网资料

www.china-shftz.gov.cn
http://fta.mofcom.gov.cn/
http://zgzmqyjy.com/
http://www.cpta.org.cn/

8.1 国际物流货物仓储概述

8.1.1 国际物流货物仓储的意义

国际物流货物仓储同国际物流货物运输一样,都是对外贸易及国际物流不可缺少的环节,国际物流货物仓储的意义主要有:

1. 调整商品在生产和消费之间的时间错位

由于许多商品在生产和消费之间都存在着时间间隔与地域差异,因此,为了更好地促进国际商品的流通,必须设置仓库将这些商品储存于其中,使其发挥时间效应的作用。

2. 保证进入国际市场的商品质量

商品从生产领域进入流通领域的过程中,通过仓储环节,对即将进入市场的商品在仓库进行检验,可以防止质量不合格的伪劣商品进入市场。通过仓储来保证商品的质量主要有两个关键环节:一是商品入库保管期间的质量检查;二是商品出库前的检验检查。对于前者,待入库商品应满足仓储要求,在仓库保管期间,商品处于相对静止状态使其不发生物理、化学变化,保证储存商品的质量。对于后者,保证出口商品符合国家出口标准和国际贸易合同对出口商品质量的约定,维护外贸企业的国际商业信誉。

3. 延伸生产特性的加工业务

随着仓储业的发展,仓储本身已不仅具有储存货物的功能,而且越来越多地承担着具有生产特性的加工业务,例如,分拣、挑选、整理、加工、简单的装配、包装、加标签、备货等活动,使仓储过程与生产过程更有机地结合在一起,从而增加了商品的价值。随着物流业的发展,仓储业在货物储存过程中,为物流活动提供更多的服务项目,为商品进入市场缩短后续环节的作业过程和时间,加快了商品的销售,将发挥更多的功能和作用。

4. 调节国际市场上商品的价格

国际商品的仓储业务可以克服国与国之间巨大的供求矛盾,并以储存调节供求关系,调整由于供求矛盾而造成的价格差异。所以,仓储还具有调节商品价格的作用。

5. 调节内外运输工具载运能力的不平衡

在各种运输工具中,由于其运载能力差别很大,容易出现极其不平衡的状态,外贸货物无论在出口或进口仓储皆可以减少压船、压港,弥补内陆运输工具运载量的不足,在船舶运输与内陆运输之间起着缓冲调节作用,保证国际货物运输顺利畅通。

6. 减少国际物流中的货损货差

在货物进出口过程中,无论是港口还是机场的库场在接收承运、保管时,需要检查货物及其包装,并根据货物性质、包装进行配载、成组装盘(板),有的货物还需在库场灌包、捆绑。进口货物入库后还需进行分票、点数、分拨。一旦发生因海关、检验检疫手续的延误,或因气象原因延误装船、交付、疏运等,货物可暂存在库场,避免货损发生。在货物装卸过程中,若发现货物标志不清、混装等则可入库整理,这时库场又可提供暂时堆存、分票、包装等方面的业务。

8.1.2 国际物流仓库的分类

1. 按仓库在国际物流中的用途分类

按仓库在国际物流中的用途分类,国际物流仓库可分为口岸仓库、中转仓库、加工仓库和储存仓库。

拓展阅读 8.1
全球仓储自动化企业排名

(1) 口岸仓库

口岸仓库的特点是商品储存期短,商品周转快。仓库大都设在商品集中的发运出口货物的沿海港口城市,仓库规模大。主要储存口岸和内地对外贸易业务部门收购的出口待运商品和进口待分拨的商品。因此,这类仓库又称为周转仓库。

(2) 中转仓库

中转仓库也称转运仓库。其特点是大都设在商品生产集中的地区和出运港口之间。如铁路、公路车站,江河水运港口码头附近,商品生产集中的大、中城市和商品集中分运的交通枢纽地带。其主要职能是按照商品的合理流向,收储、转运经过口岸出口的商品。大型中转仓库,一般都设有铁路专用线,将商品的储存、转运业务紧密结合起来。

(3) 加工仓库

加工仓库的特点是将出口商品的储存和加工结合在一起。除商品储存外,还兼营对某些商品的挑选、整理、分级、包装、改装等简单的加工业务,以适应国际市场的需要。

(4) 储存仓库

储存仓库的商品储存期较长,主要用于储存待销的出口商品、援外的储备物资、进口待分拨、出口业务需要的储备商品等。这类仓库所储存的商品要定期检查,加强商品养护。

2. 按仓库管理体制分类

按仓库管理体制分类,国际物流仓库可分为自有仓库、租赁公共仓库和合同仓库。

(1) 自有仓库

相对于公共仓储来说,企业利用自有仓库进行仓储活动具有以下优势:

① 可以更大程度地控制仓储。由于企业对自有仓库拥有所有权,所以企业作为货主能够对仓储实施更大程度的控制。在产成品移交给客户之前,企业对产成品负有直接责任并可直接控制。这种控制使企业易于将仓储的功能与企业的整个分销系统进行协调。

② 管理更具灵活性。这里的灵活性并不是指能迅速增加或减少仓储空间,而是指由于企业是仓库的所有者,所以可以按照企业要求和产品的特点对仓库进行合理的设计与布局。高度专业化的产品往往需要专业的保管和搬运技术,而公共仓储难以满足这种要求。因此,这样的企业必须拥有自有仓库或直接将货物送至客户。

③ 长期仓储时,自有仓储的成本低于公共仓储。如果自有仓库得到长期的充分利用,自有仓储的成本将低于公共仓储的成本。这是由于长期使用自有仓库保管大量货物会降低单位货物的仓储成本,在某种程度上说这也是一种规模经济。如果企业自有仓库的利用率较低,说明自有仓储产品的规模经济不足以补偿自有仓储的成本,则应转向公共仓储。当然,降低自有仓储成本的前提是有效的管理与控制,否则将影响整个物流系统的运转。

④ 可为外贸企业树立良好形象。当企业将产品储存在自有仓库时,会给客户一种企业长期持续经营的良好印象,客户会认为企业经营十分稳定、可靠,是产品的持续供应者,这将有助于提高企业的竞争优势。

并不是任何企业都适合拥有自己的仓库,因为自有仓储也存在以下缺点。

① 自有仓库固定的容量和成本使得企业的一部分资金被长期占用。不管企业对仓储空间的需求如何,自有仓库的容量是固定的,不能随着需求的增加或减少而扩大或减小。当企业对仓储空间的需求减少时,仍需承担自有仓库中未利用部分的成本;而当企业对仓储空间有额外需求时,自有仓库却无法满足。另外,自有仓库还存在位置和结构的局限性。如果企业只能使用自有仓库,则会由于数量限制而失去战略性优化选址的灵活性;市场的大小、市场的位置和客户的偏好经常变化,如果企业在仓库结构和服务上不能适应这种变化,企业将失去许多商业机会。

② 由于自有仓库的成本高,所以许多企业因资金问题而难以修建自有仓库。自有仓库是一项长期、有风险的投资,并且因其专业性强而难以出售。而企业将资金投资于其他项目可能会得到更高的回报。因此,投资建造自有仓库的决策要非常慎重。

（2）租赁公共仓库

利用公共仓库进行仓储活动的优点：

① 从财务角度上看，最重要的原因是企业不需要资本投资。任何一项资本投资都要在详细的可行性研究基础上才能实施，但利用公共仓储，企业可以避免资本投资和财务风险。公共仓储不要求企业对其设施和设备作任何投资，企业只需支付相对较少的租金即可得到仓储服务。

② 可以满足企业在库存高峰时大量额外的库存需求。如果企业销售具有季节性，那么公共仓储将满足企业在销售旺季所需要的仓储空间。而自有仓储则会受到仓库容量的限制，并且在某些时期仓库可能闲置。大多数企业由于产品的季节性、促销活动或其他原因而导致存货水平变化，利用公共仓储，则没有仓库容量的限制，从而能满足企业在不同时期对仓储空间的需求，尤其是库存高峰时大量额外的库存需求。同时，使用公共仓储的成本将直接随着储存货物数量的变化而变动，从而便于管理者掌握成本。

③ 使用公共仓储可以避免管理上的困难。工人的培训和管理是任何一类仓库所面临的一个重要问题。尤其是对于产品需要特殊搬运或具有季节性的企业来说，很难维持一个有经验的仓库员工队伍，而使用公共仓储则可以避免这一困难。

④ 公共仓储的规模经济可以降低货主的仓储成本。公共仓储会产生自有仓储难以达到的规模经济。由于公共仓储为众多企业保管大量库存，与自有仓储相比，大大提高了仓库的利用率，降低了存货的单位储存成本；另外，规模经济还使公共仓储能够采用更加有效的物料搬运设备，从而提供更好的服务；最后，公共仓储的规模经济还有利于拼箱作业和大批量运输，降低货主的运输成本。

⑤ 使用公共仓储时企业的经营活动更加灵活。如果自己拥有或长期租赁仓库，那么当需要设立仓库的位置发生变化时，原来的仓库就变成了企业的负担。由于公共仓储的合同是短期的，当市场、运输方式、产品销售或企业财务发生变化时，企业能灵活地改变仓库的位置；另外，企业不必因仓库业务量的变化而增减员工；再有，企业还可以根据仓库对整个分销系统的贡献以及成本和服务质量等因素，临时签订或终止租赁合同。

⑥ 便于企业掌握保管和搬运成本。当企业使用公共仓储时，由于每月可以得到仓储费用单据，可以清楚掌握保管和搬运的成本，有助于企业预测和控制不同仓储水平的成本。而企业自己拥有仓库时，很难确定其可变成本和固定成本的变化情况。

使用公共仓库进行仓储活动的缺点：

① 增加了企业的包装成本。公共仓库中储存了各种不同种类的货物，而各种不同性质的货物有可能互相影响，因此，企业使用公共仓储时必须对货物进行保护性包装，从而增加包装成本。

② 增加了企业控制库存的难度。企业与仓库经营者都有履行合同的义务，但盗窃等对货物的损坏给货主造成的损失将远大于得到的赔偿。因此在控制库存方面，使用公共仓库将比使用自有仓库承担更大的风险。另外，企业还有可能由此泄露有关的商业机密。

（3）合同仓库

在物流发达的国家，越来越多的企业转向利用合同仓库或称第三方仓储。所谓合同仓库是指企业将物流活动转包给外部公司，由外部公司为企业提供综合物流服务。

合同仓库不同于一般公共仓库。合同仓储公司能够提供专业化的高效、经济和准确的分销服务。企业若想得到高水平的质量与服务，则可利用合同仓库，因为合同仓库的设计水平更高，并且符合特殊商品的高标准、专业化的搬运要求。如果企业只需要一般水平的搬运服务，则应利用公共仓储。从本质上说，合同仓库是生产企业和仓储企业之间建立的伙伴关系。正是由于这种伙伴关系，合同仓储公司与传统仓储公司相比，能为货主提供特殊要求的空间、人力、设备和特殊服务。

合同仓库的优势有：

① 有利于企业有效利用资源。合同仓库比自有仓储更能有效处理季节性产业普遍存在的产品的淡、旺季存储问题。例如，合同仓储企业能够同时为销售旺季分别在冬季和夏季的企业提供合同仓库，如羽绒服与空调器。这种高峰需求交替出现的模式使得合同仓库比只处理一季产品的自有仓库能更有效地利用设备与空间。另外，由于合同仓库的管理具有专业性，管理专家更具创新性的分销理念和降低成本的方法，因此有利于物流系统发挥功能，从而提高效率。

② 有利于企业扩大市场。合同仓库能通过设施齐全的网络系统扩大企业的市场覆盖范围。由于合同仓储企业具有战略性选址的设施与服务，因此，货主在不同位置的仓库得到的仓储管理和一系列物流服务都是相同的。

③ 有利于企业进行新市场的测试。合同仓库的灵活性能加强客户服务。企业在促销现有产品或推出新产品时，可以利用短期合同仓库来考察产品的市场需求。当企业试图进入一个新的市场区域时，要花很长时间建立一套分销设施。然而通过合同仓库网络，企业可利用这一地区的现有设施为客户服务。

④ 有利于企业降低运输成本。由于合同仓库处理不同货主的大量产品，因此经过拼箱作业后可大规模运输，这样大大降低了运输成本。

3. 按存储商品的性能及技术设备分类

按存储商品的性能及技术设备分类，国际物流仓库可分为通用仓库、专用仓库和特种仓库。

(1) 通用仓库。它是用以储存一般没有特殊要求的工业品或农用品的仓库。在各类对外贸易仓库中占比重最大。

(2) 专用仓库。它是专门用于储存某一类商品的仓库。在保养技术设备方面相应地增加了密封、防虫、防霉、防火以及监测等设施，以确保特殊商品的质量安全。

(3) 特种仓库。它是用于存储具有特殊性质，要求使用特别保管设备的商品，一般指化学危险品、易腐蚀品、石油及部分医药商品等。这类仓库配备有专门的设备，如冷藏库、保温库、危险品仓库等。

除了以上类别，还有保税仓库。保税仓库是根据有关法律和进出口贸易的规定，专门保管国外进口而暂未缴纳进口税的商品的仓库，由海关统一进行监督和管理。保税仓库有关内容将在下一节专门介绍。

8.1.3 国际物流货物仓库的合理布局

国际物流货物仓库的合理布局要考虑货物仓库网点的比例要求以及一些制约国际物

流货物仓库分布的因素。

1. 国际物流货物仓库网点的比例要求

(1) 根据工农业生产发展与外贸商品流通规模之间的比例关系,预测掌握好相应期间的外贸商品流通量(即出口商品收购量和进口量);

(2) 处理好商品储存与商品收购、销售、调拨运输之间的比例关系,扣除直运、直拨等不经仓库环节的商品量,弄清计划期外贸商品的储存量或中转量;

(3) 要掌握好外贸商品储存量与仓库建筑面积和实际使用面积之间的比例关系,掌握实际需要的仓库容积数据;

(4) 了解计划期库存商品预计的周转次数。

2. 一些制约国际物流货物仓库分布的因素

(1) 一个国家的工农业生产布局。工农业生产发展了才会有大量商品出口,而储存这些出口商品的国际物流货物仓库应建设在大、中城市及出口工业品生产较集中的地区,如外贸部门的专用出口生产基地,确保就近收购、就近储存,以利集中发运出口。

(2) 国际物流货物仓库网点布局应满足进出口购销业务发展需要,确定国际物流货物仓库建设的规模、类型、分布及发展方向。

(3) 考虑经济区划和商品合理流向,做好国际物流货物仓库网点布局,降低物流费用。

(4) 国际物流货物仓库网点布局应考虑铁路、公路、航运等交通运输条件。只有交通运输通畅了,外贸商品的流通才能近运、近储,快速将外贸商品发送出去,实现进出口商品的快速流转。

(5) 具体的一个国际物流货物仓库的选址应要求尽量靠近:①出口商品生产厂、供货单位以及外贸专用出口商品生产基地;②交通运输枢纽;③中心城市;④口岸、车站、机场;⑤消费地,即进口厂家等。

建立一个外贸仓库还必须考虑:

(1) 提供"六供"条件:供电、煤、气、水、油、热;

(2) 排出废气、废水、废渣的条件;

(3) 消除烟尘、噪声、震动等自然条件;

(4) 地质条件差、震区等地不能建立外贸仓库;

(5) 特殊外贸专用仓库的建立应有特殊的条件要求;

(6) 要求具有防火、防污和环境安全卫生等条件。

8.2 保税仓库与保税区

保税仓库是保税制度中应用最为广泛的一种形式,具有较强的服务功能和较大的灵活性,对于促进国际贸易和加工贸易的开展起到了重要作用。因此,它是国际物流货物仓储中一个非常重要的部分。我国海关对保税仓库管理的基本依据是海关总署颁布的《中华人民共和国海关对保税仓库及所存货物的管理办法》。

8.2.1 保税仓库的概念

保税仓库(bonded warehouse)是经海关批准设立的专门存放保税货物及其他未办结海关手续货物的仓库。随着国际贸易的不断发展,贸易方式日益多样化,如进口原材料、配件进行加工装配后复出口,补偿贸易,转口贸易,期货贸易等。如果进口时要征收关税,复出时再申请退税,手续过于烦琐,必然会加大货物的成本,增加国际贸易的风险,不利于发展对外贸易。建立保税仓库后,可大大降低进口货物的风险,有利于鼓励进口,鼓励外国企业在本国投资,是非常重要的投资环境之一。

保税仓库的设立需要专门批准,外国货物的保税期一般最长为两年,在这个时期中可存放在保税仓库中。这个期间,经营者可以找到最适当的销售时机,一旦实现销售,再办理关税等通关手续。如果两年之内未能销售完毕,则可再运往其他国家,保税仓库所在国不收取关税。

8.2.2 保税仓库允许存放的货物范围

保税仓库是由海关批准并由海关监管的。我国规定,保税仓库允许存放的货物范围如下。

1. 缓办纳税手续的进口货物

这主要包括因进口国工程、生产等需要而造成的预进口货物,储存在保税仓库内,随需随提的办理通关手续,剩余的货物免税退运。也包括因进口国情况变化、市场变化,而暂时无法决定去向的货物,或是无法做出最后处理的进口货物,这些都需要将货物存放一段时间。如果条件变化,需要实际进口,再缴纳关税和其他税费,这就使进口商将纳税时间推迟到货物实际内销的时间。

2. 需做进口技术处置的货物

有些货物到库后,由于不适于在进口国销售,需换包装装潢,改包装尺寸或做其他加工处理,则可入保税仓库进行技术处置,待到符合进口国的要求再内销完税,不符合的则免税退返。

3. 来料加工后复出的货物

为鼓励"两头在外"的国际贸易战略的实施,对有些来料加工,又是在保税区或保税仓库完成的,加工后,该货物复出口,则可存放于保税仓库。

4. 不内销而过境转口的货物

有些货物因内销无望而转口,或在该区域存放有利于转口,或无法向第三国直接进口而需转口,货物则可存放于保税仓库中。

保税仓库在国际物流中,不仅适于进口货物,也可用于出口货物。

8.2.3 保税仓库的类型

保税仓库的类型有专业性保税仓库、公共保税仓库、保税工厂和海关监管仓库。

1. 专业性保税仓库

这是由有外贸经营权的企业,经海关批准而建立的自管自用的保税仓库。

2. 公共保税仓库

这是具有法人资格的经济实体,是经海关批准建立的综合性保税仓库。这类保税仓库一般不经营进出口商品,只为国内外保税货物持有者服务。

3. 保税工厂

这是整个工厂或专用车间在海关监督管理下,专门生产进料加工、进件装配复出口产品的工厂。

4. 海关监管仓库

主要存放已进境而所有人未来提取的货物或行李物品,或者无证到货、单证不齐、手续不完备以及违反海关规程,海关不予放行,需要暂存海关监管仓库等海关处理的货物。海关监管仓库的另一种类型是出口监管仓库,专门存储已对外成交,并已结汇,但海关批准暂不出境的货物。

8.2.4 保税仓库的设立

1. 设立保税仓库的条件

在我国,设立保税仓库应具备以下条件:

(1) 保税仓库应设有与非保税区域之间的安全隔离设施,并且配备保证货物存储和保管安全的设施。

(2) 必须健全符合海关要求的仓储管理制度,建立详细的仓库账册。

(3) 保税仓库应配备经海关培训认可的专职人员。

(4) 保税仓库的经营人须具有向海关缴纳有关税款的能力。

2. 设立保税仓库的申请文件

仓库经营人申请设立保税仓库,应向主管海关提供下列文件:

(1) 经营单位的工商营业执照,如果是租赁仓库的,还应提供仓储人的营业执照。

(2) 经营单位填写的"保税仓库申请书",应填明仓库名称、地址、负责人、管理人员、储存面积及存放何类保税货物等内容。

(3) 对外贸易主管部门批准开展有关业务的批件,如仓储、寄售、维修等。

(4) 其他有关资料,如租赁仓库的租赁协议、仓库管理制度等。

3. 海关对设立保税仓库的审批

主管海关在审核上述申请文件后,派员到仓库实地验库,检查仓储设施,核定仓储面积,对符合海关监管条件的,区别不同类型的保税仓库,分别办理审批手续。

对设立公共保税仓库的,由直属海关审核同意后报海关总署审批;对设立加工贸易备料保税仓库的,由直属海关负责审批,并报海关总署备案。

经批准设立的保税仓库,由海关颁发"保税仓库登记证书"。

4. 我国申请设立保税仓库的程序

(1) 项目立项

保税仓库项目立项时,要申报保税仓储项目建议书并具备带文号的申报项目函、投资企业营业执照、投资企业章程、开户银行资信证明、法人代表身份证明、可行性报告、工商名称等级核准通知书等;并办理申领土地使用证、建设用地规划许可证、工程规划许可证等。

(2) 工商注册

保税仓库投资企业在收到项目建议书批复后,可到工商行政管理部门办理名称登记,申请开业登记,在企业提供材料齐全的情况下,工商行政管理部门在规定的期限内核发营业执照。

(3) 海关登记

保税仓库投资企业持上述有关部门的批文和工商行政管理部门颁发的营业执照,向当地海关办理登记注册和报关登记备案手续。

(4) 商品检验检疫登记

如果保税仓储的货物属于"商检机构实施检验的进出口商品种类表"内所列范围,或其他法律、法规规定须经商检部门检验的进口商品,应向商品检验检疫部门注册登记。

(5) 税务登记

经工商行政管理部门批准开业的投资企业,应在领取营业执照后的期限内向税务机构申报办理税务登记。税务机构审核有关文件后予以登记,并在限期内核发税务登记证。

(6) 外汇登记和银行开户

保税仓储企业在领取工商营业执照之日起的一定期限内,应向当地国家外汇管理部门办理登记手续;并持有关文件到银行办理开户手续,分别设立人民币账户和外汇账户。

8.2.5 保税区

保税区(bonded area)是在境内的港口或邻近港口、国际机场等地区建立的在区内进行加工、贸易、仓储和展览的由海关监管的特殊区域。

1990年6月,经中央批准,在上海创办了中国第一保税区——上海外高桥保税区。1992年以来,国务院又陆续批准设立了14个保税区和一个享有保税区优惠政策的经济开发区,即天津港、大连、张家港、深圳沙头角、深圳福田、福州、海口、厦门象屿、广州、青岛、宁波、汕头、深圳盐田港、珠海保税区以及海南洋浦经济开发区。

兴建保税区是我国20世纪90年代实行全方位开放战略的新产物,其设立的目的是改善投资环境和吸引外资。保税区是我国目前开放度最大的地区,对所在地区和全国经济发展都起着重要的作用。它是我国发展外向型经济和对外开放纵深发展的必然产物,是对我国20世纪80年代建立的"经济特区""经济技术开发区"等开放形式的补充和发展。保税区在发挥招商引资、出口加工、国际贸易、转口贸易和仓储等功能,带动区域经济发展等方面显示出独特的优势。

我国保税区从其性质、功能以及运作方式上看,基本上类似于国外的自由贸易区这一自由经济区形式。我国现有的保税区英文名都译为"Free Trade Zone"。这表明,我国保税区与国际上通行的促进对外贸易发展的自由贸易区具有本质上的共性,是借鉴于国际通行惯例,利用特殊关税政策促进外贸发展的自由经济区形式之一。

拓展阅读 8.2
洋山特殊综合保税区特殊在哪里

20世纪80年代以来,自由经济区发展由原来的单一功能向着多功能综合型方向发展,它们不仅重视对外贸易,也重视出口加工,并把金融、保险、旅游等第三产业引入自由经济区。在这一点上,我国保税区和世界自由经济区的发展趋势是一致的。在大力发展对外贸易的同时,各保税区纷纷开展出口加工、仓储、金融、保险等业务,努力走出一条有中国特色的工贸结合的综合型自由之路。

8.3 国际物流货物仓储业务运作基本程序

国际物流货物仓储业务运作基本程序包括四个环节:保税仓库货物进口、入库、储存保管和出库,见图 8-1。下面分别加以介绍。

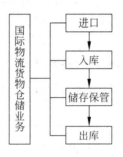

图 8-1 国际货物仓储业务运作基本程序

8.3.1 保税仓库货物进口

保税仓库货物进口主要有两种情况:本地进货与异地进货。

1. 本地进货

当进口货物在保税仓库所在地进境时,应由货物所有人或其代理人向入境所在地海关申报,填写"进口货物报关单",在报关单上加盖"保税仓库货物"戳记并注明"存入××保税仓库",经入境地海关审查验放后,货物所有人或其代理人应将有关货物存入保税仓库,并将两份"进口货物报关单"随货交保税仓库,保税仓库经营人应在核对报关单上申报进口货物与实际入库货物无误后,在有关报关单上签收,其中一份报关单交回海关存查(连同保税仓库货物入库单据),另一份由保税仓库留存。

2. 异地进货

进口货物在保税仓库所在地以外其他口岸入境时,货主或其代理人应按海关进口货物转关运输管理规定办理转关运输手续。货主或其代理人应先向保税仓库所在地主管海关提出将进口货物转运至保税仓库的申请,主管海关核实后,签发"进口货物转关运输联系单",并注明货物转运存入××保税仓库。货主或其代理人凭此联系单到入境地海关办理转关运输手续,入境地海关核准后,将进口货物监管运至保税仓库所在地,货物抵达目的地后,货主或其代理人应按上述"本地进货"手续向主管海关办理进口申报及入库手续。

拓展阅读8.3
保税仓库和保税货物进出境报关

8.3.2 入库

入库分为卸货、入库检验、办理入库手续、贴储位标签和上架五个步骤。

1. 卸货

卸货有散货卸货和拆箱卸货两类。散货卸货是指一般货物与空运货物(未曾事先堆栈在托盘上并固定者)从仓库的收货码头卸下到堆栈在托盘上。拆箱卸货是指海运集装箱装载的货物,在仓库收货区拆封,卸至托盘上。拆箱卸货又有两种:机械拆箱,货物已打托盘或木箱,可以用堆高机直接开进集装箱内卸装;人工拆箱,货物呈松散堆栈,须以人力逐件搬出后堆放于托盘。

2. 入库验收

为了防止商品在储存期间发生各种不应有的变化,在商品入库时首先要严格验收,弄清商品及其包装的质量状况。入库验收的内容主要包括:

(1) 数量检验

在进行数量检验时,必须把好点数(过磅)、记码单和码垛三个环节,以保证数量准确。

(2) 质量检验

即对入库商品进行质量检验,亦即对商品的物理、化学性能的检验和通过耳、鼻、手等感觉器官,并利用简单工具检验商品是否受潮、玷污、腐蚀、霉烂、缺件、变形、破损、损坏等。

(3) 包装验收

包装与商品安全运输和储存关系甚大,是仓库验收中必须重点检查的一项工作,尤其是对商品包装有具体规定的,如对木箱板的厚度、打包铁皮的箍数等有要求的,仓库都要按规定进行验收。

3. 办理入库手续

货物入库时,应由仓库保管员填写入库通知单,完整的入库单据必须具备以下四联:送货回单、储存凭证、仓储账页和货卡,并附上检验记录单、产品合格证、装箱单等有关资料凭证,以证实该批货物已经检验合格,可以正式上架保管。

4. 贴储位标签或条形码

为便于仓库保管员查找货物及理货,对办理完入库手续的货物通常贴上储位标签或条形码后,再入库上架。

5. 上架

入库的最后一步工作就是把堆栈好的托盘放上货架。货品检验完毕后,依性质的不同由仓储管理系统分配储位,上架人员将依照终端打印机印出的卷标(有些用条形码)粘附在货物外侧(至少两张分贴在对侧)后,缠上透明收缩膜,以堆高机放置入货架或是大货区(bulk storage area)。大货区主要适合大量出货而且进、出频繁的品类,另外,它是零库存作业中不可或缺的场地,但必须有良好的进、出码头,以及妥善的整仓变动规划,否则会适得其反。

8.3.3 储存保管

货物入库以后,便进入了储存保管阶段,它是仓储业务的重要环节。其主要内容包括货物的存放、保管、检查与盘点等。

1. 存放

在储存区内,全托盘装载的物品被分配到预定的托盘位置上。对此,有两种常用的货位分配方法,即可变货位安排系统和固定货位安排系统。

可变货位安排系统,也称作动态定位系统,是在每次有新的装运到达时允许产品改变位置,以便有效地利用仓库空间。而固定货位安排系统,则是在选择区内为每种产品分配一个永久性的位置。只要产品的移动流量保持相同水平,储存物品就始终保持这种位置。如果物品的流量一旦发生增减,就有可能对储存物品重新分配位置。一般说来,固定货位安排优越于可变货位安排,因为它可以对某种物品提供及时定位。

2. 保管

仓库一般首先考虑出入库的时间和效率,因而较多地着眼于拣选和搬运的方便,但保管方式必须与之协调。通常,仓库中货物保管的方式主要有:①地面平放式,将保管物品直接堆放在地面上;②直接堆放式,将货物在地面上直接码放堆积;③托盘平放式,将保管物品直接放在托盘上,再将托盘平放在地面上;④托盘堆码式,将货物直接堆码在托盘上,再将托盘堆放在地面上;⑤货架存放式,将货物直接码放在货架上。

仓库保管的基本要求是:

(1) 面向通道进行保管。为使物品出入库方便,容易在仓库内移动,一般将物品面向通道保管。

(2) 根据出库频率选定位置。出货和进货频率高的物品应放在靠近出入口、易于作业的地方;流动性差的物品可放在距离出入口稍远的地方;季节性物品则依其季节特性来选定放置的场所。

(3) 尽可能地向高处码放,提高保管效率。要有效利用库内容积就应尽量向高处码放,为防止破损,保证安全,应当尽可能使用棚架等保管设备。

(4) 同一品种放在同一地方。为提高作业效率和保管效率,同一物品或类似物品应放在同一地方保管,员工对库内物品放置位置的熟悉程度直接影响着出入库的时间,将类似的物品放在邻近的地方,将有利于提高仓储作业效率。

(5) 根据物品重量安排保管的位置。安排放置场所时,当然要把重的东西放在下边,把轻的东西放在货架的上边。需要人工搬运的大型物品则以腰部的高度为基准。这对于提高效率、保证安全是一项重要的原则。

(6) 要注意保证商品的存放安全。如确定货垛高度要考虑到物品及其包装的承压能力、库内设备的操作条件和竖向布局的方式等。

除上述一些问题以外,保管还应有温度和湿度管理,以及防尘、防臭、防虫、防鼠、防盗等问题。

3. 货物检查与盘点

(1) 保管期间货物的检查

在对货物保管的过程中,保管人员应对货物进行经常和定期的检查,以确保在库货物的质量完好、数量准确。检查的内容主要有:

① 数量检查。货物在存储期间,仓库保管人员要检查货物的数量是否准确,查账上的记载是否正确,核对账、卡、物是否一致。保持仓库的账账相符、账卡相符、账物相符、钱物相符。

② 质量检查。检查存储货物质量有无变化,包括有无受潮、玷污、锈蚀、发霉、干裂、虫蛀、鼠咬,甚至货物变质等现象;检查技术证件是否齐全,证物是否相符;必要时,还要对货物进行技术检查。

③ 检查保管条件。检查各类货物堆码是否合理稳固,货垛是否苫垫严密,库房是否有漏雨,货场是否有积水,门窗通风洞是否良好,库内温度、湿度是否符合要求,保管条件是否符合各种货物的保管要求等。

④ 检查安全。检查仓库各种安全措施和消防设备、器材是否齐备,是否符合安全要求,检查库房建筑物是否影响货物正常储存等。

检查的方式主要有:

① 日常检查。是指每日上下班前后,保管员对所保管的货物的安全情况、保管情况、库房和货场的整洁情况所进行的检查。

② 定期检查。是指根据季节变化和业务需要,由仓库组织有关专业人员对在库货物所进行的检查。

③ 临时性检查。是指有灾害性气候预报时所组织的临时性检查,例如,在暴风雨、台风到来之前,要检查建筑物是否承受得住风雨袭击,水道是否畅通,露天货场苫盖是否严密牢固,灾害性风雨过后检查有无损失等。

在检查的过程中,如果保管人员发现货物发生变质或有变质迹象、数量有出入、货物出现破损等情况,应及时查明原因,通知存货人或仓单持有者及时采取措施进行处理,并对检查结果和问题做出详细的检查记录。

(2) 货物的盘点

货物的盘点是指定期或临时核对库存商品实际数量与保管账上的数量是否相符;查明超过保管期限、长期积压货物的实际品种、规格和数量,以便提请处理;检查商品有无质量变化、残损等情况;检查库存货物数量的溢余或缺少的原因,以利改进货物的仓储管理。

① 盘点的方法

一般情况下,对仓储货物的盘点方法主要有:动态盘点法、循环盘点法、重点盘点法。

a. 动态盘点法。动态盘点法是指在发生出库动态时,就随之清点货物的余额,并同保管卡片的记录数额相互对照核对。

b. 循环盘点法。循环盘点法是指按照相关货物入库的先后次序,有计划对库存保管货物循环不断地进行盘点的一种方法,即保管员按计划每天都盘点一定量的在库货物,直至库存货物全部盘点完毕,再继续下一循环。

c. 重点盘点法。重点盘点法是指对货物进出动态频率高的,或者易损耗的,或者昂贵的货物进行盘点的一种方法。

② 盘点内容

a. 盘点数量。即对计件商品进行全部清点,货垛层次不清的商品,应进行必要的翻垛整理,同时,检查商品质量变化、残损等情况。

b. 盘点重量。对数量较少或贵重的商品应全部过磅;对数量大且价值低廉的商品,由于全部过磅工作量太大,可会同货主逐批抽查过秤核对。

c. 货账核对。根据盘点商品的实际数量,逐笔核对商品保管账上所列结存数字。

d. 账与账核对。即定期或随时将仓库保管账与货主的商品账以及仓库间保管账核对。

e. 做好记录及时联系。即在盘点对账中发现问题时,要做好记录,及时与存货人联系,协商对策。

f. 分析问题,找出原因,及时处理。即对盘点中发现的问题,逐一进行分析,必要时与货主协商,找出原因,纠正账目中的错误,并采取积极的挽救措施,尽量减少因霉烂、变质、残损等原因所造成的损失。

通过这些日常盘点,可保证定期的全面盘点。对库存货物盘点中出现的盈亏,必须及时做出处理。如果盘盈盘亏的数额不超出国家主管部门规定或合同约定的保管损耗标准,可由仓储保管企业核销;如果超出了损耗标准,则必须查明原因,做出分析,写出报告,承担责任;凡同类货物在规格上发生的数量此多彼少总量相符的,可与存货人根据仓储合同约定直接协商处理。依据处理结果,调整账、卡数额,使账、卡、物数额保持一致。

8.3.4 出库

对于存入保税仓库的货物其出库的流向较为复杂,一般可分为储存后原物复出口、加工贸易提取使用、转入国内销售等三种情况。

1. 原物复出口

存入保税仓库的货物在规定期限内复运出境时,货物所有人或其代理人应向保税仓库所在地主管海关申报,填写出口货物报关单,并提交货物进口时的经海关签章确认的进口报关单,经主管海关核实后予以验放有关货物或按转关运输管理办法,将有关货物监管运至出境地海关验放出境。复出境手续办理后,海关在一份出口报关单上加盖印章退还货物所有人或其代理人,作为保税仓库货物核销依据。

2. 加工贸易提取使用

从保税仓库提取货物用于进料加工、来料加工项目加工生产为成品复出口时,经营加工贸易单位首先按进料加工或来料加工的程序办理合同备案等手续后,由主管海关核发《加工装配和中小型补偿贸易进出口货物登记手册》(简称《登记手册》)。

3. 转入国内销售

存入保税仓库的货物需转为国内市场销售时,货物所有人或其代理人应事先报主管海关核准并办理正式进口手续,填写"进口货物报关单",其贸易性质由"保税仓库货物"转变为"一般贸易进口"。货物属于国家进口配额、进口许可证、机电产品进口管理,以及特定登记进口商品和其他进口管理商品的,需向海关提交有关进口许可证或其他有关证件,并缴纳进口关税、消费税和进口环节增值税。上述进口手续办理后,海关在进口货物报关单上加盖放行章,其中一份用以向保税仓库提取货物,另一份由保税仓库留存,作为保税仓库货物的核销依据。

货物出库的一般步骤见图8-2。

图8-2 出库的一般步骤

(1) 审核仓单

仓库接到存货人或仓单持有人出库通知后,必须对仓单进行核对。因为存货人取得仓单后,可以通过背书的方式将仓单转让给第三人,也可以分割原仓单的货物,填发两份以上新的仓单,将其中一部分转让给第三人。存货人与仓储人原来所签订的合同关系被转让部分规定适用于第三人。第三人在取得仓单后,还可以在仓单有效期内,再次转让或分割仓单。但是合同法规定,存货人转让仓储物提取权的,应当经保管人签字或盖章。

(2) 核对登账

仓单审核以后,仓库财务人员要检查货物的品名、型号、规格、单价、数量等有无错误,收货单位、到站、银行账号等是否齐全和准确,单证上书写的字迹是否清楚,有无涂改痕迹,是否超过了规定的提货有效期等。如果核对无误后,可根据凭证所列各项内容,登入商品保管账,核销储存量,并在出库凭证上批注发货商品存放的货区、库房、货位编号以及发货后应有的储存数量。同时,收回仓单,签发仓库货物出库单,写清各项内容,连同提货单或调拨单,一起交仓库保管员查对配货。

(3) 配货备货

财务人员转来的货物出库凭证经复核无误后,仓库保管员按出库凭证上所列项目内容和上面的批注,到编号的货位对货,核实后进行配货。配货中要执行"先进先出""易坏先出""不利保管先出"的发货原则。货物从货垛上搬下后,应整齐堆放在备货区位上,以便刷唛、复核、交付等备货作业的进行。

备货工作主要有:

① 包装整理、标志重刷。仓库应清理原货包装,清除积尘、污物。对包装已残损的,要更换包装。提货人要求重新包装或者灌包的,要及时安排包装作业。对原包装标志脱落、标志不清的进行补刷补贴;提货人要求标注新标志,应在提货日之前进行。

② 零星货物组合。为了作业方便,对零星货物进行配装,使用大型容器收集或者堆

装在托盘上,以免提货时遗漏。

③ 根据要求装托盘或成组。若提货人要求装托盘或者成组,应及时进行相应作业,保证作业质量。

④ 转到备货区备运。将要出库的货物预先搬运到备货区,以便能及时装运。备货时,发现有下列情况的商品,要立即与存货人或仓单持有人联系,存货人或仓单持有人认为可以出库,并在正式出库凭证上签注意见后,方可备货、出库;否则,不备货、不出库。对下列商品不备货、不出库:a. 没有全部到齐的一票入库商品。b. 入库验收时发现的问题尚未处理的。c. 商品质量有异状的。备货中发现出库货物的包装如有破损、断绳、脱钉等情况,仓库要负责加固修理,严格禁止包装破损的货物出库。

出库货物应附有质量证明书抄件、磅码单、装箱单等。机电设备等配件产品,其说明书及合格证应随货同行。

(4) 复核查对

备货后仓管人员应立即进行复核,以确保出库货物不出差错。复核的形式有保管员自行复查、保管员互核、专职人员复核、负责人复查等。复核的内容主要包括以下几方面:

① 认真审查正式出库凭证填写的项目是否齐全,出库凭证的抬头、印鉴、日期是否符合要求,复核商品名称、规格、等级、产地、重量、数量、标志、合同号等是否正确。

② 根据正式出库凭证所列项目,与备好的货物相对照,逐项复核、检查其是否与出库凭证所列完全相符,如经反复核对确实不符时,应立即调换,并将原错备商品标志除掉,退回原库房。

③ 检查包装是否破损、污染,标志、箱(包)号是否清楚,标签是否完好,配套是否齐全,技术证件是否齐备。

④ 需要计重、计尺的货物,要与提货人一起过磅,或根据货物的具体情况抽磅,或理论换算重量,一起检尺。要填写磅码单或尺码单,并会同提货人签字。

⑤ 复核结余商品数量或重量是否与保管账目、货物保管卡片结余数相符,发现不符应立即查明原因。

复核的目的就是要求出库货物手续完备、交接清楚,不错发,不错运。出库货物经过复核无误后,方可发运。

(5) 出库交接

备齐货物经复核无误后,仓库保管员必须当面与提货人或运输承运人按单逐件点交清楚、分清责任、办好交接手续。自提货物的待货物交清后,提货人应在出库凭证上签章;待发运货物保管员应向发运人员点交,发运人员在出库凭证上签字。发货结束,应在出库凭证发货联上加盖"发讫"或"商品付讫"戳记,并留据存查。同时,应由仓库填写出库商品清单或出门证,写明承运单位名称、商品名称、数量、运输工具和编号,并会同承运人或司机签字。出库商品清单或出门证一式三联,一联由仓库发货人员留查;二联由承运人交仓库,以便门卫查验放行;三联给承运人作为交货凭据。

(6) 填单销账

货物交点以后,保管员应在出库单上填写"实发数""发货日期"等项内容,并签名。然后将出库单及相关联证件资料及时交送货主以便货主办理货款结算。保管员根据留存联出库凭证清点货垛余数,并与账、卡核对,登记、核销实物保管明细账,账面余额应与实际库存量和货卡登记相符;出库凭证应在当日清理,定期装订成册,妥善保管;在规定时间内,转交账务人员登账复核。

8.4 国际商品包装

包装是为在流通过程中保护产品、方便储运、促进销售,按一定技术方法而采用的容器、材料及辅助物等的总体名称。也指为了达到上述目的而采用容器、材料和辅助物的过程中施加一定技术方法等的操作活动。简言之,包装就是包装物和包装操作的总称。

进入国际流通领域的货物一般都要经过长途运输,有许多货物要经过多次转装和储存,对出口货物包装的要求也比国内贸易严格;不同国家对包装有不同的要求,有的国家还通过法律的形式,对包装的用料、尺寸、重量作出具体规定;不同市场,不同销售地区,对商品的销售包装也可能有不同的要求,因此,交易双方在签订合同时,一般要对包装问题进行洽商并作出具体规定。

合同中的包装条款主要包括包装材料与容器、包装种类、包装费用和包装标志。

8.4.1 包装材料与容器

1. 包装材料

按不同用途,包装材料可分为以下几类:①容器材料,用于制作箱子、瓶子、罐子,可有纸制品、塑料、木材、玻璃、陶瓷、各类金属等;②内包装材料,用于隔断物品和防震,可有纸制品、泡沫塑料、防震用毛等;③包装用辅助材料,如各类结合剂、捆绑用细绳(带)等。以下就对运输包装材料作简单的介绍。

(1) 纸质包装材料

在包装材料中,纸的应用最为广泛,它的品种最多,耗量也最大。由于纸具有价格低、质地细腻均匀、耐摩擦、耐冲击、容易粘合、不受温度影响、无毒、无味、适于包装生产的机械化等优点,所以目前在世界范围内,纸质包装占包装材料的比重比其他包装材料都大,这一类的包装占整个包装材料使用量的 40%。纸作为包装材料有纸袋、纸箱和瓦楞纸箱等,其中瓦楞纸箱是颇受欢迎的纸质包装材料,瓦楞纸具有成本低、重量轻、容易进行机械加工、容易回收等优点。瓦楞纸箱具有一定的刚性,因此有较强的抗压、抗冲击能力,这为产品安全、完好地从生产者送到消费者提供了便利和保障。纸的防潮、防湿性能较差,这是纸质包装材料的最大弱点。

(2) 合成树脂包装材料

是指利用塑料薄膜、塑料袋以及塑料容器进行产品的包装。主要的塑料包装材料有聚乙烯、聚氯乙烯、聚丙烯和聚苯乙烯等。因为塑料种类繁多,所以,塑料包装的综合性能比较好。

(3) 木制容器包装材料

是指使用普通木箱、花栏木箱、木条复合板箱、金属网木箱以及木桶等木制包装容器对商品进行包装。木制容器一般用在重物包装以及出口物品的包装等方面,现在有很大一部分已经被瓦楞纸箱所代替。

(4) 金属容器包装材料

把金属压制成薄片,用作物品包装的材料,通常有金属圆桶、白铁内罐、储气瓶、金属丝、网等。目前,在世界金属包装材料中,用量最大的是马口铁(镀锡薄钢板)和金属箔两大品种。

(5) 玻璃陶瓷容器包装材料

主要是指利用耐酸玻璃瓶和耐酸陶瓷瓶等对商品进行包装。这种包装耐腐蚀性较好且比较稳定,耐酸玻璃瓶包装还能直接看到内容物。

(6) 纤维容器包装材料

是指利用麻袋和维尼纶袋对商品进行包装。

(7) 复合包装材料

主要是指利用两种以上的材料复合制成的包装。主要有纸与塑料、纸与铝箔等合成材料包装。

其他材料包装是以竹、藤、苇等制成的包装。主要有各种筐、篓和草包等。

2. 包装容器

包装容器主要包括包装袋、包装盒、包装箱和瓶、罐等。

(1) 包装袋

包装袋是一种管状结构的挠性容器。一般由挠性材料制成,可以是单层的,也可以是多层同种材料或不同种材料复合而成。

包装袋按其盛装的重量不同可分为集装袋、一般运输包装袋和小型包装袋等。集装袋大多数都是由聚丙烯或聚乙烯等聚酯纤维编织而成的一种大容积的运输包装袋,盛装重量一般在一吨以上。集装袋的顶部一般装有金属吊架或吊环等,以便于普通铲车或起重机的吊装或搬运。卸货时可直接打开袋底的卸货孔进行卸货。一般运输包装袋大部分都是由植物纤维和树脂纤维编织而成的,或由一种、几种挠性材料制成,其盛装重量一般在 50～100 公斤。小型包装袋也称普通包装袋,这类包装袋一般按盛装重量的不同,通常用单层材料或多层材料制成。

包装袋按其所用材料划分,一般有单层材料包装袋、多层材料包装袋和编织袋等。单层材料包装袋主要是用一层挠性材料制成的,如纸袋、塑料袋和棉布袋等;多层材料包装袋主要用两层以下的挠性材料制成,可以是一种材料,也可以根据实际需要,采用不同的材料,例如多层牛皮纸袋等;编织袋是用植物纤维、化学纤维编织而成的包装袋,例如麻袋、棉织袋等。

(2) 包装盒

包装盒是一种刚性或半刚性容器,呈规则几何形状,一般多为长方体,也有尖角或其他形状,容量一般较小,大约在 10 升以下,有关闭装置。大部分由纸板、金属、硬质塑料以及复合材料制成。

包装盒一般可分为固定包装盒和折叠包装盒两种。固定包装盒外形固定,在使用过程中不能折叠变形,通常由盒体和盒盖两个主要部分组成,此外,还包括其他附件。折叠包装盒可以折叠变形,外形以长方体最为普遍,一般是由纸板或以纸板为基材的复合材料制成,是一种成本较低的包装容器。

(3) 包装箱

包装箱是一种刚性或半刚性容器,一般为长方体,内部容量通常大于10升,大多用纸板、木材、金属、硬质塑料以及复合材料制成。

包装箱的种类很多,常用的有瓦楞纸箱和木箱等。木箱主要有木板箱、框板箱和框架箱三种。木板箱一般用作小型运输包装容器,能装载多种性质不同的货物,其优点是能抗拒碰裂、溃散和戳穿,有较大的耐压强度,能承受较大负荷,制作方便。不足之处是箱体较重、体积较大、没有防水功能。框板箱是由条木与人造板材制成的箱框板经过钉合而成的包装箱。框架箱是由一定截面的条木构成箱体的骨架。一般有敞开式框架箱和覆盖式框架箱两种形式。框架箱因其有坚固的骨架结构,所以具有极佳的抗震和抗扭力,有较大的耐压能力,而且装载量大。

(4) 瓶

包装瓶通常有玻璃瓶和塑料瓶等。选用包装瓶的原则是便于装填包装的货物,便于搬运,适于在货架下陈列,能引起消费者喜爱,并方便使用者从瓶内取出内装货物等。

(5) 罐

罐是一种小型包装容器,各处的横截面一般为相同图形,通常带有可密封的罐盖。罐按照制罐材料的不同可以分为金属罐和非金属罐两类。

8.4.2 包装种类

1. 按照包装在流通中的作用分类

按照包装在流通中的作用分类,可将包装分为运输包装和销售包装。

(1) 运输包装

运输包装又称大包装、外包装或工业包装,它的作用主要在于保护商品的品质和数量,便于运输,便于储存,便于检验、计数、分拨,有利于节省运输成本。运输包装的方式主要有两种:单件包装和集合包装。

单件包装是根据商品的形态或特性将一件或数件商品装入一个较小容器内的包装方式。制作单件包装时,要注意选用适当的材料,并要求结构造型科学合理,同时还应考虑不同国家和地区的气温、湿度、港口设施和不同商品的性能、特点、形状等因素。单件包装的种类很多:

① 按照包装外形来分,习惯上常用的有包、箱、桶、袋等。

② 按照包装的质地来分,有软性包装、半硬性包装和硬性包装。

③ 按照制作包装所采用的材料来分,一般常用的有纸质包装,金属包装,木制品包装,塑料包装,棉麻制品包装,竹、柳、草制品包装,玻璃制品包装和陶瓷包装。

集合包装是将一定数量的单件商品组合成一件大的包装或装入一个大的包装容器内。集合包装的种类有:

① 集装箱(container)。集装箱是具有足够强度,可长期反复使用的适于多种运输工

具而且容积在 1 立方米以上（含 1 立方米）的集装单元器具。集装箱一般由钢板、铝板等金属制成，可以反复使用周转，它既是货物的运输包装，又是运输工具的组成部分。目前国际上最常用的海运集装箱规格为 8 英尺×8 英尺×20 英尺和 8 英尺×8 英尺×40 英尺两种。

② 集装袋（flexible freight bags）。集装袋是以柔性材料制成可折叠的袋式集装单元器具。集装袋是用合成纤维或复合材料编织成抽口式的包，适于装载已经包装好的桶装和袋装的多件商品。每包一般可容纳 1~1.5 吨重的货物。

③ 托盘（pallet）。托盘是在运输、搬运和存储过程中，将物品规整为货物单元时，作为承载面并包括承载面上辅助结构件的装置。托盘是在一件或一组货物下面所附加的一块垫板。为防止货物散落，需要用厚箱板纸、收缩薄膜、拉伸薄膜等将货物牢固包扎在托盘上，组合成一件"托盘包装"。每一托盘的装载量一般为 1~1.5 吨。此外还有一种两面插入式托盘。

（2）销售包装

销售包装又称小包装或内包装。它是随着商品进入零售环节和消费者直接见面的包装，实际是一种零售包装。

在销售包装上，除附有装潢画面和文字说明外，有的还印有条码的标志。由于许多国家的超市多使用条码技术，进行自动扫描结算，如商品包装上没有条码，即使是名优产品也不能进入超市。有的国家甚至规定商品包装上无条形码标志的不予进口。

为了适应国际市场的需要和扩大出口，1991 年 4 月，我国正式加入了国际物品编码协会，该会分配给我国的国别号为"690""691""692"。凡标有"690""691""692"条码的商品，即表示为中国产品。

2. 按包装的层次分类

按包装的层次分类，包装可以分为个包装、内包装（中包装）和外包装。

（1）个包装

个包装一般有机械性保护包装、防护剂保护包装、抗水包装、防水和防水气包装、可剥除的化合物保护包装等五种方法。

（2）内包装

内包装是将个包装后的货物，置入内包装容器内，并适当加以衬垫的包装。进行衬垫包装的目的是为了吸收震动、防止货物在容器内发生移动和摩擦、避免货物与包装容器相撞。对于一些体积小的内包装件，还要进行中包装，以方便搬运及装箱，增加保护作用。

（3）外包装

外包装的主要目的是方便储运，使产品获得足够的保护。一般来说，外包装容器需具有足够的强度，可以在储运中抗拒一切外力所带来的损害，同时，外包装容器的形状和尺寸必须方便储运作业。

3. 按包装的针对性分类

按包装的针对性分类，包装可分为专用包装和通用包装两种。

(1) 专用包装

专用包装是根据被包装物特点进行专门设计、专门制造，只适用于某种专门产品的包装，如水泥袋、蛋糕盒、可口可乐瓶等。

(2) 通用包装

通用包装是不进行专门设计制造，而根据标准系列尺寸制造的包装，用以包装各种无特殊要求的或标准尺寸的产品。

8.4.3 包装费用

包装费用一般包括在货价之中，不单独计收。而如果买方要求特殊的包装，导致包装费用超出正常的范围，使成本增加，其超出的费用应由买方负担，并应在包装条款中具体规定负担的费用及支付办法。在有些交易中，经双方协商由买方提供包装，则应在合同中订明买方寄送包装的方法、包装送达日期、送交包装延迟的责任及包装费用的负担等。包装费用一般由如下几方面构成。

1. 包装材料费用

它是指各类物资在实施包装过程中耗费在材料费用支出上的费用。常用的包装材料种类繁多，功能亦各不相同，企业必须根据各种物资的特性，选择适合的包装材料，既要达到包装效果，又要合理节约包装材料费用。

2. 包装机械费用

包装过程中使用机械作业可以极大地提高包装作业的劳动生产率，同时可以大幅度提高包装水平。使用包装机械（或工具）就会发生购置费用支出、日常维护保养费支出以及每个会计期间终了计提折旧费用。

3. 包装技术费用

为了使包装的功能能够充分发挥作用，达到最佳的包装效果，包装时也需采用一定的技术措施。比如，实施缓冲包装、防潮包装、防霉包装等。这些技术的设计、实施所需支出的费用，合称包装技术费用。

4. 包装人工费用

在实施包装过程中，必须有工人或专业作业人员进行操作。对这些人员发放的计时工资、计件工资、奖金、津贴和补贴等各项费用支出，构成了包装人工费用支出。但是不包括这些人员的劳动保护费支出。

5. 其他辅助费用

除了上述主要费用以外，物流企业有时还会发生一些其他包装辅助费用，如包装标志的印刷、拴挂物费用的支出等。

8.4.4 包装标志

包装标志是为了便于货物交接、防止错发错运，便于识别，便于运输、仓储和海关等有关部门进行查验等工作，也便于收货人提取货物，在进出口货物的外包装上标明的记号。

包装标志有运输标志（即唛头）、指示性标志和警告性标志三类。

1. 运输标志（shipping mark）

运输标志习惯上称为"唛头"，它通常是由一个简单的几何图形和一些字母、数字和简单的文字组成，其作用主要是便于识别货物，便于收货人收货，也有利于运输、仓储、检验和海关等有关部门顺利地进行工作。

标准化的运输标志由标准运输标志和信息标志组成（见 GB/T18131-2000）。

（1）标准运输标志和信息标志

① 标准运输标志

标准运输标志由收货人（买方）、参考号、目的地、件数编号 4 个数据元依次组成。这些运输标志一般都应在货物和相关单证上标示出来。

a. 收货人（或买方）。收货人（或买方）名称的首字母缩略名或简称。除铁路、公路运输外，其他各种运输方式均不应使用全称。出口商和进口商可以商定一套首字母缩略名或简称，用于他们之间的货物运输。

b. 参考号。参考号应尽可能简单明了，只可使用托运单号、合同号、订单号或发票号中的一个编号，并应避免在编号后跟随日期信息。

c. 目的地。货物最终抵达的港口或地点（卸货港、交货地点、续运承运人交货地点）的名称。在转运的情况下，可在"VTA"（即"经由"）之后指明货物转运的港口或地点的名称。如"NEW DELHI VIA BOMBY"，表示货物经由孟买到达新德里。在多式联运情况下，只需标明货物的最终抵达地点，允许运输经营人选择最理想的运输路线，并避免在转运地中断运输。

d. 件数编号。指出件数的连续编号和已知的总件数。例如"1/25、2/25、…、25/25"表示包装物的总件数为 25 件，每件包装物的编号从 1 到 25。

现举例说明标准运输标志的构成。

ABCD　　　　　　　（收货人的代号）
543210　　　　　　　（参考号）
SINGAPORE　　　　　（目的地）
1/30　　　　　　　　（件数代号）

② 信息标志

货物运输的包装物上可提供必要的附加信息标志，这些信息可以包括：

a. 当集装箱或拖挂车装有危险品时，必须将危险品的标志标在外部，同时标出其他必备型数据，如正确的技术名称、适当的运输内容等。

b. 在运输包装物上，除标准运输标志以外的不是货物运输所需要的其他信息标志，一般不应在包装物上标示。如有特殊要求，则应将其他必要的附加信息用较小字符或不同颜色使其与标准运输标志明显区分，而且这些信息不能复制在单证上运输标志的部位。

c. 为便于全装卸（如空运）或正确存贮，可以标出包装物的总重，但必须以"kg"为单位而不应使用其他重量单位标示。重量标志应直接标在运输标志的下方并与其明显分开。例如，直接标示"462kg"，不应附加"GROSS/BRUTTO WEIGHT"（总重量）之类信息。

d. 像原产国或进口许可证号码这类信息应视政府法律或简化海关结关手续要求而定。如果买方要求,此类信息可包括在内。但不应在包装物上给出发货人的详细名称或地址。例如,用"IL GG22455170672"代替"IMPORT LICENCE NUMBER G/G22455-17067-2"。

e. 通常不必在包装物上标示净重和尺码(罐装化学物品或特大的包装物除外)。一般情况下,国内和国际法规对此不作强制性规定。需要标示时,应对它们进行缩略,例如,"N401kg 105×90×62cm"。

f. 货物空运时,根据国际航空运输协会(IATA)606号决议的规定,可以在运输标志下面给出总重量,并且至少在一个包装物上给出托运人的详细地址。

(2) 不同运输方式运输标志的简化

在实际运输实务中,由4个数据元组成的标准运输标志可以根据实际情况进行简化,具体情况如下:

① 在某些运输方式中,标准的运输标志可进一步简化。收货人(买方)、参考号、目的地、件数编号4个数据元中的任意一个被认为对运输无意义时均可省略。

② 在各种运输方式中,未经捆扎的一般散件杂货应使用标准运输标志,不能简化。

③ 在集装箱或国际公路运输的拖车中的编组货物,应在每一单件货物上使用标准运输标志,不能简化。由一个托运人托运的整票货载(集装箱或拖车)在转运期间为了分批交货而需要将货物拆箱时,应在每一单件货物上使用标准运输标志,不能简化。

④ 整票货载(即整集装箱、整拖车、整车厢、整航空箱)从一个托运人发送给一个收货人时,标准运输标志可作如下简化:a. 如果整票货载只用一套单证运抵目的地,且包装及其所标的内容(大小、类型和等级)各方面都相同时,则每个包装物上的运输标志可省略。例如全部都是25千克一袋的精制砂糖。b. 如果整票货载涉及多套单证(例如有两套发票),或者每件货物内所装内容不一样时,标准运输标志可简化,仅使用第2项和第4项(参考号和件数编号),以便海关和收货人对照货物和单证核对并标识货物。

例如:

1234　　　　　(参考号)
1/25　　　　　(件数编号)

⑤ 货物空运时,根据IATA 606号决议可用航空货运单的号码代替标准标志的第1项、第2项(收货人和参考号),第3项目的地应使用国际航空运输协会(IATA)的三字母地名代码,第4项件数编号不变。

例如:

015-12345675　　(参考号)
DEL　　　　　　(目的地)
1/25　　　　　　(件数编号)

对于拼装的货物,航空集装箱号(AWB号)应在标志的末端给出。

⑥ 货物装卸标志不能简化。

⑦ 危险品标志必须全部给出。当集装箱或拖车装有危险品时,必须将危险品的标志

标示在外部，同时标出其他必备型数据，如正确的技术名称、适当的运输内容等。

(3) 标准运输标志的应用示例

① 标准运输标志在单证上的填写示例

标准运输标志在单证上的填写示例如图 8-3 所示。

Transport details 运输事项	Terms of delivery and goods 货物和交付条款
Shipping Marks: Container No. 运输标志：集装箱号 ABC　　××××××× 1234　　××××××× BOMBAY　××××××× 1/25　　××××××	Number & Kind of Packages:Good Description 件数、包装类型、货物名称

图 8-3　标准运输标志在单证上的填写示例

② 海运时的标准运输标志示例

海运时的标准运输标志见图 8-4。

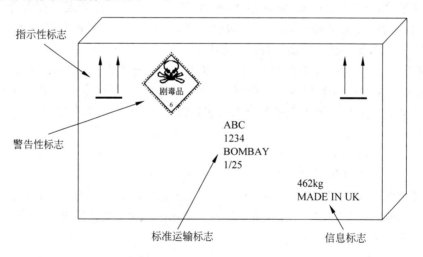

图 8-4　海运时的标准运输标志示例

③ 空运时的标准运输标志示例

空运时的标准运输标志见图 8-5。

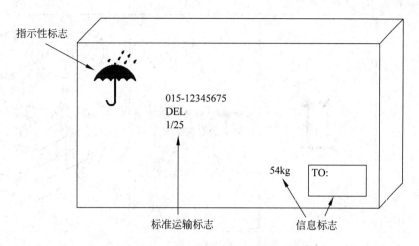

图 8-5 空运时的标准运输标志示例

2. 指示性标志（indicative mark）

指示性标志又称包装储运图示标志、安全标志、保护性标志或注意标志。它是针对商品的特性提出的在运输和保管过程中应注意的事项，一般都是以简单、醒目的图形或文字在包装上标出。在使用文字时，最好是使用进口国和出口国的文字，但一般是使用英文，例如，This Side 或 This End Up（此端向上）、Handle With Care（小心搬运）、Use No Hooks（请勿用钩）等。我国常用的指示性标志共17个，图形如表8-1所示（见 GB 191-2000）。

拓展阅读 8.4
危险货物包装检验管理法规

表 8-1 我国常用的指示性标志

序号	标志名称	标志图形	含义	备注/示例
1	易碎物品		运输包装件内装易碎品，因此搬运时应小心轻放	
2	禁用手钩		搬运运输包装件时禁用手钩	

续表

序号	标志名称	标志图形	含义	备注/示例
3	向上		表明运输包装件的正确位置是竖直向上	(a) (b) (c)
4	怕晒		表明运输包装件不能直接照晒	
5	怕辐射		包装物品一旦受辐射便会完全变质或损坏	
6	怕雨		包装件怕雨淋	
7	重心		表明一个单元货物的重心	本标志应标在实际的重心位置上
8	禁止翻滚		不能翻滚运输包装	
9	此面禁用手推车		搬运货物时此面禁放手推车	
10	禁用叉车		不能用升降叉车搬运的包装件	

续表

序号	标志名称	标志图形	含义	备注/示例
11	由此夹起		表明装运货物时夹钳放置的位置	
12	此处不能卡夹		表明装卸货物时此处不能用夹钳夹持	
13	堆码重量极限		表明该运输包装件所能承受的最大重量极限	
14	堆码层数极限		相同包装的最大堆码层数，N 表示层数极限	
15	禁止堆码		该包装件不能堆码并且其上也不能放置其他负载	
16	由此吊起		起吊货物时挂链条的位置	本标志应标在实际的起吊位置上
17	温度极限		表明运输包装件应该保持的温度极限	(a) (b)

3. **警告性标志(warning mark)**

警告性标志又称危险货物包装标志，是针对危险货物，为了在运输、保管和装卸过程中使有关人员加强防护措施，以保护物资和人身的安全而加在外包装上的标志。凡包装内装有爆炸品、易燃物品、自燃物品、遇水燃烧物品、有毒品、腐蚀性物品、氧化剂和放射性物品等危险品的，应在运输包装上刷写清楚明显的危险品警告标志。我国常用的指示性标志共 21 个，图形如图 8-6 所示(见 GB 190-90)。

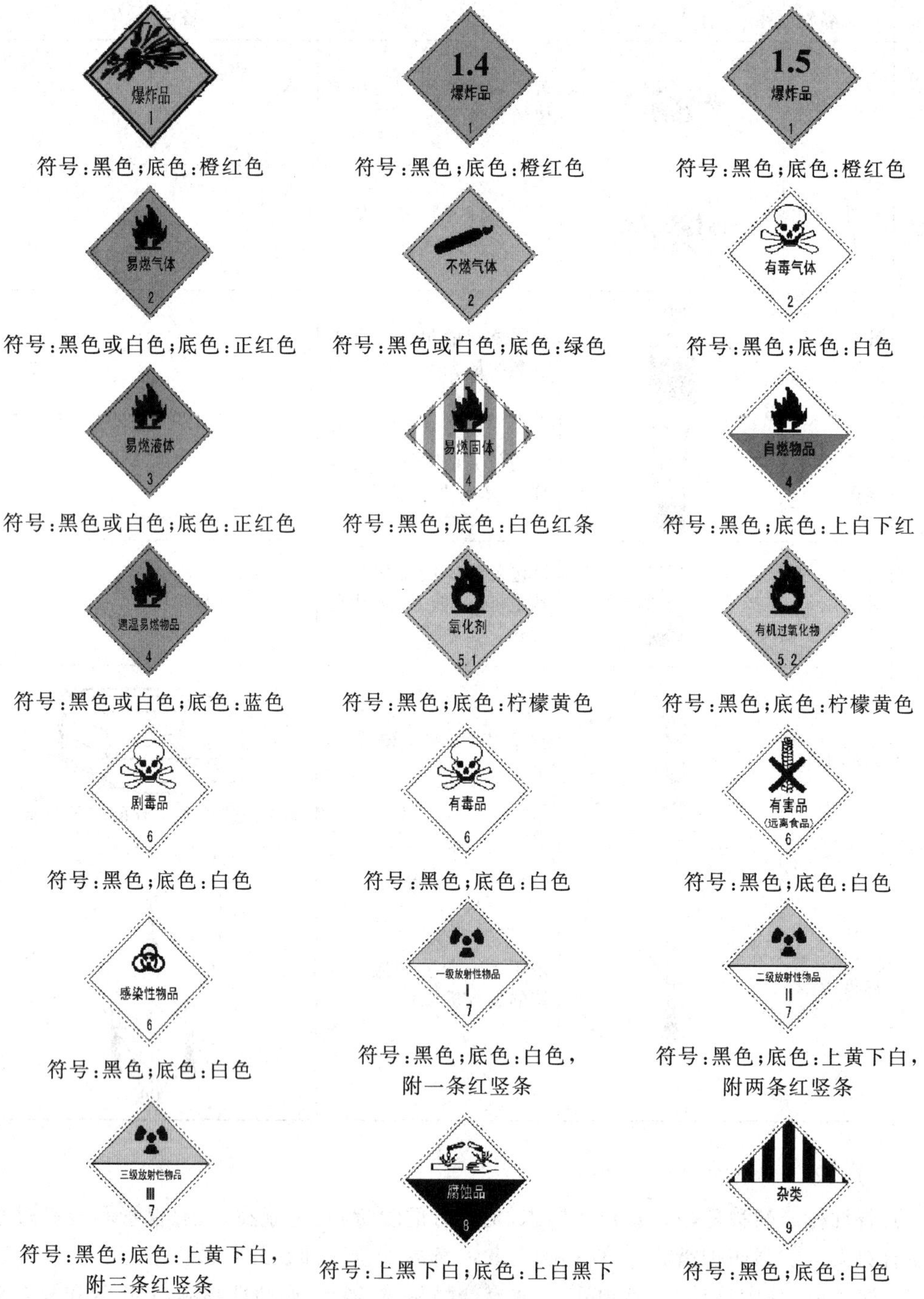

爆炸品
1
符号：黑色；底色：橙红色
1.4
爆炸品
1
符号：黑色；底色：橙红色
1.5
爆炸品
1
符号：黑色；底色：橙红色
易燃气体
2
符号：黑色或白色；底色：正红色
不燃气体
2
符号：黑色或白色；底色：绿色
有毒气体
2
符号：黑色；底色：白色
易燃液体
3
符号：黑色或白色；底色：正红色
易燃固体
4
符号：黑色；底色：白色红条
自燃物品
4
符号：黑色；底色：上白下红
遇湿易燃物品
4
符号：黑色或白色；底色：蓝色
氧化剂
5.1
符号：黑色；底色：柠檬黄色
有机过氧化物
5.2
符号：黑色；底色：柠檬黄色
剧毒品
6
符号：黑色；底色：白色
有毒品
6
符号：黑色；底色：白色
有害品
（远离食品）
6
符号：黑色；底色：白色
感染性物品
6
符号：黑色；底色：白色
一级放射性物品
I
7
符号：黑色；底色：白色，
附一条红竖条
二级放射性物品
II
7
符号：黑色；底色：上黄下白，
附两条红竖条
三级放射性物品
III
7
符号：黑色；底色：上黄下白，
附三条红竖条
腐蚀品
8
符号：上黑下白；底色：上白黑下
杂类
9
符号：黑色；底色：白色

图 8-6　我国常用的指示性标志

8.5 自由贸易试验区

自 2013 年 9 月中国(上海)自由贸易试验区建立以来,自由贸易试验区的数量从 1 个,增加到 4 个,然后增加到 18 个。在此过程中,自由贸易试验区按照党中央、国务院的指示,展开旨在完善市场机制的改革和试验,以期营造国际化、法制化和市场化的营商环境,推动自贸试验区贸易自由、投资便利和金融自由化。自贸试验区建设有效地带动了中国经济整体和自贸区周边地区的发展。中国自由贸易试验区运行 6 年来,在许多方面取得了令人瞩目的成就。党的十九大报告明确提出"赋予自由贸易试验区更大改革自主权,探索建设自由贸易港"的目标,为中国自由贸易试验区下一步发展指明了方向。

8.5.1 国际自由贸易园区内涵及特征

自由贸易园区(free trade zone,FTZ)是指一国或地区对外经济活动中在货物监管、外汇管理、税收政策、企业设立等领域实行特殊经济管理体制和特殊政策的特定区域,包括自由港、自由经济区、对外贸易区等多种类型。在不同的国家或地区,还有自由区、工商业自由贸易区、出口自由区、自由关税区、免税贸易区、自由贸易港、自由工业区等名称。自由贸易园区是世界各国在全球范围内集聚生产要素、参与经济全球分工与竞争、推动经济发展的重要载体。

自由贸易园区集中体现"三大自由"的核心特征:一是货物进出自由。不存在关税壁垒和非关税壁垒,凡合乎国际管理的货物进出均畅通无阻,免于海关惯常监管。二是投资自由。投资没有因国别差异带来的行业限制与经营方式限制,包括投资自由、雇工自由、经营自由、经营人员出入境自由等。三是金融自由。外汇自由兑换,资金出入与转移自由,资金经营自由,没有国民待遇与非国民待遇之分。

自由贸易园区还具有五方面特点:一是隔离封闭。自由贸易园区整体或园区内部特定区域是在设区国领土上用围网与该国其他区域隔离且封闭起来的特定区域,其面积一般在十几平方公里以内。二是境内关外。围网区域虽然位于设区国边境之内,但却处于该国关境之外,海关对货物进出国境不征收关税,而进出关境则视同进口或出口,要征收相应的关税。除特殊情况外,海关不实施官场的监管制度。对区内企业和货物实行"一线放开,二线管住,区内自由"和"管住卡口,管出不管进"。三是管理高效。中央政府多数会设立专门的机构对自由贸易区进行宏观管理,有权对所设区域内的一切机构与事务进行监管、有权自行制定法规与条例、有权独立行政而不受其他职能部门干预等。如美国的对外贸易区委员会、欧盟的欧盟理事会、墨西哥的部际委员会、巴拿马的自由贸易区管理委员会等最具有典型意义。四是政策优惠。设区国政府通常给予自由贸易园区内的企业一些政策上的优惠,例如减免所得税、放宽信贷政策、提供投资匹配、加速资本折旧、保障投资安全、以优惠价提供土地及水电等。五是港区结合。自由贸易园区大多设在吞吐量较大的海港等具有地理优势的地方,例如德国的汉堡港、美国的纽约港、荷兰的鹿特丹港等,特殊情况下也可设在内河港、航空港等地方。

8.5.2 国际自由贸易园区发展演变

自由贸易园区是一国对外开放战略的重要组成部分,也是拓展对外开放广度深度、提高开放型经济发展水平、深层次参与国际竞争合作的重要举措。伴随全球化浪潮风起云涌和国际贸易投资迅猛发展,国际自由贸易园区的发展经历了不同的发展阶段。

第一阶段:古典和传统自由贸易园区阶段("二战"以前)。自由贸易园区的发展雏形最早可追溯到公元前 1101 年的古希腊时代。当时腓尼基人将泰尔和迦太基两个港口划为特区,对外来的商船尽量保证其安全航行,不受任何干扰,即为自由港的雏形。1547 年意大利在其西北部热那亚湾建立雷格亨(Leghoyn),世界上第一个自由港。此后,自由港和自由贸易园区逐渐开始在西欧多个国家风行,如威尼斯(Venice)自由区、德国汉堡(Hamburg)自由港等。这些自由港或自由区利用优越的地理位置,采取免除进出口关税等措施,吸引外国商品到此转口,扩大对外贸易,发挥了商品集散中心的作用。这一阶段,国际自由贸易区以自由港和自由区为主,共有 75 个,分布在 26 个国家和地区,绝大部分集中在发达国家,经营活动相对单一,主要从事对外贸易和转口贸易,允许外国商船自由进出,但各国对区内经营的业务范围普遍都有比较严格的规定。

第二阶段:出口加工区阶段("二战"后至 20 世纪 60 年代)。"二战"后,在经济社会发展的探索实践中,很多国家和地区纷纷开始划定隔离区域与外商合作发展出口工业,并以当地丰富廉价的劳动力和各种优惠待遇,吸引外国客商的资金和技术。由此"出口加工区"作为一种自由贸易园区新形式和发展的新形态登上历史舞台。世界上最早从事出口加工活动的自由港区一般认为是 1958 年在爱尔兰设立的香农(Shannon)出口自由区,而我国台湾省于 1966 年建立的高雄出口加工区,则是世界上第一个正式以"出口加工区"命名的自由贸易园区。出口加工区的共同点是设立于港口附近、行政手续较区外简化、由区外输入原物料或零组件,再以非技术劳力来产生附加值,区内企业享有税收及投资优惠,以"两头在外"为主要发展模式,发展出口工业产品。异军突起的出口加工区,成为不少发展中国家经济起飞的"助推器"。

第三阶段:多种类型自由贸易园区的共同发展阶段(20 世纪 60 年代至今)。顺应经济全球化的深入发展,国际自由贸易园区数量持续增长,影响逐渐扩展,功能趋向综合,管理不断增强,呈现出多样化和综合化的发展态势。据不完全统计,目前全球已有 1 200 多个自由贸易园区,其中发达国家超过 4 000 个。其中大多数自由贸易园区都兼具进出口贸易、转口贸易、仓储、加工、商品展示、金融等多元功能。从发展实践来看,国际自由贸易园区经历了由出口加工区到多种类型、多元功能融合的现代自由贸易园区的转变,主要形成了自由港、自由贸易港区(涵盖贸易、制造、物流、研发、展示等诸多功能的区域)、工贸结合型自由贸易园区、贸易型自由贸易园区、出口加工型自由贸易园区、物流型自由贸易园区等多种类型。

8.5.3 国际自由贸易园区类型模式

顺应经济全球化和国际贸易投资自由化新趋势,国际自由贸易园区呈现多样化和综合化发展态势。人们对自由贸易园区类型模式的看法不尽相同,并未形成统一公认的分类。根据其功能,主要有以下五个典型模式。

(1) 保税仓储型。以保税仓储和物流功能为主的自由贸易园区,类似保税仓库,用以免除外国货物进出口手续。如荷兰的阿姆斯特丹港,商品进入该区可免交进口税,储存在仓库的商品可以进行简单包装、样品展示,也可以做零件装配,具备减免关税和提供转口的各种优惠条件,是大型商户对欧、亚、非洲各国出口的分销中心。区外设有若干海关监管库,进一步延伸区内的功能和服务。阿姆斯特丹港自由贸易园区与机场空港业务联系紧密,推动了海空两港物流的联动发展。此外,荷兰的鹿特丹港、德国的汉堡港、比利时的安特卫普港等也属于这一类型。

(2) 转口集散型。利用优越的自然地理区位从事货物转口及分拨、货物储存、商业性加工等的自由贸易园区。如巴拿马的科隆自由贸易园区,依托巴拿马运河成为世界航运中转枢纽,其货物流转量巨大,转口贸易成为主要业务,自由贸易园区货物进口无配额限制、不必交进口税。园区内货物自由流动,所得税为 8.6%,自 20 世纪 60 年代中期以来已经成为拉美地区的贸易中心和贸易集散地。

(3) 工贸结合型。兼具加工、贸易、仓储物流等功能的自由贸易园区。如美国的对外贸易区(foreign trade zones),除法律禁止的商品外,任何国外和国内的商品都可以进区,不受美国海关法的约束,国际贸易的各项活动均可在区内开展,包括存储、展示和销售、重新包装、组装、分类、清洁以及搭配国内货物加工。再如阿联酋迪拜杰贝阿里自由区,目前进驻的 6 700 家企业中有 1 500 家为工业制造厂商,其余大部分为物流企业,涉及石化、机动车、电气等领域。此外,土耳其爱琴海自由贸易免税区、中国台湾高雄自由贸易区等也属于这一类型。

(4) 自由港都市。整个城市即为一个自由贸易园区。港口及所在城市全部地区均自由开放,外商可自由居留并从事有关业务。如中国香港和新加坡,具有贸易自由、投资经营自由、融资汇兑自由、人员出入境自由、航运自由等特色,整个城市区域在金融开放、市场准入、外资国民待遇、业务经营、投资服务等方面高度宽松。

(5) 经济自由区。选取城市特定区域实施更为开放自由的投资政策和打造更加良好的营商环境。如韩国的仁川自由经济区和釜山自由经济区,通过提供多样的税务优惠、自由而完善的规章制度、便利的生活环境和简便的行政服务,支持外商投资和尖端产业的发展。通过放宽各种限制,自由经济区内允许设立、运营外国教育机构与医院,提供外语服务,允许使用外国货币及收看外国电视媒体等,此外还可享受税收减免、资金支持等多样的优惠。自由区内部大多拥有"境内关外"特殊围网区域(自由贸易区,FTZ)。

8.5.4 自由贸易区主要政策

作为一个国家或地区扩大开放的前沿,自由贸易园区普遍实行多元化的优惠政策扶持(特别是发展中国家的自由贸易园区实行更多的优惠政策)。随着近年来自由贸易园区功能内涵不断深化,业务内容不断丰富,自由贸易园区的扶持政策也随之不断深化。相关的支持政策开始由贸易自由化政策逐步向投资自由化、金融自由化政策拓展渗透。归纳下来,主要包括税收、投资、外资准入、金融、海关管理、人员出入境等方面的优惠政策。

(1) 税收优惠政策。普遍采取具有较强竞争力的税收优惠政策,主要包括关税、企业所得税、消费税增值税等方面的优惠政策。一是关税豁免政策。自由贸易园区对于进入区内的商品都不征收关税,商品从区内进入国内销售时再补缴关税。二是较低的企业所得税。自由贸易园区都实行较低的企业所得税,如新加坡为17%,香港为17.5%,汉堡为15%。特别是,对鼓励类企业或行业实行更低税率(如新加坡对航运企业、地区总部实行10%的企业所得税)。三是其他方面的税收优惠。比如区内商品消费减免消费税,实行较低的增值税率等。

(2) 投资鼓励政策。自由贸易园区普遍采取各类减少进入前投资成本和降低进入后运行成本的鼓励政策,如信贷支持、补贴资助、加速资本折旧、提供税收信用等。一是信贷支持政策,如毛里求斯自由区法规定,对区内的企业,商业银行可按优惠利率给予贷款。二是各类补贴资助政策,该类政策包含的项目较多,各国家的自由贸易园区根据鼓励或支持项目、环节不同,设立了名目繁多的补贴奖励或资助政策。三是保障资金安全政策。许多国家在有关政策法规中明确规定,对在自由贸易港区投资的外国企业不实行国有化和没收资产的政策,以保证投资者免受因战争动乱等带来的影响和损失。

(3) 外资准入政策。自由贸易园区普遍采取开放宽松的外资准入政策。一是允许投资的领域范围广。自由贸易园区允许投资的领域范围更广,特别很多国家或地区率先在区内放开一些服务业领域的投资准入。如中国香港除需要受到政府监督的行业以外,海外资本可以在各个行业进行投资。二是投资相关限制少。在投资程序上,不需要政府审批和核准,只要在相关部门登记备案即可。不仅区内投资自由,区内企业向外投资也相对自由便捷,如香港本地的资本可以通过各种方式向海外发展,不需要获得政府批准。对外资股权限制较少,如迪拜杰贝阿里自由区外资可100%独资,不受阿联酋公司法中规定的外资49%,内资51%条款的限制。三是外资实行国民待遇。如鹿特丹保税港区允许外国公司投资当地任何部门,并且在法律上与当地公司享有同等权利。

(4) 金融自由化政策。自由贸易园区普遍采取宽松、自由、开放的外汇管理和金融政策。一是宽松的外汇管理政策。香港、新加坡、汉堡、纽约自由港体现所在国家或地区的金融自由化政策,均无任何形式的外汇管制,外汇可自由兑换。二是资金自由进出政策。香港、新加坡资金进出没有任何限制,外汇、各种形式的合法收入都可自由进出。发展中国家的自由贸易园区也都逐渐放开资金的自由进出。三是离岸金融业务广泛开展,亚洲、拉美、中东的一些综合型自由贸易园区转变成为离岸金融中心。中国香港、新加坡逐渐发展成为全球离岸金融中心。

(5) 海关管理政策。自由贸易园区普遍采取高效、便捷、规范完善的海关管理政策。一是境内关外政策。自由贸易园区视同关外,货物在区内发生的活动不受海关的限制。二是进出关便利化政策。如24小时通关;以公司账册管理及存货数据取代海关查验;国内出口商品进入区内视作出口,即可享受退税政策等。三是宽松的管理政策。对区内保税货物有一定的免税存放期,延长存放缴纳一定费用;货物在保税仓库之间进出无须通关;对区内货物采取较为宽松的抽查方式等。

(6) 人员出入境政策。自由贸易园区普遍采取宽松、自由的人员出入境政策。包括免签证、落地签证等弹性入境签证办法,如新加坡采取落地签证政策;中国香港实行免签制度,符合一定条件的人可以免签(截至 2013 年 3 月 12 日,中国香港已与 146 个国家和地区签订了互免签证协议,人员出入境宽松便捷);迪拜实行 96 小时的过境签证,仅需阿联酋航空公司或迪拜本地酒店进行担保。

我国在上海以及广东、天津、福建的自贸试验区建设取得了显著成效之后,自贸试验区作为扩大开放、深化改革的"试验田"具备了进一步向全国复制推广的条件。2016 年 9 月,中共中央、国务院决定,在辽宁省、浙江省、河南省、湖北省、重庆市、四川省、山西省设立 7 个自贸试验区;2018 年 4 月,党中央决定在海南全岛建设自由贸易试验区,开启了"1+3+7+1"的自贸试验区扩展试点新格局。2019 年 8 月 26 日,国务院印发《中国(山东)、(江苏)、(广西)、(河北)、(云南)、(黑龙江)自由贸易试验区总体方案》,国家将在山东、江苏、广西、河北、云南、黑龙江 6 省设立"自贸试验区"。至此,国家已经在 18 个省级区域设立自贸区,充分说明我国坚持新发展理念,坚持高质量发展,进一步扩大对外开放,把自贸试验区建设成为新时代改革开放的新高地。

拓展阅读 8.5
我国自由贸易试验区布局与功能定位

本章小结

国际物流货物仓储同国际物流货物运输一样,都是对外贸易及国际物流不可缺少的环节,具有重要的意义。保税仓库是保税制度中应用最为广泛的一种形式,具有较强的服务功能和较大的灵活性,对于促进国际贸易和加工贸易的开展起到了重要作用。保税区是在境内的港口或邻近港口、国际机场等地区建立的在区内进行加工、贸易、仓储和展览,由海关监管的特殊区域。

进入国际流通领域的货物一般都要经过长途运输,有许多货物要经过多次转装和储存,对出口货物包装的要求也比国内贸易严格;不同国家对包装有不同的要求,有的国家还通过法律的形式,对包装的用料、尺寸、重量作出具体规定;不同市场,不同销售地区,对商品的销售包装也可能有不同的要求,因此,交易双方在签订合同时,一般要对包装问题进行洽商并作出具体规定。合同中的包装条款主要包括包装材料与容器、包装种类、包装费用和包装标志。

自由贸易试验区近几年在我国迅速发展,截至 2019 年我国已经在 18 个省级区域设立自贸试验区,并对自由贸易试验区的功能不断进行创新和扩展,为我国对外贸易和国际物流的转型升级发展提供了非常有利的实验场。

复习与思考

1. 国际物流仓库的分类有哪些?
2. 国际物流货物仓库的合理布局要考虑哪些因素?
3. 保税仓库允许存放的货物范围有哪些?
4. 请说明国际物流货物仓储业务运作基本程序。

5. 自由贸易试验区具有哪些特点？

线上自测

案例分析

"韩日世界杯"T恤衫贸易纠纷

2002年世界杯期间，日本一进口商为了促销运动饮料，向中国出口商订购T恤衫，要求以红色为底色，并印制"韩日世界杯"字样，此外不需印制任何标识，以在世界杯期间作为促销手段随饮料销售赠送现场球迷。合同规定2002年5月20日为最后装运期，我方组织生产后于5月25日将货物按质按量装运出港，并备齐所有单据向银行议付货款。然而货到时由于日本队止步于16强，日方估计到可能的积压损失，以单证不符为由拒绝赎单，在多次协商无效的情况下，我方只能将货物运回以在国内销售减少损失，但是在货物途经海关时，海关认为由于"韩日世界杯"字样及英文标识的知识产权为国际足联所持有，而我方外贸公司不能出具真实有效的商业使用权证明文件，因此海关以侵犯知识产权为由扣留并销毁了这一批T恤衫。

思考题：
1. 请分析海关的处理是否正确。
2. 中国出口企业在此次贸易中存在哪些失误？

下 篇
国际物流服务

第 9 章　国际货物运输保险

本章关键词

自然灾害(natural calamity)
海上意外事故(fortuitous accidents at sea)
外来风险(extraforaneous risks)
平安险(free from particular average, F. P. A.)
水渍险(overparticular, W. A.)
一切险(all risk, A. R.)
运输条款(transit clause)

互联网资料

http://www.baoyuntong.com/
http://www.hzins.com/
http://www.marins.com.cn/

保险同运输一样,已经成为国际贸易的必要组成部分。货物从卖方送到买方手中,要通过运输来完成,在这一过程中如遭遇意外损失,则由保险人进行经济补偿,以保证贸易的正常进行。各种对外贸易价格条件,都需明确保险和运输由谁办理。例如国际上通用的离岸价格(FOB)和成本加运费价(C&F)中不包括保险费,保险由买方自理;而到岸价格(CIF)中包括保险费,由卖方办理(见对外贸易价格条件)。保险之所以成为国际贸易所必需,是因为它将运输过程中不可预料的意外损失,以保险费的形式固定下来,计入货物成本,可以保证企业的经济核算和经营的稳定,避免由于意外损失引起买卖双方和有关利益方面之间的经济纠纷;可以使保险公司从自己经营成果考虑,注意对承保货物的防损工作,有利于减少社会财富损失;进出口贸易的货物在本国保险,还可以增加国家无形贸易的外汇收入。

9.1　国际海洋货物运输保险基础知识

9.1.1　海上风险

海洋货物运输保险保障的风险可以分为两大类,即海上风险和外来风险。其中海上风险分为自然灾害和意外事故,外来风险分为一般外来风险和特殊外来风险,如图 9-1 所示。

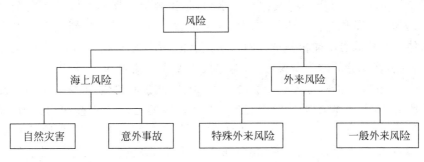

图 9-1 海上运输风险分类

这些风险,在保险业务中,都有其特定的含义和内容。按照一般的解释,这些风险所指的大致内容如下:

(1) 自然灾害(natural calamity)。所谓自然灾害,并非指一切由于自然力量所造成的灾害,而是仅指恶劣气候(如暴风雨)、雷电、海啸、地震、洪水,以及其他人力不可抗拒的灾害。

(2) 海上意外事故(fortuitous accidents at sea)。海上意外事故不同于一般的事故,这里所指的主要是船舶搁浅、触礁、沉没、火灾、爆炸、碰撞、船舶失踪或其他类似事故。

(3) 外来风险(extraforaneous risks)。所谓"外来风险",通常是由外来原因引起的,通常仅指偷窃、破碎、雨淋、受潮、受热、发霉、串味、沾污、短量、渗漏、钩损、锈损等。

除上述风险外,保险货物还可能遇到一些特殊的风险,如战争、敌对行为或武装冲突等所造成的损失。凡以上所指的各类风险,均属海洋运输保险所承保的范围,买方或卖方可根据需要向保险公司投保。

9.1.2 海上损失

在海洋货物运输过程中,由于海上风险和外来风险所造成船舶或货物的损失,称为海上损失。在海洋运输货物保险业务中,海上损失可按图 9-2 进行分类。

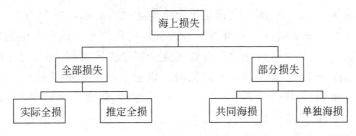

图 9-2 海上运输损失分类

1. 全部损失

全部损失(total loss)简称全损,是指运输途中的整批货物或不可分割的一批货物的全部损失或等同于全部损失。全损有实际全损和推定全损之分。

(1) 实际全损

实际全损(actual total loss)又称绝对全损,是指被保险标的实体已经完全灭失。我国《海商法》第245条规定:"保险标的发生保险事故后灭失,或者受到严重损害后完全失去原有形体、效用,或者不能再归被保险人所拥有的,为实际全损。"由此可见,实际全损的表现形式包括:保险标的的完全灭失,如船舶沉入海底无法打捞、货物被大火全部烧毁或被海水溶解等;保险标的完全丧失原有的效用、形体、用途和价值,如保险标的因发生化学反应变成废品,尽管实体仍然存在,但已经丧失了原有的性质和用途,可以定为实际全损;被保险人失去对保险标的的所有权,并无法挽回,如船舶被海盗劫走,保险标的虽然还存在,但不再归被保险人所有,也是实际全损的一种形式;载货船舶失踪达到一定期限仍无音讯,也可定义为实际全损。

(2) 推定全损

推定全损(constructive total loss)也称为商业全损,是指货物在海上运输途中遭遇承保风险后,虽未达到完全灭失的状态,但是进行施救、整理和恢复原状所需的费用,或者再加上续运至目的地的费用总和估计要超过货物在目的地的完好状态的价值。我国《海商法》第246条规定:"船舶发生保险事故后,认为实际全损不可避免,或者为避免发生实际全损所需支付的费用超过保险价值的,为推定全损。"

如果发生推定全损,被保险人可以要求保险人按部分损失赔偿,也可要求按全损赔偿。如果要求按全损赔付,被保险人必须向保险人发出委付通知。所谓委付(abandonment)是指被保险人表示愿意将保险标的物的全部权利和义务转移给保险人,并要求保险人按全损赔偿的行为。委付必须经保险人同意接受后才能生效。

(3) 实际全损与推定全损的主要区别

实际全损是指保险标的的实体的完全灭失;而推定全损则侧重于从货物价值方面考虑保险标的的恢复和修理是否合算,尤其是损失无法修复的情况下,保险标的的完全灭失将不可避免。

在实际全损的情况下,被保险人可以要求保险人按照全部损失承担赔偿责任;而在推定全损的情况下,若以推定全损索赔,被保险人首先要向保险人办理委付,这是保险人对推定全损赔偿的前提条件,如果被保险人不提出委付,则只能按部分损失赔偿。

在海洋运输保险实践中,实际全损与推定全损之间没有明确的和绝对的界限,法院或仲裁机构有很大的自由裁量权。如果法院或仲裁机构经调查后认定发生的损失是实际全损,被保险人不必发出委付通知即可享有按实际全损赔偿的权利;而一旦法院或仲裁机构事后认定损失是推定全损,则被保险人向保险人索赔全损的前提条件是向保险人发出保险标的的委付通知,如果被保险人没有发出委付通知,则将丧失索赔全损的权利,尤其是在平安险的情况下,被保险人将得不到任何赔偿。因为在平安险条款下,保险人对自然灾害导致的货物的部分损失是不予赔偿的。

2. 部分损失

部分损失(partial loss)简称分损,是指保险标的的没有达到全部损失的程度,是保险标的的部分损毁或灭失。部分损失又可分为共同海损与单独海损两种类型。

(1) 共同海损

共同海损(general average)是指载货船舶在海运途中遇到危及船、货的共同危险,船方为了维护船舶和货物的共同安全或使航程得以继续完成,有意并且合理地采取措施,导致船舶、货物或运费的某些特殊牺牲或支出的特殊费用。共同海损牺牲和费用应由所有与之有利害关系的受益人按获救船舶货物获救后的价值比例分摊,称为共同海损分摊。

(2) 单独海损

单独海损(particular average)是指保险标的受损后未达到全损程度,并且只有单独一方利益受损,这种损失由该保险标的所有者单独负担。

构成单独海损的条件包括:必须是保险标的物本身的损失;必须是意外的、偶然的或其他承保危险所直接导致的损失;必须是船方、货方或其他利益单方面所遭受的损失。

(3) 共同海损与单独海损的区别

损失发生的原因不同。共同海损是人为地有意采取的措施造成的损失;而单独海损则是由自然灾害或意外事故直接导致的损失。

损失的构成不同。共同海损既包括货物牺牲,也包括因采取共同海损救助措施引起的费用损失;单独海损仅指货物本身的损失,不包括费用项目。

涉及的利益方不同。共同海损是船货各方共同遭受的损失;而单独海损则只涉及损失方个人的利益。

损失的承担方式不同。共同海损应由受益方按比例分摊,如果共同海损的受益方投保了运输货物保险或船舶保险,则保险人对受益方应承担的分摊金额予以赔偿;单独海损的损失则由受损方自己承担,如果损失涉及第三责任方的过失,则由过失方负责赔偿,如果受损方投保了海上保险,则其损失由保险人按保险条款规定给予赔偿。

9.1.3 费用

海洋货物运输保险承保的费用是指保险标的发生保险事故后,为减少货物的实际损失而支出的合理费用,保险人可以根据保险条款做出相应赔偿。这些费用包括以下4种。

1. 施救费用

施救费用(sue and labour expenses)是指保险标的在遭遇保险责任范围内的灾害事故时,被保险人或其代理人、雇佣人员或保险单证受让人等为了避免或减少保险标的的损失,采取各种抢救或防护措施而产生的费用。施救费用的赔偿实践中,要注意以下几方面问题。

拓展阅读 9.1
共同海损、求助费用与施救费用

(1) 施救费用的赔偿可以在单独的保险金额内进行。有关施救费用的保险条款是海上保险合同之外的补充合同,保险人按照补充合同的规定,在原保险责任的基础上独立承保了施救费用的发生。只要在保险标的因保险事故发生全损的同时,又出现施救费用的损失,保险人均应予以赔偿。

例如,船舶已投保定值保险,保额为 1 500 万元,船舶在航行途中遭遇恶劣气候沉没,被保险人在抢救船舶过程中支付了 50 万元的费用,那么保险人按实际全损赔付被保险人

1 500万元之后,仍需赔偿被保险人为抢救保险标的而支付的50万元费用,即保险人应赔偿的金额总计为1 550万元。然而,如果船舶投保的是不足额保险,保险人对施救费用的赔偿按比例减少。例如货物的保险价值是2 000万元,被保险人只投保1 000万元,则保险人只赔偿施救费用的50%。

(2) 施救费用的支出必须是合理的和必要的。保险人对于不合理的施救费用和不属于防止或减少保险损失而支出的费用不予赔偿。例如,船舶发生搁浅事故,船方将货物卸下后,不再用该船继续运输至目的地,而改用其他运输方式运送货物。如果这笔运输费用比用船舶运输费用低,则可视为合理,保险人予以赔偿;反之,保险人只负责赔偿原来运输方式转运所需的费用,对超过该项费用的部分不予赔偿。

(3) 施救费用严格限于为了防止或减少保险事故发生带来的损失所采取的措施而发生的费用。如果采取的行动是为了避免或减少非由本保险承保风险所造成的损失,发生的费用不得作为施救费用向保险人索赔。

(4) 施救费用的赔偿不考虑措施是否成功,只要措施得当,费用支出合理,即便施救措施不成功,没有达到施救的目的,保险人也对施救费用负责。

2. 救助费用

救助费用(salvage charges)也称为海难救助,是指保险标的物遇到灾害事故时,由保险人和被保险人以外的第三者采取救助行为而向其支付的费用。

3. 特别费用

特别费用(particular charges)是指运输工具遭遇海难后,在中途港或避难港卸货、重装及续运货物产生的费用,包括恢复费用和续运费用等。保险人可以根据保险条款对特别费用进行单独赔偿。

4. 额外费用

额外费用(extra fee)是指为了证明损失索赔成立而支付的费用。例如检验费用、拍卖受损货物的销售费用、公证费用、勘察费用、海损理算师费用等与索赔有关的费用。额外费用一般只有在索赔成立时,保险人才负责赔偿责任。如果保险合同双方对某些额外费用事先另有约定,如船舶搁浅后检查船底的费用,不论有无损失发生,保险人都要予以赔偿。此外,在索赔成立时,被保险人不能将额外费用算在保险标的金额之内,以达到或超过规定的免赔额水平从而要求索赔。

9.2 国际海洋货物运输保险条款

9.2.1 中国海洋货物运输保险条款

中国人民财产保险股份有限公司制定的《海洋运输货物保险条款》将保险划分为基本险和附加险。海上货物运输基本险是海上货物运输保险的必选险种。基本险中有一般货物险和特别货物险两类。一般货物险中又分成平安险、水渍险和一切险三种。特别货物险分为散装桐油险和冷藏货物险两种。在两类五个险种中,投保人必须根据货物特性和运输条件从中选定一种作为基本险。在此基础上,如果投保人愿意,可以选择一些附加险投保。没有投保基本险的保险合同无效。

1. 保险险别

(1) 基本险

① 平安险

平安险(free from particular average,F. P. A.)即保险人只对因海损事故和自然灾害造成的全部损失承担赔偿责任,而不负责单独海损。但是在今天的海上保险实务中,平安险不负单独海损责任的原则已经有所改变。保险人对于特定意外事故(如搁浅、触礁、沉没、焚毁等)所引起的单独海损亦予以承保。平安险是海上货物运输保险中承保责任最小、保险费率也最低的一种险别,一般适用于低值、粗糙、无包装的大宗货物,如木材、矿砂、废钢材等。

平安险承保的责任范围包括以下几方面。

• 被保险货物在运输途中由于恶劣气候、雷电、海啸、地震、洪水等自然灾害造成整批货物的全部损失或推定全损。

• 由于运输工具遭受搁浅、触礁、沉没、互撞,与流冰或其他物体碰撞及失火、爆炸等意外事故造成货物的全部或部分损失。

• 在运输工具已经发生搁浅、触礁、沉没、焚毁等意外事故的情况下,货物在此前后又在海上遭受恶劣气候、雷电、海啸等自然灾害所造成的部分损失。

• 在装卸或转运时由于一件或数件整件货物落海造成的全部或部分损失。

• 被保险人对遭受承保责任内危险的货物采取抢救、防止或减少货损的措施而支付的合理费用,但以不超过该批货物的保险金额为限。

• 运输工具遭遇海难后,在避难港由于卸货所引起的损失,以及在中途港、避难港由于卸货、存仓及运送货物所产生的特别费用。

• 共同海损的损失、分摊和救助费用。

• 运输合同订有"船舶互撞责任"条款,根据该条条款规定,应由货方偿还船方的费用。

② 水渍险

水渍险(overparticular,W. A.)承保的责任范围有以下几方面。

• 承保上述平安险的各项损失和费用。

• 负责被保险货物由于恶劣气候、雷电、海啸、地震、洪水等自然灾害所造成的部分损失。

• 水渍险一般适用于不易损坏或不因生锈而影响使用的货物,如五金材料,旧的汽车、机械、机床、散装金属原料等。

③ 一切险

一切险(all risk,A. R.)是海上货物运输保险中承保范围最大、保险费率也最大的一种基本险别。

一切险承保的保险责任有以下几方面。

• 承保上述平安险和水渍险的各项损失和费用。

- 负责被保险货物在运输途中由于外来原因所致的全部或部分损失。
- 所谓外来原因说的是货物以外客观存在的可能发生的危险。随着国际贸易和海上航运业的发展,可能造成货损的外来原因在日益增多,如碰损、串味等。为适应投保人对外来原因致损货物的风险而寻求保险保障的要求,保险人还增加了一般附加险。

(2) 附加险

① 一般附加险

一般附加险(general additional risk)承保一般外来原因引起的货物损失,亦称普通附加险,它们包括在一切险之中。若投保了一切险,就无须另行加保。若投保了平安险或水渍险,则由被保险人根据货物特性和运输条件选择一种或几种附加险,经与保险人协议加保。

我国保险公司现在经营十一种一般附加险,具体险种如下:偷窃提货不着险、淡水雨淋险、短量险、玷污险、渗漏险、碰损破碎险、串味险、受潮受热险、钩损险、包装破损险、锈损险。

② 特殊附加险

特殊附加险(special additional risk)主要包括战争险和罢工险,是当前国际海上货物运输保险中普遍适用的。罢工险与战争险的关系密切,按国际海上保险市场的习惯,保了战争险,再加保罢工险时一般不再加收保险费,所以一般被保险人在投保战争险的同时加保罢工险。

特别附加险是以导致货损的某些政府行为风险作为承保对象的,它不包括在一切险范围内,不论被保险人投任何基本险,要想获取保险人对政府行为等政治风险的保险保障,必须与保险人特别约定,经保险人特别同意。否则,保险人对此不承担保险责任。

我国保险公司开办的特别附加险现有六种:交货不到险、进口关税险、舱面货物险、拒收险、黄曲霉素险、出口货物到中国香港(包括九龙)或中国澳门存仓火险责任扩展条款。

(3) 保险公司的除外责任

根据我国海洋货物运输保险条款的规定,不论是平安险、水渍险或一切险,属下列情况之一的,保险公司不负赔偿责任。

① 被保险人的故意行为或过失所造成的损失。

② 属于发货人引起的损失。

③ 在保险责任开始前,被保险货物已存在的品质不良或数量短差所造成的损失。

④ 被保险货物的自然损耗、本质缺陷、特性及市价跌落、运输延迟所引起的损失或费用。

⑤ 海洋运输货物战争险条款和罢工险条款规定的责任范围和除外责任。

由于上述除外责任均是基于被保险人的主观过错、商品本身的潜在缺陷以及运输途中必然发生的消耗所造成的损失,所以保险人将这些风险排除在承保范围之外。

海上运输冷藏货物保险的除外责任,在一般海洋运输货物保险的除外责任的基础上增加了两项除外责任。

① 被保险货物在运输过程中的任何阶段,因未存放在有冷藏设备的仓库或运输工具中,或者辅助运输工具没有隔热设备所造成的货物腐败。

② 被保险货物在保险责任开始时因未保持良好状态,包括整理加工和包扎不妥、冷冻上的不合规定及骨头变质所引起的货物腐败和损坏等。

散装桐油险的除外责任与一般海洋运输货物基本险的除外责任一致。

2. 责任起讫

(1) 基本险的保险责任起讫

保险公司对基本险所承保的货物负"仓至仓"责任,即自被保险货物运离保险单所载明的起运地仓库或储存处所(包括正常运输过程中的陆上和与其有关的水上驳运在内)开始,直至该项货物运达保险单所载目的地收货人的最后仓库或储存处所或被保险人用作分配、分派的其他储存处所为止,如未运抵上述仓库或储存处所,则当被保险货物运抵最后卸载的车站起满 60 天,不论保险货物有没有进入收货人的仓库,保险责任均告终止。

(2) 战争险的保险责任起讫

战争险的责任起讫与基本险的责任起讫不同,承保期限仅限于水上危险或运输工具上的危险。如果货物不卸离海轮或驳船,则保险责任最长延至货物到目的港之日午夜起满 15 天为止。如在中途港转船,则不论货物在当地是否卸载,保险责任以海轮到达该港或卸货地点的当日午夜起满 15 天为止,待再装上续运的海轮时,保险公司仍继续负责。

(3) 被保险人的义务

被保险人应按照以下规定的应尽义务办理有关事项,如因未履行规定的义务而且影响保险公司利益时,有关损失拒赔。

① 当被保险货物运抵保险单所载目的地以后,被保险人应及时提货,当发现被保险货物遭受任何损失,应立即向保险单上所载明的检验、理赔代理申请检验。如发现被保险货物整件短少或有明显残损痕迹,应立即向承运人、受托人或有关当局索取货损货差证明,如果货损货差是由于承运人、受托人或其他有关方面的责任所造成,应以书面方式向他们提出索赔,必要时还需取得延长时效的认证。

② 对遭受承保责任内危险的货物,应迅速采取合理的抢救措施,防止或减少货物损失。

③ 在向保险人索赔时,必须提供相关的单据。如涉及第三者责任还须附上向责任方追偿的有关单据。

(4) 索赔期限

依据《中国保险条款》的解释,保险索赔时效从被保险货物在最后目的地全部卸离运输工具时起最多不超过两年。

9.2.2 英国伦敦保险协会(ICC)海运货物保险条款

在世界海运保险中,英国是一个历史悠久和业务比较发达的国家。长期以来,它所制定的各种保险规章制度,包括海运保险单格式和保险条款,对世界海运保险业有着广泛的影响。目前,世界上有很多国家在海上保险业务中直接采用了英国伦敦保险协会制定的《协会货物条款》(Institute Cargo Clauses, ICC),或者在制定本国保险条款时参考或采用上述部分条款。

1. 1982年《协会货物保险条款》的种类

ICC(1982)的海运货物保险条款主要有6种：

- 协会货物条款(A)：Institute Cargo Clauses(A)，ICC(A)；
- 协会货物条款(B)：Institute Cargo Clauses(B)，ICC(B)；
- 协会货物条款(C)：Institute Cargo Clauses(C)，ICC(C)；
- 协会战争险条款(货物)：Institute War Clauses — Cargo；
- 协会罢工险条款(货物)：Institute Strikes Clauses — Cargo；
- 恶意损害险条款：Malicious Damage Clauses。

1982年《协会货物保险条款》中的 ICC(A)、ICC(B)、ICC(C)三种险别都有独立完整的结构，对承保风险及除外责任均有明确规定，因而都可以单独投保。战争险和罢工险也具有独立完整的结构，如征得保险公司同意，必要时可作为独立的险别投保。唯有恶意损害险属于附加险别，故其条款内容比较简单。

2. 1982年《协会货物保险条款》的承保范围

1982年《协会货物保险条款》ICC(A)、ICC(B)、ICC(C)的承保责任范围是由三个条款构成的，它们是承保风险条款、共同海损条款和船舶互撞责任条款。

(1) 承保风险条款(risks clause)

为了便于理解，下面将 ICC(A)、ICC(B)及 ICC(C)三种险别中保险人承保的风险进行比较，如表9-1所示。

表9-1 ICC(A)、ICC(B)及 ICC(C)承保风险对照表

承保风险	ICC(A)	ICC(B)	ICC(C)
(1) 火灾、爆炸	√	√	√
(2) 船舶、驳船的触礁、搁浅、沉没、倾覆	√	√	√
(3) 陆上运输工具的倾覆或出轨	√	√	√
(4) 船舶、驳船或陆上运输工具同除水以外的任何外界物	√	√	√
(5) 在避难港卸货	√	√	√
(6) 地震、火山爆发或雷电	√	√	√
(7) 共同海损牺牲	√	√	√
(8) 共同海损分摊或救助费用	√	√	√
(9) 运输合同订有"船舶互撞责任"条款，根据该条款的规定应由货方补偿船方的损失	√	√	√
(10) 投弃	√	√	√
(11) 浪击落海	√	√	×
(12) 货物在船舶或驳船装卸时落海或跌落造成任何整件的全损	√	√	×
(13) 由于一般外来原因所造成的损失	√	×	×

说明："√"代表承保风险；"×"代表不承保风险。

(2) 共同海损条款(general average clause)

ICC(1982)各险别条款中关于共同海损条款的规定是完全相同的,共同海损条款的具体内容是:"本保险承保共同海损和救助费用,其理算与确定应依据海上货物运输合同或根据有关法律及习惯。该项共同海损和救助费用的产生,应为避免任何原因所造成的或与之有关的损失所引起的,但本保险规定的不保风险和除外责任引起的除外。"

根据共同海损条款的规定,货物在海上运输途中发生的共同海损牺牲、共同海损费用、共同海损分摊以及救助费用,只要是保单承保风险造成的,或为了避免保单承保风险而产生的,保险公司均给予赔偿。

(3) 船舶互撞责任条款

船舶互撞责任条款(both to blame collision clause)也称互有过失碰撞责任条款。ICC(1982)各险别条款中关于船舶互撞责任条款的规定是完全相同的。船舶互撞责任条款的具体内容是:"本保险扩大对被保险人的赔偿范围,根据运输契约的船舶互撞责任条款的规定,应由被保险人承担的比例责任,视为本保险单项下应予赔偿的损失。如果船舶所有人根据上述条款提出任何索赔要求,被保险人同意通知保险人,保险人有权自负费用为被保险人就此项索赔进行辩护。"

构成船舶碰撞的条件包括:
- 两艘或两艘以上的船舶之间必须发生实际接触或冲撞;
- 接触或冲撞的结果必须有损害事实发生。

碰撞损失是指因船舶碰撞造成的船体和船上所载货物的损失。碰撞责任损失是指有过失的船舶对遭受碰撞损失的船舶依法应承担的损失赔偿责任。碰撞责任损失又分为对被撞船舶的损失责任和对货物的损失责任。

两艘船舶发生碰撞因碰撞原因不同将造成不同的损失。对于有过失的一方而言,碰撞既造成碰撞损失,又造成碰撞责任损失。即过失一方不但要承担碰撞造成的自身船舶的损失,还要承担因碰撞造成的被撞船舶和船上货物的损失;对于无过失的一方而言碰撞只造成碰撞损失,而不产生碰撞责任损失。

《协会货物保险条款》承保范围中的"船舶互撞责任条款"有两层意思,保险人承保这项责任一方面是为了对被保险人(货主)提供更加全面的保险保障,另一方面也是为了保障保险人的利益。这个条款规定如果载货承运人依据运输契约中的"船舶互撞责任条款"向本船货主(被保险人)提出偿还要求,被保险人必须及时通知保险人,以便保险人自负费用,以被保险人的名义对承运人的索赔进行抗辩。

3. 1982年《协会货物保险条款》的除外责任

为了明确保险人承保的责任,方便合同当事人,1982年的《协会货物保险条款》将除外责任分为四大类:一般除外责任、不适航与不适货除外责任、战争险除外责任和罢工险除外责任。

(1) 一般除外责任

一般除外责任(general exclusions clause)包括以下各项。
- 因被保险人的故意违法行为所致的灭失、损害或费用。

- 保险标的正常的漏损,重量或容量的正常减少或自然损耗。
- 由于保险标的包装或准备不充分或不适当引起的灭失、损害或费用。
- 由于保险标的固有缺陷或性质而导致的灭失、损害或费用。
- 尽管迟延是由承保风险造成的,以迟延为近因的灭失、损害或费用。
- 由船舶所有人、管理人、租船人或经营人的破产或不履行债务造成的灭失、损害或费用。
- 由于任何人(们)的恶意行为而导致的保险标的全部或部分的损害或破坏。
- 因使用任何原子或核子裂变、聚变或其他同类反应,或由于使用放射能或放射性物质的武器而产生的灭失、损害和费用。

(2) 不适航与不适货除外责任

不适航与不适货除外责任(un-seaworthiness and unfitness exclusion clause)包括以下两项。

- 保险货物在装船时,如被保险人或其雇佣人员已经知道船舶不适航,以及船舶、驳船、运输工具、集装箱或起重运货车的不适货,则由不适航与不适货而造成保险货物的灭失、损害或费用,保险人不负赔偿责任。
- 只要被保险人或雇佣人员知道船舶等运输工具的不适航、不适货,则保险人对因违反船舶适航性及适货性的默示保证造成的货物损失不承担赔偿责任。

(3) 战争险除外责任条款

战争险除外责任条款(war exclusion clause)中的各项责任均为协会战争险条款承保的风险责任,鉴于有协会战争险条款承保战争风险,因此,将战争险承保的各项责任列为标准条款即 ICC(A)、ICC(B)、ICC(C)的除外责任。

(4) 罢工险除外责任条款

罢工险除外责任条款(strikes exclusion clause)中的各项责任均为协会罢工险条款承保的风险责任,鉴于有协会罢工险条款承保罢工风险,因此,将罢工险承保的各项责任列为标准条款的除外责任。

4. 1982 年《协会货物保险条款》的保险期限

ICC(A)、ICC(B)、ICC(C)三个条款有关保险期限的规定是完全相同的,主要反映在"运输条款""运输契约终止条款"及"航程变更条款"三个条款之中。

(1) 运输条款

运输条款(transit clause)的保险期限主要是由"仓至仓条款"和"扩展责任条款"构成的。

① 仓至仓条款

在正常运输情况下,保险责任期限采用仓至仓条款(warehouse to warehouse clause)。它的基本内容是:保险人对被保险货物所承担的保险责任,是从货物运离保险单所载明的起运地发货人仓库或储存处所开始运输时生效,包括正常运输过程中的海上、陆上、内河和驳船运输在内,直至该项货物运到保险单所载明的目的港(地)收货人的最后仓库或储存处所,或被保险人用作分配、分派或非正常运输的其他储存处所为止;如未抵达上述仓库或储存所,则以被保险货物在最后的卸载港全部卸离海轮后满 60 天为止;如在上述 60 天内将被保险货物转运到非保险单所载明的目的地,则于货物开始转运时终止。

② 扩展责任条款

在海上运输过程中,如果出现被保险人所不能控制的意外情况,保险期间将按下列规定办理。当出现由于被保险人无法控制的运输延迟、绕道、被迫卸货、重新装载、转载或承运人运用运输契约赋予的权限做任何航海上的变更时,在被保险人及时将获知的情况通知保险人并加缴保险费情况下,保险人可继续承担责任。

按照国际海上保险的惯例,载货船舶在运输途中发生的上述非正常运输情况,改变了保险承担的货物运输风险,保险人完全有权利解除保险人承担的货物运输风险,即完全有权利解除保险合同。但为了保护被保险人的利益,保险人在被保险人履行了规定的义务的前提下,仍然向被保险人提供合同规定的保险责任。因此,这个条款被称为扩展责任条款。

(2) 运输契约终止条款

运输契约终止条款(termination of contract of carriage clause)主要规定:由被保险人无法控制的原因,被保险货物在运抵保险单载明的目的地之前,运输契约即在其他港口或处所终止,则在被保险人立即通知保险人并在必要时加缴一定保险费的条件下继续有效,直到货物在这个卸载港口或处所送交之时为止。但最长时间以不超过到达该港口或处所满 60 天为止。

(3) 航程变更条款

航程变更条款(change of voyage clause)主要规定:在保险责任开始之后,如果被保险人要求变更保险单所载明的目的地,则在立即通知保险人并另行确定保险费及保险条件的情况下,保险继续有效。

5. 协会货物战争险和罢工险条款

(1) 协会货物战争险的承保范围

• 战争、内战、革命、叛乱、造反,或由上述原因而引起的内乱,或交战国的或针对交战国的任何敌对行为造成保险货物的损失。

• 由于上述承保风险引起的捕获、拘留、扣留及其后果,或任何有关企图造成保险货物的损失。

• 遗弃的水雷、鱼雷、炸弹或其他遗弃的战争武器造成的保险货物的损失。

• 为避免或与避免上述承保风险有关的行动所引起的共同海损和救助费用。

(2) 协会货物战争险的除外责任

协会货物战争险的除外责任除以下两点以外,其余各项同 ICC (A) 的除外责任基本上是相同的。

• 在一般除外责任中增加了"航程挫折条款"。承保航程的丧失和挫折是指载货船舶由于某种原因必须改变航线或不能继续驶往原定的目的港。

• 对原子武器等所致灭失或损害,规定由于敌对行为使用原子武器等以致货物灭失或损害不负赔偿责任。

(3) 协会货物战争险的保险期限

按照海洋运输条款(transit clause)规定,保险人承担的货运保险期限为仓至仓条款。

货物在陆地上发生的与航海有关的风险和损失也包括在保险承保责任的范围之内。然而战争风险不同于海洋运输保险的承保风险,将战争险的承保范围限定在水域上,而不再对陆上发生的战争风险承担责任。

协会货物战争险条款关于保险期限的具体规定如下。

① 正常运输情况下的"水上危险"条款

本保险负责自保险货物被装上船舶时开始,到保险货物的全部或其一部分在最终的卸货港卸离海轮时为止,若保险货物不卸离轮船,则本保险的责任期限从船舶到达最终卸载港之日午夜 12 时起算满 15 天为限。

② 中途转运的情况

如果货物在中途港卸下,改由其他船舶或飞机续运,可在加缴一定保险费的条件下(需要时),保险责任展延到船舶抵达中途港口或避难港当日午夜开始计算满 15 天终止。

③ 驳船驳运的情况

对于在装货港码头与海轮之间,以及在海轮与卸货港码头之间需经驳船转运的货物,保险人仅对已装在驳船上的,由于驳船触及水雷或遗弃的鱼雷而导致的货物损失负赔偿责任。除非另有协议,保险人对驳船上的货物的承保期限为 60 天。这一条的规定要特别注意,我国的条款对这种情况下的保险时间仍规定为 15 天。

(4) 协会货物罢工险条款

① 协会货物罢工险的承保范围

- 罢工者、被迫停工工人或参与工潮、暴动或民变人员所致的货物的灭失或损害。
- 任何恐怖主义者或任何出于政治目的采取行动的人的直接行为引起的保险货物的灭失或损害。
- 为避免上述承保风险有关的行动所引起的共同海损和救助费用。

② 协会货物罢工险的除外责任

协会货物罢工险的除外责任除以下两点以外,其余各项同 ICC(A) 的除外责任基本上是相同的。

- 因罢工等产生的各种劳动力不足、缺乏,以及供给的阻塞所引起的货物灭失、损害或费用,不予承保。
- 因罢工所支出的各种必需的追加费用,如装卸费用、保管费等罢工险不予承保。

③ 罢工险的责任期限

罢工险的保险责任期限同海洋货运保险关于责任期限的规定相同,采用仓至仓条款。

(5) 协会恶意损害险条款

协会恶意损害险(institute malicious damage clause)是 1982 年《协会货物保险条款》中唯一的附加险别。它承保的责任具体如下。

- 因任何人或人们的恶意行为而造成保险货物的全部或一部分的有意损害或破坏。
- 由于破坏行为或故意破坏行为造成的保险货物的灭失或损害。

对恶意损害条款承保的责任,只有 ICC(A) 的承保责任中包括此项风险,而 ICC(B) 及 ICC(C) 的承保风险中不包括此项风险。因此,投保 ICC(B) 或 ICC(C) 的投保人可以通过加保恶意损害险获得此项风险的保障。

协会恶意损害险同协会罢工险在承保责任上是不同的,罢工险承保的风险是恐怖主义者或有组织、有政治动机的人员的故意行为造成的保险货物的损毁或灭失。

(6) 协会专门险条款

在伦敦保险市场,通常把1982年生效的ICC(A)、ICC(B)、ICC(C)等条款称为标准条款,而将按照国际商品类别制定的各种货物运输条款称为协会专门险条款。这些条款是按商品的类别划分的,是各类商品专用的条款。协会专门险条款有:协会煤炭条款(institute coal clauses)、协会散装石油条款(institute bulk oil clauses);协会生橡胶条款(液状生橡胶除外)[institute natural rubbery(excluding liquid latex)]、协会黄麻条款(institute jute clauses)、协会木材贸易条款(institute timber trade federation clauses)、协会冷冻食品条款(institute frozen foods clauses(excluding frozen meat))、协会冷冻肉条款(institute frozen meat clauses)、协会日用品贸易条款(institute commodity trade clauses)。

这些专门险条款具有下列特点。

- 承保有关海上风险的专门险条款,完全依照1982年《协会货物标准条款》的结构而制定,承保战争险及罢工险的专门险条款也同样依照1982年ICC(战争险条款)和ICC(罢工险条款)的结构而制定。
- 考虑到各类商品的特性,各类专门险条款中关于除外责任的规定较为宽松。

9.2.3 中英海洋货物运输保险条款对比

中国人民保险公司海洋货物运输保险条款(CIC)与英国伦敦保险协会货物运输保险条款(ICC)之间在保险的责任范围、保险责任期限以及索赔条款等方面均存在不同。

1. 保险责任范围的比较

(1) CIC一切险与ICC(A)条款承保范围的比较

CIC一切险条款采用的是列明风险的方式规定责任范围,而ICC(A)采用"一切风险除外责任"的方式规定责任范围。

(2) CIC水渍险与ICC(B)条款承保范围的比较

CIC水渍险条款对海水造成的货物损失负责,但对淡水水损原则上按附加险处理;ICC(B)负责承保海水、河水、湖水进入船舶、驳船、集装箱等运输工具所致的货物水损。

CIC水渍险对浪击落海的损失不负责,浪击落海的责任在特别附加险"舱面险"中负责;ICC(B)对浪击落海负责。

(3) CIC平安险与ICC(C)条款责任范围的比较

CIC平安险承保自然灾害所导致的货物的全部损失,虽已明确指出自然灾害造成的部分损失不赔,但对在运输工具已经发生意外事故的情况下,货物在此前后又在海上遭受自然灾害所造成的部分损失则赔;而ICC(C)险中对自然灾害和一般性的意外事故均未列入责任范围,即对自然灾害如"地震、火山爆发、雷电"以及一般性的意外事故如"海水、湖水或河水进入船舶、驳船、运输工具、集装箱、大型海运箱或储存处所"所致的损失(无论是全部损失还是部分损失)都是不予赔偿的。

CIC 平安险负责承保装卸时所造成的一件或数件或整件货物落海而致的全部或部分损失;而 ICC(C)险不承保货物装卸(避难港除外)时所造成的损失。

2. 保险责任期限的比较

CIC 条款在"责任起讫"与"被保险人义务"等条款中对保险期限做出了一些规定;ICC 在运送、运输终止以及航程变更等条款中对保险期限做出了相应规定。CIC 在航程变更的规定较为合理;ICC 对保险期限的开始和终止的规定比较具体。

3. 索赔条款的比较

(1) 续运费用条款。ICC 保险条款第 12 条规定,一旦发生航程中途终止的情况,被保险人要迅速通知保险人并要求其承诺补偿将货物运抵目的地所支出的费用;CIC 未对续运费用做出任何规定。

拓展阅读 9.2
保险业如何成就海运强国软实力

(2) 推定全损条款。ICC 保险条款第 13 条规定,提醒被保险人,推定全损的构成须按照英国的法律及惯例;CIC 条款没有相关规定。

(3) ICC 条款中对索赔的实效问题没有做出明确规定,而 CIC 条款则规定了两年的索赔时效,从被保险货物在最后卸载港全部卸离船舶后开始计算。

9.3 其他货物运输方式下的保险条款

货物在国际运输过程中,可能因遇到自然灾害和意外事故而遭受损失,为了转嫁货物在运输过程中的风险损失,需要办理货物运输保险。货物通过投保运输险,将不定的损失变为固定的费用,在货物遭到承保范围内的损失时,可以及时从保险公司得到经济上的补偿,这不但有利于在物流操作中加强经济核算,而且有利于企业保持正常营业,从而有效地促进国际物流的发展。

对外运输货物保险是以对外贸易货物运输过程中的各种货物作为保险标的的保险。外贸货物的运送有海运、陆运、空运以及通过邮政送递等多种途径。国际贸易运输货物保险的种类以其保险标的的运输工具种类相应地分为 4 类:海洋运输货物保险、陆上运输货物保险、航空运输货物保险、邮包保险。

有时一批货物的运输全过程使用两种或两种以上的运输工具,这时,往往以货运全过程中主要的运输工具来确定投保的险种。

9.3.1 陆上运输货物保险

陆上运输货物保险合同是指保险人与投保人之间达成的,以陆上运输过程中的货物作为保险标的,由保险人对于被保险货物因自然灾害或意外事故造成的损失承担赔偿责任的协议。陆上运输货物保险合同根据其适用范围分为国内陆上运输货物保险合同和国际(涉外)陆上运输货物保险合同。

根据原中国人民保险公司 1981 年 1 月 1 日修订的《陆上运输货物保险条款》规定,陆上运输货物保险险别分为基本险、附加险及适用于陆运货物的专门险——陆上运输冷藏货物险。我国陆上运输货物保险的基本险别分为陆上运输险和陆上运输一切险。两种险别的责任范围仅限于铁路和公路运输。

1. 陆上运输险的责任范围

陆运险的责任范围包括：被保险货物在运输途中遭受暴风、雷电、洪水、地震等自然灾害；或由于运输工具遭受碰撞、倾覆、出轨；或因在驳运过程中驳运工具遭受搁浅、触礁、沉没、碰撞；或由于遭受隧道坍塌、崖崩或失火、爆炸等意外事故所造成的全部或部分损失；被保险人对遭受承保责任内危险的货物采取抢救，防止或减少货损的措施而支付的合理费用，但以不超过该批被救货物的保险金额为限。

2. 陆上运输一切险的责任范围

陆上运输一切险除包括上述陆上运输险的责任外，还对被保险货物在运输途中由于外来原因所造成的货物短少、短量、偷窃、渗漏等全部或部分损失负责赔偿。

3. 国内陆上运输货物保险合同的除外责任

保险人对被保险货物在运输过程中因下列原因造成的损失不负赔偿责任：

(1) 战争和军事行动。
(2) 核事故或核爆炸。
(3) 被保险货物本身的缺陷或自然损耗，以及由于包装不善造成的损失。
(4) 被保险人的故意行为或过失所造成的损失。
(5) 全程是公路运输货物的，盗窃和整件提货不着的损失。
(6) 其他不属于保险责任范围内的损失。

4. 国际陆上运输货物保险合同的除外责任

保险人对下列损失不承担保险责任：

(1) 被保险人的故意行为或过失所造成的损失。
(2) 属于发货人责任所引起的损失。
(3) 在保险责任开始前，被保险货物已存在的品质不良或数量短差所造成的损失。
(4) 被保险货物的自然损耗、本质缺陷、特性以及市价跌落、运输延迟所引起的损失或费用。
(5) 陆上运输货物的战争险条款和罢工条款规定的保险责任范围和除外责任。

5. 保险责任起讫

陆上运输险与陆上运输一切险的责任起讫采用"仓至仓"条款。除外责任与海洋运输货物险的除外责任相同。索赔时效为从被保险货物在最后目的地车站全部卸离车辆后起算，最多不超过2年。

陆上运输冷藏货物险的责任范围除陆运险所列举的自然灾害和意外事故所造成的全部或部分损失外，还负责赔偿由于冷藏机器或隔温设备在运输途中损坏所造成的被保险货物解冻溶化而腐败的损失。但对于因战争、工人罢工或运输延迟而造成的被保险冷藏货物的腐败或损失以及被保险冷藏货物在保险责任开始时未能保持良好状况，整理、包扎不妥或冷冻不合格所造成的损失则除外。一般的除外责任条款也适用于本险别。责任起讫采用"仓至仓"条款,但最长保险责任的有效期以被保险货物到达目的地车站后10天为限。索赔时效从被保险货物在最后目的地全部卸离车辆后起算,最多不超过2年。

此外,还有陆上运输货物战争险,它是陆上运输货物险的一种附加险,只有在投保了陆上运输险或陆上运输一切险的基础上才能加保,且仅适用于铁路运输。

6. 被保险人的义务

被保险人应按照以下规定的应尽义务办理有关事项,如因未履行规定的义务,保险公司对有关损失有权拒绝赔偿:

(1) 当被保险货物运抵保险单所载目的地以后,被保险人应及时提货,当发现被保险货物遭受任何损失,应即向保险单上所载明的检验、理赔代理申请检验。如果发现被保险货物整件短少或有明显残损痕迹,应即向承运人、受托人或有关当局索取货损货差证明,如果货损货差是由于承运人、受托人或其他有关方面的责任所造成,应以书面方式提出索赔。必要时还需取得延长时效的认证。

(2) 对遭受承保责任内危险的货物,应迅速采取合理的抢救措施,防止或减少货物损失。

(3) 在向保险人索赔时,必须提供下列单证:保险单正本、提单、发票、装箱单、磅码单、货损货差证明、检验报告及索赔清单。如果涉及第三方责任,还须提供向责任方追偿的有关函电及其他必要单证或文件。

9.3.2 航空运输货物保险

1. 责任范围

航空运输货物保险分为航空运输险和航空运输一切险两种。被保险货物遭受损失时,本保险按保险单上载明承保险别的条款负赔偿责任。

(1) 航空运输险。航空运输险负责赔偿的内容如下:

① 被保险货物在运输途中遭受雷电、火灾、爆炸或由于飞机遭受恶劣气候或其他危难事故而被抛弃,或由于飞机遭碰撞、倾覆、坠落或失踪等意外事故所造成的全部或部分损失。

② 被保险人对遭受承保责任内危险的货物采取抢救措施以防止或减少货损而支付的合理费用,但以不超过该批被救货物的保险金额为限。

(2) 航空运输一切险。除包括上列航空运输险责任外,航空运输一切险还负责被保险货物由于外来原因所致的全部或部分损失。

2. 除外责任

航空运输货物保险对下列损失不负赔偿责任:

(1) 被保险人的故意行为或过失所造成的损失。

(2) 属于发货人责任所引起的损失。

(3) 保险责任开始前,被保险货物已存在的品质不良或数量短差所造成的损失。

(4) 被保险货物的自然损耗、本质缺陷、特性以及市价跌落、运输延迟所引起的损失或费用。

3. 责任起讫

(1) 航空运输货物保险负"仓至仓"责任,自被保险货物运离保险单所载明的起运地仓库或储存处所开始运输时生效,包括正常运输过程中的运输工具在内,直至该项货物运达保险单所载明的目的地收货人的最后仓库或储存处所或被保险人用作分配、分派或非正常运输的其他储存处所为止。如果未运抵上述仓库或储存处所,则以被保险货物在最后卸载地卸离飞机后满30天为止。如果在上述30天内被保险的货物需转送到非保险单所载明的目的地,则以该项货物开始转运时终止。

(2) 由于被保险人无法控制的运输延迟、绕道、被迫卸货、重新装载、转载或承运人运用运输契约赋予的权限所作的任何航行上的变更或终止运输契约,致使被保险货物运到非保险单所载目的地的,在被保险人及时将获知的情况通知保险人,并在必要时加缴保险费的情况下,本保险仍继续有效,保险责任按下述规定终止:①被保险货物如在非保险单所载目的地出售,保险责任至交货时为止,但不论任何情况,均以被保险的货物在卸载地卸离飞机后满30天为止;②被保险货物在上述30天期限内继续运往保险单所载原目的地或其他目的地的,保险责任仍按上述规定终止。

4. 被保险人的义务

被保险人的义务同陆上运输货物保险。

5. 索赔期限

航空运输货物保险索赔时效,从被保险货物在最后卸载地卸离飞机后起计算,最多不超过2年。

9.3.3 邮包保险

以邮包方式将货物发送到目的地可以通过海运,也可以通过陆上或航空运输,或者经过两种或两种以上的运输工具运送。不论通过何种运送工具,凡是以邮包方式将贸易货物运达目的地的保险均属邮包保险(parallelistic)。邮包保险按其保险责任分为邮包险(parcel post risks)和邮包一切险(parcel post all risks)两种。前者与海洋运输货物保险水渍险的责任相似,后者与海洋运输货物保险一切险的责任基本相同。

1. 邮包保险的责任范围

(1) 被保险邮包在运输途中由于恶劣气候、雷电、海啸、地震、洪水自然灾害或由于运输工具遭受搁浅、触礁、沉没、碰撞、倾覆、出轨、坠落、失踪,或由于失火爆炸意外事故所造成的全部或部分损失。

(2) 被保险人对遭受承保责任内危险的货物采取抢救、防止或减少货损的措施而支付的合理费用,但以不超过该批被救货物的保险金额为限。邮包一切险的责任除上述邮包险的各项责任外,还负责被保险邮包在运输途中由于外来原因所致的全部或部分损失。邮包运输货物保险的除外责任和被保险人的义务与海洋运输货物保险相比较,其实质是一致的。其责任起讫为自被保险邮包离开保险单所载起运地点寄件人的处所运往邮局时开始,直至该邮包运达本保险单所载目的地邮局,自邮局签发到货通知书当日午夜起算满 15 天终止。但是在此期限内邮包一经交至收件人的处所时,保险责任即行终止。

2. 邮包保险的责任起讫

本保险责任自被保险邮包离开保险单所载起运地点寄件人的处所运往邮局时开始生效,直至该邮包运达本保险单所载目的地邮局,自邮局签发到货通知书当日午夜起算满 15 天终止。但在此期限内邮包一经递交至收件人的处所时,保险责任即行终止。

3. 邮包保险的被保险人义务

被保险人应按照以下规定的应尽义务办理有关事项,如未履行规定的义务,保险公司有权对有关损失拒绝赔偿。

(1) 当被保险邮包运抵保险单所载明的目的地以后,被保险人应及时提取包裹,当发现被保险邮包遭受任何损失,应立即向保险单上所载明的检验、理赔代理人申请检验。如发现被保险邮包整件短少或有明显残损痕迹,应立即向邮局索取短、残证明,并应以书面方式向他们提出索赔,必要时还须取得延长时效的认证。

(2) 对遭受承保责任内危险的邮包,应迅速采取合理的抢救措施,防止或减少邮包的损失,被保险人采取此项措施,不应视为放弃委付的表示,本公司采取此项措施,也不得视为接受委付的表示。

(3) 在向保险人索赔时,必须提供下列单证:保险单正本、邮包收据、发票、装箱单、磅码单、货损货差证明、检验报告及索赔清单。如涉及第三者责任,还须提供向责任方追偿的有关函电及其他必要单证或文件。

4. 邮包保险的索赔期限

邮包保险的索赔时效,从被保险邮包递交收件人时起算,最多不超过两年。

9.4 国际货物运输保险实务

在国际物流货物运输中,保险的重要性不言而喻,在办理货物运输的保险业务实践中需要考虑以下几方面的内容:选择合适的保险险别、拟订恰当的保险条款、确定准确的保险金额、履行必要的保险手续和缮制正确的保险单据。

9.4.1 投保

我国出口货物一般采取逐笔投保的办法。按 FOB 或 CFR 术语成交的出口货物,卖方无办理投保的义务,但卖方在履行交货之前,货物自仓库到装船这一段时间内,仍承担货物可能遭受意外损失的风险,需要自行安排这段时间内的保险事宜。按 CIF 或 CIP 等术语成交的出口货物,卖方负有办理保险的责任,一般应在货物从装运仓库运往码头或车站之前办妥投保手续。我国进口货物大多采用预约保险的办法,各公司或其收货代理人同保险公司事先签订预约保险合同(open cover)。签订合同后,保险公司负有自动承保的责任。

9.4.2 保险金额的确定和保险费的计算

1. 保险金额

按照国际保险市场的习惯做法,出口货物的保险金额(insured amount)一般按 CIF 货价另加 10% 计算,即保险加成率为 10%,是买方进行这笔交易所付的费用和预期利润。保险金额计算的公式是

$$保险金额 = CIF 货值 \times (1 + 加成率)$$

2. 保险费

投保人按约定方式缴纳保险费(premium)是保险合同生效的条件。保险费(premium rate)是由保险公司根据一定时期、不同种类的货物的赔付率,按不同险别和目的地确定的。保险费则根据保险费率表按保险金额计算,其计算公式是:保险费=保险金额×保险费率。在我国出口业务中,CFR 和 CIF 是两种常用的术语。鉴于保险费是按 CIF 货值为基础的保险金额计算的,两种术语价格应按下述公式换算。

由 CIF 换算成 CFR 价:$CFR = CIF \times [1 - 保险费率 \times (1 + 加成率)]$

由 CFR 换算成 CIF 价:$CIF = CFR / [1 - 保险费率 \times (1 + 加成率)]$

在进口业务中,按双方签订的预约保险合同承担,保险金额按进口货物的 CIF 货值计算,不另加减,保费率按"特约费率表"规定的平均费率计算;如果 FOB 进口货物,则按平均运费率换算为 CFR 货值后再计算保险金额,其计算公式如下:

FOB 进口货物:保险金额 = [FOB 价 × (1 + 平均运费率)] / (1 − 平均保险费率)

CFR 进口货物:保险金额 = CFR 价 / (1 − 平均保险费率)

9.4.3 保险单证

保险单证既是保险公司对被保险人的承保证明,也是保险公司和被保险人之间的保险契约,它具体规定了保险公司和被保险人的权利和义务。在被保险货物遭受损失时,保险单证是被保险人索赔的依据,也是保险公司理赔的主要依据。在国际贸易中,保险单证是可以转让的。常用的保险单证有:

1. 保险单

保险单(insurance policy)又称"大保单",是投保人与保险公司之间订立的正式的保险合同。它除了正面载明证明双方当事人建立保险关系的文字、被保险货物的情况、承保险别、理赔地点以及保险公司关于所保货物如遇险可凭本保险单及有关证件给付赔款的声明等内容外,在背面还对保险人和被保险人的权利和义务做了规定。

2. 保险凭证

保险凭证(insurance certificate)俗称"小保单",是一种简化了的保险合同,它与正式的保险单具有同样的效力。保险凭证只有正面的内容,无背面条款,但其一般标明按照正式保险单上所载保险条款办理。

3. 联合凭证

联合凭证(combined certificate)又可称为"联合发票",是一种将发票和保险单相结合的比保险凭证更为简化的保险单证。这种单证只有我国采用,并且仅适用于对港、澳地区的出口业务。

4. 预约保险单

预约保险单(open policy)又称为"开口保险单",是经常有相同类型货物需要陆续分批装运时所采用的一种保险单。严格地讲,它是一种没有总保险金额限制的预约保险总合同,是保险人对被保险人将要装运的属于约定范围内的一切货物负自动承保责任的总合同。在我国,预约保险单常用于进口业务中。

9.4.4 保险索赔

保险索赔指当被保险人的货物遭受承保责任范围内的风险损失时,被保险人向保险人提出的索赔要求。在国际物流中,如由卖方办理投保,卖方在交货后即将保险单背书转让给买方或其收货代理人,当货物抵达目的港(地),发现残损时,买方或其收货代理人作为保险单的合法受让人,应就地向保险人或其代理人要求赔偿。中国保险公司为便于我国出口货物运抵国外目的地后及时检验损失,就地给予赔偿,已在100多个国家建立了检验或理赔代理机构。至于我国进口货物的检验索赔,则由有关的专业进口公司或其委托的收货代理人在港口或其他收货地点,向当地人民保险公司要求赔偿。被保险人或其代理人向保险人索赔时,应做好下列几项工作。

拓展阅读 9.3
海上货物运输保险索赔主体的确定

(1) 当被保险人得知或发现货物已遭受保险责任范围内的损失,应及时通知保险公司,并尽可能保留现场。由保险人会同有关方面进行检验,勘察损失程度,调查损失原因,确定损失性质和责任,采取必要的施救措施,并签发联合检验报告。

(2) 当被保险货物运抵目的地,被保险人或其代理人提货时发现货物有明显的受损痕迹、整件短少或散装货物已经残损,应立即向理货部门索取残损或短量证明。如货损涉及第三者的责任,则首先应向有关责任方提出索赔或声明保留索赔权。在保留向第三者索赔权的条件下,可向保险公司索赔。被保险人在获得保险补偿的同时,须将受损货物的有关权益转让给保险公司,以便保险公司取代被保险人的地位或以被保险人名义向第三者责任方进行追偿。保险人的这种权利,称作代位追偿权(subrogation)。

(3) 采取合理的施救措施。保险货物受损后,被保险人和保险人都有责任采取可能的、合理的施救措施,以防止损失扩大。对因抢救、阻止、减少货物损失而支付的合理费用,保险公司负责补偿。被保险人能够施救而不履行施救义务,保险人对于扩大的损失甚至全部损失有权拒赔。

(4) 备妥索赔证据,在规定时效内提出索赔。保险索赔时,通常应提供的证据有:保险单或保险凭证正本;运输单据;商业票和重量单、装箱单;检验报单;残损、短量证明;向承运人等第三者责任方请求赔偿的函电或其证明文件;必要时还需提供海事报告;索赔清单,主要列明索赔的金额及其计算依据,以及有关费用项目和用途等。根据国际保险业的惯例,保险索赔或诉讼的时效为自货物在最后卸货地卸离运输工具时起计算,最多不超过两年。

9.4.5 洽商保险条款时应注意的几个问题

(1) 应尊重对方的意见和要求。有些国家规定,其进口货物必须有基本保险,这些国家有 40 多个。如朝鲜、缅甸、印度尼西亚、伊拉克、巴基斯坦、加纳、也门、苏丹、叙利亚、伊朗、墨西哥、阿根廷、巴西、秘鲁、索马里、利比亚、约旦、阿尔及利亚、扎伊尔、尼日利亚、埃塞俄比亚、肯尼亚、冈比亚、刚果、蒙古、罗马尼亚、卢旺达、毛里坦尼亚等。对这些国家的出口,我们不宜按 CIF 价格报价成立。

(2) 如果国外客户要求我们按伦敦保险协会条款投保,我们可以按受客户的要求,订在合同里。因为英国伦敦保险协会条款在世界货运保险业务中有很大的影响,很多国家的进口货物保险都采用这种条款。

(3) 经托收方式收汇的出口业务,应争取用 CIF 价格条件成交,以减少风险损失。因为在我们交货后,如货物出现损坏或灭失,买方拒绝赎单,我保险公司可以负责赔偿,并向买方追索赔偿。

9.4.6 国际货物运输保险合同的内容

国际货物运输保险合同的内容主要包括下列几项:保险人名称、被保险人名称、保险标的、保险价值、保险金额、保险责任和除外责任、保险期间、保险费和保险费率。

(1) 国际物流货物运输保险合同的当事人。国际物流货物运输保险合同的当事人为保险人和被保险人。

(2) 国际物流货物运输保险合同的保险标的。国际物流货物运输保险合同的保险标的主要是货物,包括贸易货物和非贸易的货物。

(3) 保险价值。保险价值是被保险人投保的财产的实际价值。

(4) 保险金额。保险金额指保险合同约定的保险人的最高赔偿数额。

(5) 保险责任和除外责任。保险责任是保险人对约定的危险事故造成的损失所承担的赔偿责任。保险人承保的风险可以分为保险单上所列举的风险和附加条款加保的风险两大类,前者为主要险别承保的风险,后者为附加险别承保的风险。

(6) 保险期间。保险期间也就是保险责任的期间。保险责任的期间有三种确定方法:以时间来确定、以空间的方法来确定、以空间和时间两方面来对保险期间进行限定。

(7) 保险费和保险费率。保险费率是计算保险费的百分率。保险费率有逐个计算和同类计算法之分。

本章小结

保险是一种经济补偿制度。从法律角度看,它是一种补偿性契约行为,即被保险人向保险人提供一定的对价(保险费),保险人则对被保险人将来可能遭受的承保范围内的损失负赔偿责任。

由于国际货物一般都需要通过长途运输,货物在整个运输过程中,可能遇到自然灾害或意外事故而使途中货物遭受损失,这就使得防灾防损工作在国际物流中变得尤为重要。货主为了转嫁货物在运输过程中的风险损失,就需要办理货物运输保险,通过投保运输险,将可能发生的损失变为固定的费用。在货物遭到承保范围内的损失时,可以从有关保险公司及时得到经济上的补偿。这不仅有利于进出口企业加强经济核算,而且也有利于进出口企业保持正常运营,从而有效地促进国际贸易和国际物流的发展。

由于国际货物采取的运输方式很多,其中包括海洋运输、陆上运输、航空运输和邮包运输等。因此,国际货物运输保险也相应地分为海运货物保险、陆运货物保险、航空货运保险和邮包运输保险。我国海运保险条款把险别分成两大类:基本险和附加险,其中:基本险分平安险、水渍险和一切险三种;附加险分一般附加险和特殊附加险两种。

 复习与思考

1. 保险的五个基本原则及其含义是什么?
2. 海上货物运输的风险有哪些?举例说明。
3. 海上损失按损失的程度和性质如何分类?
4. 我国海运货物保险的险别有哪些?
5. 简要说明平安险的责任范围。
6. 协会货物条款的险别有哪些?
7. 保险金额和保险费的计算方法有哪些?

线上自测

 案例分析

货物运输途中发生损失的责任归属

我国 A 公司与某国 B 公司于 2001 年 10 月 20 日签订购买 52 500 吨化肥的 CFR 合同。A 公司开出信用证规定,装船期限为 2002 年 1 月 1 日至 1 月 10 日,由于 B 公司租来运货的"顺风号"轮在开往某国港口途中遇到飓风,结果装货至 2002 年 1 月 20 日才完成。承运人在取得 B 公司出具的保函的情况下,签发了与信用证条款规定一致的提单。"顺风号"轮于 1 月 21 日驶离装运港,A 公司为这批货物投保了水渍险。2002 年 1 月 30 日,"顺风号"轮途经巴拿马运河时起火,造成部分化肥烧毁,船长在命令救火过程中又造成部分化肥湿毁。由于船在装货港口的延迟,使该船到达目的地时正遇上了化肥价格下跌,A公司在出售余下的化肥时不得不大幅度压低价格,给A公司造成了很大损失。

思考题:
1. 途中烧毁的化肥损失属什么损失?应由谁承担?为什么?
2. 途中湿毁的化肥损失属什么损失?应由谁承担?为什么?
3. A公司可否向承运人追偿由于化肥价格下跌造成的损失?为什么?

第 10 章 国际物流通关实务

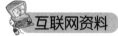

海关(customs)
报关(customs declaration)
一般进出口货物(general import and export goods)
保税进出口货物(bonded import and export goods)
通关一体化(customs integration)
国际贸易单一窗口(single window for international trade)

互联网资料

https://www.singlewindow.cn/
www.singlewindow.sh.cn/winxportal/
http://www.customs.gov.cn/

10.1 海关基本知识

10.1.1 海关的起源和概念

1. 海关的起源

海关(customs)是一个有着悠久历史的行政管理机关,是代表一个国家对内对外独立行使与海关活动相关的事务的行政管理机构。

拓展阅读 10.1
中国海关发展简史

据史书记载,我国从古代西周就开始设关,但是,海关这个词正式使用是在清朝康熙二十四年,当时设有江、浙、闽、粤四个海关。中华人民共和国成立后,设立在沿海口岸的海关机构称为"海关",设立在陆路边境以及内陆的海关机构称为"关"。1985 年 2 月 18 日,海关总署下达了《关于统一海关机构名称和调整隶属关系的通知》,这才正式地统一称为"海关"。

2. 海关形成的条件

海关是在一定的历史条件下产生和发展的,包括地理条件、政治条件、经济条件。

海关的产生和国家的地理交通环境有着密切的关系。海关是国家建立,并且发展到一定时期的产物。海关又必须是随商品生产的发展和对外商品交换的需要而逐步形成和发展起来的。

3. 海关的概念

海关是依法执行进出关境监督管理的国家行政机关,是对进出关境货物、运输工具、行李物品、货币、金银等执行监督管理和稽征关税的国家行政机构。《中华人民共和国海关法》(以下简称《海关法》)以立法的形式明确表述了中国海关的概念和基本任务。《海关法》第二条规定:"中华人民共和国海关是国家的进出关境监督管理机关。海关依照本法和其他有关法律、行政法规,监管进出境的运输工具、货物、行李物品、邮递物品和其他物品,征收关税和其他税、费,查缉走私,并编制海关统计和办理其他海关业务。"

10.1.2 海关的性质与基本任务

1. 海关的性质

海关是国家的行政机关之一,从属于国家行政管理体制,是我国最高国家行政机关——国务院的直属机构。海关对内对外代表国家依法独立行使行政管理权。海关是国家主权的象征,因此,海关的性质体现在:

(1) 海关是国家的监督管理机关。海关体现的是国家的权力意志,对外维护国家的主权和利益;对内体现国家、全社会的整体利益。海关依照有关法律、行政法规并通过法律赋予的权力,制定具体的行政规章和行政措施,对特定领域的活动开展监督管理,以保证其按国家的法律规范进行。

(2) 海关监管的范围是进出关境活动。海关监管的对象包括进出关境的货物、货币、金银、证券、行李物品、邮递物品,以及与上述货物和物品有关的仓库场所和国内运输工具等。海关的监督管理是保证国家有关法律、法规实施的行政执法活动。

2. 海关的基本任务

海关四项基本任务,即监管进出境的运输工具、货物、行李物品、邮递物品和其他物品(简称"监管"),征收关税和其他税费(简称"征税"),查缉走私(简称"缉私")和编制海关统计(简称"统计")。

(1) 监管

海关监督管理是海关全部行政执法活动的统称。海关监管是由海关运用国家赋予的权力,通过一系列管理制度与管理程序,如《中华人民共和国海关对专业报关企业的管理规定》《中华人民共和国海关对企业实施分类管理办法》《中华人民共和国海关稽查条例》等,以备案、审单、查验、放行、后续管理等方式对进出境运输工具、货物、物品的进出境活动实施监管。海关监管是一项国家职能,其目的在于保证一切进出境活动符合国家政策和法律的规范,维护国家主权和利益。

监管是海关的基本任务,海关实施监管的目的在于保证一切进出境活动符合国家政策和法律的规范,以维护国家主权和利益。根据监管对象的不同,海关监管分为运输工具监管、货物监管和物品监管三大监管体系,每个监管体系都有一整套规范的管理程序与方法。

除此以外,海关监管还要执行或监督执行国家其他对外贸易管理制度的实施,如进出口许可制度、外汇管理制度、进出口商品检验检疫制度、文物管理制度等,从而在政治、经济、文化道德、公众健康等方面维护国家利益。

(2) 征税

依据《海关法》《中华人民共和国进出口关税条例》(以下简称《进出口关税条例》)和《中华人民共和国进出口税则》(以下简称《进出口税则》),海关代表国家征收关税和其他税、费。这是海关的另一项重要任务。

"关税"是指由海关代表国家,按照《海关法》和《进出口税则》,对准许进出口的货物、进出境物品征收的一种税。"其他税、费"是指海关在货物进出口环节,按照关税征收程序征收的有关国内税、费,目前主要有增值税、消费税等。关税是国家中央财政收入的重要来源,是国家宏观经济调控的重要工具,也是世界贸易组织允许各缔约方保护其境内经济的一种手段。征税工作包括征收关税和进口环:海关代征税。征税是海关的另一项重要任务。

(3) 查缉走私

查缉走私是世界各国海关普遍履行的一项职责,也是海关的四项基本任务之一。《海关法》第五条规定:"国家实行联合缉私、统一处理、综合治理的缉私体制。海关负责组织、协调、管理查缉走私工作。"缉私是海关为保证顺利完成监管和征税等任务而采取的保障措施。因此,查缉走私是指海关依照法律赋予的权力,在海关监管场所和海关附近的沿海沿边规定地区,为发现、制止、打击、综合治理走私活动而进行的一种调查和惩处活动,是保证顺利完成监管和征税等任务而采取的保障措施。

(4) 编制海关统计

编制海关统计是国家统计的一个重要组成部分。海关统计以实际进出口货物作为统计和分析的对象,通过搜集、整理、加工处理进出口货物报关单或经海关核准的其他申报单证,对进出口货物的品种、数(重)量、价格、国别(地区)、经营单位、境内目的地、境内货源地、贸易方式、运输方式、关别等项目分别进行统计和综合分析,全面、准确地反映对外贸易的运行态势,及时提供统计信息和咨询,实施有效的统计监督,开展国际贸易统计的交流与合作,促进对外贸易的发展。我国海关的统计制度规定,列入海关统计的货物范围有两类:一类是实际进出境的国际贸易货物;另一类是能引起我国境内物质资源储备增加或减少的进出口货物。被列入我国海关统计的是实际进出境并引起境内物质存量增加或者减少的货物,以及进出境物品超过自用、合理数量的。对于部分不列入海关统计的货物和物品,则根据我国对外贸易管理和海关管理的需要,实施单项统计。

海关统计是海关依法对进出口货物贸易的统计,是国民经济统计的组成部分,是国家制定对外经济贸易政策、进行宏观调控、实施海关严密高效管理的重要依据,是研究我国对外贸易经济发展和国际经济贸易关系的重要资料。

海关的四项基本任务是一个统一的有机联系的整体。监管工作通过监管进出境运输工具、货物、物品的合法进出,保证国家有关进出口政策、法律、行政法规的贯彻实施,是海关四项基本任务的基础。征税工作所需的数据、资料等是在海关监管的基础上获取的,征税与监管有着十分密切的关系。缉私工作则是监管、征税两项基本任务的延伸,监管、征税工作中发现的逃避监管和偷漏税款的行为,必须运用法律手段制止和打击。统计工作是在监管、征税工作的基础上完成的,它为国家宏观经济调控提供了准确、及时的信息,同时又对监管、征税等业务环节的工作质量起到检验把关的作用。

(5) 其他任务

除了这四项基本任务以外,近几年来国家通过有关法律、行政法规赋予了海关一些其他的职责,如知识产权海关保护、海关对反倾销及反补贴的调查等,这些新的职责也是海关的任务。

10.1.3 海关的权力和职能

1. 海关的权力

海关权力是指国家为保证海关依法履行职责,通过《海关法》及有关法律、行政法规赋予海关对进出境运输工具、货物、物品的监督管理权能。

(1) 海关权力的特点

海关权力作为一种行政权力,除了具有一般行政权力的单方性、强制性、无偿性等基本特征外,还具有以下特点:

① 特定性

《海关法》规定"海关是国家的进出关境监督管理机关",从法律上明确了海关享有对进出关境活动进行监督管理的行政主体资格,具有进出关境监督管理权。其他任何机关、团体、个人都不具备行使海关权力的资格,不拥有这种权力。海关权力的特定性也体现在对海关权力的限制上,即这种权力只适用于进出关境监督管理领域,而不能作用于其他场合。

② 独立性

海关权力是国家权力的一种,为了确保海关实现国家权能的作用,必须保证海关拥有自身组织系统上的独立性和海关依法行使其职权的独立性。因此,《海关法》第三条规定:"海关依法独立行使职权,向海关总署负责。"这不仅明确了我国海关的垂直领导管理体制,也表明海关行使职权只对法律和上级海关负责,不受地方政府、其他机关、企事业单位或个人的干预。

③ 效力先定性

海关权力的效力先定性表现在海关行政行为一经作出,就应推定其符合法律规定,对海关本身和海关管理相对人都具有约束力。在没有被国家有权机关宣布为违法和无效之前,即使管理相对人认为海关行政行为侵犯其合法权益,也必须遵守和服从。

④ 优益性

海关职权具有优益性的特点,即海关在行使行政职权时,依法享有一定的行政优先权和行政受益权。行政优先权是国家为保障海关有效地行使职权而赋予海关的职务上的优先条件,如海关执行职务受到暴力抗拒时,执行有关任务的公安机关和人民武装警察部门应当予以协助。行政受益权,是指海关享受国家所提供的各种物质优益条件,如中央财政经费等。

(2) 海关权力的内容

① 行政许可权

行政许可权包括报关企业注册登记许可、从事海关监管货物的仓储、转关运输货物的境内运输、加工贸易备案、变更和核销业务的许可、报关员的报关从业资格许可等权力。

② 税费征收权

海关依法代表国家对进出口货物、物品征收关税及其他税费；根据法律、行政法规及有关规定，对特定的进出口货物、物品减征或免征关税，以及对经海关放行后的有关进出口货物、物品发现少征或者漏征税款的，依法补征、追征税款。

③ 行政监督检查权

行政监督检查权是海关保证其行政管理职能得到履行的基本权力，主要包括：

- 检查权。检查权即有权检查进出境运输工具、有走私嫌疑的运输工具和有藏匿走私货物、物品嫌疑的场所和检查走私嫌疑人的身体。其中进出境运输工具的检查不受海关监管区域的限制；但对走私嫌疑人身体的检查，应在海关监管区和海关附近沿海沿边规定地区内进行；对于有走私嫌疑的运输工具和有藏匿走私货物、物品嫌疑的场所，在海关监管区和海关附近沿海沿边规定地区内，海关人员可直接检查，超出这个范围，在调查走私案件时，须经直属海关关长或者其授权的隶属海关关长批准，才能进行检查，但不能检查公民住处。
- 查验权。查验权即有权查验进出境货物、物品。
- 查阅、复制权。查阅、复制权即在海关监管的范围内，海关有查阅进出境人员的证件，查阅、复制与进出境运输工具、货物、物品有关的合同、发票、账册、单据、记录、文件、业务函电、录音录像制品和其他有关资料的权力。
- 查问权。查问权即有权对违反《海关法》或者其他有关法律、行政法规的嫌疑人进行查问，调查其违法行为。
- 查询权。查询权即在调查走私案件时，经直属海关关长或者其授权的隶属海关关长批准，可以查询案件涉嫌单位和涉嫌人员在金融机构、邮政企业的存款、汇款。
- 稽查权。稽查权即自进出口货物放行之日起3年内或者在保税货物、减免税进口货物的海关监管期限内及其后的3年内，海关可以对与进出口货物直接有关的企业、单位的会计账簿、会计凭证、报关单证以及其他有关资料和有关进出口货物实施稽查。

④ 行政强制权

行政强制权具体包括：

- 扣留权。扣留权即有权对违反《海关法》或者其他有关法律、行政法规的进出境运输工具、货物和物品以及与之有关的合同、发票、账册、单据、记录、文件、业务函电、录音录像制品和其他资料，进行扣留；有权在海关监管区和海关附近沿海沿边规定地区，对有走私嫌疑的运输工具、货物、物品和走私犯罪嫌疑人，经直属海关关长或者其授权的隶属海关关长批准，进行扣留，对走私犯罪嫌疑人，扣留时间不得超过24小时，在特殊情况下可以延长至48小时；可以在海关监管区和海关附近沿海沿边规定地区以外，对其中有证据证明有走私嫌疑的运输工具、货物、物品进行扣留。
- 滞报金、滞纳金征收权。滞报金、滞纳金征收权即对超期申报货物征收滞报金、对于逾期缴纳进出口税费的征收滞纳金的权力。

- 提取货样、施加封志权。根据《海关法》的规定,海关查验货物认为必要时,可以径行提取货样;海关对有违反《海关法》或其他法律、行政法规嫌疑的进出境货物、物品、运输工具,对所有未办结海关手续、处于海关监管状态的进出境货物、物品、运输工具,有权施加封志,任何单位或个人不得损毁封志或擅自提取、转移、动用在封的货物、物品、运输工具。

- 提取货物变卖、先行变卖权。进口货物超过3个月未向海关申报,海关可以提取依法变卖处理;进口货物收货人或其所有人声明放弃的货物,海关有权提取依法变卖处理;海关依法扣留的货物、物品,不宜长期保留的,经直属海关关长或其授权的隶属海关关长批准,可以先行依法变卖处理;在规定期限内未向海关申报的以及误卸或溢卸的不宜长期保留的货物,海关可以按照实际情况提前变卖处理。

- 强制扣缴和变价抵缴关税权。进出口货物的纳税义务人、担保人超过规定期限未缴纳税款的,经直属海关关长或者其授权的隶属海关关长批准,海关可以:书面通知其开户银行或者其他金融机构从其存款内扣缴税款;将应税货物依法变卖,以变卖所得抵缴税款;扣留并依法变卖其价值相当于应纳税款的货物或者其他财产,以变卖所得抵缴税款。

- 税收保全。进出口货物纳税义务人在海关依法责令其提供纳税担保,而纳税义务人不能提供纳税担保的,经直属海关关长或者其授权的隶属海关关长批准,海关可以采取下列税收保全措施:书面通知纳税义务人开户银行或者其他金融机构暂停支付纳税义务人相当于应纳税款的存款;扣留纳税义务人价值相当于应纳税款的货物或者其他财产。

- 抵缴、变价抵缴罚款权。根据《海关法》的规定,当事人逾期不履行海关处罚决定又不申请复议或者向人民法院提起诉讼的,海关可以将其保证金抵缴罚款,或者将其被扣留的货物、物品、运输工具依法变价抵缴罚款。

- 连续追缉权。进出境运输工具或者个人违抗海关监管逃逸的,海关可以连续追至海关监管区和海关附近沿海沿边规定地区以外,将其带回处理。海关追缉时需保持连续状态。

- 其他特殊行政强制。其他特殊行政强制主要包括:

第一,处罚担保。根据《海关法》及有关行政法规的规定,海关依法扣留有走私嫌疑的货物、物品、运输工具,如果无法或不便扣留的,或者有违法嫌疑但依法不应予以没收货物、物品、运输工具,当事人申请先予放行或解除扣留的,海关可要求当事人或者运输工具负责人提供等值担保。

第二,税收担保。根据《海关法》的规定,进出口货物的纳税义务人在规定的缴纳期限内有明显转移、藏匿其应税货物以及其他财产迹象的,海关可以责令纳税义务人提供担保;经海关批准的暂准进出境货物、保税货物,收发货人须缴纳相当于税款的保证金或者提供其他形式的担保后,才可准予暂时免纳关税。

第三,其他海关事务担保。在确定货物的商品归类、估价和提供有效的报关单证或者办结其他海关手续之前,收发货人要求放行货物的,须提供与其依法应履行的法律义务相适应的担保。

⑤ 佩带和使用武器权

海关为履行职责，可以配备武器。海关工作人员佩带和使用武器的规定，由海关总署会同公安部制定，报国务院批准。

根据海关总署、公安部联合发布的《海关工作人员使用武器和警械的规定》，海关使用的武器包括轻型枪支、电警棍、手铐以及其他经批准可使用的武器和警械。武器和警械使用范围为执行缉私任务时；使用对象为走私分子和走私嫌疑人；使用条件必须是在不能制服被追缉逃逸的走私团体或遭遇武装掩护走私，不能制止以暴力劫夺查扣的走私货物、物品和其他物品，以及以暴力抗拒检查、抢夺武器和警械、威胁海关工作人员生命安全非开枪不能自卫时。

⑥ 行政处罚权

海关有权对尚未构成走私罪的违法当事人处以行政处罚，包括对走私货物、物品及违法所得处以没收，对有走私行为和违反海关监管规定行为的当事人处以罚款，对有违法情事的报关单位和报关员处以警告以及处以暂停或取消报关资格的处罚等。

⑦ 其他行政处理权

其他行政处理权主要有：

• 行政裁定权。行政裁定权包括应对外贸易经营者的申请对进出口商品的归类、进出口货物原产地的确定、禁止进出口措施和许可证件的适用等海关事务的行政裁定的权力。

• 行政奖励权。行政奖励权包括对举报或者协助海关查获违反《海关法》的案件的有功单位和个人给予精神或者物质奖励的权力。

• 对与进出境货物有关的知识产权实施保护权。根据《海关法》规定，海关依照法律、行政法规的规定，有对与进出境货物有关的知识产权实施保护的权力。

(3) 行使海关权力应遵循的基本原则及海关权力的监督

① 行使海关权力应遵循的基本原则

• 合法原则。权力的行使要合法，这是行政法基本原则——依法行政原则的基本要求。按照行政法理论，行政权力行使的合法性至少包括：行使行政权力的主体资格合法，即行使权力的主体必须有法律授权；行使权力必须有法律规范为依据；行使权力的方法、手段、步骤、时限等程序应合法；一切行政违法主体（包括海关及管理相对人）都应承担相应的法律责任。

• 适当原则。行政权力的适当原则是指权力的行使应该以公平性、合理性为基础，以正义性为目标。因国家管理的需要，海关在验、放、征、减、免、罚的管理活动中拥有很大的自由裁量权，即法律仅规定一定原则和幅度，海关关员可以根据具体情况和自己的意志，自行判断和选择，采取最合适的行为方式及其内容来行使职权。因此，适当原则是海关行使行政权力的重要原则之一。为了防止自由裁量权的滥用，目前我国对海关自由裁量权进行监督的法律途径主要有行政监督（行政复议）和司法监督（行政诉讼）程序。

• 依法独立行使原则。海关实行高度集中统一的管理体制和垂直领导方式，地方各级海关只对海关总署负责。海关无论级别高低，都是代表国家行使管理权的国家机关，海关依法独立行使权力,"各地方、各部门应当支持海关依法行使职权,不得非法干预海关的执法活动"。

• 依法受到保障原则。海关权力是国家权力的一种,只有受到保障,才能发挥国家权能的作用。《海关法》第十二条规定:"海关依法执行职务,有关单位和个人应当如实回答询问,并予以配合,任何单位和个人不得阻挠。海关执行职务受到暴力抗拒时,执行有关任务的公安机关和人民武装警察部队应当予以协助。"

② 海关权力的监督

海关权力的监督即海关执法监督,是指特定的监督主体依法对海关行政机关及其执法人员的行政执法活动实施的监察、检查、督促等,以此确保海关权力在法定范围内运行。

为确保海关能够严格依法行政,保证国家法律、法规得以正确实施,同时也使当事人的合法权益得到有效保护,《海关法》专门设立执法监督一章,对海关行政执法实施监督。海关履行职责,必须遵守法律,依照法定职权和法定程序严格执法,接受监督。这是海关的一项法定义务。

2. 海关的职能

海关监督管理进出境活动的职能,具体体现在海关监管、海关征税、海关缉私和海关统计。

(1) 海关监管

海关监管是指海关运用国家赋予的权力,通过报关注册登记、审核单据、查验放行、后续管理、违章处理等环节,对进出境活动实施有效的监督管理。

海关监管货物的范围是:进口货物自进境起,到海关放行止;出口货物自向海关申报起,到出境止;加工装配、补偿贸易进口的料、件、设备,生产的产成品,以及寄售代销、租赁、保税货物自进境起,到海关办妥核销手续止;过境货物、转运货物、通运货物自进境起,到出境止,都必须受海关监管。

海关监管的主要模式是海关稽查制度。海关稽查制度是在进出口货物放行之后的规定时间内,海关对进出口企业的会计账簿、会计凭证、报关单证以及其他有关资料和有关进出口货物进行核查,监督企业进出口活动的真实性和合法性的一项监管制度。

(2) 海关征税

海关征税包括征收关税和其他税费。关税是由海关按照国家制定的关税政策、法律法规和进出口税则,对进出境的货物、物品所征收的一种流转税。征收关税是指对贸易性货物征收进口关税、出口关税以及对非贸易性的邮递物品征收的进口关税;征收其他税费则是指海关代国家税务总局征收的进口环节增值税、消费税以及代交通部征收的船舶吨税。

海关征税的基本依据是《关税条例》和《中华人民共和国海关进出口税则》(简称《进出口税则》)。

(3) 海关缉私

海关缉私是指海关依照法律赋予的权力,在各监管场所和设关地附近的沿海沿边规定地区内,为发现、制止、打击、综合治理走私而进行的一种管理活动。海关缉私的目标是:制止和打击一切非法进出口货物、物品的行为,维护国家的主权和利益。

(4) 海关统计

海关统计是以数字形式反映实际进出口情况。列入我国海关统计监督的货物有两类,即实际出入境的对外贸易货物和直接影响我国物资储备增减的进出境物品。在海关统计中,以实际进出口货物作为调查和统计、分析的对象,通过搜集、整理、加工处理进出口货物报关单或经海关核准的其他申报单证,对进出口货物的品种、数(重)量、价格、国别(地区)、经营单位、境内目的地、境内货源地、贸易方式、运输方式、关别等项目分别进行统计和综合分析,全面、准确地反映对外贸易状况,及时提供统计信息和咨询,实施有效的统计监管,开展国际贸易统计的交流与合作,促进对外贸易的发展。

10.1.4 海关的领导体制与设关原则

1. 海关的领导体制

依《海关法》规定:"国务院设立海关总署,统一管理全国海关";"海关的隶属关系,不受行政区划的限制";"海关依法独立行使职权,向海关总署负责"。海关总署的基本任务是在国务院领导下,领导和组织全国海关正确贯彻实施《海关法》和国家的有关政策、法规,积极发挥依法行政、为国把关的职能,促进和保护社会主义现代化建设。海关集中统一的垂直领导体制既适应了国家改革开放、社会主义现代化建设的需要,也适应了海关自身建设与发展的需要,有力地保证了海关各项监督管理职能的实施。

2. 海关的设关原则

《海关法》规定了我国设立海关的基本原则是国家在对外开放的口岸和海关监管业务集中的地点设立海关。海关的隶属关系,不受行政区划的限制。

对外开放的口岸是指由国务院批准,允许运输工具及所载人员、货物、物品直接出入国(关)境的港口、机场、车站以及允许运输工具、人员、货物、物品出入国(关)境的边境通道。国家规定,在对外开放的口岸必须设置海关、出入境检验检疫机构。

海关监管业务集中的地点是指虽非国务院批准对外开放的口岸,但是海关某类或者某几类监管业务比较集中的地方,如转关运输监管、保税加工监管等。这一设关原则为海关管理从口岸向内地进而向全关境的转化奠定了基础,同时这一设关原则也为海关业务制度的发展预留了空间。

"海关的隶属关系,不受行政区划的限制",表明了海关管理体制与一般性的行政管理体制的区域划分无必然联系,如果海关监督管理需要,国家可以在现有的行政区划之外考虑和安排海关的上下级关系和海关的相互关系。

依据《海关法》,我国在下列地方设立海关机构:

(1) 对外开放口岸和进出口业务集中的地点;

(2) 边境火车站、汽车站及主要国际联运火车站;

(3) 边境地区陆路和江河上准许货物、人员进出的地点;

(4) 国际航空港;

(5) 国际邮件互换局(交换站);

(6) 其他需要设立海关的地点。

海关机构的设立、撤销,由国务院或者国务院授权海关总署决定。

3. 海关的组织机构

为了完成国家赋予海关的任务和职能,海关实行集中统一的垂直领导体制。海关机构设置为海关总署、直属海关和隶属海关三级。隶属海关由直属海关领导,向直属海关负责;直属海关由海关总署领导,向海关总署负责。

目前,海关总署设有派出机构3个,即海关总署广东分署、天津特派员办事处、上海特派员办事处,这3个派出机构均为局级机构。直属海关41个,其中局级30个,副局级11个,包括北京海关、太原海关、天津海关、石家庄海关、满洲里海关、呼和浩特海关、大连海关、沈阳海关、长春海关、哈尔滨海关、上海海关、南京海关、杭州海关、宁波海关、合肥海关、福州海关、厦门海关、南昌海关、青岛海关、武汉海关、郑州海关、长沙海关、广州海关、黄埔海关、深圳海关、拱北海关、汕头海关、江门海关、湛江海关、海口海关、南宁海关、重庆海关、成都海关、昆明海关、贵阳海关、拉萨海关、兰州海关、西安海关、乌鲁木齐海关、西宁海关、银川海关。

10.2 通关一体化改革

10.2.1 通关一体化概述

"进出境通关",即通常所说的"报关",是指进出口货物的收发货人或其代理人在货物实际进出境时,向海关办理申报、配合查验、缴纳税费等手续,以使货物获得海关放行及办结通关手续的过程。

为了让市场发挥决定性作用和更好发挥政府作用,有效降低制度性交易成本,解决企业遇到的实际问题,如通关环节货物放行前审价归类耗时过长等问题,此外,海关也急需转变海关职能实现方式,构建集约高效、协调统一的一体化管理格局,2016年4月28日,海关总署印发《全国通关一体化改革框架方案》,正式启动全国通关一体化改革。

拓展阅读10.2
税收征管中心
知多少

全国通关一体化是指在全国范围内,对海关监管流程进行一体化设计,主要是通过构建"两中心三制度",即建设税收征管中心、风险防控中心,实施"一次申报、分布处置"通关管理模式,改革税收征管方式,优化协同监管。

"一次申报、分步处置"的含义是,基于舱单提前传输,通过风险防控中心、税收征管中心对舱单和报关单的风险甄别和业务现场处置作业环节的前推后移,在企业完成报关和税款自报自缴手续后,安全准入风险主要在口岸通关现场处置,税收风险主要在货物放行后处置。

从海关作业模式看,"分步处置"第一步是由风险防控中心分析货物是否存在违反禁限管制要求、侵权、品名规格数量伪瞒报等安全准入风险并下达查验指令,由口岸海关通关监管力量实施查验。如果货物通过安全准入风险排查,企业自报自缴税款或提供有效担保后即可予以放行。对存在重大税收风险且放行后难以有效实施海关稽查或追补税的货物,由税收征管中心预设放行前验估指令,交由风险防控中心统筹下达,实施放行前验估。验估中无法当场作出结论的,通过必要的取样、留像等手段存证后放行货物。"分步处置"第二步则是指税收征管中心在货物放行后对报关单税收征管要素实施批量审核,筛选风险目标,统筹实施放行后验估、稽(核)查等作业。

海关通关制度设计的第一步处置是在口岸解决货物"能不能放"的问题,对报关单位而言,货物申报前就要解决"能不能报"和"怎样报关"的问题,除了以下阐述的作业流程之外,在必要时报关单位还需要处理归类、原产地确定、收发货人或相关生产商、贸易商国内备案、办理特定减免税证明等相关海关手续。第二步处置是在更大的管理时空,由更专业的管理力量解决"缴多少税"的问题,从而避免货物因涉税问题滞留口岸,加快货物通关速度。对报关单位而言,第一步已经决定了"缴多少税"的问题,但是具体操作方式又可以根据前期处置灵活操作,从企业的角度来解决通关速度的问题。所以,报关单位应当对应海关通关管理的分步处置模式筹划、设计和操作完成进出口货物的进出境通关作业流程。

"税收征管方式改革",将强化企业如实申报、依法纳税的责任,推动税收征管申报要素的审查由集中在进出口通关环节向全过程转变,由逐票审查确定向抽查审核转变。

"协同监管"制度主要针对隶属海关功能定位和机构设置的差别化,口岸海关将侧重运输工具、货物、物品、监管场所等监管,而主管海关(即进口人/出口人注册地海关)则侧重企业稽查、信用管理等后续监管和合规管理。同时将强化通关监管(即风控中心和税管中心)、稽查、缉私三支执行力量的协同监管,并分别有所侧重。

从三项制度整体来看,全国范围推进通关一体化改革后,对企业的进出口申报管理将分为以下三个步骤:

第一步,放行前核查。风控中心分析货物是否存在禁限管制、侵权、品名规格数量伪瞒报等安全准入风险并下达布控指令,由现场查验人员实施查验。对于存在重大税收风险的,由税管中心实施货物放行前的税收征管要素风险排查处置或安排现场验估岗进行实货验估。

第二步,放行后排查。税管中心在货物放行后对报关单税收征管要素实施批量审核,筛选高风险目标进行核查,并联系企业或通知主管海关统筹实施放行后验估、稽(核)查等作业。

第三步,常规或专项稽查。由主管海关负责通过对企业进行常规或专项稽查来实施后续监管。

施行全国海关通关一体化后,对企业而言更加便捷。在全国通关一体化改革前,海关申报必须在货物进口口岸进行,或经进口口岸海关批准于主管地海关处进行申报。通关一体化之后,企业可以实现"一地进口,多地申报":企业可以自行选择申报点和通关模式,例如企业对于从 A 口岸进口的货物,可以选择在 B 地申报进口。海关执法更统一。过去由于各地海关在政策理解和操作上的不一致,经常会出现同一货物在不同口岸被处以不同的征税决定。施行全国海关通关一体化后,三个税管中心将统一审核全国的进出口货物,以往各地海关执法不统一的情况将大为减少。企业可以设立统一的操作流程,集中管理通关业务,从而节约人力成本和运营成本,将更多的精力投放到风险控制和提高管理水平上。

10.2.2 通关一体化作业流程

1. 货物申报前

（1）舱单传输前的作业

风险防控中心收集、整合能够获取的海关内、外部信息资源，重点收集运输工具舱单等物流信息和运输企业及供应链其他相关信息，结合运输企业信用等级认定，构建风险分析模型，下达布控查验指令，加工加载安全准入风险参数。

税收征管中心收集商品和行业相关信息情报，结合企业纳税资信状况，分析研判商品信息、历史申报、关联信息等数据，加工提炼形成税收风险参数和实货验估指令。

按照"一次申报、分步处置"模式要求，两中心按照上述分工，加工提炼风险参数和指令后，由风险防控中心统一加载风险参数、下达布控指令。

（2）舱单传输后至报关单申报前的作业

① 舱单传输

收发货人或其代理人（即舱单传输义务人）按照海关规定时限和填制规范向海关传输舱单及相关电子数据。舱单管理系统对传输的舱单数据实施逻辑检控和审核，对于不符合舱单填制规范的，系统退回舱单传输义务人予以修改。对于通过逻辑检控和审核的舱单数据，进入物流（舱单、运输工具）风险待甄别环节。

② 物流风险甄别与处置

根据已加载的安全准入风险参数和风险判别规则（即风险模型）及已下达布控查验指令，甄别高风险舱单和运输工具并实施分流处置。在必要情况下，风险防控中心舱单分析岗可要求口岸海关运输工具检查岗、货物查验岗在舱单确报后分别依职责实施运输工具登临检查和货物查验，处置排查安全准入风险。

③ 税款担保备案

对于需要缴纳税款的货物，企业可自主选择缴税放行或税款担保放行两种方式。对于采用税款担保放行的，企业应在通关前根据相关规定向海关提供担保并备案，其中，对符合规定免除担保条件的企业可向海关申请免除担保，并按照海关规定办理有关手续。

2. 货物现场通关时

（1）企业报关报税

企业向海关申报报关单及随附单证电子数据和自行核算的应缴税款。海关通关作业管理系统进行规范性、逻辑性检查，对舱单、许可证件、电子备案信息等进行核注。对于符合条件的，海关接受申报，向企业发送接受申报回执；对于不符合条件的，系统自动退单，发送退单回执。

企业收到接受申报回执的，如选择缴纳税款则可自行向银行缴纳税款，如选择担保则向海关办理担保核扣手续；收到退单回执的，企业需重新办理有关申报手续。

（2）海关报关单风险甄别与处置

海关对已接受申报的报关单进行安全准入和税收风险综合甄别，同时结合安全准入风险参数和布控查验指令，确定业务现场如何处置。

① 未被任何参数或指令捕中且不涉及许可证件的报关单,通关管理系统自动放行;涉及许可证件且已实现联网监管的,通关管理系统直接核扣电子数据后自动放行;涉及许可证件但未实现联网监管的,由现场海关综合业务岗人工核扣。

② 被安全准入风险参数命中的报关单,优先流转至现场综合业务岗。现场综合业务岗根据处置参数要求进行处置,发现涉及安全准入风险的,将相关信息推送至风险防控中心的风险处置岗。风险处置岗做出具体处置决定并将相关信息推送至现场综合业务岗,由现场综合业务岗执行。根据处置需要,风险处置岗可对需查验的报关单下达布控查验指令。

③ 对被重大税收风险参数捕中的,由税管中心进行放行前的税收征管要素风险排查处置,并根据审核结果或审核需要下达报关单修撤、退补税或单证验核、实货验估等指令,现场综合业务岗、验估岗、查验岗根据指令要求进行相关处置,按规定向税管中心反馈处置结果。

④ 对被单证验核风险参数捕中的,由现场验估岗在货物放行前进行单证验核,留存有关单证、图像等资料后放行报关单数据。

税收征管中心或现场验估岗处置过程中决定调整商品归类的,通关管理系统自动判断是否涉证。涉及许可证件验核且涉及安全准入风险的,相关报关单转风险处置岗进行处置。涉嫌违法的,移交缉私部门处置。对于已实现联网监管的,系统直接核扣电子数据;未实现联网监管的,转现场海关综合业务岗人工核扣。

⑤ 被一般税收风险参数命中的报关单,通关管理系统设置放行后批量审核标志,放行后分流至税收征管中心专家岗研判处置。

⑥ 被风险防控中心布控查验指令或(和)税收征管中心实货验估指令命中的报关单,由口岸海关现场查验人员实施准入查验或(和)验估查验操作。两中心通过远程视频、网上答疑等形式向查验人员提供技术支持或操作指导。查验人员实施准入查验或(和)验估查验,完成操作(含取样、留像等存证操作)后,按指令来源分别向两中心反馈查验结果。两中心依据反馈的结果进行相关后续处置。查验异常的,按查验异常处置流程处置。

(3) 货物放行

经风险处置后的报关单,由系统自动研判放行条件。对符合放行条件的,海关放行信息自动发送至卡口,企业根据海关的放行信息,办理实货提离手续;对不符合放行条件的,企业根据海关要求办理相关手续。

3. 货物放行后

(1) 税收风险数据筛选与研判

税收征管中心专家岗运用风险模型对放行后的所有报关单数据进行智能筛选,形成不同风险参数的报关单,按商品分类由系统分派至税收征管中心专家岗实施研判。

(2) 税收风险处置

税收征管中心专家岗根据系统风险提示和甄别结果,结合企业信用情况,对系统分派的报关单数据实施放行后批量审核。

① 对确定存在涉税要素申报差错的,下达报关单修撤、退补税指令,现场综合业务岗办理有关手续。

② 对需要通过收集并验核有关单证资料、样品,开展质疑、磋商等方式确定税收征管

要素的,下达验估指令,现场验估岗按照指令要求进行处置,并反馈结果。

③ 对风险存疑,需要对与进出口货物直接有关的企业(单位)的账簿、单证等有关资料和有关进出口货物进行核查的,下达稽(核)查指令,稽查部门按照指令要求开展稽(核)查作业,并反馈处置结果。

④ 对发现涉嫌违法违规风险线索的,移交缉私部门处置;对发现可能存在安全准入风险的,将有关情况告知风险防控中心。

现场海关综合业务岗、验估岗、稽查部门、缉私部门根据税收征管中心指令和线索完成作业及处置后,向税收征管中心反馈处置结果。

(3) 放行后综合风险评估与处置

两中心各自对本部门加工的风险参数和下达的指令实施运行状况及绩效评估,优化完善风险分析模型和规则。

全国海关通关一体化作业流程见表10-1。

表10-1 全国海关通关一体化作业流程

时间		海关职责	收发货人或其代理人职责
货物申报前	舱单传输前	加工提炼准入风险参数和指令	
		加工提炼税收风险参数和指令	
		统一加载风险参数、下达布控指令	
	舱单传输后至报关单申报前	舱单数据逻辑检控和审核	舱单传输(传输义务人)
		物流风险甄别与处置	
	税款担保备案	采用税款担保放行的,办理备案	自主选择缴税放行或税款担保放行
货物现场通关		海关通关作业管理系统进行规范性、逻辑性检查,对舱单、许可证件、电子备案信息等进行核注	企业向海关申报报关单及随附单证电子数据和自行核算的应缴税款
			企业收到接受申报回执的,如选择缴税款则可自行向银行缴纳税款,如选择担保则向海关办理担保核扣手续;收到退单回执的,企业需要重新办理有关申报手续
		海关报关单风险甄别与处置	
		货物放行	对符合放行条件的,海关放行信息自动发送至卡口,企业根据海关的放行信息,办理实货提离手续。对不符合放行条件的,企业根据海关要求办理相关手续
货物放行后		运用风险模型对放行后的所有报关单数据进行智能筛选,按商品分类由系统分派至税收征管中心专家岗实施研判。税收征管中心专家岗根据系统风险提示和甄别结果,结合企业信用情况,对系统分派的报关单数据实施放行后批量审核。现场海关综合业务岗、验估岗、稽查部门、缉私部门根据税收征管中心指令和线索完成作业及处置后,向税收征管中心反馈处置结果。放行后综合风险评估与处置	

10.2.3　关检融合新海关

"关检融合"是指将出入境检验检疫管理职责和队伍划入海关总署,这是党中央作出的英明决策。结合全国通关一体化的实际情况,遵循全面融合与平稳过渡相结合、强化监管与简化手续相结合、维护安全与促进便利相结合、防范风险与提升获得感相结合的原则,推进关检业务全面融合。

1. 关检机构整合

按照全国海关通关一体化、关检业务全面融合的总体思路,在业务架构、作业流程不变的前提下,保持口岸型、属地型、综合型海关的基本功能配置,将出入境检验检疫管理纳入隶属海关功能化建设,在现场作业各岗位、各环节整合检验检疫工作职责与内容,深入推进隶属海关智能化、集约化、专业化、规范化管理,不断完善创新运行机制,差别化设置机构、岗位和配置人员,形成现场一线关检业务协同监管合力。

(1) 重新划分隶属海关类型

整合优化隶属海关布局,按照口岸型、属地型和综合型等三种类型重新核定隶属海关、办事处等派出机构的功能类型。严控综合型海关的数量,确需定为综合型海关的,要细化为偏口岸综合型海关或偏属地综合型海关。

在功能类型划分基础上,相应增加隶属海关的出入境检验检疫等工作职责。其中,口岸型海关承担进出境运输工具、货物、物品及人员的口岸检验检疫等功能和职责;属地型海关承担进口目的地检验、出口产地/组货地检验检疫及后续监管等功能与职责。综合型海关根据实际需要相应增加上述功能与职责。

落实加工贸易及保税监管通关作业全面实施全国海关通关一体化要求,将加工贸易及保税监管业务纳入隶属海关属地业务进行管理。

(2) 实施业务资源整合

各直属海关充分发挥信息、智能、技术等要素资源的集聚效应,在前期推进业务集约化的基础上,进一步统筹资源配置,优化管理流程,推进统一执法,强化整体功能。

结合检验检疫作业场所和海关监管作业场所的清理核查,立足关检原作业场所(场地)建立统一作业、功能优化、智慧安全的管理体制。推进海关通关监管领域关检业务融合,实施货物、跨境电商、快件、运输工具、进出境人员行李物品、进出境邮递物品、辐射探测等各通关监管业务领域"查检合一"。探索出入境检验检疫业务模块的整合,由指定的隶属海关单位承担某一区域的全部或一部分业务,建立各具特色、优势集成的功能型海关。

扩展业务环节整合的范围,加快推进检验检疫单证电子化,将出入境检验检疫的无纸化、电子化执法操作业务纳入整合的内容,进行集约和专业管理。

(3) 完善创新运行机制

继续推行业务统一受理,在隶属海关综合业务机构统一设置综合服务窗口,服务范围扩大到检验检疫业务。

加大"单一窗口"推广力度,加快"单一窗口"功能在基层海关各个业务领域的应用;积极推进"互联网＋海关"建设,按要求将出入境检验检疫政务服务事项纳入海关政务服务事项,进一步推动海关业务网上平台办理,提高"一网通办"水平。

(4) 整合优化机构和人力

科学设置业务岗位,建立以岗位为基本单元的管理机制,将原检验检疫岗位职责融入现场作业流程各业务环节,合理设置口岸、属地型隶属海关单位的业务岗位。差别化设置机构,按照全国海关通关一体化作业流程,将现场业务一线原检验检疫科级机构整合到相应的口岸通关管理、属地管理及综合业务科室。企业管理、加工贸易和保税业务较大或有特殊检验检疫业务功能的隶属海关可单独设置相应的科级机构,通过业务资源整合承担一定区域多个隶属海关的相关业务。

(5) 实现关检队伍的深度融合

各直属海关要结合机构改革和隶属海关功能化建设,挖掘人力资源存量,合理调整优化人员配置。按照"人随事走"的原则,原业务现场检验检疫业务队伍融入全国海关通关一体化改革业务流程相应的事中监管、后续监管和综合业务机构中。

2. 通关现场关检业务融合

按照全国通关一体化改革,"一次申报、分步处置"通关流程的要求,将原检验检疫现场检务部门并入现场海关综合业务部门,实现统一现场执法、优化通关流程、提高通关效率的目标。

海关与检验检疫部门整合后的现场综合业务部门工作职责共三类十四项。

其中,关检共有并予以保留的业务包括:

(1) 报关单修撤,即更改及撤销报检业务的审核及受理工作;

(2) 办理许可证人工核扣等必要手续的无纸或有纸报关单审核,即进出口货物受理报检或审单工作;

(3) 业务统计,即统计分析和管理、统计核查工作;

(4) 理单和档案管理即检务档案归档及档案管理工作。

海关原有业务包括:

(1) 退补税;

(2) 联系企业补充提交税款担保等事务性辅助操作;

(3) 滞报金、滞纳金征收、减免;

(4) 暂时进出境、直接退运等内部核批;

(5) 现场验估。

关检融合后新增业务包括:

(1) 检验检疫证单的复审、缮制、审校、签发;

(2) 空白证单使用;

(3) 对已审核通过的原产地证书制证、签字、盖章、发放并归档;

(4) 签证印章使用;

(5) 实施单证审核和开展未抽中货物的合格评定。

3. 关检申报融合

按照关检业务全面融合的要求,以便利企业为目的,进一步精简申报项目,参照国际标准,尊重惯例,实现单证统一、代码规范、申报系统整合。整合申报项目主要是对海关原报关单申报项目和检验检疫原报检单申报项目进行梳理,报关报检面向企业端整合形成"四个一",即"一张报关单、一套随附单证、一组参数代码、一个申报系统"。同步编写并对外发布《进出口货物报关单填制规范》(海关总署公告 2018 年 60 号)、《进出口货物报关单和进出境货物备案清单格式》(海关总署公告 2018 年 61 号)、《进出口货物报关单申报电子报文格式》(海关总署公告 2018 年 67 号)等公告。

(1) 整合申报数据项

按照"依法依规、去繁就简"原则,将原报关、报检单共计 229 个货物申报数据项精简到 105 个。

(2) 整合形成新报关单

整合后的新版报关单以原报关单 48 个项目为基础,增加部分原报检内容,形成了具有 56 个项目的新报关单打印格式。

此次整合对进口、出口货物报关单和进境、出境货物备案清单布局结构进行优化,版式由竖版改为横版,纸质单证全部采用普通打印方式,取消套打,不再印制空白格式单证。

(3) 随附单证整合

整合简化申报随附单证,形成统一的随附单证申报规范。

(4) 参数整合

参照国际标准,实现现有参数代码的标准化。统一八个原报关、报检共有项的代码,包括国别(地区)代码、港口代码、币制代码、运输方式代码、监管方式代码、计量单位代码、包装种类代码、集装箱规格代码。

具体参数代码详见海关总署门户网站→在线服务→通关参数→关检融合部分通关参数查询及下载。

(5) 申报系统整合

形成一个统一的申报系统,用户从"互联网+海关"、国际贸易"单一窗口"进入。

4. 关检业务"多查合一"

"多查合一"是指整合关检后续监管职责,统筹外勤后续执法,调整机构设置,优化资源配置,稽(核)查任务归口实施,构建集约化、专业化的后续管理模式,建立与全国海关通关一体化相适应的高效运作机制,为提高通关效率和海关整体监管效能提供保障。

"多查合一"全面融合将通过后续监管集约化来实现深度融合和运行机制的优化。后续监管集约,是指将后续涉企稽查、核查、对进入国内市场商品的抽查、对进出口商品安全问题的追溯调查、对企业遵守检验检疫法规状况的检查等各方面的执法,交由稽查部门实施;后续监管关检业务融合,是指在全国海关通关一体化整体框架内,将原海关后续监管中的各类稽查、核查、贸易调查等,与原检验检疫的卫生检疫、动植物检验检疫、商品检验和食品安全等业务条线下的后续监管作业项目进行全面融合;运行机制优化,是指稽查部门对海关后续监管中的涉企执法检查,做到统一指令接收、统一组织实施、统一结果反馈、统一作业标准。

5. 企业管理融合

全面贯彻"以企为本、由企及物"管理理念,以业务整合优化为主线,以统筹企业管理重点,以信息系统一体化为支撑,理顺职责关系,优化职能配置,将原检验检疫企业注册登记或备案和信用管理全面融入海关企业管理一体化整体框架和统一平台中,实现统筹开展企业资质管理和归口实施企业信用管理。做到三个统一:

- 统一通用企业资质。企业报关报检资质合并,实现企业通用资质的合二为一,降低企业制度性交易成本。
- 统一信用管理制度。海关实施统一的企业信用管理制度,实现对企业信用的统一认定和信用管理措施统一落实。
- 统一系统管理平台。建立海关统一的行政相对人管理功能模块,在一个平台上办理企业注册登记或备案手续,实现信息共享共用,完善海关企业进出口信用管理系统。

(1) 合并企业资质注册登记备案管理

对通用资质的企业注册登记或备案进行整合,统一由企业管理职能部门负责;对特定资质的企业注册登记或备案,由相关业务职能管理部门依职能分别负责。由企业管理职能部门牵头建设统一的行政相对人管理功能模块,各相关业务职能管理部门通过该功能模块对行政相对人注册登记或备案实施管理,相关信息共用共享、统一发布。

将自理报检企业合并成为进出口货物收发货人,将代理报检企业合并成为报关企业,将报检从业人员合并成为报关从业人员。

(2) 统一企业信用管理

以海关现行企业信用管理制度为主线,整合检验检疫业务的企业信用管理要求,形成统一的制度,由海关企业管理职能部门对海关注册登记或备案企业实施统一的信用管理。

以海关现有企业进出口信用管理系统为基础,整合原检验检疫进出口企业信用管理系统有关功能。修订《海关认证企业标准》,整合原检验检疫企业信用管理规章制度的相关规定,针对不同类型的企业制定差异化认证标准,采用"1+N"的形式,"1"为通用标准,"N"为单项标准。

(3) 简化和优化报关单位注册登记

自2018年10月29日起,企业在互联网上申请办理报关单位注册登记有关业务(含许可备案、变更、注销)的,可以通过"中国国际贸易单一窗口"标准版(以下简称"单一窗口",网址:http://www.singlewindow.cn/)下的"企业资质"子系统或"互联网+海关"(网址:http://online.customs.gov.cn/)下的"企业管理"子系统填写相关信息,并向海关提交申请。申请提交成功后,企业需到所在地海关企业管理窗口提交申请材料。

新上线的注册登记系统对报关单位情况登记表有关填报事项进行了精简。自2018年10月29日起,对完成注册登记的报关单位,海关向其核发的海关报关单位注册登记证书自动体现企业报关、报检两项资质,原出入境检验检疫报检企业备案表、出入境检验检疫报检人员备案表不再核发。

2018年10月29日前海关或原检验检疫部门核发的出入境检验检疫报检企业备案表、出入境检验检疫报检人员备案表继续有效(备案表的有效期内)。

企业可以通过"单一窗口"或"互联网+海关"查询本企业在海关的注册登记信息。

10.3 进出口货物报关程序

10.3.1 进出口货物申报

进出口货物申报是指进口货物的收货人、出口货物的发货人应当向海关如实申报,在规定的期限、地点,采用电子数据报关单或纸质报关单形式,交验进出口许可证件等有关单证,向海关报告实际进出口货物的情况,并接受海关审核的行为。国家限制进出口的货物,没有进出口许可证件的,不予放行。为进出口货物收发货人、受委托的报关企业办理申报手续的人员,应当是在海关备案的报关人员。

1. 申报前检验检疫监管

海关总署于 2018 年 7 月 11 日,发布《关于优化出口货物检验检疫监管的公告》,公告内容包括实施出口检验检疫的货物,企业应在报关前向产地/组货地海关提出申请;海关实施检验检疫监管后建立电子底账,向企业反馈电子底账数据号,符合要求的按规定签发检验检疫证书;企业报关时应填写电子底账数据号,办理出口通关手续。

2. 申报地点

全国通关作业一体化全面启动后,进出口企业可在任一海关进行申报,即企业可根据实际需要,自主选择在货物进出口岸报关、企业属地报关或其他海关报关,除必须进行转关操作的进出口货物以外,均可实现一体化作业模式申报。

按照申报地点分类,报关方式可以分为四种:

(1) 口岸海关报关

口岸海关报关即报关企业向货物实际进出境地海关办理报关手续,如货物涉及查验,由货物进出境地海关实施查验。

(2) 属地海关报关

属地海关报关即报关企业向企业主管地海关办理报关手续,货物在口岸海关实际进出境。如货物涉及查验,由货物实际进出境的口岸海关实施查验。

(3) 在除口岸及属地海关外其他海关报关

采用该种报关方式的进出口企业较少,适用于有特殊需要的进出口企业。如货物涉及查验,由货物实际进出境的口岸海关实施查验。

(4) 货物所在地的主管海关报关

以保税货物、特定减免税货物和暂准进境货物申报进境的货物,因故改变使用目的从而改变性质转为一般进口时,进口货物的收货人或其代理人应当在货物所在地的主管海关申报。

3. 申报期限

进口货物的收货人、受委托的报关企业应当自运输工具申报进境之日起 14 日内,向海关申报。

进口转关运输货物的收货人、受委托的报关企业应当自运输工具申报进境之日起 14

日内,向进境地海关办理转关运输手续,有关货物应当自运抵指运地之日起 14 日内向指运地海关申报。

进口货物的收货人超过规定期限向海关申报的,由海关征收滞报金。

进口货物自装载货物的运输工具申报进境之日起超过三个月仍未向海关申报的,货物由海关提取并依法变卖。对属于不宜长期保存的货物,海关可以根据实际情况提前处理。

出口货物发货人、受委托的报关企业应当在货物运抵海关监管场所后、装货的 24 小时前向海关申报。

经电缆、管道或其他特殊方式进出境的货物,进出口货物收发货人或其代理人按照海关规定定期申报。

4. 申报日期

进出口货物收发货人或其代理人的申报数据自被海关接受之日起,其申报的数据就产生法律效力,即进出口货物收发货人或其代理人应当承担如实申报、如期申报的法律责任。因此,海关接受申报数据的日期非常重要。

申报日期是指申报数据被海关接受的日期。不论以电子数据报关单方式申报,还是以纸质报关单方式申报,海关以接受申报数据的日期为接受申报的日期。

采用先电子数据报关单申报,后提交纸质报关单,或者仅以电子数据报关单方式申报的,申报日期为海关计算机系统接受申报数据时记录的日期,该日期将反馈给原数据发送单位,或公布于海关业务现场,或通过公共信息系统发布。

电子数据报关单经过海关计算机检查被退回的,视为海关不接受申报,进出口货物收发货人或其代理人应当按照要求修改后重新申报,申报日期为海关接受重新申报的日期。

海关已接受申报的报关单电子数据,人工审核确认需要退回修改的,进出口货物收发货人、受委托的报关企业应当在十日内完成修改并且重新发送报关单电子数据,申报日期仍为海关接受原报关单电子数据的日期;超过十日的,原报关单失效,进出口货物收发货人、受委托的报关企业应当另行向海关申报,申报日期为海关再次接受申报的日期。

5. 申报方式

申报方式是指申报采用电子数据报关单证申报形式或纸质报关单证申报形式。电子数据报关单证和纸质报关单证均具有法律效力。

电子数据报关单证申报形式是指进出口货物的收发货人、受委托的报关企业通过计算机系统按照《中华人民共和国海关进出口货物报关单填制规范》(以下简称《报关单填制规范》)的要求向海关传送报关单电子数据及随附单证电子数据的申报方式。

纸质报关单证申报形式是指进出口货物的收发货人、受委托的报关企业,按照海关的规定填制纸质报关单,备齐随附单证,向海关当面递交的申报方式。

目前,全国海关的全部通关业务现场已全面施行通关作业无纸化申报。所谓"通关作业无纸化",是指海关以企业分类管理和风险分析为基础,按照风险等级对进出口货物实施分类,运用信息化技术改变海关验核进出口企业递交纸质报关单及随附单证办理通关手续的做法,直接对企业通过中国电子口岸录入申报的报关单及随附单证的电子数据进行无纸审核、验放处理的通关作业方式。

6. 申报单证

申报的单证可以分为报关单和随附单证两大类,其中随附单证包括基本单证和特殊单证。

报关单是由报关人员按照海关规定格式填制的申报单,是指进(出)口货物报关单或者带有进(出)口货物报关单性质的单证,比如特殊监管区域进出境备案清单、进出口货物集中申报清单、ATA单证册、过境货物报关单、快件报关单等。一般来说,任何货物的申报,都必须有报关单。

基本单证是指进出口货物的货运单据和商业单据,主要有进口提货单据、出口装货单据、商业发票、装箱单、进出口合同等。一般来说,任何货物的申报,都必须有基本单证。

特殊单证主要有进出口许可证件、加工贸易电子化手册和电子账册、征免税证明、原进(出)口货物报关单、原产地证明书等。某些货物的申报,必须有特殊单证,比如进口许可证管理货物进口申报,必须有进口许可证。

货物实际进出口前,海关已对该货物的商品归类、原产地、完税价格作出预裁定决定书的,进出口货物的收发货人、受委托的报关企业在货物实际进出口申报时应当向海关提交预裁定决定书。

进出口货物收发货人或其代理人应向报关人员提供基本单证、特殊单证,报关人员审核这些单证后据以填制进(出)口货物报关单。

目前,按照海关通关作业无纸化改革推进要求,除必须以有纸形式申报的报关单以外,其以无纸形式申报的报关单随附单证均需要以电子数据形式发送。进出口报关单位需要在申报环节将纸质的随附单证进行电子扫描存为电子数据格式的文件。

无纸化申报模式下,进出口报关企业以电子文件方式保存或向海关上传的报关单随附单证种类包括:合同、发票、装箱清单、载货清单(舱单)、提(运)单、代理报关授权委托协议、进出口许可证件、海关要求的加工贸易手册及其他进出口有关单证。

在申报环节需要上传单据种类的具体规定如下:

(1) 进口货物

加工贸易及保税类报关单必备单证为发票、进口许可证件、海关要求的加工贸易手册、化报关授权委托协议等。对于合同、装箱清单、提(运)单等随附单证,企业在申报时可不向海关提交,海关审核时如需要再提交。

非加工贸易及保税类报关单必备单证为合同、发票、进口许可证件、代理报关授权委托协议等。对于装箱清单、提(运)单等随附单证,企业在申报时可不向海关提交,海关审核时如要再提交。

(2) 出口货物

企业向海关申报出口货物报关单时,需提交出口许可证件、代理报关授权委托协议等。对合同、发票、装箱清单、载货清单(舱单)等随附单证,企业在申报时可不提交,海关审核时如需要再提交。

7. 数据审核

报关人员在报关单数据录入后应认真核查所申报的内容是否规范、准确,随附的单据、资料是否与所申报的内容相符,交验的各种单据是否正确、齐全、有效。报关单电子数据发送后,除接到海关不接受申报的信息外,申报单位原则上不能再对已发送的电子数据作出修改。在报关子数据发送前,须特别注意因电子数据申报不实而可能引起的有关法律责任。

审核步骤为:

(1) 进入报关单申报系统后,按照报关单号码查找拟审核的报关单,打印报关单校对稿(报关单复核联),进行审核。

(2) 报关单校对稿审核完成后,按照上述步骤进入报关单申报系统,查找拟审核报关单,并对审核出的错误点进行修改,确认无误后保存数据。

(3) 报关单数据修改并保存后,点击审核申报按钮(或申报确认按钮),完成报关单审核申报(或确认填报)操作。

在现场申报环节,极偶然情况下可能会出现 H2018 系统及相关信息化系统异常、网络发生故障和突发事件导致正常通关业务中断的情况,进出口货物报关单位遇到法通过电子系统进行申报的情况时,应及时咨询并按照各地海关启动的通关应急预案操作,避免耽误进出口货物通关。

8. 不接受申报

电子数据报关单申报后,H2018 系统对电子数据报关单及随附单证电子数据进行规范性、逻辑性审核。审核结果分为:

(1) 未通过规范性、逻辑性审核

未通过规范性、逻辑性审核的,H2018 系统自动退单,通过申报录系统向企业发送退单回执,进出口企业按照回执提示信息,在系统中修改原申报电子数据后重新办理申报手续。进出口货物报关单在电子系统申报过程中,可能会出现如下情形被电子退单:

① 系统提示进出口商品要验核监管证件且根据相关规定免于验核的情况,如暂时进出口货物除另有规定外,免于提交许可证证件,在申报此类货物时系统逻辑检控可能会因缺少相关证件而退单。

② 涉及法检商品的报关单结关后撤销,重新申报的。

③ 报关单撤销后重新申报,原联网监管证件已超期或被使用且无法恢复的。如报关单撤销后,原随附的进口许可证件已结案,导致系统自动退单的情况。

④ 在指运地海关办结放行手续之前获准直接退运,以"其他(监管代码为9900)"监管方式申报后系统提示验证的。

出现上述情况时,报关单位则需要通过特殊通道进行报关单的申报,在报关单数据录入暂存后向现场海关申请适用特殊通道完成申报作业。由海关代替进出口货物申报人,对不符合 H2018 系统报关单逻辑检控要求但因情况特殊而允许接受申报的非常规报关单数据执行电子申报作业。

经海关审核属于特殊通道申报范围的,通关现场海关工作人员将使用 H2018 系统"特殊申报"功能,完成特殊通道申报作业。进行特殊通道申报时,海关操作人员会在 H2018 系统中准确、详细填写通过特殊通道申报原因用以备查。

(2) 通过规范性、逻辑性审核

通过规范性、逻辑性审核的,海关接受申报,通过申报录入系统向企业发送"报关单已受理/通关无纸化审结"回执。电子数据报关单被接受申报后,涉及税费的,申报企业即可进入缴税环节,进行相应操作。不涉及税费、未被风险参数及指令捕中的,报关单将自动进入放行程序。

9. 申报修撤

海关接受进出口货物申报后,报关单证及其内容不得修改或者撤销;符合规定情形的,可以修改或者撤销;进(出)口货物报关单的修改或者撤销,应当遵循修改优先原则;确实不能修改的,予以撤销。

有以下情形之一的,进出口收发货人或其代理人可以通过中国国际贸易"单一窗口"(以下简称"单一窗口")向原接受申报的海关办理进(出)口货物报关单修改或者撤销手续:

(1) 出口货物放行后,由于装运、配载等原因造成原申报货物部分或者全部退关、变更运输工具的;

(2) 进出口货物在装载、运输、存储过程中发生溢短装,或者由于不可抗力因素造成灭失、短损等,导致原申报数据与实际货物不符的;

(3) 由于办理退补税、海关事务担保等其他海关手续而需要修改或者撤销报关单数据的;

(4) 根据贸易惯例先行采用暂时价格成交,实际结算时按商检品质认定或者国际市场实际价格付款方式需要修改申报内容的;

(5) 已申报进口货物办理直接退运手续,需要修改或者撤销原进口货物报关单的;

(6) 由于计算机、网络系统等技术原因导致电子数据申报错误的。

发生上述情形及由于报关人员操作或者书写失误造成申报内容需要修改或者撤销的,进出口收发货人或其代理人应当向海关提交进(出)口货物报关单修改/撤销表及相应的证明材料。

海关发现进(出)口货物报关单需要修改或者撤销,可以采取以下方式主动要求进出口收发货人或其代理人修改或者撤销:

(1) 将电子数据报关单退回,并详细说明修改的原因和要求,进出口收发货人或其代理人应当按照海关要求进行修改后重新提交,不得对报关单其他内容进行变更;

(2) 向进出口收发货人或其代理人制发进(出)口货物报关单修改/撤销确认书,通知其要求修改或者撤销的内容,进出口收发货人或其代理人应当在五日内对进(出)口货物报关单修改或者撤销的内容进行确认,确认后海关完成对报关单的修改或者撤销。

除不可抗力因素外,进出口收发货人或其代理人有以下情形之一的,海关可以直接撤销相应的电子数据报关单:

(1) 海关将电子数据报关单退回修改,进出口收发货人或其代理人未在十日规定期限内重新发送的;

(2) 海关审结电子数据报关单后,进出口收发货人或其代理人未在十日规定期限内递交纸质报关单的;

(3) 出口货物申报后未在规定期限内运抵海关监管场所的;

(4) 海关总署规定的其他情形。

需要注意,海关已经决定布控、查验涉嫌走私或者违反海关监管规定的进出口货物,在办结相关手续前不得修改或者撤销报关单及其电子数据;已签发报关单证明联的进出口货物,当事人办理报关单修改或者撤销手续时,应当向海关交回报关单证明联;由于修改或者撤销进(出)口货物报关单导致需要变更、补办进出口许可证件的,进出口收发货人或其代理人应当向海关提交相应的进出口许可证件。

必须以纸质形式提交的进(出)口货物报关单修改/撤销表和进(出)口货物报关单修改/撤销确认书与无纸化形式提交的信息效力一致。

10. 转关手续

目前,仅有邮件、快件、暂时进出口货物(含 ATA 单证册项下货物)、过境货物、中欧班列载运货物、市场采购方式出口货物、跨境电子商务零售进出口商品、免税品,以及外交、常驻机构和人员公自用物品,收发货人可按照海关要求正常申请办理转关手续,开展转关运输。通过转关形式申报进出口的货物,应在办妥转关手续后,再办理货物进出口申报手续。

除上述可以正常进行转关作业的货物以外,自 2018 年起仅以下范围内的货物可办理转关手续:

(1) 多式联运及具有全程提(运)单货物

多式联运货物,以及具有全程提(运)单需要在境内换装运输工具的进出口货物,其收发货人可以向海关申请办理多式联运手续,有关手续按照联程转关模式办理。

(2) 符合要求条件的进口固体废物

进口固体废物满足以下条件的,经海关批准后,其收发货人可申请办理转关手续,开展转关运输:按照水水联运模式进境的废纸、废金属,且货物进境地为指定进口固体废物口岸,且转关运输指运地已安装大型集装箱检查设备,且进口废金属的联运指运地为经国家环保部门批准设立,通过国家环保等部门验收合格,已实现海关驻点监管的进口固体废物"圈区管理"园区,且联运至进口固体废物"圈区管理"园区的进口废金属仅限园区内企业加工利用。

(3) 不宜在口岸海关查验的货物

易受温度、静电、粉尘等自然因素影响或者因其他特殊原因,不宜在口岸海关监管区实施查验的进出口货物,满足以下条件的,经主管地海关(进口为指运地海关,出口为启运地海关)批准后,其收发货人可按照提前报关方式办理转关手续:收发货人为高级认证企业;转关运输企业最近一年内没有因走私违法行为被海关处罚;转关启运地或指运地与货物实际进出境地不在同一直属关区内;货物实际进境地已安装非侵入式查验设备。

进口转关货物应当直接运输至收货人所在地,出口转关货物应当直接在发货人所在地启运。按照规定办妥转关手续后,进出口货物收发货人再按照报关单填制规范及申报管理向海关申报进出口。

10.3.2 进口货物申报

当前,我国居民消费需求和产业升级转型需求发生了重大变化,需要扩大进口。主动扩大进口,是经济转向高质量发展的客观需要,有助于满足居民不断增长的高品质消费需求。扩大进口的重点领域是我国处于相对弱势的核心技术和关键设备、优质居民消费品、国内短缺的油气能源及战略矿产资源、土地密集型农产品。同时,引入国际竞争,在一定程度上能够促进国内产业结构转型升级。主动扩大进口,也是在逆全球化和美国加快推行贸易保护政策的背景下,我国的主动选择。2018年以来,我国对外开放加速推进,扩大进口成为其中的重要一环。在这一背景下,入境法检商品检验检疫,对于新海关履行安全准入职能是至关重要的。对于商界而言,面对国内庞大的市场需求,应将建立稳定、高效、安全、合规的供应链体系,提升到企业战略层面。

拓展阅读 10.3
入境法检商品检验检疫要求

1. 入境货品检验检疫

入境法检商品如表 10-2 所示,各类商品的商品编码、所需证单及检验检疫要求,详见扩展阅读 10.3。

表 10-2　入境法检商品目录

1	入境动物及动物产品
2	入境植物及植物产品
3	入境食品、保健品、化妆品及相关产品
4	入境工业品
5	实施入境验证的产品
6	进口医疗器械
7	入境石材、涂料
8	入境旧机电产品
9	入境展览品
10	特殊进出境货物的备案、审批、许可与认证

2. 缴纳税款与自报自缴申报

(1) 自报自缴申报

申报时,企业可以选择常规申报,也可以选择自报自缴。自报自缴包括"报关单电子数据申报与自主报税"和"自缴税款、自打税单"两部分内容。

自报自缴是指进出口企业、单位自主向海关申报报关单及随附单证、税费电子数据,并自行缴纳税费的行为。涉及公式定价、特案报关单等特殊种类货物及以有纸形式申报的,暂不适用自报自缴模式。

在税收征管方式改革前,海关接受进出口企业申报数据后,由海关对企业申报的应税货物报关单的归类、价格、原产地信息依法审核确定,在确定上述关键涉税要素后开具税款专用缴款书,纳税义务人企业凭海关确定的税款进行缴税作业。税收征管方式改革后,海关在货物放行前不再逐票审定进出口企业申报的涉税要素是否准确,而是将更多精力投入到货物安全准入甄别中。进出口企业办理海关预录入环节自行填报报关单各项目,利用预录入系统的海关计税(费)服务工具计算应缴纳的相关税费,并对系统显示的税费计算结果进行确认,连同报关单预录入内容一并提交海关。进出口企业、单位在收到海关受理回执后,自行办理相关税费缴纳手续。同时,海关受理企业申报后,不再开具税单进行缴款告知,由企业缴税后自行选择在海关现场打印税单或自行打印税单。自报自缴形式的完税凭证,不再具有海关行政决定的属性。

申报后,对于涉及税费的,如果企业在申报时勾选了汇总征税,税费自动核扣。对于未勾选汇总征税的,企业去"单一窗口"税费支付模块进行支付。对于申报时勾选"自报自缴"的,按照全国海关通关一体化改革方案,改革后进出口货物收发货人或其代理人办理海关预录入时,可利用预录入系统的海关计税(费)服务工具计算应缴纳的相关税费,并对系统显示的税费计算结果进行确认,连同报关单预录入内容一并提交海关。进出口货物收发货人或其代理人在收到海关受理回执后,自行办理相关税费缴纳手续。同时,海关受理企业申报后不再开具税单进行缴款告知,由企业缴税后选择在海关现场打印税单或自行打印完税凭证。自主缴税模式报关单,税款缴款书上将注明"自报自缴"字样,该税款缴款书仅为缴税凭证,不再具有海关行政决定属性。

对公式定价、特案等特殊种类货物及以有纸形式申报的报关单,目前仍沿用以往的缴税模式。进出口货物收发货人或其代理人收到海关对货物应缴纳关税、进口环节增值税、进口环节消费税、滞报金、滞纳金等开具的关税和代征税缴款书或收费专用票据后,在规定的时间内在网上通过电子支付方式或到指定银行现场以柜台方式办理缴纳税费手续。

(2)电子支付

为进一步提升进出口货物海关税款支付的便捷性,提高税款入库效率,海关总署决定自2018年10月1日起停止使用原海关税费电子支付系统,并切换到新一代海关税费电子支付系统,海关不再向第三方支付平台传输税单及保证金数据。企业可选择柜台支付方式或登录"单一窗口""互联网+海关"平台使用新一代电子支付系统缴纳海关税费。

新一代电子支付系统通过财关库银横向联网实现海关税费信息在海关、国库、商业银行等部门之间电子流转、税款电子入库。

该系统目前可支付的税费种类有进出口关税、反倾销税、反补贴税、进口环节代征税、废弃电器电子产品处理基金、缓税利息、滞纳金、船舶吨税、税款类保证金、滞报金。

进出口企业必须是中国电子口岸的入网用户,取得企业法人卡及操作员卡,具备联网办理业务条件并且与海关和商业银行签订电子支付三方合作协议,才可以使用新一代电子支付系统。参与新一代电子支付业务的企业应在海关审结报关单生成电子税款信息之日起十日内发送税(费)扣税指令并完成税款支付。未在规定期限内发送税(费)扣税指令并完成税款支付的,海关填发税款缴款书,转为柜台支付。

(3)采用柜台支付

海关税款传统的缴纳方式为柜台支付。

海关作出征税决定后,海关填发税款缴款书,纳税义务人或其代理报关人员办理签收手续。海关税款缴款书一式六联。第一联为收据联,由银行收款签章后交缴款单位或者纳税义务人;第二联为付款凭证联,由缴款单位开户银行作为付出凭证;第三联为收款凭证联,由收款国库作为收入凭证;第四联为回执联,由国库盖章后退回海关财务部门;第五联为报查联,由国库收款后,关税专用缴款书退回海关,海关代征税专用缴款书送当地税务机关;第六联为存根联,由填发单位存查。

签收后,纳税义务人或其代理报关人应在规定的时限内前往指定银行,在指定银行缴纳税款后,相关人员应当及时将盖有证明银行已收讫税款的业务印章的税款缴款书第一联原件送交填发海关验核,海关据此办理核注及货物放行等后续手续。

(4) 汇总征税

汇总征税是海关对进出口税收进行征缴的一种作业模式,其支付方式本质上也属于电子支付,但汇总征税是海关对符合条件的进出口纳税义务人于某一段时期内多次进出口产生的税款集中进行汇总计征,这与电子支付/电子支付银行担保缴税及柜台支付逐票征税、缴税方式明显不同。

目前,除海关企业信用管理中的"失信企业"外,所有在海关注册登记的进出口报关单上的收发货人均可申请适用汇总征税模式。有汇总征税需求的企业需要在进出口货物通关前向属地直属海关提交总担保,总担保应当依法以担保机构提交的保函等海关认可的形式,通过后即可在申请的多个直属海关范围内通用。

目前,海关总署在创新税收担保方式、完善汇总征税制度方面还有许多有益尝试,以进一步适应现代金融与担保体制机制改革趋势。主要有结合企业信用管理制度改革,建立差别化担保制度,根据《海关事务担保条例》的相关规定,结合企业信用管理,对符合条件的企业实施免除担保制度;加快实施除银行或非银行金融机构保函外的第三方担保形式,对资信良好、供应链信息对海关透明的企业,尤其是生产型企业,考虑引入第三方信用担保模式。已经在部分直属海关成功试点采用企业财务公司、保险公司参与总担保备案,增加可以用于担保的财产和权利种类,允许企业以汇票、本票、支票、债券、存单等海关认可的财产、权利提供担保。

3. 必要时配合海关查验排除风险

在现场通关作业时,对于海关系统或人工下达的布控查验和实货验估指令,海关查验关员会在区别查验指令属性后,按照细化的查验要求实施查验。

海关查验是法律赋予海关的一项重要的执法权力,海关行使权力需要收发货人或其代理人履行义务作为保障。另外,收发货人或其代理人在进出口货物之前,经过了与境外卖方或买方的协商、签订合同的过程,对货物的有关情况最为了解,收发货人或其代理人配合海关实施查验有利于提高查验效率,防止因查验发生不必要的争议。

海关对存在禁限管制以及侵权、品名规格数量伪瞒报等风险,以及情报反映存在走私违规嫌疑的货物依法进行准入查验;海关对存在归类、价格、原产地等税收风险的货物依法进行验估查验。

为深入贯彻国务院"双随机、一公开"的监管工作要求,防止执法腐败和杜绝监管风险,在部分海关开始试行"双随机、全隔离"的创新查验方式。其特点有随机查验、随机派员、移动屏幕对照查验、高清全角场所监控、专业仪器执法记录、人员隔离等。上述查验方式将在试点后普及全国海关,在海关的努力下,给企业创造一个更为公平公正、廉洁高效的营商与进出境通关环境。

(1) 查验的时间与地点

报关人员收到查验通知后,应首先到查验场地办理查验货物进场手续,在确认货物抵达查验场地后,向海关预约查验时间。海关查验一般安排在海关监管区内的指定场地进行。报关人员接受海关查验前应确认待查验货物的准确位置及堆放地点。当海关通知查验时,报关人员应及时到达指定的查验作业区配合海关查验。如果超过规定时间又无合理理由的,海关将径行查验。对易受温度、静电、粉尘等因素影响及其他特殊原因不宜在口岸海关监管区实施查验的进出口货物,企业可向主管地海关(进口为指运地海关,出口为起运地海关)申请,经批准后可异地查验。

(2) 查验方法

查验应当由两名以上着海关制式服装人员共同实施。海关实施查验可以彻底查验,也可以抽查。按照操作方式,可以分为人工查验和机检查验。人工查验包括外形查验、开箱查验等方式。海关可以根据货物情况及实际执法需要,确定具体的查验方式。

4. 海关放行

货物获得放行是指海关接受进出口货物的申报,审核报关单及随附单证,查验货物,征收税费或接受担保以后,对进出口货物作出结束海关进出境现场监管决定,允许进出口货物被提离海关监管现场或装运出境的工作环节。

除转入申报地海关综合业务、验估及税收征管中心、风险防控中心进行风险处置的报关单外,未被任何风险参数捕中的报关单按照全国海关通关一体化改革方案自动通过风险分流环节直接予以放行(应税费报关单缴纳相应税费后放行)。

货物获得放行一般是由海关在进口货物提货凭证或者出口货物装货凭证上加盖海关放行章,进出口货物收发货人或其代理人签收进口提货凭证或者出口装货凭证,凭以提取进口货物或将出口货物装上运输工具离境。目前,海关放行指令通常为电子数据放行模式。海关完成报关单放行后,将向相应海关监管作业场所经营企业发送货物电子放行信息。

海关放行货物必须以对报关单数据的风险甄别完毕,根据相关信息能够直接排除安全准入和重大税收风险,或者风险处置操作已完成,并且企业缴纳了进出口税费或提供担保作为前提条件。

对有下列情况之一的,海关将不予放行进出口货物:

(1) 违反海关和其他进出境管理的法律、法规,非法进出境的;
(2) 单证不齐或应税货物未办理纳税手续,且又未提供担保的;
(3) 包装不良,继续运输足以造成海关监管货物丢失的;
(4) 有其他未了手续尚待处理的(如违规罚款未交的)等。

新通关模式下,海关将涉税要素的风险排查与处置置于货物放行之后,报关单放行后进行批量复核、风险排查。海关事后风险排查采取的主要形式包括单证验核及实地核查两种,由此,海关在货物放行后实施后续核查将成为常态,事后核查是货物通关作业的重要组成部分。就此而言,进出口企业需要构筑更长的合规业务流程。

5. 进出口结关

进口货物申报后，如果不涉及税费或者税费已经实际支付，货物放行后系统会立刻结关；税费尚未支付的例如汇总征税货物，放行后货物尚未实际交税，因此会在次月税金支付后才能结关。

出口货物申报后，一线出口货物（实际进出境）需要等待货物实际离开关境后，由承运人向海关发送舱单"理货正常"状态后，方可结关。对于二线出口货物（无实际进出境），放行后即可结关。

结关后，根据海关总署和国家外汇管理局、国家税务总局的电子信息交换规则：

需要收付汇的报关单，对于外汇管理A类企业（以下简称"A类企业"），由海关总署系统自动向中国电子口岸发送进口付汇联、出口收汇联电子信息，然后由电子口岸转发给国家外汇管理局（外汇管理B、C类企业不适用上述规则，仍然需要向申报地海关申请打印进口付汇联、出口收汇联）；需要退税的报关单，由海关总署系统自动向中国电子口岸发送出口退税联电子信息，再由电子口岸转发给国家税务总局。

6. 申请签发报关单证明联

在完成了报关现场作业之后，我们还需要了解报关后续作业阶段主要工作内容和作业方法。具体包括申请签发报关单证明联，申请签发货物进口证明书等。

报关单证明联是进出口货物收发货人向海关、税务、外汇管理等部门办理加工贸易手册核销、出口退税、进出口货物收付汇手续的重要凭证，进出口货物收发货人或其代理人在办理结关手续后，按照不同的海关监管方式，可以向海关申请签发以下报关单证明联。

（1）报关单出口退税证明联

为进一步深化海关通关作业无纸化改革，减少纸质单证流转，对2015年5月1日（含）以后出口的货物，海关不再签发纸质出口货物报关单证明联（出口退税专用），改由海关总署向国家税务总局传输出口报关单结关信息电子数据。

（2）报关单收付汇证明联

为进一步完善货物贸易外汇服务和管理，海关总署、国家外汇管理局决定，自2013年9月16日起，海关不再为国家外汇管理局分支局（以下简称"外汇局"）核定的货物贸易A类企业提供纸质报关单收付汇证明联。A类企业办理货物贸易外汇收付业务，按规定须提交纸质报关单的，通过中国电子口岸自行以普通A4纸打印报关单证明联（出口收汇或进口付汇用）并加盖企业公章。对于外汇局核定的货物贸易外汇管理B类和C类的企业，海关仍按现行做法为其提供纸质报关单收付汇证明联。

（3）报关单加工贸易核销联

海关对加工贸易货物可以采用纸质单证核销、电子数据核销的方式，随着无纸化通关作业方式的逐步铺开，已主要采取电子数据核销形式，纸质单证需求十分少见。

7. 申请签发货物进口证明书

货物进口证明书是指依据国家有关法律、行政法规、规章和国际公约的要求，海关在办结进口货物放行手续后，应进口货物收货人的申请所签发的证明文书。目前，需签发货物进口证明书的货物主要是进口车辆。为加强国家对进口车辆的管理，海关对贸易性渠道进口的车辆在办结验放手续后签发货物进口证明书,作为货主办理上牌手续的重要依据之一。

下列情况,收货人可在办结进口货物放行手续后向海关申请签发证明书:
(1) 进口汽车和摩托车整车;
(2) 有特殊管理规定明确需签发证明书的;
(3) 我国加入或缔结的国际公约要求签发证明书的;
(4) 海关同意签发证明书的。

进口汽车、摩托车整车证明书实行"一车一证"管理,即一辆汽车或摩托车仅签发一份证明书,证明签注内容获取自进口货物报关单和收货人向海关提交的补充数据。

其他进口货物证明书实行"一批一证"管理,即一份进口报关单仅签发一份证明书,因报关单申报商品项较多而无法打印在一份证明书上的,实行分页签发。

收货人应自进口货物放行之日起三年内向海关提出签发证明书申请。

进口汽车、摩托车整车证明书因故遗失的,车辆合法所有人应当自证明书签发之日起三年内向原签发地海关提出补发申请,其他货物进口证明书一律不予补发。

因报关单申报或补传数据错误造成证明书数据错误的,收货人应当自证明书签发之日起三年内向原签发地海关提出换发申请。

下列情况,海关不予签发证明书:
(1) 暂时进境、修理物品、加工贸易、租赁贸易等将复运出境的(包括进口汽车和摩托车整车,下同);
(2) 复运进境的原出口货物;
(3) 自境外进入海关特殊监管区域或保税监管场所的保税货物;
(4) 海关特殊监管区域或保税监管场所之间进出的保税货物。

办结货物进口放行手续后,对符合可签发条件的进口货物,海关可应收货人申请签发货物进口证明书。

10.3.3 进(出)口货物报关单改革

1. 报关单概述

进(出)口货物报关单是指进出口货物的收发货人或其代理人,按照海关规定的格式对进出口货物的实际情况作出的书面申请,以此要求海关对其货物按适用的海关制度办理报关手续的法律文书。

按货物的进出口状态、表现形式、使用性质的不同,进(出)口货物报关单可进行如下分类。
(1) 按进出口流向分类,分为进口货物报关单、出口货物报关单。
(2) 按表现形式分类,分为纸质报关单、电子数据报关单。
(3) 按使用性质分类,分为进料加工进(出)口货物报关单、来料加工及补偿贸易进(出)口货物报关单、一般贸易及其他贸易进(出)口货物报关单。

目前,进(出)口货物报关单通过中国电子口岸向海关申报,实现了进(出)口货物报关单在各行政管理部门间的数据联网核查,进出口收发货人或其代理人使用电子口岸平台,在网上直接向海关、国检、外贸、外汇、工商、税务、银行等申办各种进出口手续。因此,进(出)口货物报关单具有"海关作业、加工贸易核销、进口货物付汇、出口货物收汇、出口退税、海关留存、企业留存"的用途,进出口收发货人可凭电子数据进行相关作业。纸质报关单证明联在流通中已经减少,可以在需要时向海关申请。

《海关法》规定:"进口货物的收货人、出口货物发货人应当向海关如实申报、交验进出口许可证件和有关单证。"

进(出)口货物报关单及其他进出境报关单证在对外经济贸易活动中具有十分重要的法律效力,是货物的收发货人向海关报告其进出口货物实际情况及适用海关业务制度、申请海关审查并放行货物的必备法律文书。它既是海关对进出口货物进行监管、征税、统计及开展稽查、调查的重要依据,又是出口退税和外汇管理的重要凭证,也是海关处理进出口货物走私、违规案件及税务、外汇管理部门查处骗税、逃套汇犯罪活动的重要书证。因此,申报人对所填报的进(出)口货物报关单的真实性和准确性应承担法律责任。

同时,《海关法》规定:"办理进出口货物的海关申报手续,应当采用纸质报关单和电子数据报关单的形式。"这从法律上确定了纸质报关单和电子数据报关单都是办理进出口货物海关报手续的法定形式,这两种报关单具有相同的法律效力。

2. 关检合并报关单改革

为了认真贯彻执行党中央国务院下发的《深化党和国家机构改革方案》,海关总署制定了《全国通关一体化关检业务全面融合框架方案》,明确了关检业务融合的目标、原则和思路。

2018年4月16日,海关总署2018年第28号公告,发布了企业报关报检资质合并有关事项;2018年6月1日,海关总署2018年第50号公告开始实施,全面取消了《入/出境货物通关单》。

2018年6月21日,海关总署发布2018年第60号、61号公告,对《中华人民共和国海关进出口货物报关单填制规范》以及进(出)口货物报关单和进(出)境货物备案清单格式进行了修订,修订后的《中华人民共和国海关进出口货物报关单填制规范》自2018年8月1日起执行。

为规范进出口货物收发货人的申报行为,统一进(出)口货物报关单填制要求,2019年1月22日,海关总署2019年第18号公告再次对《中华人民共和国海关进出口货物报关单填制规范》进行了修订,自2019年2月1日起实施。海关总署2018年第60号公告同时废止。

报关单栏目变化具体如下:

(1) 新增栏目

① 境外收发货人;

② 货物存放地点;

③ 启运港;

④ 自报自缴;

⑤ 入境口岸/离境口岸;

⑥ 修改栏目；
⑦ "收发货人"改为"境内收发货人"；
⑧ "进口口岸/出口口岸"改为"进境关别/出境关别"；
⑨ "装货港/指运港"改为"经停港/指运港"；
⑩ "随附单证"改为"随附单证及编号"。
(2) 修改填报要求的栏目
① 预录入编号；
② 海关编号；
③ 备案号；
④ 境内收发货人；
⑤ 运输方式；
⑥ 运输工具名称及航次号；
⑦ 征免性质；
⑧ 消费使用单位/生产销售单位；
⑨ 监管方式；
⑩ 包装种类；
⑪ 项号；
⑫ 申报单位；
⑬ 标记唛码及备注；
⑭ 商品名称及规格型号；
⑮ 境内目的地/境内货源地。
(3) 删除栏目
① 版本号；
② 货号；
③ 录入员；
④ 录入单位。
(4) 检验检疫主动触发申报项目

如果进口货物属于法定检验检疫范畴，系统会自动触发检验检疫申报项目。检验检疫栏目分为基本信息内容和货物信息内容。

基本信息内容的必填栏目有以下六项。
① 检验检疫受理机关；
② 领证机关；
③ 口岸检验检疫机关；
④ 目的地检验检疫机关；
⑤ 启运日期；
⑥ B/L 号。

基本信息内容的选填栏目有以下六项。
① 企业资质(企业资质代码、企业资质编号)；

② 关联号码及理由（关联号码、关联理由）；

③ 使用人（使用单位联系人、使用单位联系电话）；

④ 原箱运输；

⑤ 特殊业务标识；

⑥ 检验检疫签证申报要素（所需单证、境内收发货人名称外文、境外收发货人名称中文、境外发货人地址、卸毕日期、商品英文名称）。

货物信息内容的必填栏目有以下三项。

① 检验检疫名称；

② 货物属性；

③ 用途。

货物信息内容的选填栏目有以下三项。

① 检验检疫货物规格（成分原料组分、产品有效期、保质期、境外生产企业、货物规格、货物型号、货物品牌、生产日期、生产批次）；

② 产品资质（许可证类别、许可证编号、核销货物序号、核销数量、核销数量单位、许可证 VIN 信息）；

③ 危险货物信息（非危险化学品、IIN 编码、货物名称、危包规格）。

10.4 国际贸易"单一窗口"

10.4.1 "单一窗口"发展概况

"单一窗口"最早是 2005 年由联合国发起的一种旨在促进贸易便利化的口岸管理措施。通过对国际贸易信息的集约化和自动化处理，达到国际贸易数据共享和提高国际贸易效率和效益的目的。世界海关组织认为，"单一窗口"是通过实现单一电子信息递交来满足口岸执法所有要求，以简化对贸易商和其他经济活动经营者的跨境手续。

联合国贸易便利化和电子商务中心（UN/CEFACT）的 33 号建议书将"单一窗口"解释为：参与国际贸易和运输的各方，通过单一的切入点提交标准化的信息和单证，以满足相关法律、法规及管理要求的平台。如所提交的信息为电子数据则单个的数据元素应只提交一次。"单一窗口要求参与贸易管理的政府部门通过一个平台协调各自的管理职责并为办理相关手续提供便利。"

世界贸易组织《贸易便利化协定》第十条第四款要求各成员应努力建立或设立"单一窗口"，使贸易商能够通过一个单一接入点向参与的主管机关或机构提交货物进口、出口或过境的单证和（或）数据要求。待主管机关或机构审查单证和（或）数据后，审查结果应通过该单一窗口及时通知申请人。目前国际上"单一窗口"的运行模式主要有三种：一是"单一机构"式，即通过一个机构来协调并执行所有与进出境相关的监管职能，典型国家为瑞典。二是"单一系统"式，即通过一个系统整合、收集、使用并分发与进出境相关的国际贸易电子数据，典型国家为美国。美国的"单一窗口"系统称为"国际贸易信息系统"（International Trade Data System, ITDS），是美国海关和边境保护局的进出口管理系统

"自动商务环境"(automated commercial environment,ACE)的基础组成部分。三是"公共平台"式,贸易商通过一个公共平台向不同监管机构一次性申报,上述机构使用各自系统分头处理,并通过该平台,将处理结果传输给贸易商,典型国家为新加坡,中国香港也是采用这一模式。新加坡于1989年启用"贸易网"公共平台,将涉及贸易界管理的35个政府机构和企业联到一个单一的处理平台,为贸易商提供一站式服务。我国采用第三种模式,已经于2017年底前建成我国的国际贸易"单一窗口"。

下一阶段,我国国际贸易"单一窗口"建设将继续按照"政府主导、协同治理、便利企业、规范安全、创新驱动"的原则,推进电子口岸公共平台的公共化、平等化和单一化,依托中央和地方两级平台,打造全国一体化的"单一窗口"环境。

10.4.2 "单一窗口"功能简介

国家标准版依托中国电子口岸平台,以"总对总"方式与各口岸管理和国际贸易相关部门系统对接,实现信息数据互换共享,开展国际合作对接。各地原则上以省(区、市)为单位,依托本地电子口岸建设一个省域"单一窗口",并实现省域"单一窗口"间互联互通,探索建设符合国家区域发展战略要求的区域"单一窗口"。

1. 国家标准版"单一窗口"功能简介

(1) 口岸执法与基本服务功能。主要包括货物申报、运输工具申报、税费支付、贸易许可和原产地证书申领、企业资质办理、出口退税申报、查询统计等全流程服务功能。

扩展阅读10.4
国际贸易单一窗口功能再升级

(2) 跨部门信息共享和联网应用。加强口岸管理相关部门数据的联网共享与综合利用,进一步提高口岸管理相关部门的联合执法和科学决策能力。

(3) 与境外信息交换功能。服务国家"一带一路"倡议,支持跨境联网合作,开展与"一带一路"沿线国家和地区及世界主要贸易伙伴国之间的信息互换与服务共享,实现与国际上"单一窗口"的互联互通。

2. 地方版"单一窗口"功能

(1) 口岸政务服务功能。推广应用"单一窗口"标准版,同时结合本地口岸通关业务特色需求,进一步提升和扩展项目的应用功能,建设本地口岸政务服务项目,如物流监管、特殊区域、港澳台贸易等。

(2) 口岸物流服务功能。结合本地口岸业务特点与需求,打通港口、机场、铁路、公路等物流信息节点,促进运输、仓储、场站、代理等各类物流企业与外贸企业的信息共享和业务协同,支持水、陆、空、铁及多式联运等多种物流服务方式,积极开展与地方各类物流信息平台的互联合作,推动外贸与物流联动发展。

(3) 口岸数据服务功能。以口岸管理相关部门的通关物流状态信息为基础,整合运输工具动态信息、集装箱信息、货物进出港和装卸等作业信息,形成完整的通关物流状态综合信息库,为企业提供全程数据服务,方便企业及时掌握通关申报各个环节的状态。

(4) 口岸特色应用功能。发挥"单一窗口"信息资源、用户资源集聚优势,与金融、保险、电商、通信、信息技术等相关行业对接,为国际贸易供应链各参与方提供特色服务,有效支持地方口岸新型贸易业态发展。

本章小结

海关是一个有着悠久历史的行政管理机关,是代表一个国家对内对外独立行使与海关活动相关的事务的行政管理机构。《海关法》明确规定海关的四项基本任务,即监管进出境的运输工具、货物、行李物品、邮递物品和其他物品(简称"监管"),征收关税和其他税费(简称"征税"),查缉走私(简称"缉私")和编制海关统计(简称"统计")。海关权力是指国家为保证海关依法履行职责,通过《海关法》及有关法律、行政法规赋予海关对进出境运输工具、货物、物品的监督管理权能。

关检融合,将出入境检验检疫管理纳入隶属海关功能化建设,在现场作业各岗位、各环节整合检验检疫工作职责与内容,深入推进隶属海关智能化、集约化、专业化、规范化管理,不断完善创新运行机制,形成现场一线关检业务协同监管合力。而全国海关的通关一体化改革、国际贸易"单一窗口"以及报关程序的改革都为国际贸易和物流企业带来了更多便利。

 复习与思考

1. 海关的性质和权力是什么?
2. 通关现场关检业务融合主要是指哪些内容?
3. 通关一体化主要包括哪些举措?
4. 国际贸易"单一窗口"带来的便利有哪些?
5. 进出口货物报关程序在哪些地方进行了改革?

线上自测

案例分析

关检融合"整合申报项目"正式实施,对外贸企业影响几何?

按照国家海关总署统一部署,从今年(2018年)8月1日起,海关进出口货物将实行整合申报,报关单、报检单合并为一张报关单。此次整合申报项目是关检业务融合标志性的改革举措,将改变企业原有报关流程和作业模式,实现报关报检"一张大表"货物申报。

整合申报项目主要是对海关原报关单申报项目和检验检疫原报检单申报项目进行梳

理,报关报检面向企业端整合形成"四个一",即"一张报关单、一套随附单证、一组参数代码、一个申报系统"。

一、整合原报关、报检申报数据项

在前期征求各部委、报关协会、部分报关企业意见的基础上,按照"依法依规、去繁就简"原则,对海关原报关单和检验检疫原报检单申报项目进行梳理整合,通过合并共有项、删除极少使用项,将原报关、报检单合计229个货物申报数据项精简到105个,大幅减少企业申报项目。

二、原报关报检单整合形成为一张报关单

整合后的新版报关单以原报关单48个项目为基础,增加部分原报检内容形成了具有56个项目的新报关单打印格式。此次整合对进口、出口货物报关单和进境、出境货物备案清单布局结构进行优化,版式由竖版改为横版,与国际推荐的报关单样式更加接近,纸质单证全部采用普通打印方式,取消套扎,不再印制空白格式单证。

修改后的进口、出口货物报关单和进境、出境货物备案清单格式自2018年8月1日起启用,原报关单、备案清单同时废止,原入境、出境货物报检单同时停止使用。

三、原报关报检单据单证整合为一套随附单证

整合简化申报随附单证,对企业原报关、报检所需随附单证进行梳理,整理随附单证类别代码及申报要求,整合原报关、报检重复提交的随附单据和相关单证,形成统一的随附单证申报规范。

四、原报关报检参数整合为一组参数代码

对原报关、报检项目涉及的参数代码进行梳理,参照国际标准,实现现有参数代码的标准化。梳理整合后,统一了8个原报关、报检共有项的代码,包括国别(地区)代码、港口代码、币制代码、运输方式代码、监管方式代码、计量单位代码、包装种类代码、集装箱规格代码等。具体参数代码详见:海关总署门户网站→在线服务→通关参数→关检融合部分通关参数查询及下载。

五、原报关报检申报系统整合为一个申报系统

在申报项目整合的基础上,将原报关报检的申报系统进行整合,形成一个统一的申报系统。用户由"互联网+海关"、国际贸易"单一窗口"接入。新系统按照整合申报内容对原有报关、报检的申报数据项、参数、随附单据等都进行了调整。

思考题:

1. 请分析关检融合对外贸企业的影响是什么。
2. 请分析通关一体化措施对促进我国贸易便利化带来了哪些好处。

第 11 章 国际货运代理

本章关键词

提单(bill of lading,B/L)
托运单(booking form,BK)
货代提单(house bill of lading,H B/L)
船上交货,离岸价格(free on board,FOB)
成本加保险费和运费,到岸价格(cost, insurance and freight,CIF)
预计到达时间(estimated time of arrival,ETA)
预计离港时间(estimated time of departure,ETD)

http://www.cifa.org.cn/
http://www.ciffic.org/
http://www.siffa.org/

国际货运代理企业通晓国际贸易环节,精通各种运输业务,熟悉有关法律、法规,业务关系广泛,信息来源准确、及时,与各种承运人、仓储经营人、保险人、港口、机场、车站、堆场、银行等相关企业,海关、商检、卫检、动植检、进出口管制等有关政府部门存在着密切的业务关系,不论对于进出口货物的收、发货人,还是对于承运人和港口、机场、车站、仓库经营人都有重要的桥梁和纽带作用。不仅可以促进国际贸易和国际运输事业发展,而且可以为国家创造外汇来源,对于本国国民经济发展和世界经济的全球化都有重要的推动作用。

11.1 国际货运代理概论

11.1.1 国际货运代理人

1. 国际货运代理人的定义

"货运代理人"一词来源于英文"freight forwarder"和"forwarding agent"两个词组。FIATA 的有关文件将货运代理人定义为"根据客户的指示,并为客户的利益而揽取货物运输的人,其本身不是承运人"。

《中华人民共和国国际货物运输代理业管理规定》第二条规定:"国际货物运输代理业,是指接受进出口货物收货人、发货人的委托,以委托人的名义或者以自己的名义,为委托人办理国际货物运输及相关业务并收取服务报酬的行业。"

《中华人民共和国外商投资国际货运代理业管理规定》还规定:"外商投资国际货物运输代理企业是指境外投资者以中外合资、中外合作以及外商独资形式设立的接受进出口货物收货人、发货人的委托,以委托人的名义或者以自己的名义,为委托人办理国际货物运输及相关业务并收取服务报酬的外商投资企业。"

尽管世界各国因货运代理业的历史发展、管理体制和法律文化等的不同,对于货运代理人的称谓、定义有所不同。但是,基本上都是认为货运代理人是受运输关系人的委托,为了运输关系人的利益,安排货物的运输,提供货物的交运、拼装、接卸、交付服务以及其他相关服务,并收取相应报酬的人。

2. 国际货运代理人的分类

国际货运代理人的业务范围有大有小,大的兼办多项业务,如海陆空及多式联运货运代理业务,小的则专办一项或两项业务,如某些空运货运代理和速递公司。较常见的货运代理主要有以下几类。

(1) 租船订舱代理。这类代理与国内外货方有广泛的业务关系。

(2) 货物报关代理。有些国家对这类代理应具备的条件规定较严,如美国规定必须向有关部门申请登记,必须是美国公民,并经过考试合格,发给执照才能营业。

(3) 转运及理货代理。其办事机构一般设在中转站及港口。

(4) 储存代理。包括货物保管、整理、包装以及保险等业务。

(5) 集装箱代理。包括装箱、拆箱、转运、分拨以及集装箱租赁和维修等业务。

(6) 多式联运代理。即多式联运经营人或称无船承运人,是与货主签订多式联运合同的当事人。不管一票货物运输要经过多少种运输方式,要转运多少次,多式联运代理必须对全程运输(包括转运)负总的责任。无论是在国内还是国外,对多式联运代理的资格认定都比其他代理要严格一些。

11.1.2 国际货运代理的行业组织及行业管理

1. 国际货运代理协会联合会

国际货运代理协会联合会,法文缩写为"FIATA"。作为国际货运代理协会联合会的标志,中译名为"菲亚塔"。FIATA 的宗旨是保障和提高国际货运代理在全球的利益。FIATA 的最高权力机构是会员代表大会。会员代表大会每年召开一次,由主席负责召集。2006 年 FIATA 年会在我国上海举行。

FIATA 不仅起草了供各国立法时参考的《国际货运代理示范法》,以及推荐给各国货运代理企业采用的《国际货运代理标准交易条件》,而且还制定了 FIATA 运送指示、FIATA 货运代理运输凭证、FIATA 货运代理收货凭证、FIATA 仓库收据、FIATA 托运人危险品运输证明、FIATA 不可转让联运提单、FIATA 可转让联运提单、FIATA 发货人联运重量证明等八种货运代理单证格式,培训了数万名学员,取得了举世瞩目的成就,被誉为"运输业的建筑师"。

2. 中国国际货运代理协会

中国国际货运代理协会英文名称为"China International Freight Forwarders Association",简称"CIFA"。该协会由经国家主管部门批准从事国际货运代理业务,在中华人民共和国境内注册的国际货运代理企业自愿组成,是经国务院批准,在民政部登记的全国性行业协会,属于非营利性的社团法人并受商务部和民政部的指导和监督。2000年9月6日,CIFA在北京正式成立,2000年11月在民政部获准登记。2001年年初,中国国际货运代理协会代表中国国际货运代理行业加入CIFA。

根据2001年2月2日对外贸易经济合作部《关于成立中国国际货运代理协会有关事项的通知》,CIFA的宗旨是维护我国国际货运代理行业利益,保护会员企业正当权益;促进我国国际货运代理行业健康发展,更好地为我国对外经济贸易事业服务。业务范围及主要任务是:协助政府主管部门依法规范国际货运代理企业经营行为,整顿行业秩序,加强行业管理;开展行业市场调研,编制行业统计,为会员企业提供信息咨询服务,为政府制定行业发展规划和管理政策提供建议;组织相关学术研究,依据国家规定出版会刊和出版物;制定和推行行业统一单证和标准交易条款,建立货运代理责任保险制度,提高行业服务水平;组织行业培训,代表行业主管部门颁发上岗资格证书,制定本行业从业人员岗位规范;承担政府主管部门委托的部分职能及有关团体和会员委托的工作;代表全行业加入FIATA,开展同业国际交流等。

11.2 国际海上货运代理业务

11.2.1 国际海运船舶营运方式

国际海运即远洋运输,其船舶的营运方式分为两大类:班轮运输(定期船运输)和租船运输(不定期船运输)。

1. 班轮运输

班轮运输(liner shipping)又称定期船运输,是指班轮公司将船舶按事先制定的船期表,在特定航线的各既定挂靠港口之间,经常地为非特定的众多货主提供规则的、反复的货物运输服务,并按运价本或协议运价的规定计收运费的一种营运方式。

班轮运输有以下几个优点。

(1) 运输速度快,能及时、迅速地将货物发送和运达目的港。现代的集装箱班轮运输的优势更为突出。

(2) 特别适应小批量零星件杂货对海上运输的需求。

(3) 满足各种货物对海上运输的要求,并能保证货运质量,尤其是在集装箱班轮运输中。

(4) 通常班轮公司都负责转运工作。

2. 租船运输

租船运输又称不定期船运输，是相对于班轮运输的另一种船舶营运方式。其主要有以下几个特点。

(1) 租船运输是根据租船合同组织运输的。租船合同是解决船舶出租人与承租人之间纠纷的依据。

(2) 国际租船市场行情影响租金或运费水平的高低。此外，世界经济状况、船舶运力供求关系、季节性气候条件及国际政治形势等都是影响因素。

(3) 船舶营运中有关费用的分担取决于不同的租船方式中具体的合同条款。

(4) 租船运输主要适于大宗货物运输。

11.2.2 班轮货运代理

1. 班轮货运代理人

班轮货运代理人包括班轮运输船舶代理人与订舱代理人两种。

(1) 班轮运输船舶代理人

班轮运输船舶代理人是指在班轮运输中，班轮公司在从事班轮运输的船舶停靠的港口委托的代理人。该代理人的责任通常由班轮代理合同的条款予以确定。代理人通常应该为班轮制作船期广告，为班轮公

拓展阅读 11.1
货代和船代的区别

司开展揽货工作，办理订舱和收取运费，为班轮公司制作运输单据、代签提单，管理船务与集装箱工作，代表班轮公司就有关费率以及班轮公司营运业务等事宜与政府主管部门和班轮公会进行接触。总之，凡是班轮公司自行办理的业务都可通过授权，由代理人代办。

(2) 订舱代理人

班轮公司为了使自己所经营的班轮运输船舶能在载重和舱容上得到充分利用，力争做到满舱满载，除了在班轮船舶挂靠的港口设立分支机构或者委托代理人外，还会委托订舱代理人，以便争取广泛的货源。订舱代理人通常与货主以及货运代理人有着广泛和良好的业务联系，因此能为班轮公司创造良好的经营效益，同时也能为班轮公司建立起一套有效的货运程序。

2. 班轮货运代理流程

(1) 船公司依照船期表将船舶行驶航线、船名、挂港、装港、船期、结载日期通过装货经纪人即指定的货运代理或者是船舶代理传达给进、出口商，以招揽货源满足满仓满载的需要。

(2) 货运代理人（以下简称货代）或者出口商向船舶代理人（以下简称船代）或船公司托运，递交装货单，提出货物装运申请。

(3) 船代或者船公司接受承运，制定船名签发装货单并将留底联留下后还给托运人。

(4) 货代将货物送到装货码头，办理商检及海关申报手续，海关放行是在装货单上加盖海关放行章，同时，托运人将放行的装货单交给港口货运部门。

(5) 船代编制货物装货清单送船上、理货公司与港口装卸公司。

(6) 船方按照货物装货清单编制积载图,交给船代分发理货公司与港口装卸公司安排装船。

(7) 货物装船之后,理货将装货单交给大副,大副核对无误签发收货单。

(8) 船代将装货单转给船公司或者由船公司签发提单。

(9) 货运代理或者出口商付清运费之后,领取已装船清洁提单。出口人将提单连同其他单证送至议付银行进行结汇。议付银行将提单寄回国外开证银行。

(10) 船代根据提单副本编制出口载货清单,在送给船长签字后向海关办理船舶出口手续,编制出口载货运费仓单以及提单副本送给船公司。卸货港代理需要的单据应该由货运代理寄给船公司的国外代理。

(11) 船舶载货从发货港运至收货港,途中船方对货物负责照管。

(12) 卸货港代理接到船舶抵港信息之后,通知收货人做好提货准备。

(13) 国外收货人到开证银行付清货款,取回提单。

(14) 卸货港代理根据装货港代理寄来的货运单证,编制进口载货清单或者其他卸货单证,联系泊位做好准备。船舶抵达港口后办理船舶进口报关手续,等船靠泊后开始卸货,货物在收货港储存保管。

(15) 收货人或者委托货运代理向海关办理货物进口手续,缴纳关税。向卸货港船付清有关的港口费用后以正本提单换取码头提货单,凭借提货单换取提货卡片并且提取货物。

11.2.3 租船货运代理

1. 租船货运代理人

租船货运代理人一般包括以下几种。

(1) 船东代理人

船东代理人接受船东的委托,为船东代办与在港船舶有关的诸如办理清关,安排拖轮、引航员以及装卸货物等业务。此时,租约中通常规定船东有权在装卸货港口指派代理人。

(2) 租家代理人

根据航次租约的规定,租家有权提名代理人,而船东(或船舶经营人)须委托由租家所指定的代理人作为自己所属船舶在港口的代理人,并且支付代理费及港口的各种费用。此时,代理人除了要保护委托方(船东或船舶经营人)的利益之外,还要对租家负责。

(3) 船舶经营人代理人

根据航次租约的规定,作为期租租家的船舶经营人,有权在装卸货港口指派代理人,该代理人受船舶经营人的委托,为船舶经营人代办与在港船舶有关的业务。

(4) 船务管理代理人

船务管理代理人为船舶代办诸如补充燃物料、修船、船员服务等业务,而这些代理业务是与船舶装卸货没有关系的。当船舶经营人为船舶指派了港口代理人之后,船东为了办理这些和装卸货物无关而仅仅与船务有关的业务时,如果船舶经营人代理人没有得到船舶经营人的委托,则不会为船东代办有关船务管理业务,此时,船东就会委托一个船务管理代理人来代办自己的有关业务。

2. 租船时需要注意的问题

(1) 租船前应该熟悉贸易合同的有关运输条款,做到贸易条件与租船条款的紧密衔接。在货源方面,需要了解货物的品名、性质(易燃、易爆、危险、易腐等)、包装、尺码及其有关情况,如卡车的载重量以及尺寸、冷冻货物所需的温度、超长超重货物的重量和尺码等,以便洽租合适的船舶。在交货方面,也要了解装卸货港名称、装卸效率、交货条件(船边交货、舱底交货等)、备货通知期限以及其他有关情况。

(2) 必须弄清装货卸港的地理位置,是河港还是海港,港口以及泊位水深,一般候泊时间(拥挤情况)、实际装卸效率、捐税、港口使用费、港口习惯以及其他情况(如冰冻期等)。

(3) 租船时需要考虑本国的有关政策及变化,以免错租与之断绝贸易往来的国家的船舶。

(4) 选租船舶时需要首先考虑船东的信誉及其财务状况,特别在航运业不景气的时期尤为重要。对船东的情况不清楚或者持有怀疑,要通过租船经纪人了解情况,摸清底细,以免造成被动。一般不租二船东的转租船,特别是以程租方式转租。此外,对只有一两条船的小船东也要提高警惕。

(5) 一般应该注意选租船龄较新、质量较好的船舶,一般不租船龄在15年以上的超龄船。程租船要尽可能选租有自动舱盖、电动绞车的船。期租船要注意油耗、航速。

(6) 报价前需要摸清类似航线的成交价,掌握价格要随行就市,要计算期租船航次成本,掌握好程租与期租、大船与小船、好船与次船和不同航线的比价。

(7) 对外租船要运用内紧外松的策略,利用船东之间、代理之间及不同船型的差别,争取有利条件达成交易。

11.3 国际航空货运代理业务

11.3.1 国际航空货代出口业务程序

航空货运的优势有托运速度快、破损率低、安全性好、空间跨度大和可节省相关费用等;劣势有运价比较高、运量有限、容易受天气影响等。因此,需要货运代理人员在实际业务的操作中,充分发挥航空货运的优势,克服劣势,才能保证航空货运在经济发展中的作用。

国际航空货物运输的出口业务流程包含以下几个环节。

1. 市场销售

市场销售是指揽货,它处于整个航空货物出口运输代理业务流程的核心地位。在具体操作时,货运代理人员需要向货主即出口单位介绍本公司的业务范围、服务项目及各项收费标准,特别是向出口单位介绍优惠运价,介绍本公司的服务优势。航空货运代理公司和出口企业就出口货物运输事宜达成意向之后,可以向发货人提供中国民航的"国际货物托运书"。对于长期出口或出口货量大的单位,航空货运代理公司一般都会与之签订长期的代理协议。

2. 委托运输

当航空货运代理接受委托时,首先需填写委托书并加盖公章,作为货主委托代理承办航空货运出口货物的依据。航空货运代理公司根据委托书要求办理出口手续,并据以结算费用。

3. 审核单据

审核的单据一般包括以下几种。

(1) 发票及装箱单。发票上一定要加盖公司章,标明价格术语和货价。

(2) 托运书。必须标明目的港名称或目的港所在城市名称,明确运费预付或者运费到付、货物毛重、收发货人、电话/电传/传真号码,此外,在托运人签字处一定要有托运人签名。

(3) 许可证。合同号、出口口岸、贸易国别、有效期一定要符合要求并和其他单据相符。

(4) 商检证。商检证、商检放行单、盖有商检放行章的报关单均可以。商检证上应有"海关放行联"字样。

(5) 进料/来料加工核销本。注意本上的合同号是否与发票相符。

(6) 报关单。注明经营单位注册号、贸易性质、收汇方式,并且要求在申报单位处加盖公章。

(7) 外汇核销单。在出口单位备注栏内,一定要加盖公司章。

(8) 索赔/返修协议。要求提供正本,要求合同双方盖章,当外方没章时,可以签字。

(9) 到付保函。凡到付运费的货物,发货人都应该提供。

(10) 关封。

4. 订舱

这个环节包括预订舱和订舱。预订舱是指航空货运代理根据所制订的预配舱方案,按航班日期打印出总运单号、件数、重量、体积等,向航空公司预订舱。因为此时货物还没有入库,所以预报数和实际数可能会有差别。而订舱就是指将所接收的空运货物向航空公司正式提出运输申请并订妥舱位。货物订舱则需根据发货人的要求和货物标识的特点而定。一般来说,大宗货物、紧急物资、鲜活易腐物品、危险品、贵重物品等必须预订舱位,而非紧急的零散货物可以不预订舱位。

5. 制单

制单就是指填开航空货运单,一般包括总运单和分运单。填开航空货运单的依据是发货人提供的国际货物托运书。货运单一般用英文填写,目的地为中国香港地区的货物运单可以用中文填写,但是货物的品名一定要用英文填写。

6. 接货

接收货物是指航空货运代理公司把即将发运的货物从发货人手中接过来并运送到自

己的仓库。接收货物时应该对货物进行过磅和丈量,并且根据发票、装箱单或送货单清点货物,核对货物的数量、品名、合同号或者唛头等是否与货运单上所列一致。

7. 报关

出口报关是指发货人或其代理人在货物发运之前,向出境地海关办理货物出口手续的过程。

(1) 先将发货人提供的出口货物报关单的各项内容输入计算机(即计算机预录入)。

(2) 再在通过计算机填制的报关单上加盖报关单位的报关专用章。

(3) 将报关单和有关的发票、装箱单以及货运单综合在一起,并且根据需要随附有关的证明文件。

(4) 在以上报关单证齐全之后,由持有报关证的报关员正式向海关申报。

(5) 当海关审核无误之后,海关官员即在用于发运的运单正本上加盖放行章,同时在出口收汇核销单和出口报关单上加盖放行章,在发货人用于产品退税的单据上加盖验讫章并粘上防伪标志。

(6) 完成出口报关手续。

8. 信息传递

当货物交接发运之后,货运代理公司除了要做好航班跟踪之外,还要为客户提供相关的信息服务,包括订舱信息、审单以及报关信息、仓库收货信息、交运称重信息、一程以及二程航班信息、单证信息、集中托运信息等。

11.3.2 国际航空货物运输的进口业务流程

国际航空货物运输的进口业务流程就是指航空货运代理公司对于货物从入境到提取或者转运整个流程的各个环节所需办理的手续及准备相关单证的全过程,主要包括以下几个环节。

1. 代理预报

在国外发货前,进口单位就应该将合同副本或订单以及其他有关单证送交进口空港所在地的航空货运代理,作为委托报关以及接货的依据。国外货运代理公司将运单、航班、件数、重量、品名、实际收货人以及其地址、联系电话等内容通知目的地代理公司,这个环节叫作代理预报。代理预报的目的就是为了使代理公司做好接货前的所有准备工作。

2. 交接单货

当货物到达之后,航空货运代理接到航空公司到货通知时,应从机场或航空公司营业处取单(指航空运单第三联正本——original for the consignee)。取单时应该注意以下两点:

(1) 航空公司免费保管货物的期限为 3 天,超过此限取单应付保管费。

(2) 进口货物应自运输工具进境之日起 14 天内办理报关。如果是通知取单日期已临近或超过限期,应该在先征得收货人同意缴纳滞报金的情况下方可取单。

3. 理货与仓储

当货运代理公司从航空公司接货后仓储,即短途驳运进自己的监管仓库,组织理货以及仓储。

4. 到货通知

当货物到目的港后,货运代理人应从航空运输的时效出发,为了减少货主仓储费,避免海关滞报金,应该尽早、尽快地通知货主到货情况,提醒货主配齐有关单证,尽快报关。

5. 进口报关

取回运单后应该与合同副本或订单校对。如合同号、唛头、品名、数量、收货人或通知人等无误,应立即填制"进口货物报关单"并且附必要的单证向设在空港的海关办理报关。如果是由于单证不全而无法报关时,应该及时通知收货人补齐单据或通知收货人自行处理,以免承担逾期报关而需缴滞报金的责任,作为收货人应立即答复或处理。

6. 发货

当海关放行后,属于当地货物的立即送交货主;如果为外地货物,立即通知货主到口岸提取或按事先的委托送货上门。对需要办理转运的货物,如果不能就地报关的,应填制"海关转运单"并且附有关单据交海关制作"关封"随货转运。

11.4 国际陆上货运代理业务

11.4.1 国际铁路联运出口货物运输流程

国际铁路联运出口货物运输组织工作主要包括铁路联运出口货物运输计划的编制、托运和承运、国境站的交接和出口货物的交付等。

1. 编制出口货物运输计划

国际铁路货物联运出口货物运输计划一般是指月度要车计划,它是对外贸易运输计划的组成部分,体现对外贸易国际铁路货物联运的具体任务,也是日常铁路联运工作的重要依据。国际铁路货物联运月度要车计划采用"双轨(铁路、外贸)上报、双轨下达"的方法。

2. 托运和承运

托运与承运的过程实际就是铁路与发货人之间签订运输合同的过程。

发货人在托运货物时,应向车站提出货物运单,以此作为货物托运的书面申请。车站接到运单后,应进行认真审核。整车货物办理托运,车站应检查是否有批准的月度、旬度货物运输计划和要车计划,检查运单上的各项内容是否正确。如确认可以承运,应予签证。运单上的签证,表示货物应进入车站的日期或装车日期,表示铁路已受理托运。发货人应按签证指定的日期将货物搬入车站或指定的货位,铁路根据运单上的记载查对实货,认为符合《国际货协》和有关规章制度的规定,车站方可接受货物,并开始负保管责任。整车货物一般在装车完毕后,始发站应在运单上加盖承运日期戳,即为承运。

3. 货物装车发运

货物办理完托运和承运手续后,接着是装车发运。货物的装车,应在保证货物和人身安全的前提下,做到快速进行,以缩短装车作业时间,加速周转和货物运送。

运输人员在发货后,要将发货经办人员的姓名、货物名称、数量、要件数、毛重、净重、始发站、到站、经由口岸、运输方式、发货日期、运单号、车号及运费等项目,详细登记在发运货物登记表内,作为原始资料。

如果货物发出后,发现单证或单货错误,要及时电告货物经由口岸的外运分支机构,要求代为修正;如发货后需要变更收货人、到站或其他事项的,要及时按规定通知原发站办理变更。

4. 联运出口货物在国境站的交接

出口货物在国境站交接的一般程序如下:

① 出口国境站货运调度根据国内前方站列车到达预报,通知交接所和海关做好接车准备。

② 出口货物列车进站后,铁路会同海关接车,并将列车随带的运送票据送交接所处理,货物及列车接受海关的监管和检查。

③ 交接所实行联合办公,由铁路、海关、外运等单位参加,并按照业务分工开展流水作业,协同工作。铁路主要负责整理、翻译运送票据,编制货物和车辆交接单,以此作为向邻国铁路办理货物和车辆交接的原始凭证。外运公司主要负责审核货运单证,纠正出口货物单证差错,处理错发错运事故。海关则根据申报,经查验单、证、货相符,符合国家法令及政策规定,即准予解除监督,验关放行。最后由双方铁路具体办理货物和车辆的交接手续,并签署交接证件。

5. 联运出口货物的交付

国际联运出口货物抵达到站后,铁路应通知运单中所记载的收货人领取货物。在收货人付清运单中所记载的一切应付运送费用后,铁路必须将货物连同运单交付给收货人。收货人必须支付运送费用并领取货物。收货人只有在货物因毁损或腐坏而使质量发生变化,以致部分货物或全部货物不能按原用途使用时,才可以拒绝领取货物。收货人领取货物时,应在运报单上填记货物领取日期,并加盖收货戳记。

11.4.2　国际铁路联运进口货物运输流程

国际铁路联运进口货物的发运工作是由国外发货人根据合同规定向该国铁路车站办理的。根据《国际货协》规定,我国从参加《国际货协》的国家通过铁路联运进口货物,国外发货人向其所在国铁路办理托运,一切手续和规定均按《国际货协》和各该国国内规章办理。我国国内有关订货及运输部门对联运进口货物的运输工作,主要包括联运进口货物在发运前编制运输标志,审核联运进口货物的运输条件;向国境站寄送合同资料,国境站的交接、分拨,进口货物交付给收货人以及运到逾期计算等。

1. 编制联运进口货物的运输标志

运输标志又称唛头(mark),一般印制在货物外包装上,它的作用是为承运人运送货物提供方便,便于识别货物、装卸以及收货人提货。唛头必须绘制清楚醒目,色泽鲜艳,大小适中,印制在货物外包装显著位置。我国规定,联运进口货物在订货工作开始前,由商务部统一编制向国外订货的代号,作为收货人唛头,各进出口公司必须按照统一规定的收货人唛头对外签订合同。

2. 审核联运进口货物的运输条件

联运进口货物的运输条件是合同不可缺少的重要内容,因此必须认真审核,使之符合国际联运和国内的有关规章。审核联运进口货物运输条件的内容主要包括收货人唛头是否正确,商品品名是否准确具体,货物的性质和数量是否符合到站的办理种别,包装是否符合有关规定等。

3. 向国境站寄送合同资料

合同资料是国境站核放货物的重要依据,各进出口公司在贸易合同签字以后,要及时将一份合同中文抄本寄给货物进口口岸的外运分公司。合同资料包括合同的中文抄本和它的附件、补充书、协议书、变更申请书、更改书和有关确认函电等。

4. 联运进口货物在国境站的交接与分拨

联运进口货物的交接程序与联运出口货物的交接程序基本相同。其做法是:进口国境站根据邻国国境站货物列车的预报和确报,通知交接所及海关做好到达列车的检查准备工作。进口货物列车到达后,铁路会同海关接车,由双方铁路进行票据交接,然后将车辆交接单及随车的货运票据呈给交接所,交接所根据交接单办理货物和车辆的现场交接。海关则对货物列车执行实际监管。

11.4.3 国际公路联运代理业务

1. 公路货物运输合同的签订

在公路国际货运业务中,运单即是运输合同,运单的签发则是运输合同成立的体现。《国际公路货物运输合同公约》(CMR)中对运单所下的定义是:运单是运输合同,是承运人收到货物的初步证据和交货凭证。

① 公路货物运输合同以签发运单来确认。无运单、运单不正规或运单丢失不影响运输合同的成立及有效性。它对发、收货人和承运人都具有法律效力,也是贸易进出口货物通关、交接的重要凭证。

② 发货人根据货物运输的需要与承运人签订定期或一次性运输合同运单均视为运输合同成立的凭证。当待装货物在不同车内或装有不同种类货物或数票货物,发货人或承运人有权要求对使用的每辆车、每种货物或每票货物分别签发运单。

③ 公路货物运输合同自双方当事人签字或盖章时成立。当事人采用信件、数据电文等形式订立合同的,可以要求签订确认书,签订确认书时合同成立。

2. 货物的承运与交接

(1) 承运

① 承运人不得超限超载(重货不得超过车辆的额定载重吨位,轻货不得超过车辆额定的有关长、宽、高的装载规定)。

② 运输线路由承运人与发货人共同确定,一经确认,不得随意更改。如果承运人不

按约定路线运输,额外费用由承运人自行承担。

③ 运输期限由承运和发货双方共同约定并在运单上注明,承运人必须在规定时限内运达。

(2) 货物的交接

① 承运人在运输约定货物之前要对货物核对,如果发现货物和运单不符或者可能会给运输带来危险的,不得办理交接手续。

② 货物运达目的地前,承运人要及时通知收货人做好交接准备。如果是运输到国外,则由发货人通知;如果是零担货物,在货到 24 小时内通知。

③ 承运人与发货人之间的交接,如果货物单件包装,则按件交接;如果采用集装箱以及其他有封志的运输方式,按封志交接;如果是散装货,则按磅交接或双方协商的方式交接。

④ 货物运达目的地以后,收货人应凭借有效单证接收货物,不得无故拒绝接收,否则承担一切损失。涉外运输如发生上述情况,应由发货人解决并赔偿承运人的损失。

⑤ 货物在交给收货人时,双方对货物的重量或者内容有疑义,均可以提出查验或者复核,费用由责任方承担。

11.5 集装箱运输与国际多式联运代理业务

11.5.1 集装箱运输代理业务

1. 集装箱进出口货运代理业务流程

(1) 出口流程

① 委托代理。在集装箱运输业务中,发货人一般都委托货运代理人为其办理有关的货运业务。通常由作为委托人的货主提出委托,货运代理人接受委托后双方代理关系建立。

② 订舱。发货人(或其代理人)应根据贸易合同或信用证条款规定,在货物托运前一定时间内向船公司或其代理人,或者多式联运经营人或其代理人申请订舱。

③ 发放空箱。除货主使用自备箱外,通常整箱货使用的空箱由发货人或其代理人凭船方签署的提箱单到指定的码头(或内陆港站)的堆场领取空箱,并办理设备交接单手续。

④ 货物装箱。拼箱货发货人将货物交至集装箱货运站,由货运站根据订舱清单、场站收据和船方的其他指示负责装箱、加封并制作箱单,然后将重箱运至码头堆场;整箱货通常由发货人或发货人代理在发货人的仓库完成装箱、加封并制作箱单,然后将重箱运至码头堆场。

⑤ 货物交接。整箱货运至码头(或内陆港站)堆场,堆场业务员根据订舱清单、场站收据及装箱单验收货物,在场站收据上签字后退还给发货人。

⑥ 换取提单。发货人凭签署的场站收据向集装箱运输经营人或其代理人换取提单后,到银行结汇。

⑦ 装船运出。码头装卸区根据装船计划,将出运的集装箱调整到前方堆场,待船舶

到港后装运出口。需要指出的是,如果发货人将货物委托给多式联运经营人运输,在发货人将货物交到多式联运经营人指定的地点后,则视为货物已经交接。

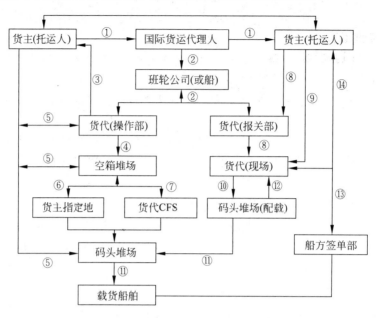

图 11-1　整箱货出口货运代理业务流程图

(2) 进口流程

① 委托代理。同出口代理流程操作一样,收货人与货运代理人通过订立代理协议明确双方的代理关系。

② 做好卸船准备。在船舶抵达目的港前,起运港船舶代理人要将有关单证、资料寄(传)给目的港船舶代理人。目的港船舶代理人应及时通知各有关方(港口装卸方、海关、检验检疫机构、堆场、收货人等)做好卸船准备,并应制作交货记录。

③ 卸船拆箱。一般集装箱从船上卸下后,要先放在码头(或由集装箱运输经营人办理保税手续后继续运至内陆港站)堆场。整箱货可在此交付给收货人或其代理人,拼箱货由堆场转到集装箱货运站,拆箱分拨后准备交付。船舶代理人将交货记录中的到货通知书寄送收货人或其代理人。

④ 收货人付费换单。收货人接到货运通知单后,在信用证贸易下应及时向银行付清所有应付款项,取得有关单证(正本提单等),然后凭提单和到货通知书向船舶代理人换取提货单等提货手续。

⑤ 交付货物。整箱货物交付在集装箱堆场进行,拼箱货交付在集装箱货运站进行。堆场和货运站应凭海关放行的提货单,与收货人或其代理结清有关费用(保管费、再次托运费、滞期费、拆箱费)后交付货物,并由双方签署交货记录。由于整箱货是连同集装箱一起提取的,故整箱货提货时应办理设备交接手续。

⑥ 还箱。收货人从堆场提取的重箱运到自己的仓库拆箱后,应将空箱尽快运回堆场,凭设备交接单办理还箱手续。

上述说明的货运手续,不一定按顺序进行,有时可以交替进行。

在多式联运方式下,多式联运经营人在卸货港的代理人将以收货人的名义办理上述某些事宜,实际收货人凭多式联运单据或运输行提单到上述地点提取货物。

2. 拼箱货运代理流程

集拼经营人(货代企业)办理集装箱拼箱货的具体操作程序:

(1) A、B、C 等不同货主将不足一个集装箱的货物交集拼经营人。

(2) 集拼经营人将拼箱货拼装成整箱货后,向班轮公司办理整箱货物运输代理手续。

(3) 整箱货装船后,班轮公司签发 Master B/L 或其他单据给集拼经营人。

(4) 集拼经营人在货物装船后也签发自己的子提单(House B/L)给每一个货主。

(5) 集拼经营人将货物装船及船舶预计抵达卸货港等信息告知其卸货港代理,同时还将班轮公司的 Master B/L 及 House B/L 的副本等单据交卸货港代理,以便向班轮公司提货和向收货人交付货物。

(6) 货主之间办理包括 House B/L 在内的有关单证的交接。

(7) 集拼经营人在卸货港的代理凭班轮公司的提单等提取整箱货。

(8) D、E、F 等不同的收货人凭正本的子提单 House B/L 等在货运站提取拼箱货。

拓展阅读 11.2
案例:集装箱落水,货代如何免赔?

11.5.2 国际多式联运代理业务

多式联运经营人在从事多式联运业务时,首先要与托运人签订多式联运合同。然后,在合同约定的时间、地点内将货物置于多式联运经营人或其代理的处置之下,多式联运经营人或其代理签发相应的多式联运单据,托运人将该多式联运单据通过银行或以其他方式传递给收货人以便结汇。同时,多式联运经营人按运输路线安排运输过程,视情况需要,与不同区段的分承运人订立分运合同,并对全程运输进行监督和管理。货物运至目的地后,多式联运经营人或按照多式联运合同,或按照交货地点适用的法律和特定行业惯例,将货物置于收货人支配之下,或将货物交给根据交货地点适用的法律和规章必须向其交付的当局。

1. 国际多式联运经营人

(1) 国际多式联运经营人的含义

根据《联合国国际货物多式联运公约》,"多式联运经营人是指其本人或通过其代表订立多式联运合同的任何人,他是事主,而不是托运人的代理人或代表或参加多式联运的承运人的代理人或代表,并且负有履行合同的责任"。可见,多式联运经营人是一个独立的法律实体,是本人,而非代理人。这样,货物在整个运输过程的任何区段发生的灭失、损害,多式联运经营人都要以本人的身份负责赔偿。

(2) 国际多式联运经营人的性质

办理国际多式联运离不开多式联运经营人,多式联运经营人不是发货人的代理人或代表,也不是参加联运的承运人的代理人或代表,而是多式联运的当事人,是一个独立的法律实体。对于货主来说,它是货物的承运人,但对分承运人来说,它又是货物的托运人。它一方面同货主签订多式联运合同,另一方面又与分承运人以托运人身份签订各段运输合同,所以它具有双重身份。在多式联运方式下,根据合同规定,多式联运经营人始终是货物运输的总承运人,对货物负有全程运输的责任。

2. 国际多式联运的程序

具体而言,国际多式联运的操作,一般可以分为以下几个环节。

(1) 接受委托。根据货主提出的托运申请,多式联运经营人如果认为自己的运力、运输路线的情况能够满足货主要求的运输服务,则接受货主的托运委托,在场站收据(副本)上签章,证明接受委托,并确定托运人和多式联运经营人的合同关系。

(2) 集运。采用多式联运的货物通常以一定运输单元的形式进行运送,尤以集装箱运输最为普遍。多式联运使用的集装箱一般由多式联运经营人提供。这些集装箱来源可能有三个:一是经营人自己购置使用的集装箱;二是向租箱公司租用的集装箱,这类箱一般在货物的起运地附近提箱而在交付货物地点附近还箱;三是由全程运输中的某一分运人提供,这类箱一般需要多式联运经营人为完成合同运输与该分运人订立分运合同获得使用权。当货主自行装箱时,铅封必须在完成报关手续后进行。

(3) 报关。进口时,如果在口岸交货,则在口岸报关;如果在内地交货,则在口岸办理海关监管运输(保税运输)手续,加封后运往内地,然后正式办理报关放行手续。出口时,如果从口岸开始联运,则在口岸报关;如果从内地开始,则需要有海关官员在装箱地点监装并办理报关手续。报关时应提供装箱单、场站收据、出口许可证等有关单据和文件。

(4) 保险与索赔。对货方来说,可办理货物运输险;对多式联运经营人来说,应就多式联运单据规定的责任范围投保货物责任险(cargo indemnity),以及视集装箱为货物投保集装箱保险(container itself insurance)。一旦发生货物损坏、灭失的损失,货主应在规定的期限内向多式联运经营人索赔,并备妥索赔通知书(statement of claim)、多式联运单据副本、权益转让书(subrogation letter)、检验证书(survey report)等单证,有时还要提供商业发票和装箱单等其他单据。

(5) 订舱。这里的订舱泛指多式联运经营人要按照运输计划安排洽定各区段的运输工具,与选定的各分承运人订立各区段的分运合同。这是多式联运经营人与各分承运人之间的业务活动,与托运人无关。

(6) 多式联运单据的签发。多式联运经营人或其代理人或代表接管货物时,凭收到货物的收据向托运人签发多式联运单据,托运人即可据以结汇。

(7) 单证寄送。货物发运后,多式联运经营人填制发运通知或指示(shipping notification instruction)给国外的代理,内容包括发运货物的品名、数量、集装箱号、运载工具名称、装卸港、中转地、交货地、收货人名称、还箱地等,连同多式联运单据副本、有关的分承运单据、装箱单等有关发运单据寄给国外代理,凭以办理接货、交货和转运手续。

(8) 交付货物。货物运抵目的地后,由目的地的多式联运经营人的代理通知收货人凭多式联运单据提货,经营人或其代理人需按合同规定,收取收货人应付的全部费用,并且在货物交出后收回多式联运单据。

11.6 国际货运事故处理

11.6.1 海运事故处理

1. 海运过程中常见的货损事故成因及认定

海运货损事故主要是指海上货物运输过程中货物的灭失或损坏。可能的货损事故成因归纳起来有以下九种。

（1）未装船前已受损或已存在潜伏的致损因素。
（2）装卸作业中受损。
（3）受载场所条件不符合要求。
（4）船上积载不当。
（5）装船后与航途中及卸船前保管不当。
（6）自然灾害。
（7）其他事故殃及。
（8）盗窃。
（9）其他。

在实际业务操作中，可能出现问题的环节主要分为陆运到场地、货物在场地装箱、海上运输途中及货物到港后四个阶段，但很大程度上海运货损事故是在最终目的地收货人收货时或收货后才被发现。

当收货人提货时，如发现所提取的货物数量不足、外表状况或货物的品质与提单上记载的情况不符，则应根据提单条款的规定，将货物短缺或损坏的事实有效取证，以此表明提出索赔的要求，如果货物的短缺或残损不明显，也必须是在提取货物后的规定时间（一般规定为 3 天）内，向承运人或其代理人提出索赔通知。

2. 海上货运事故索赔

海上货运事故索赔主要是指海运货损事故发生后，货物利益方对承运人提出索赔的行为。海上货运事故发生的原因很复杂，所以货运事故发生后，首先需要找出事故发生的原因，存在多个原因时，则根据近因原则，确定事故责任人。对由承运人原因造成的事故，还需要考虑哪些责任是他必须承担的，哪些责任是他可以免责的；对发生的货物灭失或损坏，还需要确定损坏程度；对有争议的事故还需要委托公证人进行公正检验。因此，索赔时，受损害方应当根据有关法律规定，按照一定的程序，提供证据，证明事故原因、事故责任和损失的数额。

（1）索赔人

索赔人应当是遭受损害的货物所有人。由于国际贸易中货物流转程序的复杂性，索赔人可能包括下列不同身份。

① 收货人。国际海上货物事故索赔人主要是收货人。
② 托运人。托运人向承运人的索赔事项包括在货物交给承运人接管后到货物装船

时发生的货物灭失或损坏,以及在运输途中发生的承运人责任货运事故。

③ 其他提单持有人。除上述收货人和托运人外,其他提单持有人也可以成为货运事故的索赔人。

④ 无船承运人。在国际多式联运形式下,无船承运人以承运人身份接受托运人托运后,再以托运人身份与实际承运人签订运输合同。当发生实际承运人责任的货运事故时,无船承运人即可依据运输合同向实际承运人索赔,作为其向实际托运人或收货人赔偿后的追偿。

⑤ 货物保险人。在发生海上货物事故后,货物被保险人常常直接向保险人提出索赔,然后将货物的索赔权,即代位求偿权,让渡给保险人。保险人在取得代位求偿权后,即有权向承运人索赔。

(2) 索赔程序

货运事故索赔应按照一定的程序进行,具体来说主要包括以下环节。

① 及时发出损坏通知。根据有关国际公约和各国法律或合同的规定,在发生海上货物运输事故时,收货人或其他货物索赔人应在规定的时间内向承运人发出货运事故通知书,声明保留货运事故索赔权。

② 准备索赔文件。通常收货人在提出索赔时应出具索赔函、提单、卸货报告、理货报告、货物溢卸、短卸报告、货物残损单以及商业发票、装箱单、重量单等。

3. 索赔的受理、审核与赔付

索赔的受理与审核系承运人的一项理赔工作。一般来说,国内提赔人往往是通过国外代理提出索赔,由运输货物的承运人受理,承运人在国外的代理无权处理,除非经承运人委托或授权。

(1) 分清责任

承运人在处理索赔时,首先应分清发生货损的原因和应承担的责任范围。当受损方提出某项具体索赔时,承运人可根据提单中有关承运人的免责条款解除责任。因此,在索赔和理赔过程中,往往会发生举证和反举证。原则上,受损方要想获得赔偿,必须予以举证,而责任方力图免除责任或减少责任,则必须予以反举证和举证。反举证是分清货损责任的重要手段,有时在一个案件中会多次进行,直到最终确定责任。

(2) 审核

审核是处理货损事故仔细且重要的工作,在从事理赔工作时主要审核的内容如下:

① 索赔的提出是否在规定的期限内,如果期限已过,提赔人是否已要求展期。

② 提出索赔所出具的单证是否齐全。

③ 单证之间有关内容是否相符,如船名、航次、提单号、货名、品种、检验日期等。

④ 货损是否发生在承运人的责任期限内。

⑤ 船方有无海事声明或海事报告。

⑥ 船方是否已在有关单证上签字确认。

⑦ 装卸港的理货计数量是否准确。

(3) 索赔金的支付

通过举证与反举证,虽然已明确了责任,但在赔偿金额上未取得一致意见时,则应根据法院判决或协议支付一定的索赔金。关于确定损失金额的标准,《海牙规则》并没有作出规定,但在实际业务中大多以货物的 CIP 价作为确定赔偿金额的标准。

11.6.2 空运事故处理

1. 空运货物的不正常运输

空运货物的不正常运输,是指货物在航空收运及运输过程中由于各方面工作的差错及不规范的操作而造成的货物不正常状况,如多装、少装、多收、少收货物,货物变质,货物损坏等。

2. 空运货运索赔

在国际货物运输中,各种运输方式都有相对应的国际运输公约或各国共同认可和执行的法律法规,国际上空运货物索赔主要的法律依据是《华沙公约》《海牙规则》和各国国内所执行的法律法规,空运货物的索赔必须遵守《华沙公约》或《海牙规则》的有关规定。

(1) 索赔人

索赔人是指在国际货物索赔中,具有索赔权利的合法索赔人。在空运货运索赔中,合法索赔人包括:

① 在航空货运单上列明的收货人或托运人。

② 持主货运单上托运人或收货人签署的权益转让书的人员。如托运货物的主托运人和主收货人、受索赔人委托的律师、承保货物的保险公司和其他有关的单位。

③ 具有向航空公司索赔权利的托运人、收货人必须是航空货运主运单上的填写的托运人或收货人,而对于分运单上的托运人、收货人或其他客户则没有向航空公司索赔的权利,其索赔对象应该是主运单上的托运人或收货人。

④ 对于已经到达目的站的货物,如果货物未被收货人提取,则托运人还具有索赔的权利,一旦货物被收货人提取,则托运人不能进行索赔,除非托运人具有收货人的权益转让书。

在国际航空货物运输实际操作中,如果接到索赔要求的承运人不属于实际受理索赔的承运人时,应当及时将索赔要求转交有关的实际受理索赔承运人,并及时通知索赔人。

(2) 索赔的时间和地点

① 索赔的时间。

• 如果货物损坏或短缺是属于明显可见的,则索赔人应从发现货损货差时起立即提出,最迟延迟到收到货物起 14 天内提出。

• 如果由于承运人的原因导致货物运输延误而造成货物损失,则索赔人应在货物由收货人提取和支配货物起 21 天内提出。

• 如果是由于承运人原因而造成的货物毁灭或遗失,则索赔人提出索赔的时限为自填开货运单之日起 120 天内。

• 如果托运人和收货人对于运输货物有任何异议,均按上述规定期限,由索赔人向承运人以书面形式提出,除承运人有欺诈行为外,有权提取货物的人如果在规定时限内没有提出异议,将会丧失获得赔偿的权利。

• 对于提出索赔的货物,货运单的法律有效期为 2 年,超过法定索赔期限收货人或托运人未提出赔偿要求,则视为自动放弃索赔权利。

② 索赔的地点。在国际航空货运的索赔中,索赔人索赔的地点根据索赔人所在的位置或货差货损实际发生的地点,可以由索赔人在货物的始发站、目的站或发生货差货损的中间站,以书面的形式向承运人(可以是承运人中的第一承运人、当事承运人或最后承运人)或其代理进行索赔。而承运人对于索赔人的索赔要求,应当在 2 个月内进行处理,处理地点一般为货运到达站。

(3) 索赔需要的文件

在货损的索赔中,索赔人必须提供一系列相关的索赔单据:

① 索赔人的正式索赔函 2 份。

② 货物舱单(由航空公司提供的复印件)。

③ 货物托运时的货物商业发票、装箱清单和其他必要资料。

④ 商检证明(货物损害后由商检等中介机构所做的鉴定报告)。

⑤ 由航空承运人签发的货运单正本或副本。

⑥ 货损发生后,由相关的机构填制的货物运输事故鉴定,详细客观地反映货损情况。

⑦ 在整个运输过程中,发生运输事故的记录。

⑧ 来往电传等文件。

3. 理赔程序

托运人或收货人发现货物有丢失、短缺、变质、污染、损坏或延误到达情况,收货人应当场向承运人提出,承运人应当按规定填写运输事故记录并由双方签字或盖章。如有索赔要求,收货人或托运人应当于签发事故记录后,按法定时限向承运人或其代理人提出索赔要求。向承运人提出赔偿要求时应当填写货物索赔单,并随附货运单、运输事故记录和能证明货物内容、价格的凭证或其他有效证明。现将理赔程序归纳如下。

(1) 出具货物运输事故签证

当航空地面代理人在卸货时发现货物破损,即由航空公司或航空公司地面代理人填写货物运输事故签证,这份签证由航空公司的货运部门签完后,再由收货人签字,其中一份由航空公司留存,另一份由收货人留存,这份签证主要是在目的站货物出现问题的一个证明。

对于货物运输事故签证的填写,必须做到对内装货物损失程度的准确、客观描述,所以不能出现"短少""大概"等模糊的字眼。为了确定货物的具体受损程度,在填开货物运输事故签证时,航空公司地面代理人和收货人可以共同开箱进行检查。在开箱检查时,货损又可能会出现两种情况:一是外包装破损,内装物完好;另一种是外包装破损,内装物破损。在第二种情况下,又会出现由于货主没有按照航空货物包装的要求来进行包装而导致的货物受损,这种情况就需要货主和承运人共同承担责任。

(2) 索赔人出具索赔申请书

在当收货人发现货物由于运输不当或不正常造成了货物的损失而向承运人提出索赔时,必须按照公约所规定的时限提出索赔要求,并首先向航空公司提出索赔申请书。在索赔申请书中列明货物起运地与目的地、货运单号、承运人名称、发生货损的内容及损失、索赔金额等。

(3) 由航空公司审核所有的资料和文件

当航空公司接到索赔人提出的索赔申请书后,由航空公司审核所有的资料和文件,并进一步进行以下调查和审核工作。

① 航空公司调查该批损失货物是否已办理保险,如货物办理了保险,在保险公司进行全额赔偿后,由保险公司再向承运人提出,进行追索赔偿,则承运人只做限额赔偿。

② 如果货物发生了遗失,航空公司则查看来往电传以确定丢失的货物及其数量;如果货物损坏,则查看记录,确定货物损坏是全部损坏还是部分损坏。

③ 在目的站进行理赔时,航空公司及时了解始发站是否有收到索赔函,避免在始发站和目的站的双重索赔。

④ 在对事故的调查和审核完成以后,由航空公司填写国际货物索赔报告。

(4) 填写国际货物索赔单

航空公司在对货物损失和相关资料文件的审核和调查完成以后填写国际货物索赔报告,并由航空公司填写航空货物索赔单,由索赔人签字盖章,表明航空公司正式认可索赔的有关事项。

(5) 货物索赔审批单

在航空公司进行货物的理赔时,由于各航空货物的不同和索赔金额的不同,需要各级领导审批。

(6) 责任解除协议书

在航空公司对货物损失进行赔偿以后,在索赔人收到相关的赔偿时,由双方共同签署责任解除协议书,证明索赔人在收到赔偿后放弃诉讼权及进一步的索赔权。

11.6.3 陆运事故处理

1. 国际公路运输事故的处理

(1) 货损事故责任的确定

公路承运人对自货物承运时起至交付货物期间内所发生的货物运输、保管及交接过程中运输延误、灭失、损坏、错运等负赔偿责任损害的责任范围如下:

① 货损:货损是指货物磨损、破裂、湿损、变形、污损、腐烂等。

② 货差:货差是指货物发生短少、失落、错装、错卸、交接差错等。

③ 有货无票:货物存在而运单及其他票据未能随货同行,或已遗失。

④ 运输过失:误装、误卸,办理承运手续过程中的过失,或漏装、过失等。

⑤ 运输延误:已接受承运的货物由于始发站未及时运出,或中途发生变故等原因致使货物未能如期到达。

造成货损货差的其他原因,还有破包、散捆、票据编制过失等。

(2) 货运事故的处理与赔偿

① 赔偿请求的提出与受理。发货人、收货人均有权根据运输合同提出赔偿要求。赔偿请求应附有相应根据并注明款额,按每批货物以书面形式由发货人向发送铁路部门、收

货人向到达铁路部门提出。由全权代理代表发货人或收货人提出赔偿请求时,应有发货人或收货人的委托书证明这种赔偿请求权,委托书应符合受理赔偿请求铁路所属国的法令和规章。自赔偿请求提出之日起,铁路必须在 180 天内审查此项请求,并对赔偿请求人给予答复。

② 索赔的依据及随附文件。

• 货物全部灭失,由发货人提出赔偿时,发货人应出具运单副本;由收货人提出时,应同时出具运单副本或运单正本和货物到达通知单及铁路方在到站交给收货人的商务记录。

• 货物部分灭失或质变、毁损时,收货人、发货人均可提出索赔,同时应出具运单正本和货物到达通知单及铁路到达站给收货人的商务记录。

• 货物发生运输延误时,应由收货人提出赔偿,并提交运单正本和货物到达通知单。

• 承运人多收运送费用,发货人可按其已付的款额向承运人追回多收部分的费用,但同时应出具运单副本或发送路国内规定的其他文件;如由收货人提出追回多收费用的要求,则应以其支付的运费为基础,同时出具运单正本和货物到达通知单。

• 在提出索赔的赔偿请求书上,除应附有运单或运单副本外,在适当情况下还需附商务记录,以及能证明货物灭失、损坏和货物价值的文件。

③ 索赔请求时效。凡根据运输合同向铁路部门提出索赔,以及铁路对发货人、收货人关于支付运费、罚款的赔偿要求应在 9 个月内提出,有关货物运输延误的赔偿,则应在 2 个月内提出。上述时效的计算方法如下。

• 关于货物损坏或部分灭失及运输延误的赔偿,自货物交付之日或应付之日起计算。

• 关于货物全部灭失的赔偿,自货物按期运到后 60 天内提出。

• 关于补充支付运费、杂费、罚款的要求,或关于退还此项款额的赔偿要求,则应自付款之日起计算;如未付款时,从货物交付之日起计算。

• 关于支付变卖货物的货款要求,则自变卖货物之日起计算。

11.6.4　国际多式联运事故处理

在国际多式联运全程中,不仅要使用两种或两种以上的运输工具来完成各区段的运输,而且要完成各区段不同运输方式之间的衔接、换装工作。因此,发生货损、货差等货运事故的可能性要比单一运输方式下大得多。

1. 多式联运中的主要事故种类

国际多式联运中的主要事故有:货物破、擦损,水渍损,汗渍损,污损,盗损,气温变化引起的腐烂变质,冻结或解冻损及其他原因引起的货物全损和灭失。

2. 多式联运中货损事故处理的主要特点

由于多式联运在运输组织、实际运输过程等方面与传统的分段运输有较大区别,多式联运的事故处理与传统的分段运输相比有一些新的特点。

(1) 索赔与理赔的多重性

根据多式联运合同,多式联运经营人承担货物全程运输任务,对全程运输过程中发生的货物损害负责;而多式联运经营人为了完成全程运输任务,就需要与各区段的实际承运人建立分运合同,并与各区段衔接点的代理订立代理合同,以实现各区段的运输。在货方投保全程运输险和多式联运经营人投保运输责任险的情况下,货损事故处理中索赔和理赔的次数还会增加,如货方已投保全程货物运输险,则多式联运经营人根据合同向受损人承担责任后,向保险人索赔,保险人理赔后,再根据分运合同向责任人索赔。

(2) 多式联运经营人采用的责任形式对货损事故的影响

在统一责任制下,多式联运经营人要对运输全程负责;各区段的实际承运人要对自己承担的区段负责,无论事故发生在哪一个区段,都按统一规定的限额进行赔偿,这会造成在能够确知货损事故发生区段和实际理赔额相同的赔偿。特别是事故发生在海运区段,而事故原因又符合海运公约的免责规定时,甚至得不到任何赔偿的局面,造成不应有的损失。在网状责任制下,多式联运经营人对全程运输负责,各区段的实际承运人都按事故发生区段适用的国际公约或地区法律规定和限额进行赔偿。这样,多式联运经营人对货物的赔偿与实际承运人向多式联运经营人的赔偿都可以按相同的责任基础和责任限额进行。

(3) 多式联运中对隐藏损害的处理

集装箱货物多式联运是由多种运输方式、多个实际承运人共同完成一票货物的全程运输,该运输过程中发生的货物灭失、损害有两种情况:一种能够确定货损发生的运输区段及责任人,另一种则不能确定,即为隐藏损害。无论发生哪一种损害,根据合同,联运经营人均应承担责任,但在隐藏损害发生,多式联运经营人对货方赔偿后,由于不能确定货损事故发生区段和实际责任人,可能会造成多式联运经营人独自承担赔偿责任的局面。因此,对隐藏损害的处理也成为多式联运事故处理的一个特点。

为了避免隐藏损害造成的联运经营人独自承担赔偿责任的情况,可采取的处理方式有以下两种。

① 联运经营人按统一责任制规定的限额对货方赔偿后,不再追究责任人,而由参加多式联运的所有实际承运人共同承担这些赔偿数额。这种做法很难被各实际承运人接受,所以很少在实际中使用。

② 假定该事故发生在海运阶段,这种做法一般要与联运经营人投保运输责任险相结合。多式联运经营人按统一责任标准或网状标准向货方赔偿后,可从保险人处得到进一步的赔偿。而能否从保险人处得到进一步的赔偿,则是另外的事情。这种做法目前已得到各方面的认可,并应用于实际隐藏损害赔偿的处理。

3. 国际多式联运的理赔

国际多式联运发生货损事故后,受损人提出索赔,而由实际责任人受理,非实际责任人无权受理受损人的索赔,应及时转交实际责任人并通知索赔人。责任人进行理赔的一般程序如下:

(1) 确定货损发生的原因及造成的损失,并确定需要承担责任的范围。

(2) 审核。审核内容包括:货损是否发生在承运人应负责任的责任期间;索赔是否在合同与有关法律法规规定的期限内提出;提出索赔所出具的单证是否齐全,举证是否合理;单证间的关系是否一致;各区段责任方是否在各单证上签字确认;各区段、各中转地点衔接过程中理货计数是否准确；各实际承运人、仓储人、代理人、装卸机构等是否有事故报告、海事声明等内容。

（3）根据多式联运合同或分运合同和相应的法律法规及国际惯例等中的免责条款提出证明，进行免责和减少责任。

（4）根据调查计算货损金额，并结合索赔人提出的索赔要求确定赔偿金额，确定后由责任方与索赔方取得一致并进行赔偿支付。

（5）赔偿后根据具体造成货损的原因，对直接造成货损的相关部门和承运人进行追索，如果进行了货物保险和多式联运责任保险的投保，还可向保险公司要求赔偿。

本章小结

随着国际贸易、运输方式的发展，国际货运代理已渗透到国际贸易的每一领域，为国际贸易中不可缺少的重要组成部分。市场经济的迅速发展，使社会分工越加趋于明确，单一的贸易经营者或者单一的运输经营者都没有足够的力量亲自经营处理每项具体业务，他们需要委托代理人为其办理一系列商务手续，从而实现各自的目的。

货运代理主要是接受委托方的委托，办理有关货物运输、转运、仓储、装卸等事宜。一方面它与货物托运人订立运输合同，同时它又与运输部门签订合同，对货物托运人来说，它又是货物的承运人。相当部分的货物代理人掌握各种运输工具和储存货物的库场，在经营其业务时办理包括海陆空在内的货物运输。

国际货运代理的基本特点是受委托人委托或授权，代办各种国际贸易、运输所需要服务的业务，并收取一定报酬，或作为独立的经营人完成并组织货物运输、保管等业务，因而被认为是国际运输的组织者，也被誉为国际贸易的桥梁和国际货物运输的设计师。

复习与思考

1. 简述国际货运代理行业的产生和发展。
2. 什么是国际货运代理人？
3. 简述国际海运船舶的营运方式。
4. 简述国际海上货运责任。
5. 简述国际航空货运责任及事故的处理。

线上自测

案例分析

货物在承运途中发生意外损失的赔偿

一票从北京到东京的货物,货运单号 666-n9783442,1 件 105 千克,计费重量 117 千克,品名:花鼠。赔偿原因:死亡。经调查了解到:1996 年 6 月 16 日收运,并定妥当日航班,起飞时间 9:30。由于飞机发生故障,推迟起飞时间,定于下午 2 点装货。当天上午已经将这批货物拖到客机坪,当天气温 33℃,中午时分才将货物拉回仓库,由于花鼠经日晒太久,运到目的地的成活率太低,所以决定落下。当通知发货人提货时,发现已经死亡过半,取回后,由于受热过度,已经全部死亡。

思考题:
1. 承运人有无责任?
2. 该责任由谁承担?应如何赔偿?

第 12 章　跨境电商与全球供应链物流

本章关键词

跨境电子商务(cross border electronic commerce)
跨境 B2B(cross border bussiness to bussiness)
邮政小包(parcel post)
海外仓(oversea warehouse)
全球供应链管理(global supply chain management)
跨国企业物流(transnational enterprises logisitcs)
绿色物流(environmental logistics)
低碳物流(low-carbon logistics)

互联网资料

http://www.gov.cn/xinwen/2015-06/20/content_2882205.htm
http://www.chinatax.gov.cn/n810341/n810755/c3766983/content.html
https://gs.amazon.cn/

跨境电商的迅猛发展,给国际物流业带来了新的机遇和挑战;同时,国际物流运作模式的适应性也成为制约跨境电商运营的瓶颈。目前,服务于跨境电商运作的国际物流进出口模式包括邮政快递(中国)、国际快递、海外仓(边境仓)、跨境专线物流和国内快递的国际化服务等,同时又可分为直邮模式和转运模式。不同模式分别适用于不同的情况,具有各自的优势,但是又都存在着运输时间长、丢包率高、运输成本高、揽收范围和覆盖的海外市场有限等问题。为此,可通过建立国际物流服务能力评估体系、提高国际物流成本管控能力、提升智能监控与协调能力、增强国际物流服务响应能力、改进国际物流差异化服务能力等措施来解决。

12.1　跨境电商概述

12.1.1　跨境电商的概念和特点

跨境电子商务(cross border electronic commerce,CBEC,简称跨境电商),是指不同国别或地区间的交易双方通过互联网及其相关信息平台实现交易,线下开展物流进出口业务操作的电子商务应用模式。从定义上看,跨境电商的交易主体分属不同关境,交易平台是互联网络,需要通过跨境物流实现货品的运输,是一种国际商业活动形式。

相较于传统外贸,跨境电商具有商品信息海量、个性化广告推送、口碑聚焦消费需求、支付方式简便多样等优势,市场潜力巨大。对于消费者而言,基于电子信息技术和经济全球化的发展,坐在家里就可以通过跨境电子商务平台轻松地购买国外商品;对于企业而言,可以从全球供应链中获取新的利润空间。跨境电商是外贸发展的新模式,也是企业扩大海外营销渠道、实现外贸转型升级的有效途径。具体而言,跨境电子商务具有如下特点:

(1) 多边性,网络化。传统的国际贸易主要表现为两国之间的双边贸易,即使有多边贸易,也是通过多个双边贸易实现的,呈线状结构。跨境电子商务可以通过一国的交易平台,实现其他国家间的直接贸易,贸易过程相关的信息流、商流、资金流由传统的双边逐步向多边的方向演进,呈现出网络化结构,重构了世界经济新秩序。

(2) 直接性,效率化。传统的国际贸易主要由一国的进(出)口商通过另一国的出(进)口商集中进出口大批货物,然后通过境内流通企业经过多级分销,最后到达有进出口需求的企业或消费者,通常进出口环节多、时间长、成本高。而跨境电子商务可以通过电子商务与服务平台,实现多国之间、企业与最终消费者之间的直接交易,进出口环节少、时间短、成本低、效率高。

(3) 小批量,高频度。跨境电子商务通过电子商务交易与服务平台,实现多国企业之间、企业与最终消费者之间的直接交易。由于是单个企业之间或单个企业与单个消费者之间的交易,相对于传统贸易而言,交易的次数和频率高。

(4) 数字化,监管难。随着信息网络技术的深化应用,数字化产品的品类和贸易量快速增长,且通过跨境电子商务进行销售或消费的趋势日趋明显,而传统应用于实物产品或服务的国际贸易监管模式已经不适用,尤其是数字化产品的跨境贸易,更是没有被纳入海关等政府相关部门的有效监管、统计和关税收缴范围。

12.1.2 跨境电商的业务分类

(1) 按商品的流向分类,跨境电商可分为出口跨境电子商务和进口跨境电子商务。出口跨境电子商务又称为出境电子商务,是指本国生产或加工的商品通过电子商务平台达成交易,进行支付结算,并通过跨境物流送达商品、输往国外市场销售的一种国际商业活动。

进口跨境电子商务又称入境电子商务,是指将外国商品通过电子商务平台达成交易、进行支付结算,并通过跨境物流送达商品、输入本国市场销售的一种国际商业活动。

拓展阅读 12.1
上海海关跨境电商 B2B 出口通关指南

(2) 按交易模式,跨境电商可分为跨境 B2B 电商、跨境 B2C 电商。B2B 是 Business-to-Business 的简写,即商家(泛指企业)对商家的电子商务,是指进行电子商务交易的供需双方都是商家(企业)。跨境 B2B 是指分属不同关境的企业和企业,通过电商平台达成交易,进行支付结算,并通过跨境物流送达商品,完成交易的一种国际商业活动。B2C 是 Business-to-Customer 的简写,是指企业通过互联网为消费者提供一个新型的购物环境——网上商店,消费者通过网络进行网上购物、网上支付等消费行为,也就是通常说的直接面向消费者销售产品和服务的商业模式。跨境 B2C 是指分属不同关境的企业直接面向消费者个人开展在线销售产品和服务,通过电商平台达成交易,进行支付结算,并通过跨境物流送达商品、完成交易的一种国际商业活动。

12.1.3　跨境电商的发展现状

2014 年世界互联网大会成功召开,标志着我国迎来了"互联网+"的新时代,跨境电商成为资本市场中的新热点。2015 年 3 月 28 日,经我国国务院授权,国家发改委、外交部、商务部联合发布了《推动共建丝绸之路经济带和 21 世纪海上丝绸之路的愿景与行动》。这一政策规划的正式发布标志着"一带一路"真正进入了全面落实的阶段。"一带一路"与"互联网+"的完美结合,为我国跨境电商提供了井喷式发展的宏观背景。中国电子商务研究中心发布的统计数据显示,2011 年,我国跨境电商交易额达 1.6 万亿元;2012 年,跨境电商交易额达 2 万亿元;2013 年,跨境电商的交易额约 3.1 万亿元;2014 年,跨境电商的交易额达到 3.75 万亿元;2015 年上半年,跨境电商交易额就突破 2 万亿元。商务部统计数据显示,2008—2015 年,我国跨境电商交易额增长一直保持在 30% 左右。2016 年,随着消费升级和海淘电商平台的普及,我国跨境电商交易规模继续扩大,跨境电商交易规模达到 6.3 万亿元,仅海淘用户规模就已达到 4 100 万人次。艾瑞咨询、中投顾问等第三方机构报告认为,借力"一带一路",我国跨境电商仍将高速发展,并有望成为我国经济发展的新引擎和新动力。

借助于互联网科技的全球化普及和发展,电子商务行业迅猛发展,成为推进发展"一带一路"的重要力量。跨境电子商务作为"一带一路"中的"网上丝绸之路",有效地帮助"一带一路"沿线国家和地区整合资源,加强经济贸易合作,实现互利共赢、共同发展。无论是国家层面还是企业层面,国家政策的保驾护航和大型电子商务公司平台的构建都很好地推动了我国跨境电子商务的发展。2018 年 8 月 31 日,第十三届全国人大常务委员会第五次会议通过了《中华人民共和国电子商务法》,2019 年 1 月 1 日正式实施,标志着我国电子商务和跨境电商进入了一个新的历史发展阶段。

1. 从国家层面看跨境电商发展

2010 年,我国政府正式把电子商务确定为战略新兴产业,足以表明国家对电子商务发展重要性的肯定。2012 年 3 月 12 日,商务部出台《关于电子商务平台开展对外贸易的若干意见》,表明充分认识到跨境电子商务对我国开展外贸的重要性。2012 年,我国启动了跨境电商服务试点。除了第一批跨境电商试点城市上海、重庆、杭州、宁波、郑州外,广州、深圳、苏州、青岛、长沙、平潭、银川、牡丹江、哈尔滨等城市获批了跨境电子商务试点城市。国务院于 2015 年和 2016 年先后批准在杭州、广州、深圳、天津、上海、重庆、合肥、郑州、成都、大连、宁波、青岛、苏州等 13 个城市设立了跨境电子商务综合试验区。跨境电子商务试点城市和综合试验区的设立,能给其他城市跨境电商发展提供经验和技术支持,政府还将从中总结经验,制定通关、结汇、物流等方面的管理办法,更好地支持我国跨境电商的发展。

2. 从企业层面看跨境电商发展

现阶段,在我国为不同规模的企业提供出口业务跨境电子商务服务的平台有阿里巴巴国际、中国制造网、eBay、速卖通、敦煌网、兰亭集势、米兰网等。这些平台提供了跨境商品展示、物流服务、支付服务等一站式的全程服务。而天猫国际、京东国际、1号店、亚马逊中国等大的电子商务平台又为国内消费者带来了国外优质的商品。任何行业的发展都需要有龙头企业和标杆企业,这些大的电子商务平台的发展,不仅会为行业内其他企业树立榜样,也会推动整个中国跨境电子商务的发展。

跨境电子商务的商家和消费者遍布全球,拥有强大的市场潜力,而在中国政府和企业的大力推动下,跨境市场规模逐渐增加,围绕整个跨境贸易正在形成一条从营销到支付、物流和金融服务的清晰产业链。

12.1.4 跨境电商的发展前景

随着"一带一路"倡议的持续落地,跨境电商正在进入新的发展时期。"一带一路"沿线65个国家总人口约44亿,经济总量约21万亿美元,分别占全球的63%和29%。2016年,我国对"一带一路"沿线国家进出口总额6.25万亿元,占我国当年进出口总额24.33万亿元的25.69%,这意味着跨境电商业务在"一带一路"沿线国家仍有巨大的发展潜力。在国际跨境电子商务高速发展的大背景下,我国跨境电子商务会在商业模式和技术产品方面不断创新,会有更多的企业加入跨境电子商务的行列,我国跨境电子商务从规模到质量都有大幅度提高,在国际市场的地位、影响力和话语权进一步增强。跨境电商在未来的发展中将呈现出如下趋势。

1. 跨境电商交易市场扩大,交易主体增多

网购观念普及、消费习惯成熟、物流配套设施完善等良好的市场氛围,将使我国跨境电商在以美国、英国、德国、澳大利亚为代表的成熟市场中保持旺盛的发展势头,与此同时,会向俄罗斯、印度、巴西、南非等"金砖国家"快速扩展。不断崛起的阿根廷、以色列、乌克兰等新兴市场也将成为我国跨境电商零售出口的新目标。

跨境电商出口不仅为诸多中、小、微企业提供了迅速把握全球商机的捷径,而且为许多大企业、传统外贸企业提供了拓展业务并提升服务水平的机会。愈加多元化的跨境电子商务主体将进一步改善买家购买体验,提升行业整体服务水准。阿里、京东、敦煌网等国内大型电子商务企业纷纷进入跨境电子商务市场,给原本以平台海外营销为主的跨境电子商务带来了坚实的业务基础和产品基础。我国的中小企业将作为跨境电子商务经营主体大量涌现,大批内贸企业和制造企业将进入跨境电商领域。

2. 跨境B2C加速增长,B2B和B2C协同发展

跨境电商B2C模式可以跳过传统贸易的所有中间环节,打造从工厂到消费者的最短路径,赚取高额利润;可以直接面对终端消费者,更好地把握市场需求,为客户提供个性化的定制服务。跨境B2C对中国制造企业扩展出口新业务提供了新的可能性,愈发受到企

业的重视，近年来呈现爆发式增长。但 B2B 作为全球贸易的主流，未来仍然会是中国企业开拓海外市场的最重要模式；而 B2C 作为拉近与消费者距离的有效手段，对中国企业打响品牌具有非常重要的作用。B2B 和 B2C 作为两种既相区别又相联系的业务模式，互补远远大于竞争，两者都能成为开拓海外市场的利器。

3. 移动技术推动跨境电商发展，传统外贸企业加入跨境电商

移动技术的进步使线上与线下商务之间的界限逐渐模糊，以互联、无缝、多屏为核心的全渠道购物方式将快速发展。从 B2C 方面看，移动购物使消费者能够随时、随地、随心购物，极大地拉动市场需求，增加跨境零售出口电子商务企业的机会；从 B2B 方面看，全球贸易小额化、碎片化发展的趋势明显，"移动"可以让跨国交易无缝完成。基于移动端做媒介，买卖双方沟通变得非常便捷。

跨境电子商务不同于一般贸易，小额度、高频度的特征造成与现有的通关、商检、结汇、退税等方式不匹配，随着监管体系的完善，跨境 B2C 将进一步发展，更多的传统外贸企业将加入平台从事跨境 B2C。同时，跨境 B2B 也将成为传统外贸企业的主要营销渠道。传统外贸企业与国外消费者直接面对，可以建立并提升品牌，提高核心竞争力。跨境电商将推动传统外贸企业的价值创造方式发生改变，使其从产品的交易者向生产的组织者转变，从消费的匹配者向消费的引导者转变，从价值的实现者向价值的创造者转变。

4. 跨境电商产业链将完善，跨境电商综合服务业会兴起

现阶段，我国跨境电商主要是以平台为主导，企业自建交易平台尚不普遍，未来随着环境和支撑体系的改善、新技术的不断运用，跨境电子商务的产业链将逐步完善。从电商产业链上游来看，产品方面，3C 电子产品、服装等传统优势品类借助自身标准化及便于运输等优势表现强劲，户外、健康美容和汽配等新品类随着消费者需求增长而快速增长；产业链中游则是平台电商与自建网站相互博弈、协同发展，跨境电子商务平台将进一步整合，逐步完善服务功能，更多的制造企业会入驻跨境电商平台；从产业链下游来看，成熟发达的经济体是中国出口电商的主要目的地市场，并将保持快速增长态势，不断崛起的新兴经济体，将为中国出口电商提供更多更新的市场机会。

推动外贸综合服务企业与跨境电子商务平台融合，形成跨境电子商务综合服务业，是跨境电子商务持续健康快速发展的现实途径。跨境电子商务综合服务业通过整合产业链、贸易链、监管链和数据链，在原有信息与交易服务的基础上向涵盖支付、信用、产品质量保险和金融等方向发展，为跨境全流程在线贸易提供全方位的集成服务，推动传统加工贸易与跨境电商的融合发展。

12.2 跨境电商物流概述

12.2.1 跨境电子商务与国际物流的关系

伴随人工智能、大数据等技术发展与跨界融合，国际流通领域的业务延展，跨境电商进入了新时代，国际物流已经成为影响跨境电商发展最重要的因素。跨境电商与国际物

流是相互影响、紧密联系的两个行业。

跨境电商企业为国际物流的发展带来市场。传统商务模式越来越不能满足人们的需求,新时代下消费者会更为重视商品的质量及商品种类的丰富程度,此外消费者会更为看重购物体验,而跨境电商的出现则在很大程度上提升购物便捷性,满足消费者需求,优化消费者购物体验。同时,跨境电商的出现,在改善企业服务质量、提高供应链有效性、增进企业经营效益、提升国际贸易成交量及开展范围等方面发挥作用,因此现今很多传统企业都纷纷引入跨境电商经营模式。巨大的跨境电商市场,为跨境电商必备环节——国际物流的发展提供市场机遇,而国际物流的完善则是跨境电商发展的必要环节之一。

1. 跨境电商与国际物流相互促进

跨境电商要求国际物流进行多元化的渠道整合,提供全球化的高效服务,并且对国际物流作业效率的系统性和智能性提出了标准化的要求。高效的国际物流体系为跨境电商带来了更低的物流成本和更好的物流体验,国际物流的全球化也扩大了跨境电商的市场发展范围。

2. 跨境电商和国际物流相互依存

对于跨境电商企业而言,产品是王道,物流是链条。国际物流是其运作过程中的重要保障,整个跨境电商活动都需要国际物流来完成。在跨境电商运作过程中,不同的交易方式会产生不同的物流模式。在跨境电商企业的成本中,采购成本、人工成本、物流成本在其总成本中占据了很大的比例,其中物流成本的比重为 20%~25%。如果没有多元化的国际物流体系为跨境电子商务服务,那么这些物流成本的比重将会更大。所以,跨境电商与国际物流不仅是相互促进、相互制约的关系,更重要的是相互依存的关系。

跨境电商之中,企业与消费者合约践行的基础就在于非虚拟性的国际物流,而影响消费者消费体验的因素也在于物流的效率及成本;因此跨境电商不仅为国际物流的发展提供市场机遇,更为其发展带来挑战;因而国际物流发展水平高低也成为跨境电商供应链融合及跨境电商供应链企业获得经营效益的关键因素。

12.2.2 跨境电商物流的特征

随着跨境电商的高速发展,适应跨境电商需求的各种类型的国际物流服务也衍生出来。根据物流功能的不同,我们可以把国际物流划分为很多种类型。其中商业快递、邮政快递、国际物流专线、海外仓物流等是跨境电商企业选择较多的国际物流类型。区别于传统物流,跨境电商国际物流强调以下特征。

1. 物流反应快速化

跨境电商要求国际物流供应链上下游对物流配送需求的反应要非常迅速,因此整个跨境电商物流前置时间和配送时间间隔越来越短,商品周转和物流配送也越来越快。

2. 物流功能的集成化

跨境电商将国际物流与供应链的其他环节进行集成,包括物流渠道与产品渠道的集成、各种类型的物流渠道之间的集成、物流环节与物流功能的集成等。

3. 物流作业的规范化

跨境电商国际物流强调作业流程的标准化,包括物流订单处理模板选择、物流渠道的管理标准制定等操作,使复杂的物流作业流程变成简单的、可量化的、可考核的物流操作方式。

4. 物流信息的电子化

跨境电商国际物流强调订单处理、信息处理的系统化和电子化,用企业资源计划(enterprise resource planning,ERP)信息系统功能完成标准化的物流订单处理和物流仓储管理模式。通过ERP信息系统对物流渠道的成本、时效、安全性进行有效的关键业绩指标(key performance indication,KPI)考核,以及对物流仓储管理过程中的库存积压、产品延迟到货、物流配送不及时等进行有效的风险控制。

12.2.3 跨境电商物流主要运作模式

伴随着我国跨境电商市场的发展和各项政策的出台,我国跨境电商领域呈现出繁荣景象。跨境电商的快速发展给物流带来了巨大市场。现阶段,我国跨境电商物流主要有五种模式。

1. 邮政小包模式

邮政网络基本覆盖全球,范围比其他物流渠道都要广。这也主要得益于万国邮政联盟和卡哈拉邮政组织(KPG)。邮政一般为国营,有国家税收补贴,价格也较便宜。不过,邮政的渠道虽然比较多,但也很杂。在选择邮政包裹发货的同时,必须注意出货口岸、时效、稳定性等。例如,从中国发往美国的邮政包裹,一般15天以内可以到达,eBay上的国际e邮宝美国全境妥投时间甚至能达到7~12天。

邮政小包模式的优点在于运费便宜,能邮寄的物品比较多(如化妆品、包、服装鞋子、各种礼品及许多特殊商品等),服务覆盖网络广;缺点在于重量和尺寸有限制,运送时间比较长,到达许多国家的货物无法在网站上实时跟踪查询状态。另外,电池、粉末、液体等特殊产品较难清关,被检出就要整包退回或直接扣下,对跨境电商来说损失很大。

2. 国际快递模式

国际快递模式,指的是四大国际商业快递巨头——敦豪(DHL)、天地(TNT)、联合包裹(UPS)和联邦快递(FedEx)。这些国际快递商通过自建的全球网络,利用强大的IT系统和遍布世界各地的本地化服务,为网购中国产品的海外用户带来极好的物流体验。例如通过UPS寄送到美国的包裹,最快可在48小时内到达。然而,优质的服务往往伴随着昂贵的价格。

国际快递模式的优点在于速度快、服务好,货物可送达全球200多个国家和地区,查询网站信息更新快,遇到问题解决及时,可以在线发货,全国大部分城市提供上门取货服务;缺点在于运费较贵,要计算产品包装后的体积重,对托运物品的限制比较严格。

3. 国内快递的国际化服务模式

国内快递主要是指中国邮政EMS、顺丰和"四通一达"。在跨境物流方面,"四通一达"中的申通和圆通布局较早,但也是近期才发力拓展。美国申通在2014年3月上线,圆通也是2014年4月才与CJ大韩通运合作。顺丰的国际化业务则要成熟些,已经开通到美国、澳大利亚、韩国、日本、新加坡、马来西亚、泰国、越南等国家的快递服务,发往亚洲国家的快件一般2~3天可以送达。在国内快递中,EMS的国际化业务是最完善的。依托邮政渠道,EMS可以直达全球60多个国家,费用相对四大快递巨头要低。此外,中国境内的出关能力很强,到达亚洲国家是2~3天,到欧美则要5~7天。

国内快递的国际化服务模式的优点在于速度较快,费用低于四大国际快递巨头,在中国境内的出关能力强;缺点是由于并非专注跨境物流业务,缺乏国际物流运作经验,对市场的把控能力不强,覆盖的海外市场比较有限。

4. 专线物流模式

跨境专线物流一般是通过航空包舱方式运输到国外,再通过合作公司进行目的国的派送。专线物流的优势在于其能够集中大批量到某一国家或地区的货物,通过规模效应降低成本。因此,其价格一般比商业快递低。在时效上,专线物流稍慢于商业快递,但比邮政包裹快很多。市面上最普遍的专线物流产品是美国专线、欧洲专线、澳洲专线、俄罗斯专线等。也有不少物流公司推出了中东专线、南美专线、南非专线等。目前提供专线物流的公司很多,专线物流往往会推出特定的产品,如"俄邮包""澳邮包";有的物流公司则在形式上大胆创新,中外运跨境电商物流有限公司推出中国城市到国外城市的专线物流团购业务。

专线物流模式的优点在于价格比商业快递低,速度快于邮政小包,丢包率也比较低。专线物流清关较快,如果跨境电商只做某地市场,清关方面也有一定要求的话,专线物流是不错的选择。其缺点是在国内的揽收范围相对有限,覆盖地区有待扩大。而且一些专线物流企业所能控制的物流区域也相对有限,通常只能负责国内,国外部分则由当地的邮政公司负责,这样就容易出现由于双方工作交接不畅而导致的运送延误。专线物流一般不受理退货事务。

5. 海外仓模式

海外仓是指为卖家在销售目的地进行货物仓储、分拣、包装和派送的一站式控制与管理服务。确切来说,海外仓储应该包括头程运输、仓储管理和本地配送三个部分。头程运输,即中国商家通过海运、空运、陆运或者联运将商品运送至海外仓库;仓储管理,即中国商家通过物流信息系统,远程操作海外仓储货物,实时管理库存;本地配送,即海外仓储中心根据订单信息,通过当地邮政或快递将商品配送给客户。

海外仓模式的优点在于运输成本低、效率高。它简化了物流业务流程,将原本复杂的流程简化为"分拣—投递"两个环节,大大减少了包裹破损和丢失率,同时也解决了小包时代成本高昂、配送周期漫长的问题。除了能降低物流成本,还有灵活可靠的退换货方案,海外客户的购买信心高。采用海外仓这种物流模式大大扩大了跨境零售出口商品的范围,不再限于快消品、小件商品等,可以使买家消费更多海外商品品类;缺点是具有一定的成本劣势,也就是其运费的高低主要取决于储备仓的建设成本,这其中还需要储备仓人为管理与维护等的费用支出,而且在订购的前期很难对商品库存量做出准确的预测,对于库存的控制很难有效掌握。

> **拓展阅读 12.2**
> 云仓储助力跨境电商

以上五大模式基本涵盖了当前跨境电商的物流模式和特征。但也有一些"另类"。比如,比利时邮政虽然属于邮政包裹模式,但其却定位于高质量卖家,提供的产品服务远比其他邮政产品优质;再如,针对俄罗斯市场,黑龙江俄速通物流有限公司在哈尔滨推出"边境仓",具有类似海外仓的功能,但比在俄海外仓的运作成本低。

12.2.4 跨境电商物流运作中存在的问题

1. 跨境物流成本高,政策支持不充分

由于涉及跨境贸易和跨境物流,物流的产业链和环节更长,包括国内物流、国内海关、国际运输、国外海关、国外物流等,尤其是海关和商检,操作难度和风险更高,无形中增加了跨境电商的物流成本。在出口跨境电商中,物流的关键在于目的国海关,经常出现海关扣货查验的情况,处理的结果有三种,分别是直接没收、货件退回发件地或产品质检及产品版权保护问题。虽然国家在积极建立跨境电商基础信息标准和接口的规范准则,现阶段有一小部分地区实现了海关、出入境检验检疫、税务、外汇管理等部门与电子商务企业、物流配套企业之间的标准化信息流通,但物流政策仍不足,这在某种程度上阻碍了跨境电子商务企业及物流企业的快速发展。

2. 跨境基础设施不完善,物流运输配送周期长

由于跨境电子商务涉及跨境仓储、配送、运输、报关、核税等一系列问题,为了使运输过程损耗尽量减少,且速度更快、成本更低,需要建立合理高效的物流体系,需要更先进和完备的物流设施。而跨境贸易自身的特点使得物流的产业链和环节更长,加上清关和商检的周期,导致跨境电商物流周期要远远长于国内电商物流。在跨境物流上,运输与配送时间问题突出,短则半个月、一个月,长则数个月,遇到购物旺季,如圣诞节,物流时间会更长,加上清关和商检的时间,跨境物流的周期则更久。跨境物流的运输时间长、手续多、成本高,违背了电子商务快捷和便利的特点,严重制约了跨境电子商务的进一步发展。

3. 跨境物流信息化不足,难以实现退换货物流

跨境物流采用较多的邮政小包模式存在着物流信息无法及时跟踪的情况。在包裹运输的过程中,货物所处的环节、所在地点、是否入舱等都是顾客无法及时得知的。这种"不透明"的跨境物流主要是由于交易双方的信息不对称而造成的,这就使得顾客对于跨境电商的满意度和忠诚度不高。跨境物流涉及多个国家,物流运输也分为国内和国外。由于国家与国家之间的信息化发展水平并不相同,导致物流信息系统之间的衔接产生问题,而跨境物流环节多、涉及面广,整个物流链条的各节点都会产生退换货。物流电子商务自身特点导致退换货比例高,物流周期长、商品有质量问题、货品丢失、海关和商检风险、配送地址错误等原因,都可能导致退换货。尤其在欧美国家,当地"无理由"退货的消费习惯和文化,使得退换货率呈现持续增长趋势。退换货使各种相关成本增加,甚至出现退换货导致的费用严重超出货品的价值,这是跨境电商企业无法接受的,从而出现难以实现退换货的现象。

4. 跨境贸易风险大,比较缺乏专业的第三方物流服务

跨境电商涉及跨国交易,无法回避当地的政治、知识产权、区域习惯、政策变化等风险因素。这些因素,对中国跨境电商物流都会产生影响。而且跨境电商贸易涉及汇率问题,风险也很大。现阶段我国第三方物流企业数量较多,但是大型、专业化程度较高的第三方物流企业较少。大多数物流企业提供的是国内物流服务。对于国际快递服务,主要是以普通快递的形式存在,而没有专门为跨境电子商务企业提供全方位的专业物流服务。能为跨境电子商务提供国际快递服务的也只有少数几家。专业化的第三方物流服务十分必要,有利于推动我国跨境电子商务更好地发展,并在国际市场竞争中处于有利地位。

12.2.5 跨境电商物流的运作策略

跨境电商物流的运作策略应是在现有运作难题解决方案上的改进和创新,可以归纳为以下几点:

1. 合理选择模式

跨境电商物流有五种主流的跨境电商物流解决方案,分别是邮政小包、国际快递、专线物流、海外仓和国内快递的国际化服务。这些物流模式各有利弊,跨境电商在选择合适的物流模式时要结合物品的种类、进出口国家的关税政策、顾客对购买商品的要求、运输安全等多方面进行综合考虑,以达到降低物流成本的目的。对于跨境电商而言,选择何种物流模式,首先,是考虑所售产品的特点,比如大件产品(如家具)就不适合走邮政包裹渠道,而更适合海外仓模式;其次,在淡旺季要灵活使用不同物流模式,如在淡季时使用邮政小包降低物流成本,在旺季或者大型促销活动时期采用其他速度更快的模式来保证时效性;最后,售前可以明确向买家列明不同物流方式的特点,向买家提供多样化的物流选择,让买家根据实际需求来选择物流方式。

2. 海关政策的支持

当前影响跨境物流速度的一个重要原因是海关的通关速度。跨境物流需要通过两道海关关卡:出口国海关和目的国海关。跨境电商物流在通关时较多采用传统的保管方式,这样由于报关手续和检验检疫等手续的烦琐而难以提高跨境电商物流的时效。在这种情况下,需要海关政策的支持,从而提高跨境电商物流的效率。首先,海关总署应构建电商企业通关服务平台,实现海关电子口岸平台与国内外电商平台和物流公司系统直接的对接,使跨境电商物流可以全程跟踪;其次,与其他国家合作,共同建设和完善跨境电商物流的检验检疫和通过模式、商品的标准,以及相应的管理制度。

3. 构建信息平台

就当前跨境电商物流的发展而言,建立跨境物流信息平台解决跨境物流中的信息不对称问题显得极为迫切。随着"互联网+"时代的到来,跨境物流也应与时俱进。伴随着大数据、物联网、智能物流等相关技术的成熟,应引进先进物流信息技术,搭建一个比较全面的跨境物流信息平台,以实现对物流全程的管理和资源的整合。跨境电子商务企业、国际物流公司、海关等相关各方可共同构建跨境物流信息平台。

4．加快海外设仓

将海外仓作为当前跨境电商物流发展的主要策略有以下优点。首先，海外仓将商品大批量运至目标市场国家，使得物流成本大幅降低。其次，海外仓将跨境物流转变为国内物流，使得跨境电子商务的交易周期得以大大缩短，商品可以被快速、安全地送达顾客，使得消费者的满意度和忠诚度得以提高。另外，海外仓可以有效地处理消费者的退货问题。海外仓的建设使得退换货可以在国内迅速完成，避免新一轮的跨境物流，节省成本的同时也让消费者更加放心。最后，海外仓有利于应对因购物旺季而导致的物流短板，使得跨境电商的竞争力得以提高。值得注意的是，海外仓虽有众多优势但其成本往往较高，对于部分没有足够经济能力的企业，不应盲目建设海外仓，可以使用第三方海外仓。除此之外，也可以与其他企业合作建立海外联盟仓，以分担风险、降低成本。

12.3 全球供应链物流

12.3.1 全球供应链管理

在全球经济一体化的形势下，跨国企业要想争取竞争优势，获取超额利润，就必须在全球范围内分配和利用资源，通过采购、生产、营销等方面的全球化，实现资源的最佳利用和规模效益最大化。全球供应链由此应运而生。

同时，互联网及电子商务的发展，也改变了全球供应链的层次结构。多层的全球供应链结构开始转变为基于互联网的开放式的全球网络供应链。全球供应链管理要特别注意以下几个方面：

(1) 在全球供应链管理上，大量的信息要快速地传递，企业和供应商的运作及业务流程就必须集成，以利于企业降低采购成本，增加效益。另外，在此供应链中，企业都具有双重身份，既是客户，又是供应商。因为它不仅通过网络实现交易，同时也是构成该供应链的一个元素，这使得所有的企业都面临严峻的挑战。它们必须在提高客户服务水平的同时努力降低营运成本，必须在提高市场响应速度的同时给予客户更多的选择，特别是要满足客户的个性化定制需要，巩固与客户的关系。

(2) 在全球供应链管理上，企业的形态与边界发生了根本性的改变，链上企业实现交互式、透明的协同工作。在经济全球化趋势进一步加强的社会里，供应链管理也必须是全球化的，趋向于无国界。如能及时开展全球供应链管理，如采用国外廉价的配件或成熟的分销渠道，就将获取更大的利益，同样也能使企业降低成本与提高业绩。

(3) 在全球供应链管理上，企业必须对全球供应链管理作业的复杂性做出评估并把注意力集中于国内作业与国际作业的区别上。与国内供应链管理相比，全球供应链管理应尤其注意以下两点：一是全球市场的异质性或多样性，决定了企业从外到内的思维方式，即在充分了解不同国家市场需求差异性的基础上，通过差别化的产品和服务来满足不同群体的顾客需求，而成本的控制也必须建立在这种前提之上；二是当一个企业服务全球市场时，物流系统会变得更昂贵、更复杂，结果导致前置时间延长和库存水平上升。因此，综合上述两个问题,企业在开展国际物流活动时必须处理好集中化与分散化物流的关系,否则,将无以确立起全球化的竞争优势。

(4) 在全球供应链管理上,要大力促进物流供应链的创新发展。要充分发挥物流供应链系统化组织、专业化分工、协同化合作和敏捷化调整的优势。物流企业要做大做强,大力发展基于核心企业的"链主型"供应链,将上下游小微企业整合嵌入生产经营过程,强化资源系统整合与优化能力;大力发展基于现代信息技术的"平台型"供应链,重点解决信息不对称问题,提高资源整体配置效率;大力发展依托专业化分工的"互补型"供应链,实现资源和渠道的优势互补,提高企业协同发展水平;大力发展基于区域内分工协作的"区块型"供应链,促进区域内企业高效协同和集聚化发展,提升区域整体竞争优势;大力发展基于存货控制的"共享型"供应链,打通与整合生产、分销等各环节的库存管理,促进供应商与零售商之间的统仓共配。

12.3.2　跨国企业物流

由于自身业务的不同性质,各类跨国公司涉及全球物流管理的程度也不尽相同。许多跨国公司仅仅把物流管理作为经营管理过程中的一个子功能,用来管理自身产品与服务的流程;而一部分跨国公司则将物流服务作为其主营业务,通常称为第三方物流。跨国公司可以分别采取以下几种不同的策略:

1. 自营物流业务

如果顾客服务标准要求很高,物流成本占总成本比重极大,同时自身物流管理能力也较强,跨国公司可采用自营物流业务的策略。这类企业以跨国零售业为代表,其中沃尔玛是最典型的例子。作为世界上最大的连锁零售商,沃尔玛被誉为商品物流现代化与合理化的典范。

2. 物流服务外包

世界范围内的竞争,要求跨国公司必须在全球范围内寻求业务外包。跨国公司首先要确定企业的核心竞争力,并把企业内部的优势资源集中在那些具有核心竞争力优势的业务上,而将剩余的其他业务外包给最好的专业公司。在供应链的增值决策中,企业如能以更低的成本获取比自己制造价值更高的资源,当然应该选择外包。通过外包非核心业务,公司进行资源的外向配置,与合作伙伴共担风险,避免了设备、技术、研发上的大额投资,实现了规模效益,从而控制和降低了成本,提高了生产率和利润率。

3. 寻找伙伴关系结成物流联盟

物流在企业战略中起关键作用,但自身管理水平较低的跨国公司,一般会选择自身物流管理水平较高而物流在企业战略中不起关键作用的企业来组成物流联盟。一方面,物流管理所处的关键性地位使公司不可能将其以第三方物流的形式外包出去;另一方面,自身能力的不足又难以满足运营的要求。因此,选择具有过剩物流管理能力的企业对于公司来说是最优的选择。物流联盟的结果可以使公司借用他人的物流设备、运输能力来降低物流管理成本。

12.3.3　全球供应链物流运作

面对竞争日益加剧的全球市场环境,企业需要整合自身在全球供应链中的物流运作方式和方法,通过优化物流组织模式,达到提高全球物流效率的目的。实施全球供应链物流有其深刻的必要性,也已经具备了一定的条件。企业需要的是按照其流程和指导原则,合理安排自身物流运作,使之成为全球供应链中有效率的一环。

1. 全球供应链物流运作条件

（1）以全球市场需求为中心。全球供应链物流运作力求用定制化的设计、包装、服务满足全球消费者的需求。

（2）快速的产品导入与产品交付。在合适的时间内,将恰当的产品导入全球市场中,并配送足够量的产品且予以快速交付。

（3）不断扩展、创新服务领域。在交付产品的同时,提供创新、增值的服务。

（4）不断创新配送渠道。尽量使用层次最少的直接配送系统,将产品以较低的成本快速送达客户手中。

2. 全球供应链物流运作原则

（1）物流管理战略的制定必须纳入企业总体战略规划过程。

（2）物流部门必须有一个清晰的愿景目标。

（3）进出口管理必须有物流供应链各个环节实行集成管理的保证。在全球主要供应链结构和法规变化的情况下,这一点尤为重要。

（4）必须抓住整合国内和国际物流运作的机会,使得企业可以获得全球承运商的服务。这通常需要企业改变思维方式,但是只有那些朝这个方向努力的企业才能够抓住这样的大机会。

3. 全球供应链物流运作目标

全球供应链物流运作的目标在于为每一个国际目标市场开发构建最优的物流系统。成本/服务权衡分析是全球物流管理不可或缺的一个部分。正确识别、评估和应用最优成本—服务组合对组织和客户都非常重要。国际市场的销售量和成本对较长的反应时间不敏感,但是新技术能够使企业和第三方有能力开发和拓展它们的全球物流能力。为了实现全球供应链物流的运作目标,特别需要做好环境分析、计划、组织构建、计划实施、物流控制等各项工作。

4. 全球供应链物流规划

跨国企业倾向于在全球市场寻找原材料、零部件,建设适应全球分销的物流中心以及关键物资的集散仓库,在获得原材料以及分销新产品时能使用当地现有的物流网络并推广其先进的物流技术和方法。典范如耐克公司,它通过全球招标采购,在东南亚生产,随后将产品分别运送到欧洲、亚洲的几个仓库,然后就近销售。从本质上说,跨国企业为了开发利用新的市场机会,以世界范围为基础,实施更有效的全球物流管理战略,以利于在各国、各地区同时达到商业目的。

在开始构建全球供应链物流系统之前，跨国企业首先需要有一个清晰明确而且协调一致的战略规划。这个战略规划需要包括以下几个方面：

（1）全球供应链物流结构策划。在策划全球供应链物流结构的时候必须充分考虑各部门所行使职能要开展的活动。这些活动关系到企业的整体规模和全球分布，要考虑各种活动的特性，如配送时间、服务方式、劳动力密度和外购资源的比重等。

（2）全球供应链物流流程优化。整个物流涉及多个流程，各流程都有自己的计划，如生产计划、库存控制和运输管理，任何一个流程都会影响到其他流程的进行。优化整个流程比优化单个环节更重要。

（3）全球供应链物流组织网络构建。为了构建合理的组织网络，企业有必要分清楚自己的核心竞争力与非核心竞争力，并且对没有任何附加价值的工作进行外包。构建网络的另外一个因素是信息技术的广泛运用。企业应投资建立信息网络，以此来帮助管理物流流程中的各个环节和公司外部环节的合作。

（4）缔结全球合作伙伴关系。跨国企业不可避免地会有许多合作伙伴或盟友，只有这样企业才有可能在全球范围内开展商业活动。对于这些合作伙伴来说，在一定的工作原则和工作目标下，双赢并和谐发展是至关重要的。

12.3.4　全球供应链物流发展新趋势

随着经济全球化可持续发展的深入推进，全球供应链物流出现了国际绿色物流、国际逆向物流、国际低碳物流三大新趋势。

1. 国际绿色物流

人类社会正面临人口膨胀、环境恶化、资源短缺三大危机，环境资源恶化程度的加深，对人类生存和发展的威胁越来越大，人们对环境的利用和保护越来越重视，现代物流的发展必须优先考虑环境问题，需要从环境角度对物流体系进行改进，即需要形成一个环境共生型的物流管理系统，形成一种能促进经济与消费健康发展的物流系统，即向绿色物流转变。绿色物流是指为了实现顾客满意，连接绿色商品和服务流动的绿色经济管理活动。绿色物流从环境的角度对国际物流体系进行了改进，形成了与环境共生型的国际物流管理系统。这种国际物流管理系统在维护地球环境和可持续发展的基础上，改变原来经济发展与物流、消费生活与物流的单向作用关系，在抑制传统直线型的物流对环境造成危害的同时，采取与环境和谐相处的全新理念，设计和建立一个循环的国际物流系统，达到降低环境污染、减少资源消耗的目的。现代的国际绿色物流强调全局和长远的利益，成为一种全新的国际物流形态。

2. 国际逆向物流

在全球一体化时代，国际逆向物流理应成为跨国企业物流战略乃至整个企业发展战略的一部分，为了在未来的竞争中取得优势地位，建立一个快速、高效和低成本的逆向物流系统是必须和必要的。许多跨国企业已经开始在这方面进行投资，目的是发现能够加强逆向物流系统能力的机会。在跨国企业构筑自身物流战略的过程中，将会出现一些令人关注的新现象与新趋势。对这些新趋势的把握和理解有利于跨国企业自身的逆向物流体系的建设。

目前,逆向物流的发展还处于初期阶段。但是有迹象已经表明,尽快开始对逆向物流投资的跨国企业比那些滞后者更容易主导发展潮流。国际逆向物流的市场是巨大的,同时更是开放的。我国国内对这一领域的专业开发无论是服务或软件系统,都还存在着巨大的潜在空间。对于产品而言,拥有良好的国际逆向物流系统将帮助它们提高资源利用率,增加客户价值,提高国际竞争优势;对于第三方物流、软件开发商等服务提供商而言,国际逆向物流这桌丰盛和美味的大餐可以说还只是刚刚开席。

3. 国际低碳物流

一些专家学者建议把节能减排作为物流规划的一个影响因素,把低碳经济的概念引入物流领域,这成为低碳物流概念的雏形。此后,低碳物流的概念从运输扩展到包装、仓储等物流各项活动中,逐渐形成了比较完整的低碳物流的概念及体系。低碳物流从诞生到现在,只有短短几年的历史。与绿色物流相比,低碳物流更"年轻"。在低碳经济浪潮一浪高于一浪的今天,为了实现节能减排、节约资源、保护环境的可持续发展目标,适应东道国政府的低碳化要求,跨国企业的全球供应链物流必须建立起一整套国际低碳物流的管理模式。

全球供应链物流管理现在特别强调,必须适应国际低碳物流的发展趋势。例如,全球零售巨头沃尔玛曾在 2010 年宣布,到 2015 年年底,将从全球供应链中减少 2 000 万的温室气体排放量,这相当于一年从公路上减少 380 万辆以上汽车的尾气排放。沃尔玛中国这种低碳物流的可持续发展计划与中国政府在环境、社会及能源方面的目标十分契合,也和沃尔玛全球的可持续发展目标保持着同步。沃尔玛中国的具体措施和目标包括:建设环保节能商场,销售环保商品,建立世界领先的高价值可持续发展供应链。通过采用 LED 节能灯作普通照明、安装节能冷冻柜、余热回收装置、关闭非高峰时期部分照明等措施,普通店节水达到 50%,节能提高能效 40%。

拓展阅读 12.3
变中寻机　在全球供应链物流中提升主导权

国际绿色物流、国际逆向物流和国际低碳物流三大新趋势,使全球供应链物流发展在大数据、云计算、人工智能新技术革命手段的支撑下,正在形成 21 世纪信息化、网络化、智能化的全球供应链物流生态大系统、大平台。

本章小结

本章介绍了跨境电商的概念及特征,业务分类,说明了我国跨境电商的发展趋势,阐述了跨境电子商务与国际物流的关系,探讨了跨境电商物流的主要运作模式,介绍了跨境物流发展中存在的问题,并在此基础上说明了跨境电商物流的运作策略。在此基础上引出全球供应链管理的概念,分析了跨国企业物流的特殊性,详细介绍了全球供应链物流运作的流程规划及实施,最后,分析其未来发展新趋势,介绍了国际绿色物流、国际逆向物流、国际低碳物流的发展动态和方向。

复习与思考

1. 跨境电子商务有什么特点？
2. 我国跨境电商物流有哪几种模式？
3. 我国跨境电商发展趋势是什么？
4. 什么是全球供应链管理？跨国企业物流有什么特殊性？
5. 什么是国际低碳物流？你如何看待我国国际低碳物流的发展现状及动态？

线上自测

 案例分析

联合包裹速递服务：解决跨境电商的物流难题

运营成本高、配送时间长、包裹无法全程追踪、不支持退换货，以及出现清关障碍和破损甚至丢包的情况，这些都是中国制造企业在做跨境电商起步时经常遇到的物流难题。物流正在跨境电商业务中扮演着越来越重要的角色，它将决定制造企业的服务水平和市场竞争力。

对于物流难题，小布涂涂文化创意（大连）有限公司（以下简称小布涂涂）有过切肤之痛。小布涂涂是一家以研发、设计、销售及生产为一体的跨境电子商务公司，是大连最大的出口欧美的热烫压图文定制生产商，主要生产烫钻、刺绣等服装配饰品。通过跨境电商平台，这家企业迅速开拓了海外 B2B（也可写成 BTB，是 Business-to-Business 的缩写，是指进行电子商务交易的供需双方都是商家或企业，通过网络进行资金流、物流、信息流、商流、人流等数据信息的交换、传递，开展交易活动的商业模式）、B2C（也可写成 BTC，是 Business-to-Customer 的缩写，是指进行电子商务交易的供需一方是商家或企业，另一方为客户或消费者）业务。当订单不断增长后，其负责人却为物流服务伤透了脑筋。因为服装配饰品订单小、客户多而零散，填写物流快递单往往需要耗费大量的人力与时间。在全球越来越激烈的市场竞争环境中，终端客户的体验好坏对于企业利润的增长或减少起着决定性作用。为了优化流程，降低运营成本，小布涂涂与跨国物流公司——美国联合包裹速递服务公司（United Parcel Service，UPS）合作，将 UPS 的物流系统的功能集成到自有系统和电子商务网站，这样所有信息只需填写一次，订单、发票等都可以通过企业自有系统直接打印，无须再登录物流公司的系统。仅此一项，小布涂涂每个业务员平均每天可节省约 45 分钟的时间，这样不仅改善了客户的物流体验，还大幅度提升了业务效率，缩短了货件出口前的准备时间，同时更便于查询物流状态。小布涂涂的负责人表示，找对物流供应商后,他们的物流效率提高了11%。从更宏大的视角看,全球经济和市场瞬息万变,而在中国经济新常态下,许多出口企业致力于实现从低质廉价到高附加值的转型升级,从而摆脱"Made in China"的低端形象。在这中间,物流供应链提供商能够扮演战略合作伙伴的角色,助推出口企业加速这一进程。

2016年6月28日,UPS举行奠基仪式,宣布计划在法国科尔贝埃索纳和埃夫里新建包裹分拣及配送中心。此中心投资超过一亿美元。新建的物流中心将UPS的综合运输网络和最近提升的合在一起,更快地连接和运输往来中国、法国和更多欧洲地区之间的货物。这体现了UPS对加强跨境贸易和帮助中国进出口企业更好地赢得全球市场的承诺。

资料来源:中国电子商务研究中心。

思考题:
1. 跨国物流与跨境电商之间的业务关联如何体现?
2. 跨境电商物流成本如何降低,效率如何提升?

参 考 文 献

[1] 中国报关协会. 关务基础知识[M]. 北京:中国海关出版社,2019.
[2] 周奇,张湧. 中国(上海)自贸试验区制度创新与案例研究[M]. 上海:上海社会科学院出版社,2016.
[3] 肖林,张湧. 中国(上海)自由贸易试验区制度创新:回顾与前瞻[M]. 上海:格致出版社,2017.
[4] 肖林. 国家试验——中国(上海)自由贸易试验区制度设计(增订版)[M]. 上海:格致出版社,2015.
[5] 廖凡. 上海自贸试验区建设推进与制度创新[M]. 北京:中国社会科学出版社,2017.
[6] 张良卫. 国际物流学[M]. 北京:机械工业出版社,2019.
[7] 韩玲冰,胡一波. 跨境电商物流[M]. 北京:人民邮电出版社,2018.
[8] 刘丽艳. 物流运输管理实物[M]. 北京:清华大学出版社,2012.
[9] 张理,刘志洋. 物流运输管理[M]. 北京:清华大学出版社,2012.
[10] Pierre David,Richard Stewart 著,王爱虎,乐泓译. 国际物流——国际贸易中的运作管理[M]. 北京:清华大学出版社,2013.
[11] 逯宇铎. 国际物流[M]. 北京:科学出版社,2019.
[12] 江少文. 国际货物代理实务 [M]. 北京:中国铁道出版社,2012.
[13] 刘丽艳、袁雪妃、李宁、白璐璐、支海宇、李楠. 国际物流 [M]. 北京:清华大学出版社,2018.
[14] 顾永才. 国际物流与货运代理[M]. 北京:首都经济贸易大学出版社,2010.
[15] 白世贞、沈欣. 国际物流学[M]. 北京:科学出版社,2010.
[16] 程铭. 国际贸易实务[M]. 第二版. 上海:上海大学出版社,2012.
[17] 刘菊堂. 进出口商品检验检疫与实务[M]. 北京:北京理工大学出版社,2012.
[18] 顾永才、陈幼端. 国际物流与货运代理[M]. 北京:首都经济贸易大学出版社,2010.
[19] 张良卫. 国际物流[M]. 北京:高等教育出版社,2011.
[20] 王斌. 国际物流[M]. 第 3 版. 上海:立信会计出版社,2011.
[21] 张清. 皇甫艳东. 国际物流与货运代理:理论、实务、案例、实训[M]. 第二版. 大连:东北财经大学出版社,2018.
[22] 王美俄. 新编国际货运代理基础与实务[M]. 上海:复旦大学出版社,2011.
[23] 刘小卉. 国际货运代理[M]. 第 2 版. 上海:上海财经大学出版社,2011.
[24] 刘峰,钱谊. 国际物流 [M]. 北京:清华大学出版社,2012.
[25] 李杰,张颖,吴景新. 国际货运代理实务[M]. 北京:北京理工大学出版社,2013.
[26] 逯宇铎. 国际物流学 [M]. 北京:机械工业出版社,2012.
[27] 杨长春、顾永才. 国际物流[M]. 第六版. 北京:首都经济贸易大学出版社,2018.
[28] 孙韬. 跨境电商与国际物流——机遇、模式及运作[M]. 北京:电子工业出版社,2017.
[29] 褚文静. 刍议国际贸易与国际物流的互动[J]. 企业导报,2013,04.
[30] 廖雪花、王玲. 国际电子商务物流管理信息系统研究[J]. 通信技术,2010,07.
[31] 李克芳. 国际市场营销下的国际物流管理[J]. 物流科技,2011,04.
[32] 苏振东. 国际物流管理[M]. 大连:大连理工大学出版社,2010.
[33] 孙家庆,靳志宏. 国际物流[M]. 北京:科学出版社,2018.
[34] 戴正翔. 当代国际物流实务[M]. 北京:北京交通大学出版社,2017.
[35] 陈言国. 国际物流实务[M]. 北京:清华大学出版社,2016.

教师服务

感谢您选用清华大学出版社的教材！为了更好地服务教学，我们为授课教师提供本书的教学辅助资源，以及本学科重点教材信息。请您扫码获取。

❯❯ 教辅获取

本书教辅资源，授课教师扫码获取

❯❯ 样书赠送

物流与供应链管理类重点教材，教师扫码获取样书

清华大学出版社

E-mail：tupfuwu@163.com
电话：010-83470332 / 83470142
地址：北京市海淀区双清路学研大厦 B 座 509

网址：http://www.tup.com.cn/
传真：8610-83470107
邮编：100084